Ulrich Babinsky
Den Armen die Frohe Botschaft verkünden

Studien zur Theologie und Praxis der Seelsorge

22

Herausgegeben von
Konrad Baumgartner und Werner Rück
in Verbindung mit
Ludwig Mödl, Josef Müller und Ehrenfried Schulz

Ulrich Babinsky

Den Armen die Frohe Botschaft verkünden

verkünden

Zur diakonischen Dimension der Predigt

seelsorge · echter

Die Deutsche Bibliothek – CIP-Einheitsaufnahme

Babinsky, Ulrich:
Den Armen die Frohe Botschaft verkünden : zur diakonischen
Dimension der Predigt / von Ulrich Babinsky. – Würzburg :
Seelsorge Echter, 1997
   (Studien zur Theologie und Praxis der Seelsorge ; 22)
   Zugl.: München, Univ., Diss., 1996
   ISBN 3-429-01894-3
NE: GT

© 1997 Seelsorge/Echter Verlag
Umschlaggestaltung: Ernst Loew
Druck und Bindung: Echter Würzburg
Fränkische Gesellschaftsdruckerei und Verlag GmbH
ISSN 0935-5898
ISBN 3-429-01894-3

Vorwort

Die vorliegende Arbeit wurde im Sommersemester 1996 von der Katholisch-Theologischen Fakultät der Ludwig-Maximilians-Universität München als Doktordissertation angenommen. Ihr Erscheinen als Buch gibt mir Gelegenheit, vielfachen Dank abzustatten.

An erster Stelle habe ich Herrn Professor Dr. Ehrenfried Schulz zu danken, der die Arbeit mit Wohlwollen begleitet und das Erstgutachten angefertigt hat. Das Korreferat übernahm Herr Professor Dr. Heribert Wahl. Mein Dank gilt auch Herrn Professor Dr. Konrad Baumgartner und Herrn Dr. Werner Rück für die Aufnahme in die Reihe "Studien zur Theologie und Praxis der Seelsorge" sowie Herrn Heribert Handwerk vom Echter Verlag.

Zu Dank verpflichtet bin ich ferner dem Erzbischof von München und Freising, Friedrich Kardinal Wetter, der mich zum Studium freigestellt und einen großzügigen Druckkostenzuschuß gewährt hat.

Mein besonderer Dank gilt meinen Freunden, Herrn Domkapitular Josef Obermaier, Herrn Professor Dr. Winfried Haunerland, Herrn Privatdozent Dr. Lothar Wehr und Herrn Dipl. Theol. Wolfgang Baldes. Sie haben durch kritische Gespräche und vielfältige Hilfe die Entstehung dieser Arbeit maßgeblich gefördert.

In Dankbarkeit verbunden weiß ich mich den Pfarrgemeinden, in denen ich in den vergangenen zehn Jahren meinen Dienst als Priester verrichten durfte. Dort habe ich vieles von dem gelernt, was in der vorliegenden Arbeit zum Tragen kommt.

Schließlich danke ich meinen Eltern. Sie haben mir als erste Gottvertrauen und Hilfsbereitschaft vorgelebt. Ihnen widme ich deshalb dieses Buch.

Ulrich Babinsky

Inhaltsverzeichnis

0. Einleitung

0.1 Thema und Ziel

Wer das Wort "Predigt" mit dem Attribut "diakonisch" qualifiziert, löst Irritationen aus, denn Wortverkündigung und Diakonie liegen für das allgemeine Bewußtsein weit voneinander entfernt[1]. Die Diakonie geschieht in den Einrichtungen der institutionalisierten Caritas, in den Sozialstationen, den Kindergärten, den Pflegeheimen, den Beratungs- und Unterstützungsstellen, eben dort, wo man Brotscheine und Altkleider ausgibt, wo Menschen mit ihren familiären und finanziellen Notlagen Rat und Unterstützung finden, wo Kinder erzogen werden und wo Pflegebedürftigen geholfen wird. Gepredigt wird hingegen in der Kirche, im Rahmen eines Gottesdienstes und zumeist in sonntäglicher Atmosphäre, dann, wenn gebetet und gesungen wird und die Sorgen und Nöte des Alltags in Fürbitte und Kollekte gut aufgehoben sind. Auf einen Nenner gebracht: Rein assoziativ ist die Diakonie professionelles Hilfehandeln und die Predigt ein Bestandteil des Gottesdienstes, gehört die Diakonie zum Alltag und die Predigt zum Feiertag. In dieser bewußtseinsmäßigen Abkoppelung von Predigt und Diakonie spiegelt sich letztlich die Ausdifferenzierung kirchlicher Praxis in ein diakonisches und in ein pastorales Handlungsfeld. Sie ist ein Teilaspekt des gesellschaftlichen Problemhorizonts der vorliegenden Arbeit.

Dennoch lassen sich Beziehungen der Predigt zur Diakonie beobachten, die das Attribut "diakonisch" annäherungsweise rechtfertigen[2]. Dies ist etwa der Fall, wenn sich eine Predigt zur Konkretisierung ihrer Schriftauslegung auf ein Beispiel aus der Diakonie bezieht oder wenn eine Predigt anläßlich des Caritas-Sonntags versucht, unter Bezugnahme auf eine diakonische Schriftstelle ihre Hörer zu mehr Solidarität mit notleidenden Menschen zu bewegen. Ebenfalls in Betracht kommen Predigten, die sich im Kontext einer diakonischen Einrichtung an Hilfsbedürftige und deren berufliche Helfer wenden. Schließlich wird man das Attribut "diakonisch" auch den Predigten eines

---

[1] Vgl. KARL-FRITZ DAIBER, Diakonie und kirchliche Identität. Studien zur diakonischen Praxis in der Volkskirche, Hannover 1988, 15.

[2] Vgl. JOHANNES DEGEN, Diakonie im Widerspruch. Zur Politik der Barmherzigkeit im Sozialstaat, München 1985, 67f.

Diakons beimessen können, der sich darum bemüht, die Erfahrungen seines sozial-caritativen Engagements homiletisch fruchtbar zu machen. Somit bieten sich nach diesen Beobachtungen in allen Feldern des homiletischen Zirkels[3] Anhaltspunkte für ein diakonisches Verständnis der Predigt. Dabei darf aber nicht außer acht bleiben, daß auf dieser Ebene der Annäherung die Kategorie "diakonische Predigt" als "ein Typus spezieller Predigt"[4] anzusehen ist, der quantitativ hinter der Normalform der Gemeindepredigt zurückbleibt und in dieser auch nur okkasionell berücksichtigt wird.

Eine andere Perspektive, die Diakonie und Predigt prinzipiell zusammensieht, eröffnet sich erst auf der Ebene der theologischen Reflexion über den kirchlichen Sendungsauftrag. Wenn die Sendung der Kirche von ihrem Wesen her angemessen nur als Dienst in der Nachfolge des Diakons Jesus Christus bestimmt werden kann (vgl. Lk 22,27), dann folgt daraus, daß alle Grundfunktionen, also nicht nur die Diakonie, sondern auch die Verkündigung und die Liturgie, unter einem diakonischen Vorzeichen stehen, da diese als Entfaltungen des einen Sendungsauftrags anzusehen sind. Das heißt hinsichtlich der Predigt: Ihr ist als Teil der kirchlichen Verkündigung eine diakonische Dimension zu eigen, die für ihren Vollzug maßgeblich ist. Jede Predigt ist von ihrem Ursprung her dazu bestimmt, Dienst in der Nachfolge des Diakons Jesus Christus zu sein. Deshalb kann sich die Bearbeitung der Frage nach der diakonischen Predigt nicht auf die Klärung von Genus und Formen diakonischer Predigt beschränken. Vielmehr hat sie sich, ausgehend von der diakonischen Grundausrichtung kirchlicher Sendung, um die Erhellung der diakonischen Dimension *jeder* Predigt zu bemühen.

Allerdings ist die Bestimmung der diakonischen Dimension der Predigt als Dienst zu formal. Das Wort "Dienst" wird in der gegenwärtigen kirchlichen Praxis geradezu inflationär gebraucht und löst, nicht zuletzt wegen seines ungeklärten semantischen Gehalts, den Verdacht aus, daß es sich hier um "eine Form ideologischer Rede" handelt, "die zumeist der Verschleierung von Machtinteressen dient"[5]. Semantische

---

[3] Vgl. ROLF ZERFAß, Grundkurs Predigt 1: Spruchpredigt, Düsseldorf 1987, 78.

[4] GERHARD K. SCHÄFER, Die Menschenfreundlichkeit Gottes bezeugen. Diakonische Predigten von der Alten Kirche bis zum 20. Jahrhundert (VDWI 4), Heidelberg 1991, 11.

[5] HERMANN STEINKAMP, Diakonisches Handeln, in: EDMUND ARENS (Hrsg.), Gottesrede - Glaubenspraxis. Perspektiven theologischer Handlungstheorie, Darmstadt 1994, 131 - 149; 131.

Unschärfe und ideologiekritischer Verdacht bilden somit zwei weitere Problemstellungen hinsichtlich der Bestimmung der diakonischen Dimension der Predigt. Sie erfordern den Aufweis eines klaren inhaltlichen Profils unter der besonderen Berücksichtigung der Würde aller in das Predigtgeschehen involvierten Subjekte. In dieser Hinsicht kommt der "befreiungstheologische[n] Übersetzung von Diakonie als 'Option für die Armen'"[6] besondere Bedeutung zu. Sie regt dazu an, bei der Klärung der diakonischen Dimension der Predigt von der Option für die Armen auszugehen.

Diese Vorentscheidung wirft jedoch eine zusätzliche Fragestellung auf, die innerhalb der Praktischen Theologie allgemein als sogenannte "Transferproblematik" behandelt wird. Die Option für die Armen entstammt historisch gesehen dem Kontext lateinamerikanischer Kirchen, der zentral von der materiellen Ausbeutung und der Ausgrenzung der Mehrheit des Volkes von den gesellschaftlichen und politischen Entscheidungsprozessen geprägt ist. Neben diesen wirtschaftlichen, sozialen und politischen Faktoren der Ungerechtigkeit sind kulturelle Voraussetzungen auszumachen, die zu der spezifisch kontextuellen Gestalt der lateinamerikanischen Option für die Armen geführt haben. Deshalb stellt sich die Frage, ob die Gewichtung der Option für die Armen, die innerhalb ihres historischen Entstehungszusammenhangs plausibel ist, auch im Kontext der modernen und sozialstaatlich verfaßten Gesellschaft der Bundesrepublik Deutschland möglich ist. Andererseits tritt auf dem Hintergrund einer zunehmenden Wahrnehmung der Schattenseiten des Modernisierungsprozesses, wie etwa des Phänomens der "Neuen Armut", immer deutlicher ins Bewußtsein, daß die befreiungstheologische Option für die Armen ihrerseits eine berechtigte Anfrage an die Maximen hiesiger volkskirchlicher Strukturen stellt.

Auf diesem Hintergrund wird als Ziel der vorliegenden Studie formuliert:

Es soll deutlich gemacht werden, daß die homiletisch getroffene Option für die Armen die diakonische Dimension der Predigt erschließt und sicherstellt. Darüberhinaus sollen Kriterien gefunden werden, die für eine praktische Einlösung der Option für die Armen förderlich sind.

---

[6] HERMANN STEINKAMP a. a. O., 132.

0.2 Methode

Zur Bewältigung dieser Aufgabe bietet der als Handlungswissenschaft klassifizierte Entwurf Praktischer Theologie erste Anhaltspunkte. Er hat sich in der praktisch-theologischen Diskussion weithin durchgesetzt. Auch wenn man nicht übersehen darf, daß sich hinter der Bezeichnung "Handlungswissenschaft" kein einheitliches Konzept verbirgt, sondern diese vielmehr als ein Sammelbegriff für unterschiedliche Entwürfe fungiert, ist doch folgender Konsens zu verzeichnen:

1. In handlungswissenschaftlicher Perspektive wird davon ausgegangen, daß kirchliche Praxis nur in ihrem historisch-gesellschaftlichen Kontext zureichend begriffen und entworfen werden kann.
2. Eine deduktive Verfahrensweise, die nach Strategien zur Umsetzung feststehender Prinzipien sucht, wird verabschiedet zugunsten einer induktiven Verfahrensweise, die die Gegenwartssituation als Gesprächspartner ernstnimmt[7].

Dieser Basiskonsens läßt sich modellartig entfalten, wobei die Stärken und Grenzen eines solchen Modells naturgemäß darin liegen, daß es die Komplexität eines Vorgangs auf seine wesentlichen Momente hin reduziert[8]. Der Ausgangspunkt handlungswissen-schaftlicher Reflexion sind "die krisenhafte[n] Störungen eingespielter Interaktions-muster"[9], die in den Handlungsfeldern christlicher und kirchlicher Praxis auftreten. Zu ihrer Bewältigung kann nicht nur einfach auf das Regelrepertoire der Überlieferung zurückgegriffen werden, da sich diese Strategie meistens als konfliktverstärkend, nicht aber als konfliktlösend erweist. An ihre Stelle tritt deshalb eine Situationserhebung mit sozialwissenschaftlichen Methoden, die ihrerseits wiederum mit der geltenden Über-lieferung vermittelt wird. Aus dieser "wechselseitige[n] Anfrage der Daten an die

---

[7] Vgl. NORBERT METTE/HERMANN STEINKAMP, Sozialwissenschaften und Praktische Theologie (LeTh 11), Düsseldorf 1983, 13 - 16.

[8] Vgl. ROLF ZERFASS, Praktische Theologie als Handlungswissenschaft, in: FERDINAND KLOSTER-MANN/DERS. (Hrsg.), Praktische Theologie heute, München - Mainz 1974, 164 - 177; DERS., Gottes-dienstliches Handeln, in: EDMUND ARENS (Hrsg.), Gottesrede - Glaubenspraxis, a. a. O., 110 - 130.

[9] DERS., Gottesdienstliches Handeln, a. a. O., 112.

Überlieferung und der Überlieferung an das Datenmaterial"[10] destilliert die praktisch-theologische Reflexion eine Handlungstheorie heraus. Diese dient nicht nur als Grundlage für die Formulierung situationsgerechter Handlungsanweisungen, sondern sie ermöglicht auch ein vertieftes Verständnis der krisenhaft vorgefundenen Situation, indem sich dort etwa mittels der neu erschlossenen Perspektive Ressourcen zeigen, die bislang nicht entdeckt wurden. Zudem gewinnt die geltende Überlieferung durch ihre kontextuelle Rezeption an Bedeutung. Das Modell handlungswissenschaftlicher Reflexion erweist sich somit als ein Regelkreis, der sich spiralenförmig um die Achse praktisch-theologischer Theoriebildung auf die Zukunft hin öffnet.

Von besonderer Bedeutung für die handlungswissenschaftliche Reflexion ist der ihr zugrunde liegende Handlungsbegriff. Gemäß der Unterscheidung von JÜRGEN HABERMAS[11] zwischen zweckrationalem und kommunikativem Handeln optiert eine handlungswissenschaftlich ausgerichtete Praktische Theologie für den kommunikativen Handlungsbegriff. Zweckrationales Handeln gestaltet sich im Wesentlichen als eine erfolgsorientierte Subjekt-Objekt-Relation. Kommunikatives Handeln hingegen vollzieht sich als Begegnung zwischen Subjekten auf der Basis wechselseitiger Anerkennung. Idealtypisch gesehen müssen sich zweckrationales und kommunikatives Handeln nicht gegenseitig ausschließen. In Wirklichkeit zeigt sich jedoch deutlich die Tendenz, daß sich die Domänen zweckrationalen Handelns, die gesellschaftlichen Subsysteme Wirtschaft und Administration, immer mehr der durch das kommunikative Handeln konstituierten Lebenswelt bemächtigen.

0.3   Aufbau

Unter diesen methodischen Voraussetzungen wird im ersten Teil der vorliegenden Studie die Praxisgestalt von Diakonie und Predigt hinsichtlich ihrer Stellung in Kirche und Gesellschaft analysiert. Das Ziel dieser Analyse ist es, die Ausdifferenzierung von Diakonie und Verkündigung zu *verstehen* und dabei die positiven Aspekte genauso zu

---

[10] A. a. O., 113.

[11] Vgl. JÜRGEN HABERMAS, Theorie des kommunikativen Handelns. Bd. 1: Handlungsrationalität und gesellschaftliche Rationalisierung; Bd. 2: Zur Kritik der funktionalistischen Vernunft, Frankfurt a. M. 1981.

berücksichtigen wie die negativen. Zu diesem Zweck kommen Ergebnisse der sozialwissenschaftlichen Forschung, näherhin der Wohlfahrtsverbändeforschung und der Religionssoziologie, in Betracht. Speziell die Religionssoziologie kann zeigen, welche Möglichkeiten die Kirche zur Gestaltung des Verhältnisses von Diakonie und Verkündigung hat und worin die absehbaren Konsequenzen ihrer jeweiligen Entscheidung liegen. Den Abschluß des ersten Teils bildet eine erste Profilierung der diakonischen Predigt, die die bis dorthin ermittelten Ergebnisse auswertet.

Der zweite Teil spannt einen Bogen von der biblischen Begründung der diakonischen Dimension der Predigt und der Option für die Armen bis hin zu der Analyse des ökumenischen Diskussionspapiers "Zur wirtschaftlichen und sozialen Lage in Deutschland". Im einzelnen geht es darum, biblische Kriterien orthopraktischer Verkündigung zu finden, die Geschichte der Predigt und der Homiletik auf deren Verwirklichung hin zu befragen, die Entwicklung der Option für die Armen seit dem 2. Vatikanischen Konzil nachzuzeichnen und diese als Herausforderung für die deutsche Kirche zu begreifen. Unter dem zuletzt genannten Aspekt ist eine neuerliche Analyse der gesellschaftlichen Situation unter dem Aspekt der Armut erforderlich. Dazu werden die vorläufigen Ergebnisse der dynamischen Armutsforschung und die soziologische Theorie der Erlebnisgesellschaft herangezogen. Hier zeigt sich, daß der methodische Dreischritt "Sehen - Urteilen - Handeln" nicht nur den Gesamtduktus einer praktisch-theologischen Studie bestimmt, sondern auch innerhalb der einzelnen methodischen Schritte immer wieder durchlaufen werden muß.

Im dritten Teil werden Handlungsperspektiven diakonischer Predigt entworfen. Sie sind als Versuch zu verstehen, die Kriterien orthopraktischer Verkündigung auf die gegenwärtige, volkskirchliche Predigtpraxis hin anzuwenden. Dabei wird von der Voraussetzung ausgegangen, daß es nicht nur nötig, sondern auch möglich ist, die volkskirchliche Praxis in Richtung auf die Option für die Armen zu transformieren. Darin kommen die Ergebnisse des ersten Teils zum Tragen, denen zufolge es realistische Anhaltspunkte für diese Annahme gibt.

0.4 Begriffsbestimmungen

Im folgenden sollen einige für die vorliegende Arbeit zentrale Begriffe geklärt werden: Verkündigung/Predigt, Diakonie/Caritas und Armut/Option für die Armen. Dies ist zum einen erforderlich, weil die genannten Begriffe zum größten Teil nicht einheitlich verwendet werden, so daß zunächst gesagt werden muß, wie die einzelnen Begriffe verstanden werden. Zum anderen sollen durch diese terminologischen Klärungen inhaltliche Vorentscheidungen, die sich aus den Überlegungen zur Methode ergeben, transparent gemacht werden.

0.4.1 Verkündigung/Predigt

Traditionellerweise galt die Predigt sowohl in der evangelischen als auch in der katholischen Kirche, hier allerdings mit einigen Abstrichen im Vergleich zu dort, als das genuine Mittel der Glaubensverkündigung und wurde mit dieser streckenweise gleichgesetzt: Verkündigung war Predigt. Diese Monopolstellung wurde jedoch in jüngster Zeit korrigiert. Ausgehend von der Besinnung auf das in der Bibel bezeugte Verkündigungsgeschehen wird die Predigt heute konfessionübergreifend im Kontext mit dem Lebenszeugnis und den verschiedensten Formen religiöser Kommunikation als ein Teil christlicher Verkündigung angesehen. Verkündigung ist somit wieder der übergeordnete Begriff: Predigt ist Verkündigung, aber Verkündigung umfaßt weit mehr als nur die Predigt. Sie ist "Faktum und Weise der Weitergabe des Heils, jene Wirklichkeit, durch welche Gott die im Kerygma mitgeteilte Rettung als Gegenwart in der Kirche geschehen läßt. Heilsgeschehen ist Verkündigung, wenn es das Evangelium als seinen Inhalt in einem Handeln Gottes durch Menschen und deren Sprechen, aber auch durch ihr Tun zu Gehör und damit zum Glauben bringt"[12]. Auf dem Hintergrund

---

[12] ERICH FEIFEL, Art. "Verkündigung", in: NHthG 5 (1991), 190 - 200; 190. Für die Verkündigung in Wort und Tat wird seit dem Apostolischen Schreiben *Evangelii nuntiandi* (1975) der Begriff "Evangelisierung" verwendet. Vgl. dazu weiterführend: ROLF ZERFAß/HERBERT POENSGEN, Art. "Predigt/Verkündigung", in: CHRISTOF BÄUMLER/NORBERT METTE (Hrsg.), Gemeindepraxis in Grundbegriffen. Ökumenische Orientierungen und Perspektiven, München - Düsseldorf 1987, 354 - 368; ferner Punkt 2.5.2 dieser Studie.

dieses Verkündigungsbegriffs und in Abgrenzung zu anderen Formen der Verkündigung läßt sich die Predigt wie folgt bestimmen[13]:

Predigt ist die öffentliche, im Rahmen eines Gottesdienstes stattfindende und auf die Gegenwart bezogene Auslegung des Wortes Gottes durch einen amtlich bestellten Verkündiger...

Da die vorliegende Arbeit zum Ziel hat, die diakonische Dimension der Predigt auf der Grundlage der Option für die Armen zu erschließen, ist diese Predigtdefinition arbeitshypothetisch durch einen Relativsatz zu ergänzen:

...die als Dienst in der Nachfolge des Diakons Jesus Christus den Glauben aus der Perspektive der Option für die Armen wecken und stärken will.

0.4.2   Diakonie/Caritas

Der Begriff "Diakonie" wird gegenwärtig mit unterschiedlicher Reichweite gebraucht. Im weiten Sinn bezeichnet Diakonie die grundlegende Dimension christlicher Existenz und kirchlicher Sendung. Sie ist Dienst an Gott und den Menschen, der aus dem Dienst Gottes, seinem Schöpfungs- und Erlösungshandeln, das im Diakon Jesus Christus kulminiert, entspringt. In dieser Bedeutung ist die Diakonie "zu einem Grundbegriff nachkonziliarer Ekklesiologie geworden"[14]. Im engeren Sinn steht Diakonie für das organisierte oder individuelle Hilfehandeln von Christen an Menschen in sozialer, psychischer und materieller Not. Dieser spezielle Dienst wird in der Lehre von den (drei) kirchlichen Grundvollzügen, *Martyria, Leiturgia* und *Diakonia*, thematisiert[15]. Diakonie gilt hier deshalb als Grundfunktion, weil sie das Ganze der

---

[13] Auf die Kontroverse um die Vermittlung von dogmatischen und empirischen Aspekten des Predigtbegriffs kann im Zusammenhang der vorliegenden Untersuchung nicht eingegangen werden. Vgl. dazu: HANS WERNER DANNOWSKI, Kompendium der Predigtlehre, Gütersloh 1985, 11 - 43; WILHELM GRÄB, Predigt als Mitteilung des Glaubens. Studien zu einer prinzipiellen Homiletik in praktischer Absicht, Gütersloh 1988.

[14] NIKOLAUS SIDLER, Art. "Diakonie, christliche", in: HdPTh.Lex (1972), 89 - 90; 89.

[15] ROLF ZERFAß hat verschiedentlich dafür plädiert, diese Trias durch die Hinzunahme der Koinonia zu einer Quadriga auszuweiten. Ihm geht es darum, die Liebe zu den Notleidenden nach außen von der geschwisterlichen Liebe nach innen zu unterscheiden: "Nur die klare Unterscheidung zwischen dem Dienst an der Einheit und dem Dienst an den Armen ermöglicht ein soziales Engagement der Kirche, das nicht unter den Verdacht gerät, von heimlichen Vereinnahmungsinteressen korrumpiert zu werden" (DERS., Lebensnerv Caritas. Helfer brauchen Rückhalt, Freiburg i. Br. - Basel - Wien 1992, 86). Diese

christlichen Sendung in spezifischer Akzentsetzung zum Ausdruck bringt, und zwar insofern, als in ihrem Vollzug die beiden anderen Grundfunktionen, Liturgie und Verkündigung, aufscheinen. Diakonie ist nicht nur einfach Hilfe für Notleidende, sondern zugleich auch (Tat-)Verkündigung und zeichenhafte Vergegenwärtigung der Liebe Gottes[16]. Darüberhinaus wird die Stellung der Diakonie innerhalb der Trias der Grundvollzüge als gleichursprünglich beschrieben, d.h. ihr Verhältnis zu Liturgie und Verkündigung wird nicht von Über- oder Unterordnung bestimmt.

In der katholischen Kirche und Theologie hat der Diakoniebegriff erst in jüngerer Zeit Eingang gefunden. Seine angestammte Heimat ist, unbeschadet der bedeutungsreichen Verwendung der zum διαχ-Stamm gehörenden Wortgruppe im Neuen Testament, das Hilfehandeln der evangelischen Kirchen. Die im katholischen Raum ursprüngliche und deshalb allgemein noch geläufigere Bezeichnung für den mit Diakonie gemeinten Sachverhalt ist Caritas. Wie der Diakoniebegriff wird auch Caritas in einem doppeltem Sinn verwendet. Zum einen bezeichnet das Wort im umfassenden Sinn gleichermaßen die Liebe Gottes zu den Menschen wie die darauf antwortende menschliche Liebe. Zum anderen bezieht es sich im engen Sinn auf das institutionalisierte oder informelle Hilfehandeln, das im Geist dieser Liebe vollzogen wird. Nach RICHARD VÖLKL, dem langjährigen Inhaber des einzigen Lehrstuhls für Caritaswissenschaft in Deutschland, ist Caritas in mancher Hinsicht nicht nur aufgrund von Mißverständnissen, sondern auch aufgrund von historischen und gegenwärtigen Fehlformen ein belasteter Begriff. An ihm haftet, bedingt durch individualisierende und von ungerechten Strukturen abstrahierende Formen der Hilfe, der "Armeleutegeruch". Einen gänzlich anderen Beigeschmack, den "Weihrauchgeruch", löst die religiöse Prägung des Begriffs

---

Vierzahl scheint sich mittlerweile durchzusetzen [vgl. LEO KARRER (Hrsg.), Handbuch der praktischen Gemeindearbeit, Freiburg i. Br. - Basel - Wien 1990]. Problematisch ist jedoch, daß die vom genannten Anliegen her gesehen an sich plausible Unterscheidung von Innen und Außen mit einem anderen diakonietheologischen Interesse, nämlich der Entgrenzung christlicher Diakonie, kollidiert. Anstatt die Koinonia als vierte Grundfunktion einzustufen, wäre es deshalb besser, sie "als kritischen Begriff (U. KUHNKE) [aufzufassen], der alle drei traditionellen Grunddimensionen als Klammer umgreift bzw. umgreifen sollte" [HERIBERT WAHL, Diakonie: Wiederentdeckte Grunddimension kirchlichen Handelns. Perspektiven und Optionen für eine 'diakonische Theologie', in: PthI 13 (1993), 155 - 173, 156f.].

[16] Vgl. SIEGFRIED WIEDENHOFER, Das katholische Kirchenverständnis. Ein Lehrbuch der Ekklesiologie, Graz - Wien - Köln 1992, 234.

aus. Hilfeleistung, die mit der Liebe zu Gott in Verbindung gebracht wird, weckt den Verdacht der Verzweckung des Nächsten als Mittel zur Erlangung des persönlichen Heils[17]. Trotz dieser nicht von der Hand zu weisenden Belastung des Caritasbegriffs läßt sich die katholische Rezeption des Diakoniebegriffs nicht damit begründen, daß dieser sich gegenüber jenem als unverbraucht erweisen würde. Auch das Wort "Diakonie" ist, wie schon gesagt wurde, vor Mißbrauch und Mißdeutung nicht gefeit. Vielmehr zeigt sich in der katholischen Übernahme des evangelischen Begriffs ein gerade in den diakonischen Handlungsfeldern gewachsenes ökumenisches Bewußtsein[18]. Zudem hat der Begriff Diakonie den Vorteil, daß er auch in der sozialwissenschaftlichen Literatur verwendet wird[19]. Mit dieser begrifflichen Angleichung ist jedoch nicht der theologische Gehalt des Caritasbegriffs ad acta gelegt. Denn dieser verankert die Diakonie im trinitarischen Geheimnis und verbindet sie mit der für den Menschen zentralen Sehnsucht zu lieben und geliebt zu werden[20].

Um das christliche Hilfehandeln vor Verkürzungen zu bewahren, hat sich die folgende terminologische Differenzierung eingebürgert. Während der Begriff "caritative Diakonie" die Hilfe in akuter Not bezeichnet, wird mit den Adjektiven "gesellschaftlich", "politisch" und "sozial-caritativ" jene Gestalt von Diakonie näher bestimmt, die sich um eine strukturelle Veränderung notverursachender Bedingungen bemüht. Dazu gehört auch die Anklage ungerechter Verhältnisse und die Parteinahme für die Benachteiligten. Für sie steht der Begriff "politische Diakonie".

---

[17] Vgl. RICHARD VÖLKL, Nächstenliebe - Die Summe der christlichen Religion? Beiträge zu Theologie und Praxis der Caritas, Freiburg i. Br. 1987, 158f.

[18] Vgl. GENERALSEKRETARIAT DES DCV (Hrsg.), Caritasverband in Kirche, Staat und Gesellschaft. Ein Positionspapier des Deutschen Caritasverbandes zu Selbstverständnis und Auftrag verbandlich organisierter Caritas im heutigen kirchlichen und gesellschaftlichen Kontext, Freiburg 1983, 38.

[19] Vgl. HERMANN STEINKAMP, Diakonie: Kennzeichen der Gemeinde. Entwurf einer praktisch-theologischen Theorie, Freiburg i. Br. 1985, 12f.

[20] Vgl. ROLF ZERFAß, Organisierte Caritas als Herausforderung an eine nachkonziliare Theologie, in: EHRENFRIED SCHULZ/HUBERT BROSSEDER/HERIBERT WAHL (Hrsg.), Den Menschen nachgehen. Offene Seelsorge als Diakonie in der Gesellschaft (FS HANS SCHILLING), St. Ottilien 1987, 321 - 348; 342 - 345.

0.4.3 Armut/Option für die Armen

Vorauszuschicken sind vier grundsätzliche Aspekte:

1. Es ist unmöglich, Armut erschöpfend zu definieren. Die Vielzahl von Ursachen und Deutungen der Armut steht dem im Wege. Als kleinster gemeinsamer Nenner aller Armutsdefinitionen läßt sich jedoch feststellen: Armut bezeichnet einen Mangelzustand.

2. Armut ist ein moralischer Begriff, d.h. Armut ist mit Wertungen im Blick auf die Armen oder mit Handlungsappellen hinsichtlich der potentiellen Helfer verbunden. In diesem Sinn wird den Armen oft Faulheit unterstellt, pocht Armut an das Gewissen der Reichen.

3. Zudem ist Armut ein politischer Begriff; Armut dient dazu, den politischen Gegner zu markieren. Hierzulande sind es meistens Parteien der Opposition, die Armut thematisieren, um die jeweilige Regierung in Frage zu stellen. Des weiteren wirft das Feststellen von Armut das Problem der Verteilungsgerechtigkeit des Sozialstaates auf.

4. Nach WOLFRAM FISCHER sind die Armen "in allen Kulturen und Epochen (...) die Unbekannten. Wir wissen wenig über sie und das, was wir zu wissen glauben, ist oft falsch"[21]. Das ist bei allen Armutsdefinitionen zu beherzigen: Sie stammen eben nicht von den Betroffenen selbst, was natürlich Rückschlüsse auf ihr Einflußvermögen bzw. ihre Ohnmacht zuläßt.

0.4.3.1 Sozialwissenschaftliche Armutsdefinitionen

Die sozialwissenschaftliche Beschäftigung mit der Armut hat ein komplexes Begriffssystem hervorgebracht, mit dessen Hilfe die Dauer der Armut, ihre Quantität, Qualität und Kausalität sowie die Bewußtseinshaltung der Armen analysiert und kategorisiert werden soll[22]. Dabei finden verschiedene Begriffspaare Verwendung:

---

[21] WOLFRAM FISCHER, Armut in der Geschichte. Erscheinungsformen und Lösungsversuche der "Sozialen Frage" in Europa seit dem Mittelalter, Göttingen 1982, 7.

[22] Vgl. HEINZ STRANG, Erscheinungsformen der Sozialhilfebedürftigkeit. Beitrag zur Geschichte, Theorie und empirischen Analyse der Armut, Stuttgart 1970, 61.

andauernd - vorübergehend (Zeit)

strukturell - individuell (Kausalität/Quantität)

materiell - immateriell (Qualität)

objektiv - subjektiv (Kausalität/Bewußtsein).

Darüber hinaus wird zwischen absoluter und relativer Armut differenziert. Diese Unterscheidung ist nach RICHARD HAUSER und UDO NEUMANN insofern besonders bedeutsam, als sie den meisten derzeit aktuellen Armutsbegriffen zugrunde liegt[23].

RICHARD HAUSER und UDO NEUMANN definieren absolute Armut als einen Mangelzustand, "der es nicht erlaubt, die *physische Existenz* dauerhaft zu sichern"[24]. Absolut arm ist, wem es nicht möglich ist, die materiellen Grundbedürfnisse nach Ernährung, Kleidung, Unterkunft und Gesundheitsfürsorge zu befriedigen. Relative Armut ist hingegen ein Mangel an Mitteln zur Erlangung des sozio-kulturellen Existenzminimums. Dieses bezieht sich als relative Größe auf den jeweiligen Standard einer Gesellschaft und umfaßt nicht nur materielle, sondern auch immaterielle Güter wie Bildung, Partizipation am gesellschaftlichen und kulturellen Leben usw.[25].

Da absolute Armut in der hochentwickelten Gesellschaft der Bundesrepublik Deutschland als nahezu überwunden gilt, konzentriert sich die hiesige Armutsforschung auf die Untersuchung der relativen Armut bzw. des sozio-kulturellen Existenzminimums. Dabei kommen drei unterschiedliche Konzepte zum Tragen.

0.4.3.1.1   Das Ressourcenkonzept: Relative Armut als Einkommensarmut

Der Ressourcenansatz geht von einem materiellen Kernproblem aus. Arm ist, wer nicht über die finanziellen Mittel verfügt, die für die Erlangung des sozio-kulturellen

---

[23] Vgl. RICHARD HAUSER/UDO NEUMANN, Armut in der Bundesrepublik Deutschland. Die sozialwissenschaftliche Thematisierung nach dem Zweiten Weltkrieg, in: STEFAN LEIBFRIED/WOLFGANG VOGES (Hrsg.), Armut im modernen Wohlfahrtsstaat (KZSfSS Sonderheft 32/1992), Opladen 1992, 237 - 271; 245.

[24] RICHARD HAUSER/UDO NEUMANN, Armut in der Bundesrepublik Deutschland, a. a. O., 245.

[25] Vgl. a. a. O., 246.

Existenzminimums erforderlich sind. Als Bestimmungsgrößen dienen dabei die Sozialhilfeschwelle sowie die relative Einkommensarmut. Letztere definiert diejenigen Personen als arm, die über weniger als 50% des nationalen Nettodurchschnittseinkommen verfügen. Daneben werden auch die 40%- und 60%-Marke als hoher bzw. niedriger Schwellenwert verwendet. Obschon das Ressourcenkonzept für die empirische Armutsforschung vorerst unersetzbar ist, besteht doch die Gefahr, daß durch die vorrangige Orientierung an der ökonomischen Seite des Problems andere schwerwiegende Aspekte ausgeblendet werden.

0.4.3.1.2   Das Lebenslagenkonzept: Relative Armut als multidimensionales Phänomen

Der Lebenslagenansatz versucht der Einseitigkeit des Ressourcenkomzepts zu begegnen[26]. Er verknüpft "persönliche Merkmale und Erlebnisweisen mit sozialen, normativen und ökonomischen Rahmenbedingungen"[27] und versucht so der Multidimensionalität der Armut über ihre ökonomische Betrachtungsweise hinaus gerecht zu werden. In einer umfassenden Sicht werden deshalb neben "Arbeit und Einkommen", "Kosten und Konsum" auch "Biographie und Persönlichkeit", "soziale Netze" und "gesellschaftliche Werthaltungen" thematisiert und aufeinander bezogen[28]. Dadurch ist es nicht nur möglich, die Ursachen und Folgen, sondern auch die Möglichkeiten zur Prävention bzw. zur Überwindung von Armut zu eruieren. Allerdings bestehen bei diesem Konzept noch Schwierigkeiten hinsichtlich der empirischen Fundierung.

0.4.3.1.3   Dynamisches Armutskonzept: Armut als Episode im Lebenslauf

Das dynamische Armutskonzept[29] wendet sich gegen eine statische Sicht, nach der Armut eine Lebenslage von Dauer ist. Der Zeitfaktor kommt dabei nur insofern in Betracht, als angenommen wird, daß dem Zustand der Armut eine Abstiegskarriere

---

[26] Vgl. GERD IBEN, Strukturelle Armut - auch bei uns, in: Diakonia 22 (1991), 168 - 178; 172.

[27] A. a. O., 175.

[28] Vgl. a. a. O., 176.

[29] Vgl. STEPHAN LEIBFRIED/LUTZ LEISERING U.A., Zeit der Armut. Lebensläufe im Sozialstaat, Frankfurt 1995, 7 - 17.

vorausgeht. Arme sind in dieser Sicht vorrangig Langzeitfälle. Sie gehören bestimmten Problemgruppen an (Arbeitslose, Rentnerinnen, Obdachlose). Um diese Vorstellungen über Armut zu korrigieren, nimmt die dynamische Armutsforschung erstens die ganze Armutsgeschichte von Sozialhilfeempfängern in den Blick. In Längsschnittuntersuchungen fragt sie nach dem Grund von Sozialhilfebedürftigkeit, nach Veränderungen während der Armutslage und fallweise auch nach dem Weg aus der Armut. Zweitens schränkt sich die dynamische Armutsforschung nicht auf bestimmte Randgruppen ein; vielmehr wird versucht, durch eine repräsentative Stichprobe aus allen Sozialhilfeempfängern eines Ortes und zu einer bestimmten Zeit ein möglichst breites Spektrum unterschiedlicher Problemlagen zu erfassen. Drittens wird in Befragungen den Betroffenen selbst das Wort gegeben. Darin kommt die handlungswissenschaftliche Prämisse der dynamischen Armutsforschung zum Tragen: Statt die von Armut Betroffenen von vornherein als Opfer der Verhältnisse zu sehen, sollen sie als Subjekte ernstgenommen werden, die auf unterschiedliche Weise ihre Lage gestalten und auch verbessern können. Tatsächlich haben erste Ergebnisse dieser Forschungsrichtung gezeigt, "daß *Armutslagen 'beweglicher' sein dürften als bisher angenommen wurde*: Armut ist häufig nur eine Episode im Lebenslauf und wird von einem großen Teil der Betroffenen aktiv bewältigt. Zugleich reicht Armut als vorübergehende Lebenslage und latentes Risiko in mittlere soziale Schichten hinein und ist nicht mehr auf traditionelle Randgruppen oder ein abgespaltenes unteres Drittel beschränkt"[30].

0.4.3.2   Armut in theologischer Hinsicht/Option für die Armen

Enthalten die sozialwissenschaftlichen Armutsdefinitionen weithin eine negative Bewertung der Armut als Mangelsituation, so liegt die Besonderheit des theologischen Armutsverständnisses darin, daß es neben der Qualifizierung der Armut als ein zu bekämpfendes Übel auch eine positive Einschätzung der Armut als freiwillig gewählter Lebensform und Lebensweise kennt. Während erstere von den Angehörigen der Orden realisiert wird, kommt letztere in Gestalt einer einfachen Lebensführung für alle

---

[30] A. a. O., 9.

Christen in Betracht. Ausschlaggebend für diese partielle Aufwertung der Armut sind vor allem drei Motive[31]:

1. Vorbild ist die Selbstentäußerung Gottes in seinem Sohn Jesus Christus: Er hat sich selbst erniedrigt, um uns in unserer kreatürlichen Armut reich zu machen (vgl. 2 Kor 8,9).

2. Kommt in der frei gewählten Armut der sogenannte eschatologische Vorbehalt zum Tragen: Durch Verzicht und schlichte Lebensführung soll einer falschen Anhänglichkeit an die Dinge dieser Welt im Sinne einer "Diktatur des Habens, Besitzens und der reinen Selbstvergötterung"[32] Einhalt geboten werden.

3. Zielt der Verzicht auf bzw. die Einschränkung von Besitz auf die Freiheit zur Solidarität besonders mit denen, die unter dem Übel der Armut leiden.

Eingedenk dieser Motive wird deutlich, daß nach christlichem Verständnis die Armut keinen Wert an sich darstellt. Auch die positive Bewertung der Armut ist immer auf ein größeres Ziel hingeordnet und dient letztendlich der Kritik an ungerechten Verhältnissen. Gleichwohl hat dieses Armutsverständnis einen kaum zu überschätzenden Wert für den Kampf gegen die Armut: Es stellt die Solidarität und nicht den Reichtum als anzustrebenden Zustand heraus.

Christlicher Glaube ermöglicht jedoch nicht nur ein positives Verständnis der Armut als einer auf die Praxis der Solidarität hingeordneten Geisteshaltung, sondern auch eine Aufwertung der Armen. Nach dem Matthäusevangelium sind sie der Ort der verborgenen Gegenwart des erhöhten Herrn (vgl. Mt 25,40). Wurde diese Stelle bis in die jüngste Zeit hinein oft in einen paternalistischem oder instrumentalisierenden Sinne mißverstanden, so beginnt sich doch auf dem Hintergrund der lateinamerikanischen Option für die Armen die Anerkennung der Armen als Subjekte durchzusetzen. Sie sind

---

[31] Vgl. PETER LIPPERT, Art. "Armut", in: HdPTh.Lex (1972), 34.

[32] JOHANN B. METZ, For a Renewed Church before a New Council. A Concept in Four Theses, in: D. TRACY (Hrsg.), Toward Vatican III, 140; zit. n. BERNHARD HÄRING, Frei in Christus. Moraltheologie für die Praxis des christlichen Lebens. III: Die Verantwortung des Menschen für das Leben, Freiburg i. Br. - Basel - Wien 1989, 274.

nicht nur die Objekte kirchlicher Wohltätigkeit und Fürsprache, sondern sie rufen die Kirche zur Umkehr auf und erschließen ihr eine neue Sicht des Evangeliums.

Wie oben schon kurz angerissen wurde, besteht in der Theologie die Tendenz, "in einer globalen Schau (...) alles Innerweltliche, d.h. letztlich alles, was nicht Gott selbst ist, unter dem Aspekt der Armut" zu betrachten[33]. In dieser Perspektive wird der Schwerpunkt des Interesses auf all das gelenkt, was Ausdruck und Erfahrung menschlicher Begrenztheit ist: Krankheit, Leid, Tod und Schuld. Daß dies durchaus auch berechtigt ist, kann nicht in Zweifel gezogen werden, denn die Thematisierung existentieller Armut gehört zu den genuinen Aufgaben christlicher Rede von Gott. Andererseits besteht jedoch die Gefahr, daß durch den Rekurs auf das alle Menschen Verbindende das ausgeblendet wird, was sie real unterscheidet: der soziale Gegensatz zwischen reich und arm. Demgegenüber bietet die Option für die Armen die Möglichkeit, die Wirklichkeit differenziert in den Blick zu nehmen, indem sie die Aufmerksamkeit auf die richtet, die sonst ignoriert werden. Zudem nimmt die Option für die Armen dem christlichen Handeln die Beliebigkeit. Sie leitet dazu an, sich angesichts der Begrenztheit der eigenen Kräfte für die Notleidenden zu entscheiden. Diese Präferenz für die Armen und Notleidenden erwächst aus dem Glauben an Gott, und zwar in dem Sinne, daß sich der so Handelnde der Fürsorge Gottes anvertraut und auf seinen Beistand im Engagement für die Armen und Notleidenden hofft[34].

---

[33] WALTER KERBER/ALFONS DEISSLER/PETER FIEDLER, Armut und Reichtum, in: CGG 17 (1981), 78 - 122; 84.

[34] Vgl. HERMANN STEINKAMP, Sozialpastoral, Freiburg i. Br. 1991.

1   Diakonie und Predigt im Kontext einer differenzierten Gesellschaft ("Sehen")

Gemäß dem methodischen Dreischritt "Sehen - Urteilen - Handeln" ist es die Aufgabe dieses ersten Teils, die Praxisgestalt von Diakonie und Predigt hinsichtlich ihrer Stellung in Kirche und Gesellschaft zu analysieren. Das zentrale Problem ist dabei zunächst die gesellschaftliche Ausdifferenzierung von Diakonie und Pastoral (bzw. Verkündigung) zur sogenannten kirchlichen Doppelstruktur. Die in der praktisch-theologischen Diskussion diesbezüglich gebräuchlich gewordene Rede von "Spaltung", "Trennung" oder "Kluft" weist darauf hin, daß sich diese Entwicklung sowohl für die Verkündigung als auch für die Diakonie krisenhaft auswirkt: Verkündigung, die sich aufgrund organisatorischer Verselbständigung nicht mehr auf die Diakonie beziehen kann, wird lebensfern und neigt zum Doktrinalismus. Und Diakonie, die kaum noch von der Verkündigung inspiriert und begleitet wird, verliert ihre spezifisch christliche Motivation und gerät zunehmend in Abhängigkeiten, die ihrem Selbstverständnis entgegenstehen[35]. Von daher ist das Bemühen um eine Integration von Diakonie und Verkündigung dringend angezeigt. Speziell im Blick auf die Predigt ist dann zu überlegen, welchen Beitrag sie dazu zu leisten imstande ist.

Eine soziologische Betrachtung mahnt indes zur Vorsicht gegenüber einer ausschließlich theologischen Bearbeitung des Problems. Denn in soziologischer Perspektive erscheint das, was in praktisch-theologischen Abhandlungen mit deutlich emotionalen Untertönen beklagt wird, als eine notwendige Ausdifferenzierung zweier Teilsysteme des Religionssystems, die den Erfordernissen einer modernen Gesellschaft entspricht. Soll eine praktisch-theologische Erörterung der Trennung von Diakonie und Verkündigung sich nicht in einer gebetsmühlenhaften Wiederholung und Einschärfung theologischer Grundsätze erschöpfen oder zu vorschnellen Lösungsstrategien führen, so muß sie diesen gesellschaftlichen Horizont ernstnehmen und sich mit den von daher gegebe-

---

[35] Vgl. WALTER FÜRST, Diakonische Pastoral und pastorale Diakonie - Bewährung der Kirche in der modernen Gesellschaft, in: NORBERT FELDHOFF/ALFRED DÜNNER (Hrsg.), Die verbandliche Caritas. Praktisch-theologische und kirchenrechtliche Aspekte, Freiburg i. Br. 1991, 52 - 80; 54.

nen Bedingungen auseinandersetzen. Aus diesem Grund werden im folgenden hinsichtlich der Analyse der sozialstaatlichen und kirchlichen Funktion der Caritas Erkenntnisse der sozialwissenschaftlichen Wohlfahrtsverbändeforschung aufgegriffen. Diese eröffnen zudem den Blick für Problemstellungen, die mit der eingangs genannten Fragestellung nicht wahrgenommen werden. Es sind die systembedingte Entmündigung von ehrenamtlichen Helfern und Hilfebedürftigen und die strukturelle Benachteiligung der Armen. Somit wird die ursprüngliche, eher binnenkirchlich oder binnentheologisch anmutende Fragestellung mit Hilfe sozialwissenschaftlicher Erkenntnisse geöffnet hin zur Wahrnehmung gesellschaftlicher Zustände, die in der Perspektive des Evangeliums, der Option für das Subjektsein aller, vorrangig aber für das der Armen, als Herausforderung begriffen werden müssen.

Die These von der Kluft zwischen Diakonie und Pastoral (bzw. Verkündigung) läuft jedoch nicht nur Gefahr, gesellschaftliche Rahmenbedingungen außer acht zu lassen, sondern sie führt auch nicht selten zu einer verzerrten Wahrnehmung der Pastoral. In diesem Sinne wird von der diakonielosen Gemeinde gesprochen. Nimmt man die Größenordnung organisierter Caritas zum Vergleich, ist dieses Urteil zwar naheliegend, aber es verkennt doch, daß auch in den christlichen Gemeinden sehr wohl Diakonie geleistet wird. Legt man diese Annahme zugrunde, so ergibt sich im Blick auf die Pastoral eine modifizierte Fragestellung. Es ist zu klären, welche Gestalten gemeindlicher Diakonie derzeit real existieren und welchen Stellenwert die Diakonie im Bewußtsein der Gemeinden einnimmt.

Ferner ist zu prüfen, welchen Stellenwert die Predigt in Kirche und Gesellschaft einnimmt. Wenn es darum geht, im engeren Sinn der Abständigkeit von Diakonie und Pastoral homiletisch zu begegnen und im weiteren Sinn die soziale Entwicklung, in die die christliche Diakonie und Pastoral involviert sind, als Herausforderung für eine Standortbestimmung der Predigt anzunehmen, dann ist es erforderlich, sich zuvor hinsichtlich ihres derzeitigen Leistungsvermögens zu vergewissern.

Schließlich sind unter Berücksichtigung religionssoziologischer Überlegungen und des Ertrags der sozialwissenschaftlichen Wohlfahrtsverbändeforschung Szenarien der weiteren Entwicklung von Diakonie und Pastoral (bzw. Verkündigung) zu entwerfen, die eine erste situationsgemäße Profilierung der diakonischen Predigt erlauben.

1.1 Die Stellung der organisierten Caritas zwischen Kirche und Staat

1.1.1 Die sozialstaatliche Funktion der organisierten Caritas

Die Caritas, ursprünglich eine zumeist in Vereinen organisierte Initiative von sozial engagierten Katholiken des 19. Jahrhunderts[36], gehört heute als der größte Verband der freien Wohlfahrtspflege[37] zu einem gesellschaftlichen Subsystem, das in den letzten vierzig Jahren beständig expandierte. Das rapide Wachstum in diesem Sektor läßt sich exemplarisch allein schon anhand der Zunahme des hauptberuflichen Mitarbeiterstamms der Caritas verdeutlichen. Dieser vergrößerte sich zwischen 1950 und 1970 um 80%; von 1970 bis 1990 um weitere 82% auf einen Stand von rund 348.000 Mitarbeitern[38]. Daß mit dieser Entwicklung nicht nur quantitative, sondern auch qualitative Akzentverschiebungen einhergehen, die die freien Wohlfahrtsverbände insgesamt in eine Identitätskrise und immer größer werdende Legitimationszwänge führen, wird mittlerweile innerhalb der sozialwissenschaftlichen Wohlfahrtsverbändeforschung allgemein problematisiert: Allem Anschein nach ist die freie Wohlfahrtspflege in die Krise hinein expandiert. Dies soll im folgenden auf dem Hintergrund einer idealtypischen Darstellung der Rolle und des Stellenwerts der freien Wohlfahrtspflege herausgearbeitet werden. Gegen den hier eingeschlagenen Weg spricht der in der Wohlfahrtsverbändeforschung zwar stereotyp, aber ohne nennenswerte Konsequenzen

---

[36] Zur deutschen Caritasbewegung des 19. Jahrhunderts und zur Entstehung der organisierten Caritas vgl. den Forschungsüberblick von EWALD FRIE, Caritativer Katholizismus in Deutschland im 19. und 20. Jahrhundert: Literatur zur Erforschung seiner Geschichte aus den Jahren 1960 bis 1993, DEUTSCHER CARITASVERBAND (Hrsg.), Freiburg i. Br. 1994.

[37] Neben dem Deutschen Caritasverband gehören zu den Spitzenverbänden der freien Wohlfahrtspflege: die Arbeiterwohlfahrt, das Diakonische Werk, der Paritätische Wohlfahrtsverband, das Deutsche Rote Kreuz und die Zentralwohlfahrtsstelle der Juden.

[38] Vgl. ROLF ZERFAß, Lebensnerv Caritas, a. a. O., 17. Ferner HANS HARRO BÜHLER, Die katholischen sozialen Einrichtungen der Caritas in der Bundesrepublik Deutschland 1980 - 1990, in: Caritas '92 (1991), 319 - 336: Die dort angeführten Daten beziehen sich allerdings nur auf das Gebiet der Bundesrepublik vor der Wiedervereinigung; statistische Angaben zu den Einrichtungen der Caritas im Bereich der Berliner Bischofskonferenz finden sich gesondert in einem Anhang (a.a.O., 336).

vorgetragene Einwand, daß sich hinsichtlich der Wohlfahrtsverbände generalisierende Aussagen eigentlich verbieten. Denn die einzelnen Verbände unterscheiden sich nicht nur untereinander; auch verbandsintern sind sie, bedingt durch ihre Entstehungsgeschichte, nicht einheitlich verfaßt. Trotzdem lassen sich Problemkonstellationen ausmachen, die strukturell vorgegeben sind. Ein Verzicht auf diese Perspektive würde die Sachzwänge ausblenden, unter denen sich freie Wohlfahrtspflege, unbeschadet der noch immer vorhandenen Freiräume der Verbände, vollzieht.

1.1.1.1 Rolle und Stellenwert freier Wohlfahrtspflege[39]

Der Hilfesektor der Bundesrepublik Deutschland wird durch formelle, informelle und intermediäre Leistungs- und Hilfesysteme konstituiert. Formelle Dienstleistungen werden entweder über den Markt von privatwirtschaftlichen Trägern angeboten oder von öffentlichen Trägern bereitgestellt. Informelle Hilfen werden durch Angehörige des Primärbereichs (Familie, Freunde und Nachbarschaft) oder durch Ehrenamtliche erbracht. Spezifisch für die freie Wohlfahrtspflege ist, daß sie sowohl gegenüber dem formellen (Markt und Staat) und dem informellen Hilfesektor als auch gegenüber dem Markt- und dem Staats-Sektor eine Zwischenstellung einnimmt[40]:

---

[39] Vgl. HANS OLIVA/HUBERT OPPL/RUDOLF SCHMID (Hrsg.), Rolle und Stellenwert freier Wohlfahrtspflege. Forschungsbericht im Auftrag des Bayerischen Staatsministeriums für Arbeit, Familie und Sozialordnung (Soziokulturelle Herausforderungen - Sozialpolitische Aufgaben 4), München 1991.

[40] Die Abb. 1 - 3 werden übernommen von: MICHAEL N. EBERTZ, Caritas im gesellschaftlichen Wandel - Expansion in die Krise? In: MARKUS LEHNER/WILHELM ZAUNER, Grundkurs Caritas, Linz 1993, 83 - 114; 110 - 111. Die Abb. 2 und 3 sind gegenüber dem Orignal leicht verändert.

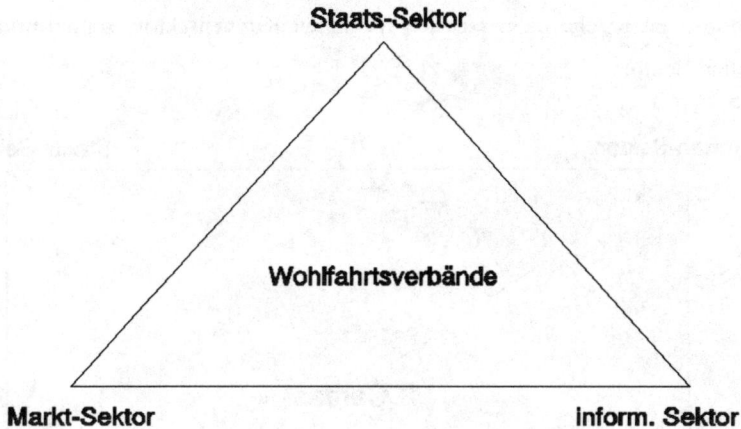

Staats-Sektor

Wohlfahrtsverbände

Markt-Sektor   inform. Sektor

Abb. 1

1.1.1.1.1 Zur intermediären Stellung der freien Wohlfahrtspflege zwischen Markt und Staat

Freie Wohlfahrtspflege wird nach ihrem Selbstverständnis durch drei Prinzipien charakterisiert: Freiwilligkeit, Gemeinnützigkeit und Weltanschaulichkeit. Diese begründen die intermediäre Stellung der Wohlfahrtsverbände, wobei dem zuletzt genannten Kriterium ein besonderes Gewicht zukommt. Durch das Prinzip der Freiwilligkeit grenzt sich die freie von der öffentlichen Wohlfahrtspflege ab. Denn im Unterschied zum Staat ist die freie Wohlfahrtspflege zu den sozialen Dienstleistungen nicht gesetzlich verpflichtet. Dieses Merkmal der Freiwilligkeit verbindet die freie Wohlfahrtspflege wiederum mit den privatwirtschaftlichen Unternehmen, die ihre Hilfeleistungen über den Markt anbieten. Von ihnen unterscheidet sie jedoch das Prinzip der Gemeinnützigkeit, demzufolge die freien Wohlfahrtsverbände ihre Hilfeleistungen nicht gewinn-, sondern gemeinwohlorientiert erbringen. Dieser Grundsatz verbindet hingegen die freie mit der öffentlichen Wohlfahrtspflege. Allein durch das Merkmal der Weltanschaulichkeit unterscheiden sich die Wohlfahrtsverbände sowohl vom Staats- als auch vom Markt-Sektor. Hinsichtlich der Caritas wird dieses Prinzip inhaltlich durch die

Verbindung mit der katholischen Kirche bestimmt. Dabei umfaßt der Bezug der Caritas zur katholischen Kirche nicht nur den formellen Kirchensektor, sondern auch deren informellen Sektor:

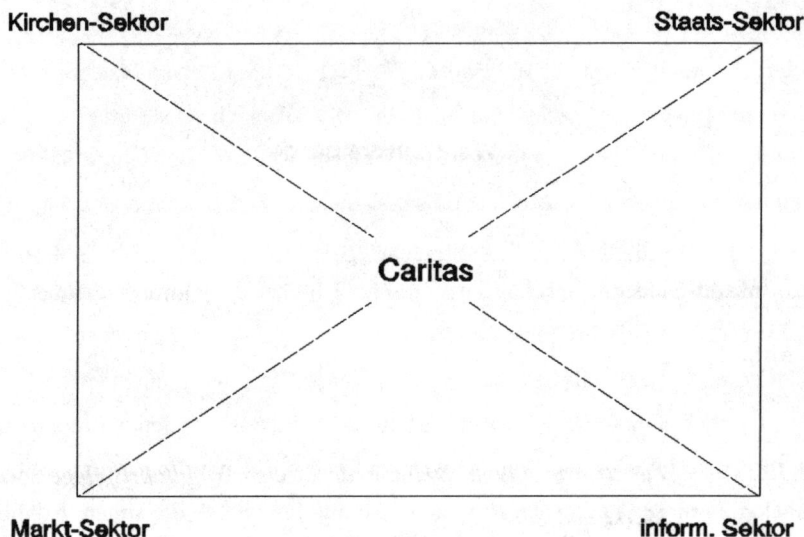

Kirchen-Sektor   Staats-Sektor

Caritas

Markt-Sektor   inform. Sektor

Abb. 2

1.1.1.1.2 Zur intermediären Stellung der freien Wohlfahrtspflege zwischen formellen und informellen Sektor[41]

Den rechtlichen Rahmen für die intermediäre Stellung der freien Wohlfahrtsverbände bildet die in den sechziger Jahren verabschiedete Sozialgesetzgebung. Sie ordnet den Hilfesektor nach dem Subsidiaritätsprinzip und gibt deshalb den freien Wohlfahrtsverbänden den Vorrang vor den öffentlichen Trägern der Sozial- und Jugendhilfe[42]. Ausschlaggebend für diese Selbstbeschränkung des Staates ist erstens die Einsicht, daß die Bereitstellung der erforderlichen sozialen Hilfen allein durch öffentliche Träger

---

[41] Im folgenden wird der Markt-Sektor als Teil des formellen Hilfesektors ausgeklammert.

[42] Vgl. KONRAD DEUFEL, Sozialstaat und christliche Diakonie, in: CGG 15 (1982), 122 - 177; 134 - 140.

diese sowohl organisatorisch wie auch finanziell überlasten würde. Zweitens erfordert der weltanschauliche Pluralismus in der Bundesrepublik Deutschland eine weltanschaulich plurale Gestaltung des Hilfesektors, die die Wahlfreiheit der Hilfesuchenden ermöglicht. Drittens bedarf der Sozialstaat der Unterstützung durch die freie Wohlfahrtspflege, um seiner Inklusionsnorm gerecht zu werden[43]. Als sozialer Rechtsstaat garantiert er allen Bürgern die Teilhabe am gesellschaftlichen Leben. Das bewerkstelligt er mit den Mitteln von Recht und Geld. Diese staatseigenen Mittel greifen jedoch hinsichtlich zweier Problemstellungen nur schlecht. Dies ist zum einen der Fall bei Problemlagen, die im psychosozialen Bereich liegen. Zum anderen erweist sich die Begrenztheit von Geld und Recht, wo sie eigentlich durchaus auch angemessene Mittel zur Eröffnung von Teilnahmechancen sind, nämlich bei den Schwächsten und Gefährdeten. Denn "die politische Logik des Machterhalts bzw. Machtgewinns durch Wählerstimmen erlaubt den sozialstaatlichen Einsatz gerade dort häufig nur begrenzt"[44]. Die Kultivierung der Solidarität wird somit an die Verbände der freien Wohlfahrtspflege delegiert. Sie verlieren keine Wähler, wenn sie sich für Randgruppen einsetzen.

Analog zu dieser staatlichen Erwartungshaltung begründen die freien Wohlfahrtsverbände ihre Stellung als intermediäre Hilfeorganisationen mit dem Hinweis auf die Quantität und Qualität ihrer sozialen Arbeit[45]. Im Unterschied zur behördlichen Sozialarbeit können sie flexibler und innovativer auf soziale Probleme reagieren, erbringen sie nicht nur öffentlich finanzierte soziale Dienstleistungen, sondern treten sie auch als Anwalt für ihre Klienten auf. Zudem gelingt es ihnen, ehrenamtliches Engagement und Selbsthilfepotentiale zu wecken, so daß ein erheblicher Teil ihrer Arbeit unentgeltlich geleistet wird. Gerade unter diesen Aspekten erweist sich noch einmal die besondere Bedeutung des Prinzips der Weltanschaulichkeit: Es dient nicht nur als formales Unterscheidungskriterium zum formellen Hilfesektor oder als Antwort auf die weltanschaulich plurale Verfaßtheit der bundesrepublikanischen Gesellschaft, sondern

---

[43] Vgl. KARL GABRIEL, Optionen der verbandlichen Caritas im Wandel der sozialstaatlich organisierten Gesellschaft, in: Caritas 93 (1992), 250 - 258; 254.

[44] Ebd.

[45] Vgl. FRANZ SPIEGELHALTER, Der dritte Sozialpartner. Die freie Wohlfahrtspflege - ihr finanzieller und ideeller Beitrag zum Sozialstaat, Freiburg i. Br. 1990.

es ermöglicht auch die Rückbindung an die kleinen sozialen Netze des informellen Sektors und bildet die Grundlage für die Mobilisierung christlichen oder humanitären Helferwillens.

1.1.1.2   *Die Caritas im Kontext der Krise der freien Wohlfahrtspflege*

Trotz ihres gewaltigen Leistungspensums scheint die freie Wohlfahrtspflege in der Bevölkerung zunehmend an Ansehen zu verlieren. Hatten nach einer Studie des Allensbach-Instituts 1973 noch 25% der Bevölkerung eine "sehr gute Meinung" von den Wohlfahrtsverbänden, fällten 1985 nur noch 14% dieses Urteil. Dafür stieg in dem genannten Zeitraum die Zahl derjenigen mit einer deutlich reservierten Haltung ("teils, teils") von 16% auf 28%. Besonders hervorzuheben ist, "daß sich der Ruf der Wohlfahrtspflege vor allem in der mittleren Altersgruppe der 30- bis 44jährigen verschlechtert hat sowie bei den für eine aktive Mitwirkung und für das Spendenaufkommen besonders wichtigen Angehörigen der sozialen Oberschicht und der gehobenen Mittelschicht und auch bei Personen in Büroberufen"[46].

Die sozialwissenschaftliche Verbändeforschung führt diesen an den Lebensnerv der freien Wohlfahrtspflege rührenden Imageverlust auf strukturelle Faktoren zurück, die gegenläufig zur Zielsetzung der freien Wohlfahrtspflege wirken. Diese werden im folgenden als *endogene* Ursachen für die Krise der freien Wohlfahrtspflege bezeichnet. Daneben sind Faktoren zu sehen, die nicht direkt oder nur mittelbar mit den Strukturen der freien Wohlfahrtspflege zusammenhängen, die aber dennoch eine Neubestimmung des Standorts der freien Wohlfahrtsverbände erforderlich machen. Sie werden im folgenden als *exogene* Ursachen für die Krise der freien Wohlfahrt bezeichnet.

---

[46] GERHARD PFANNENDÖRFER, Weder Wandel noch Expansion? Aspekte zu Gegenwart und Zukunft der Wohlfahrtsverbände. Notizen zur PROGNOS-Studie über die Zukunft der Freien Wohlfahrtspflege, in: CLAUS MÜHLFELD u.a. (Hrsg.), Sozialarbeit und Wohlfahrtsverbände - Hilfe mit beschränkter Haftung? (Brennpunkte sozialer Arbeit), Frankfurt a. M. 1987, 43 - 49; 44f. Zu den Zahlenangaben vgl. ebd.

1.1.1.2.1.1   Profilverlust durch Angleichungsprozesse

In der sozialwissenschaftlichen Diskussion, die sich - nebenbei bemerkt - über lange Zeit den freien Wohlfahrtsverbänden gegenüber ähnlich abstinent verhielt[47] wie die Praktische Theologie gegenüber der organisierten Diakonie, gilt als besonders gravierend, daß sich die freien Wohlfahrtsverbände hinsichtlich ihrer Handlungsprinzipien und Organisationsformen in einem weit fortgeschrittenen Angleichungsprozeß zu den öffentlichen Trägern der Sozialpolitik befinden. Im Blick auf die Caritas schematisch dargestellt:

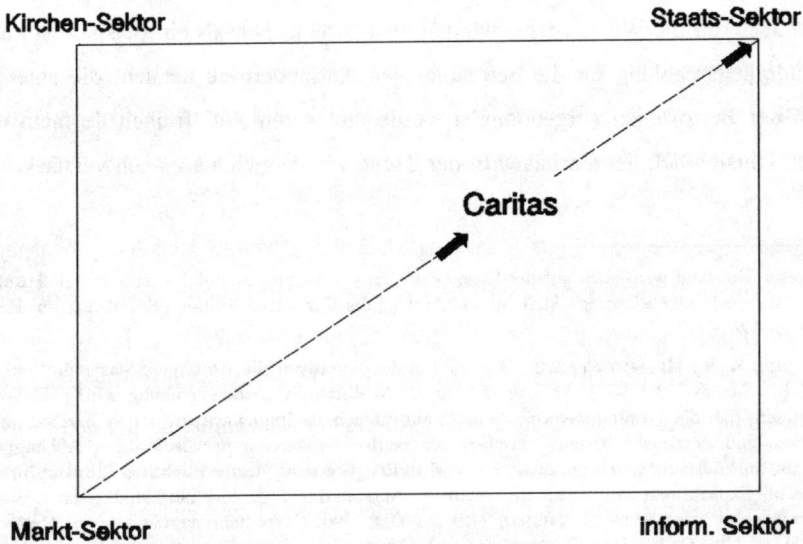

Abb. 3

---

[47] Vgl. MICHAEL N. EBERTZ/JOSEF SCHMID, Zum Stand der Wohlfahrtsverbändeforschung. Sozialwissenschaftliche Fragestellungen, Erkenntnisfortschritte und Defizite, in: Caritas 88 (1987), 289 - 313; 289.

Von ausschlaggebender Bedeutung ist dabei die Frage der Finanzierung. Durch die Einbindung in das flächendeckende System sozialstaatlicher Sicherung ist die Abhängigkeit von öffentlichen Geldern gewachsen[48]. Dies wirkt sich auch auf die konkrete Vorhaltung sozialer Dienstleistungen aus. Staatliche Investitionszuschüsse werden hinsichtlich fachlicher Qualifikation und rechtskonformer Finanzverwaltung "an detaillierte Auflagen gebunden, die den Einrichtungsträgern immer weniger Spielraum zu flexiblem und autonomen Handeln lassen", so daß sich die Metapher vom "gefesselten Helfer" nahelegt[49]. Diese Entwicklung führt augenscheinlich zu einem Profilverlust der einzelnen Wohlfahrtsverbände. Würde man die Türschilder ihrer Einrichtungen vertauschen, ergäben sich daraus - plakativ formuliert - kaum Veränderungen für die Handlungsroutinen[50]. Die Aushöhlung des Weltanschaulichkeitprinzips geht jedoch nicht zuletzt auch auf die Wohlfahrtsverbände selbst zurück. Nur als ein Beispiel ist hier die Zuständigkeitsregelung für die Betreuung von Ausländern zu nennen, die unter Ausschluß der Betroffenen vorgenommen wurde und deren Wahlfreiheit de facto unterläuft[51]. Hinsichtlich der Caritas wird der Trend zur Angleichung noch verstärkt durch

---

[48] Dieser Umstand wird auch auf der Ebene des Caritasverbandes deutlich gesehen; vgl. HUBERTUS JUNGE, Aufbruch oder Rückzug? Stellung und Auftrag der Caritas im heutigen Sozialstaat, in: HerKorr 45 (1991), 126 - 131.

[49] ULRICH KUHN/HELMUT STAIBER, Die Zukunft der caritativen Einrichtungen: Staatsbürokratie oder Markt? In: Caritas '93 (1992), 51 - 56; 53. In der Wohlfahrtsverbändeforschung wird jedoch darauf hingewiesen, daß die Wohlfahrtsverbände nicht nur einfach als Implementeure staatlicher Sozialpolitik anzusehen sind. Vielmehr besteht zwischen den beiden Größen ein wechselseitiges Abhängigkeitsverhältnis. Sie bilden ein neokorporatistisches Verhandlungssystem, "dessen Funktionsfähigkeit durch eine Austauschlogik bestimmt wird, in der die beteiligten Akteure ihre Teilnahme nach strategischen Vorteilen und Kosten abwägen"(ROLF G. HEINZE/THOMAS OLK, Art. "Wohlfahrtsverbände", in: HANNS EYFERTH/HANS-UWE OTTO/HANS THIERSCH (Hrsg.), Handbuch zur Sozialarbeit/Sozialpädagogik, Neuwied - Darmstadt 1987, 1262 - 1277; 1275).

[50] Vgl. HUBERT OPPL, Caritas zwischen Lebenswelt und Markt, in: MARKUS LEHNER/WILHELM ZAUNER (Hrsg.), Grundkurs Caritas, a. a. O., 152 - 176; 165.

[51] Vgl. DIETRICH THRÄNHARDT, Im Dickicht der Verbände. Korporatistische Politikformulierung und verbandsgerechte Verwaltung am Beispiel der Arbeitsmigranten in der Bundesrepublik, in: RUDOLPH BAUER/HARTMUT DIEßENBACHER (Hrsg.), Organisierte Nächstenliebe. Wohlfahrtsverbände und Selbsthilfe in der Krise des Sozialstaats, Opladen 1984, 45 - 66. Nach dem von den Wohlfahrtsverbänden mitverantworteten nationalen Aufteilungskriterium fällt ein italienischer Hilfesuchender, selbst wenn er der Kirche gegenüber kritisch eingestellt ist, in die Zuständigkeit der Caritas, ein türkischer Mitbürger, auch wenn er konservativ ist, in die der Arbeiterwohlfahrt usw.

den Strukturwandel der Mitarbeiterschaft. Wurde diese über lange Zeit von Ordens-angehörigen geprägt, so dominieren jetzt Mitarbeiter, die sich so viel oder so wenig mit den Zielen der Caritas und der Kirche identifizieren, wie andere Katholiken eben auch[52].

1.1.1.2.1.2   Profilverlust durch einen Mangel an Flexibilität und sozialer Innova-tion

Ein weiteres Manko der bisherigen Entwicklung der freien Wohlfahrtspflege ist - gemessen an ihrem eigenem Anspruch - ein Mangel an Flexibilität und sozialer Innova-tion. Beispiele dafür sind ganz allgemein die Filterung von sozialen Bürgerinteres-sen[53] oder speziell die Tendenz zum sogenannten "creaming the poor", d.h. freie Träger neigen dazu, "sich die ökonomisch und sozial interessanteren (d.h. stärkeren oder durch staatliche Programme begünstigten] Klienten herauszusuchen, während schwache Klienten keine Betreuung finden"[54]. In gewisser Hinsicht spiegelt sich diese Tendenz auch im Angebotsprofil der Caritas wider. "Allen gängigen Klischees zum Trotz ist hervorzuheben, daß sie in ihrer Inlandshilfe (...) bereits früh die 'Ablösung der traditionellen Armenpflege ... durch eine differenzierte und spezialisierte Sorge um den Menschen in seinen verschiedenen Nöten' vollzogen hat und dabei heutzutage schon längst nicht mehr allein auf Randgruppen ausgerichtet ist"[55]. So liegt der Schwerpunkt der caritativen Arbeit derzeit in den Bereichen der Gesundheits- und der Jugendhilfe. Zwar nehmen seit den siebziger Jahren randgruppen- und minderheitsorientierte Ange-

---

[52] Während 1950 in den Einrichtungen der Caritas noch 60.447 Ordensleute im Verhältnis zu 45.611 Laien arbeiteten, waren es 1990 326.000 Laien gegenüber 21.000 Ordensmitgliedern. Vgl. ROLF ZERFAß, Lebensnerv Caritas. Helfer brauchen Rückhalt, a. a. O., 17; HANS HARRO BÜHLER, Altersaufbau, Nachwuchs und Tätigkeitsfelder der katholischen caritativen Schwesterngemeinschaften, in: Caritas '95 (1994), 435 - 443.

[53] Am Beispiel der Erholungsfürsorge in Nordrhein-Westfalen aufgezeigt bei CAROLIN HERRMANN, Wohlfahrtsverbände und Bürgerinteressen. Wie Belange von Benachteiligten interpretiert und gefiltert werden, in: RUDOLPH BAUER/HARTMUT DIEßENBACHER (Hrsg.), Organisierte Nächstenliebe, a. a. O., 67 - 77.

[54] DIETRICH THRÄNHARDT, a. a. O., 48. Die eckige Klammer fehlt im Original.

[55] MICHAEL N. EBERTZ, Caritas im gesellschaftlichen Wandel - Expansion in die Krise? a. a. O., 83 - 114; 93.

bote deutlich zu, aber sie spielen im Vergleich zu den eben genannten Dominanzen bisher eine eher untergeordnete Rolle[56].

1.1.1.2.1.3 Profilverlust durch Abkoppelung des Ehrenamtes

Ebenfalls problematisch geworden ist das Verhältnis der freien Wohlfahrtspflege zum Ehrenamt.[57] Die freien Wohlfahrtsverbände können diese in ihren Selbstdarstellungen immer wieder hervorgehobene Ressource eigener Art nur noch in begrenztem Ausmaß aktivieren. Dies ist nicht etwa auf das Nachlassen des sozialen Engagements der Bürger zurückzuführen; vielmehr ist es zu einem beträchtlichen Teil auch die ambivalente Einstellung vieler Mitarbeiter der freien Wohlfahrtspflege gegenüber dem Leistungsvermögen der Ehrenamtlichen, die hier zu Blockaden führt. Es wird zwar die "naturwüchsige" Helferkompetenz der Ehrenamtlichen gelobt, aber gleichzeitig auf die professionelle Kompetenz der Hauptberuflichen gepocht, was an sich nicht völlig unberechtigt ist, in der Praxis jedoch oft zu einem Nachrang des Ehrenamtes führt, d.h. Ehrenamt vollzieht sich in Anbindung an professionelles Handeln als Abdeckung von Arbeiten, die ansonsten unerledigt blieben. Folgerichtig fließt ein nicht unerheblicher Teil ehrenamtlichen Potentials an den traditionellen Formen ehrenamtlichen Helfens vorbei in das mittlerweile unüberschaubar gewordene Becken der Selbsthilfebewegung; eben dorthin, wo Selbstbestimmung und Experiment noch möglich erscheinen. Ob es den freien Wohlfahrtsverbänden möglich sein wird, auch in Zukunft ehrenamtliches

---

[56] Vgl. a. a. O., 93 - 101. Diese Feststellung gilt für die freie Wohlfahrtspflege generell. Vgl. RUDOLPH BAUER, Anatomie der Wohlfahrtsverbände - Warum, womit und wo sie helfen, in: CLAUS MÜHLFELD u.a. (Hrsg.), Sozialarbeit und Wohlfahrtsverbände - Hilfe mit beschränkter Haftung? a. a. O., 9 - 26; 24. Die eingangs erwähnte Untersuchung des Allensbach-Instituts nennt neben einer weitgehenden Stagnation des Bekanntheitsgrades der sechs Spitzenverbände auch deren Dienstleistungsspektrum als mögliche Ursache für den Imageverlust der freien Wohlfahrtspflege. Nach der Auffassung der Befragten deckt dieses neue wichtige Aufgaben, wie die Beratung und Lebenshilfe, die Sorge um arbeitslose Jugendliche und die Hilfe für Entwicklungsländer, noch nicht genügend ab. Das undurchsichtige Finanzgebahren der freien Wohlfartsverbände wird von rund einem Viertel der Befragten als ein Defizit angesehen. Diese Einschätzung hat sich über den Untersuchungszeitraum der Allensbach-Studie allerdings kaum verändert, so daß es nicht als der maßgebliche Grund für den zunehmenden Ansehensverlust zu werten ist. Nichts desto weniger ist die mangelnde Transparenz in puncto Finanzen ein wesentlicher Punkt der (oft überzogenen) Kritik an der Praxis der Wohlfahrtsverbände.

[57] Vgl. HANS OLIVA/HUBERT OPPL/RUDOLF SCHMID (Hrsg.), Rolle und Stellenwert freier Wohlfahrtspflege, a. a. O., 145 - 153.

28

Engagement in ausreichendem Maß an sich zu binden, muß nach Ansicht von Experten offen gelassen werden. Bei den kirchlichen Hilfsorganisationen (katholische Caritas und evangelische Diakonie) scheint allerdings schon jetzt das Potential an ehrenamtlichen Mitarbeitern weitgehend ausgeschöpft zu sein. Für diese Vermutung spricht die Beobachtung, daß sich diese Hilfsorganisationen schon so weit von ihrer Mutterkirche entfernt haben, daß es ihnen kaum noch möglich ist, auf dort vorhandene personelle Ressourcen zurückzugreifen. Erschwerend kommt hinzu, daß allem Anschein nach "die zu ehrenamtlicher Tätigkeit motivierten Personen zunehmend Schwierigkeiten (...) haben, ihre individuellen Zielvorstellungen mit den 'kirchlichen' Zielen in Einklang zu bringen"[58].

1.1.1.2.1.4 Profilverlust durch Mangel an Gemeindeorientierung

Ein Faktor für die weitgehende Abkoppelung der Caritas von der Pastoral ist der Umstand, daß bei der flächendeckenden Gründung von Caritasverbänden im Gefolge der Einbindung in sozialstaatliche Aufgaben nicht mehr die kirchlichen, sondern die staatlich-kommunalen Strukturen als Organisationsprinzip fungierten. Hinzu kommt, daß als Kehrseite der Professionalisierung feldorientierte Ansätze der Sozialarbeit auch im Bereich der Caritas über lange Zeit vernachlässigt wurden.

Zum Tragen kommen allerdings auch historische Gründe[59]. Während des 19. Jahrhunderts[60] organisierten sich sozial engagierte Katholiken vornehmlich in Vereinen, also in Sozialformen außerhalb oder neben der traditionellen Pfarrei. Dies geschah jedoch nicht im bewußten Gegensatz zur herkömmlichen pastoralen Struktur, sondern vollzog sich als ein Moment des sozialen und politischen Katholizismus, der sich als ein "Schutzbündnis vor entwurzelnder Modernität" und als ein "Emanzipations-

---

[58] A. a. O., 168.

[59] Vgl. zu den Anfängen der Ablösung von Diakonie und Pastoral vor dem 19. Jahrhundert: HERMANN STEINKAMP, Diakonie: Kennzeichen der Gemeinde. Entwurf einer praktisch-theologischen Theorie, Freiburg i. Br. 1985, 44 - 47.

[60] Vgl. KARL GABRIEL, Die verbandliche Caritas im Spannungsfeld von Kirche und Gesellschaft. Entwicklungslinien und Zukunftsperspektiven, in: DERS./PAUL LUDWIG SAUER (Hrsg.), Diakonie - Gemeinde - Sozialarbeit (Person/Gruppe/Gesellschaft 16), Hildesheim 1990, 43 - 63; 44 - 49.

bündnis gegen staatlich-protestantische oder staatlich-bürgerliche Diskriminierung"[61] das bürgerliche Koalitionsrecht zunutze machte. Die dabei eingeschlagene Strategie, - das Drängen auf sozialpolitische Intervention des Staates und die Bereitschaft, personenbezogene Dienste im Auftrag des Staates zu übernehmen -, führte zur Integration der Caritas in das sozialpolitische System des Staates. Als dann schließlich infolge der vollen Integration der Katholiken in die Gesellschaft der Bundesrepublik Deutschland und der Auflösung der Großgruppenstruktur als Vergesellschaftungsform der Katholizismus funktionslos wurde, blieb die Integration in das System sozialstaatlicher Sicherung intakt, während das Vereinswesen zerfiel und die pastorale Struktur aufgrund des veränderten Mitgliedschaftsverhaltens an Bedeutung verlor.

1.1.1.2.1.5   Resümee

Die Caritas laboriert (wie die übrigen Verbände der freien Wohlfahrtspflege auch) an den Folgen ihrer Integration in das sozialstaatliche Sicherungssystem der Bundesrepublik Deutschland. Die Symptome dieser Krise, Abhängigkeit von öffentlicher Finanzierung, Verrechtlichung, Bürokratisierung und Professionalisierung, die oben kurz angerissen wurden, lassen sich weiterführend im Blick auf die Nachfrager sozialer Dienstleistungen als Kolonialisierung der Lebenswelt auf den Punkt bringen[62]. In diesem Sinne ist zu sehen, daß Systemstrukturen die Bedürfnisse und die Eigenkompetenzen der Betroffenen weitgehend überlagern. Dadurch aber wird die in der Theorie beanspruchte intermediäre Stellung der freien Wohlfahrt durch die Praxis konterkariert. Besonders hervorzuheben ist der systembedingte Mangel an Flexibilität hinsichtlich der Berücksichtigung der besonders Bedürftigen. Der Caritas droht insgesamt ein dreifacher Profilverlust: erstens durch die Angleichung ihrer Handlungsprinzipien an das sozialstaatliche Sicherungssystem, zweitens durch die Vernachlässigung der Armen, denen sie vom Evangelium her besonders verpflichtet ist, und drittens durch einen weithin fehlenden Gemeindebezug.

---

[61] A. a. O., 45.

[62] Vgl. HUBERT OPPL, Caritas zwischen Lebenswelt und Markt, a. a. O., 153.

1.1.1.2.2 Exogene Ursachen für die Notwendigkeit einer neuen Aufgabenbestimmung der freien Wohlfahrtspflege

Im folgenden sollen die politischen, sozialen und kulturellen Eckdaten der gegenwärtigen und zukünftigen Entwicklung der freien Wohlfahrtspflege skizziert werden, die die Wohlfahrtsverbände zusätzlich zu den strukturellen Aporien, in denen sie sich befinden, vor die Aufgabe einer Neubestimmung ihrer Ziele stellen. Fast alle im folgenden angesprochenen Entwicklungen tangieren den Komplex der sogenannten "Neuen Armut". Dieser soll jedoch erst in den Abschnitten 2.5.4.1 und 2.5.4.2 ausführlich erörtert werden, so daß er hier bewußt nicht thematisiert wird.

1.1.1.2.2.1 Alterslastige Bevölkerungsentwicklung

Hinsichtlich der Bevölkerungsentwicklung ist vor allem ein Aspekt hervorzuheben, der für die zukünftige Arbeit der Wohlfahrtsverbände nachhaltige Veränderungen mit sich bringen wird. Es ist die Alterszusammensetzung der Bevölkerung, im Bild gesprochen: der Bevölkerungsbaum. Er entwickelt sich immer mehr von einer gesunden Fichte zu einer zerzausten Bergkiefer[63]. Während der Anteil der Kinder und Jugendlichen bei unverändertem Regenerationsverhalten zurückgeht, nimmt der Anteil der Alten und Hochbetagten deutlich zu. So steigt die Anzahl "der Personen, die 60 Jahre alt oder älter sind, von 20,4% im Jahre 1991 im Jahr 2000 auf 23,1%, 2010 auf 25,5%, 2020 auf 28,7% und 2040 auf 33,6%; das heißt, daß der Anteil der alten Generation an der Gesamtbevölkerung in fünfzig Jahren um mehr als die Hälfte höher liegen wird. Auch der Anteil der Hochbetagten wird ansteigen, und zwar im Zeitraum von 1991 bis 2010 von 3,1% auf 3,8%, wobei zwischenzeitlich mehrmals ein leichter Rückgang eintritt"[64]. Ursachen für diese Entwicklung sind der Rückgang der Nettoreproduktionsrate[65] sowie die Erhöhung der durchschnittlichen Lebenserwartung. Bislang sind keine

---

[63] Vgl. HUBERT OPPL, Sozialarbeit wohin? Künftige Anforderungen und Lösungsmöglichkeiten, in: Caritas '88 (1987), 25 - 38; 28.

[64] RICHARD HAUSER, Reformperspektiven des Systems der sozialen Sicherung bei veränderten Rahmenbedingungen, in: DIETHER DÖRING/RICHARD HAUSER (Hrsg.), Soziale Sicherheit in Gefahr, Frankfurt a. M. 1995, 51 - 79, 53.

[65] "Unter Nettoreproduktionsrate versteht man die durchschnittliche Anzahl der Mädchengeburten pro Frau einer Geburtskohorte" (ebd.).

Anzeichen eines Wiederanstiegs der Nettoreproduktionsrate auszumachen. Die ursprünglich höhere Nettoreproduktionsrate der Bevölkerung in den ostdeutschen Bundesländern wird sich nach dem derzeit zu konstatierenden Rückgang wahrscheinlich auf dem Niveau der westdeutschen Länder einpendeln. Ähnliches ist hinsichtlich des generativen Verhaltens von Zuwanderern zu erwarten, so daß ab dem Jahr 2010 mit einer Schrumpfung der Gesamtbevölkerung zu rechnen ist.

1.1.1.2.2.2   Angespannter Arbeitsmarkt

Die Arbeitslosigkeit wird aller Voraussicht nach langfristig nicht unter einen Sockelbetrag von 4 bis 5 % zurückgehen; "schon die Verringerung der Arbeitslosenquote auf einen solchen Wert wird ein nur schwer zu erreichendes Zwischenziel sein"[66]. Von Arbeitslosigkeit besonders betroffen sind "Arbeitnehmer auf sogenannten 'Jedermannsarbeitsplätzen' (das sind Behinderte, Frauen, ältere Arbeitnehmer, Unqualifizierte, sozial Schwache)"[67]. Ferner werden die mit der Arbeit verbundenen Belastungen, zunehmende Leistungs- und Anpassungsanforderungen, weiterhin steigen und entsprechende Gesundheitsschäden wie chronische und psychische Erkrankungen, Alkohol- und Medikamentenmißbrauch nach sich ziehen[68]. Vermutlich wird auch das Normalarbeitsverhältnis durch verschiedene Formen von Teilzeitarbeit und Nebenerwerbstätigkeit stärker zurückgedrängt. "Dieser Trend wird zwar die Vereinbarkeit von Familienaufgaben und Erwerbstätigkeit erleichtern, aber gleichzeitig die in der Regel auf das 'Normalarbeitsverhältnis' ausgerichtete Schutzwirkung des Systems der sozialen Sicherung vermindern"[69]. Insofern ist die Flexibilisierung der Arbeitszeit unter den derzeit gegebenen Bedingungen der sozialen Sicherung nur eine sehr begrenzt tragfähige Strategie zur Bewältigung der Arbeitslosigkeit.

---

[66] A. a. O., 57.

[67] HUBERT OPPL, Sozialarbeit wohin? a. a. O., 28.

[68] Vgl. a. a. O., 29.

[69] RICHARD HAUSER, Reformperspektiven des Systems der sozialen Sicherung bei veränderten Rahmenbedingungen, a. a. O., 56.

1.1.1.2.2.3 Individualisierung als Krisenfaktor

"Primäre soziale Netze werden dünner"[70]. Dies läßt sich äußerlich an der steigenden Scheidungsrate, der sinkenden Heirats- bzw. Wiederverheiratungshäufigkeit, der zunehmenden Zahl kinderloser Ehen und an dem Anwachsen von Einpersonenhaushalten festmachen. Hinter dieser Entwicklung steht als wesentlicher Faktor die anhaltende Modernisierung der sozialen Beziehungsmuster[71]. Ihr Kennzeichen ist die zunehmende Individualisierung. Menschen werden aus vorgegebenen Sozial- und Versorgungsformen herausgelöst: "Die Familie als 'vorletzte' Synthese generations- und geschlechtsübergreifender Lebenslagen und Lebensverläufe zerbricht"[72]. Die zunehmende Individualisierung eröffnet dem Einzelnen nicht nur Freiräume, sondern unterwirft ihn den Zwängen des Arbeitsmarktes und der Konsumexistenz: "An die Stelle *traditionaler* Bindungen und Sozialformen (soziale Klasse, Kleinfamilie) treten *sekundäre* Instanzen und Institutionen, die den Lebenslauf prägen und ihn gegenläufig zu der individuellen Verfügung, die sich als Bewußtseinsform durchsetzt, zum Spielball von Moden, Verhältnissen, Konjunkturen und Märkten machen"[73]. Zudem entsteht eine "zunehmende 'soziale Desorientierung' als Folge der Auflösung von bislang wertvermittelnden und Rückhalt gebenden Sozialstrukturen"[74]. Möglicherweise als Gegenbewegung zu der erlebten Außensteuerung, aber auch auf der Linie des Individualisierungsprozesses nimmt das Streben nach Selbstbestimmung und Selbstverwirklichung zu. Dieser Trend artikuliert sich in "dem Wunsch, sich seine Lebensumwelt wieder mehr zu eigen zu machen, dem Wunsch nach Mitbestimmung, Beteiligung und Selbstorganisation, dem Abbau starrer Rollenzuweisungen (Emanzipation), einer Neubewertung von Arbeit und Freizeit"[75]. Darüber hinaus wächst das Bewußtsein für krankmachende Lebens- und

---

[70] HUBERT OPPL, Sozialarbeit wohin? a. a. O., 29.

[71] Vgl. Punkt 2.5.4.1 dieser Studie.

[72] ULRICH BECK, Risikogesellschaft. Auf dem Weg in eine andere Moderne, Frankfurt a. M. 1986, 209.

[73] A. a. O., 211; vgl. Punkt 2.5.4.2 dieser Studie.

[74] JOHANNES DEGEN, Diakonie als soziale Dienstleistung, Gütersloh 1994, 156.

[75] RITA BAUR/RUDOLF SCHMID/INGE WEIDIG, Entwicklung der Freien Wohlfahrtspflege bis zum Jahr 2000, in: CLAUS MÜHLFELD u.a. (Hrsg.), Sozialarbeit und Wohlfahrtsverbände - Hilfe mit beschränkter Haftung, a. a. O., 27 - 42; 31.

Produktionsweisen. Gleichzeitig wird deutlich, "daß viele Hilfen und Therapien einen symptom- und nicht einen ursachenbehandelnden Charakter haben"[76]. "Die sich [dabei] mehr und mehr öffnende Schere zwischen präziser Problemeinsicht einerseits und begrenzten grundlegenden Therapiemöglichkeiten andererseits kann selber krankmachend wirken"[77] und wirft die Frage nach der Angemessenheit sozialer Dienstleistungen auf, sofern diese eben nur begrenzt wirksam werden.

In Folge der bislang dargestellten Entwicklungstendenzen ist damit zu rechnen, daß sich der Bedarf an sozialen Diensten quantitativ verlagern wird: "So wird er deutlich zurückgehen im Bereich Kinderheime, Kinderkrippen, Erziehungsheime, Familienerholung und (traditioneller) Familienbildung, Wohnheime; stationären Pflegeheimplätzen für Körperbehinderte, Sonderschulplätzen; stationären Therapieplätzen für psychisch Behinderte; Krankenhausbetten der Akutversorgung. Dagegen wird die Nachfrage nach allen anderen sozialen Dienstleistungen eher - unter Umständen sogar stark - zunehmen. Das betrifft insbesondere die Bereiche Altenhilfe, Behindertenhilfe, Hilfe für Arbeitslose und Suchtkranke"[78]. Darüber hinaus wird sich der Bedarf in manchen Bereichen auch qualitativ verändern: "Veränderte subjektive Rahmenbedingungen, wie Streben nach anderen Lebensformen, vermehrter Emanzipation, verstärkten Wünschen nach autonomer Lebensführung, zunehmende Eigenaktivität und Lebensorganisation nötigen die Anbieter sozialer Dienstleistungen zur Umorientierung. (...) Entmündigende Versorgung, institutionenabhängige Normierungen der Lebensweisen müssen zugunsten flexibler, alltagsnaher, vorwiegend ambulanter Angebote aufgegeben werden, die Selbständigkeit in angemessenen Lebensräumen stützen und erhalten"[79].

1.1.1.2.2.4   Restriktive staatliche Sozialpolitik

Von großer Bedeutung für die Entwicklung der freien Wohlfahrt ist die staatliche Sozialpolitik. Eine grundsätzliche Neuorientierung im Sinne eines starken Abbaus des

---

[76] JOHANNES DEGEN, Diakonie als soziale Dienstleistung, a. a. O., 157.

[77] Ebd.

[78] HUBERT OPPL, Sozialarbeit wohin? a. a. O., 29.

[79] A. a. O., 30.

Sozialstaates scheint selbst bei Fortdauer einer konservativ-liberalen Politik wenig wahrscheinlich. Zu erwarten ist eher, daß "weiterhin punktuell gekürzt wird, vor allem aber daß insgesamt Plafonds eingezogen werden, d.h. die Sozialleistungen in allen Bereichen real kaum noch steigen werden"[80]. Dabei wird, wie die Streichung des Schüler-BAföG zeigt, der emanzipatorische Anspruch früherer Sozialpolitik tendenziell aufgegeben. Besonders zu beachten ist, daß das Verständnis für Randgruppen weiterhin eher abnehmen wird, auch wenn bei Sparmaßnahmen von der "Konzentration auf die wirklich Bedürftigen" die Rede ist. Insgesamt ist davon auszugehen, daß der Finanzierungsspielraum im Sozialbereich enger wird[81]. Staatliche Gelder werden zunehmend in andere Bereiche wie den Umweltschutz und die technische Infrastruktur fließen müssen. Im Sozialsektor selbst sind dafür viele Einrichtungen modernisierungsbedürftig, erfordern neuentstehende Notlagen und neue Konzepte zusätzliche finanzielle Mittel. Die freie Wohlfahrt steht somit vor der Aufgabe, neue finanzielle Ressourcen zu erschließen.

Schließlich ist noch zu erwähnen, daß die Veränderungen im Altersaufbau der Bevölkerung, die angespannte Lage auf dem Arbeitsmarkt und die Engpässe bei der Finanzierung der sozialen Sicherung derzeit die Frage nach einer grundlegenden Neuordnung des Systems der sozialen Sicherung, dem sogenannten Umbau des Sozialstaates, aufwerfen[82]. Offen ist jedoch, ob und wie diese Neuorientierung vonstatten gehen wird.

---

[80] RITA BAUR/RUDOLF SCHMID/INGE WEIDIG, Entwicklung der Freien Wohlfahrtspflege bis zum Jahr 2000, a. a. O., 32.

[81] Vgl. RICHARD HAUSER, Reformperspektiven des Systems der sozialen Sicherung bei veränderten Rahmenbedingungen, a. a. O., 59.

[82] Vgl. ROLF G. HEINZE/THOMAS OLK/JOSEF HILBERT, Der neue Sozialstaat. Analyse und Reformperspektiven, Freiburg i. Br. 1988.

1.1.1.2.2.5 Forcierung der Marktorientierung durch den europäischen Einigungsprozeß

Besonders nachhaltige Veränderungen wird auch der europäische Einigungsprozeß mit sich bringen[83]. Davon betroffen werden vor allem das Subsidiaritätsprinzip und das Gemeinwohlprinzip. Aufgrund der Niederlassungsfreiheit des europäischen Binnenmarktes ist damit zu rechnen, daß sich kommerzielle Anbieter aus anderen EU-Ländern in der Bundesrepublik Deutschland betätigen werden, so daß sich die Konkurrenzsituation für die freie Wohlfahrt verschärfen wird: "Künftig wird es sehr viel mehr eine Rolle spielen, wer vergleichbare Leistungen am kostengünstigsten anbietet und damit den Zuschlag des jeweiligen Kostenträgers erhält"[84]. Zudem wird das Nichtdiskriminierungsprinzip der europäischen Gesetzgebung dazu führen, daß die freien Wohlfahrtsverbände die Privilegien verlieren, die sie in Deutschland auf der Grundlage des in der Sozialgesetzgebung verankerten Subsidiaritätsprinzips genießen. Das alles hat zur Folge, daß auch die freien Wohlfahrtsverbände ihr Handeln weit mehr an marktrationalen Kriterien orientieren müssen als bisher. Dadurch wird ein Trend gefördert, der sich bereits seit einigen Jahren abzeichnet. Denn mit den gewerblichen Trägern sozialer Dienstleistungen ist der freien Wohlfahrtspflege vor allem im stationären und ambulanten Pflegebereich eine ernstzunehmende Konkurrenz erwachsen[85]. Schließlich ist zu sehen, daß wohlfahrtsverbandlich erbrachter Hilfe schon seit geraumer Zeit von Seiten der Nutzer "Warenwert" zugemessen wird[86].

1.1.1.2.3 Strategien zur Bewältigung der Krise der freien Wohlfahrtspflege unter besonderer Berücksichtigung der Caritas

Nach den endogenen und exogenen Ursachen für die Identitäts- und Orientierungskrise der freien Wohlfahrtspflege sollen im folgenden Strategien für deren Bewäl-

---

[83] Vgl. JOHANNES DEGEN, Diakonie als soziale Dienstleistung, a. a. O., 149 - 154 (Lit.).

[84] JOHANNES DEGEN, Diakonie als soziale Dienstleistung, a. a. O., 151.

[85] Vgl. HUBERT OPPL, Caritas zwischen Lebenswelt und Markt, a. a. O., 160f.

[86] Vgl. a. a. O., 166.

tigung vorgestellt werden. Dabei liegt der Schwerpunkt auf den Überlegungen und Bemühungen, die innerhalb des Deutschen Caritasverbandes angestellt werden.

1.1.1.2.3.1   Marktorientierung

Angesichts der oben dargestellten Entwicklung kommt die Wohlfahrtsverbändeforschung zu dem Schluß, "daß Wohlfahrtspflege im Gewande klassischer, vereinsgestützter Helfergemeinschaften keine Zukunft haben wird"[87]. Weite Bereiche des wohlfahrtsverbandlichen Tätigkeitsfelds müssen, was bislang für undenkbar gehalten wurde, "durch marktorientierte Konzepte und Strukturen abgelöst werden"[88]. Das Ziel dieser Strategie ist nicht nur, die Abhängigkeit von staatlicher Finanzierung zu lockern und die bereits gegebenen Tendenzen zu einer stärkeren Marktorientierung konstruktiv zu gestalten; vielmehr soll auf diesem Weg auch der Entmündigung der Hilfebedürftigen entgegengewirkt werden. Ist bislang ihre Rolle in dem Dreiecksverhältnis zwischen Hilfebedürftigem, Einrichtungsträger und Kostenträger weitgehend passiv, weil die Leistungserbringung im wesentlichen von der Pflegesatzvereinbarung zwischen Einrichtungs- und Kostenträger bestimmt wird, so soll in Zukunft der Hilfeempfänger als Subjekt im Mittelpunkt stehen[89]. "Er wird zum Kunden mit wesentlich größeren Wahlfreiheiten und Einflußmöglichkeiten. Je nach individuellem Bedarf kann er zwischen den unterschiedlichsten stationären, ambulanten und häuslich-familiären Leistungen auswählen und diese flexibel kombinieren. Der Qualitätsstandard wird somit nicht von oben verordnet, sondern vom Kunden bestimmt"[90]. Dadurch soll die weit verbreitete Versorgungsmentalität abgewendet und die Eigeninitiative und Eigenverantwortung gestärkt werden. Zudem soll durch ein differenziertes Entgeltsystem, in dem die Tauschform Leistung gegen Geld durch die Tauschform Leistung gegen Leistung ergänzt wird, "die stärkere Einbeziehung von Selbsthilfekräften der Betroffenen und

---

[87] A. a. O., 157.

[88] A. a. O., 158.

[89] Vgl. ULRICH KUHN/HELMUT STAIBER, Die Zukunft der caritativen Einrichtungen: Staatsbürokratie oder Markt? a. a. O., 52f.

[90] A. a. O., 54.

ihres sozialen Umfeldes angeregt werden"[91]. Nach ULRICH KUHN und HELMUT STAIBER muß eine im eben dargestellten Sinne ausgerichtete Marktorientierung wohlfahrtsverbandlicher Arbeit nicht zwangsläufig zur Aufgabe der Solidarität mit den Schwachen führen. Denn die verbandliche Lobbyarbeit müßte sich nicht mehr wie bisher auf die Kostenträger und eine möglichst gute finanzielle und bauliche Ausstattung der Einrichtungen konzentrieren, sondern könnte für die finanzielle Absicherung der Hilfebedürftigen selbst eintreten. Gleichwohl müßten "geeignete Betreuungsinstrumente entwickelt werden, die es hilfebedürftigen Menschen, die selbst dazu nicht in der Lage sind, ermöglichen, das Marktangebot zu überblicken und die für die individuelle Situation geeignete[n] Angebote auszuwählen"[92]. Schließlich könnten "die durch Vermögenserträge, Spenden, Kirchensteuermittel, unentgeltliche Tätigkeit usw. erwirtschafteten Eigenmittel (...) dann besser als bisher gezielt und transparent für echte vom Sozialstaat nicht abgesicherte Notlagen und vor allem für Leistungen eingesetzt werden, die das spezifische Selbstverständnis der Caritas zum Ausdruck bringen"[93]. Die Caritas würde somit unter den Bedingungen marktorientierten Handelns wieder an Profil gewinnen.

1.1.1.2.3.2   Gemeindeorientierung

Seit der Wende von den sechziger zu den siebziger Jahren ist ein verstärktes Bemühen um die Wiederherstellung der Verbindung von Caritas und Pastoral zu verzeichnen, an dem maßgeblich der Deutsche Caritasverband, namentlich das Referat "Caritas und Pastoral" im Deutschen Caritasverband, beteiligt ist[94]. Ausschlaggebend

---

[91] Ebd.

[92] A. a. O., 56.

[93] Ebd.

[94] Einen Überblick über die vom Referat "Caritas und Pastoral" inspirierte Gemeindeorientierung der Caritas innerhalb der Bundesrepublik Deutschland bieten: HANNES KRAMER/BERNHARD STAPPEL, Zwischenbilanz im Arbeitsbereich Caritas und Pastoral/Gemeindecaritas (1966 - 1986), in: Caritas 88 (1987), 31 - 49; HANNES KRAMER, Versuch eines Brückenschlags zwischen Verbands-Caritas und Gemeinde-Diakonie, in: PthI 10 (1990), 39 - 63; MICHAEL MANDERSCHEID/HANNES KRAMER, Programmatik und Praxis von Gemeindeorientierung des Caritasverbandes - Erfahrungen und Aporien, in: DEUTSCHER CARITASVERBAND (Hrsg.), Zwischen versorgter Gemeinde und entsorgender Sozialarbeit. Dokumentation des Symposions "Christliche Diakonie zwischen System und Lebenswelten" vom 13. bis 15. März 1989 (DCV-Materialien 15), Freiburg i. Br. 1990, 6 - 11.

für diese Neuorientierung waren folgende Faktoren[95]. Das Konzil und die Gemeinsame Synode der Bistümer in der Bundesrepublik Deutschland führten zu einer Wiederentdeckung der Bedeutung der Gemeinde und in Folge davon zu einer Aufwertung der Diakonie als Grundgestalt gemeindlichen Handelns. In der Sozialarbeit kam es etwa zeitgleich zum "Gemeinwesenarbeitsboom" und gesellschaftlich begann die Auseinandersetzung mit den großen Institutionen, darunter auch die Auseinandersetzung mit der Monopolstellung der freien Wohlfahrtspflege. Das Ziel der Gemeindeorientierung verbandlicher Caritasarbeit ist es nicht, die Diakonie der Gemeinde für verbandseigene Zwecke zu funktionalisieren. Auch wenn nicht außer acht gelassen werden darf, daß die Caritas angesichts der Legitimationskrise wohlfahrtsverbandlichen Helfens auf die Rückbindung an die Gemeinden selbst angewiesen ist, um das eigene christliche Profil aufrechtzuerhalten, so geht es doch in erster Linie darum, die Gemeinden durch Bewußtseinsbildung und Begleitung zu diakonischer Arbeit zu befähigen und den Hilfebedürftigen unter Berücksichtigung ihres engeren Lebensraums zu helfen. Darüber hinaus ist man bestrebt, die Einrichtungen des Caritasverbandes auf die zugeordneten Gemeinden hin zu öffnen. Sollen die Gemeinden durch die Gemeindeorientierung der Caritas einerseits nicht vereinnahmt werden, so darf sich die Caritas andererseits nicht auf die Gemeindeorientierung beschränken. Dies gilt sowohl hinsichtlich der Thematisierung sozialpolitischer Fragen als auch im Blick auf die Klienten der Caritas. Denn diese haben nur zu einem Bruchteil zu Pfarrgemeinden Kontakt[96]. Des weiteren sprechen auch theologische Gründe für ein weiter gestecktes Arbeitsfeld der Caritas und in diesem Sinn für eine relative Trennung bzw. differenzierte Einheit von Caritas und Pastoral. Soll diakonisches Handeln nach dem Zeugnis der Evangelien absichtslos erfolgen (vgl. Lk 10,30-35 und Mt 25,37-40), dann ist es wichtig, allen Anschein zu vermeiden, daß die Diakonie "einfach der verlängerte Arm der Pastoral ist"[97].

---

[95] Vgl. MICHAEL MANDERSCHEID/HANNES KRAMER, Programmatik und Praxis von Gemeindeorientierung des Caritasverbandes - Erfahrungen und Aporien, a. a. O., 7.

[96] Vgl. HANNES KRAMER, Versuch eines Brückenschlags zwischen Verbands-Caritas und Gemeinde-Diakonie, a. a. O., 51.

[97] KARL LEHMANN, Theologische Reflexionen zur Integration von Pastoral und Caritas, in: Caritas 80 (1979), 242 - 248; 247.

Die Bilanz der bisherigen Bemühungen um Gemeindeorientierung fällt differenziert aus. Sichtbar geworden sind Zielkonflikte, die zum einen auf ein traditionelles Verbandskonzept, zum anderen aber auch auf den traditionellen Stil der Pastoral und ein einseitig hierarchisches Kirchenbild zurückzuführen sind. "In Stichworten:

- Flächendeckende, direktiv und zentral gesteuerte Strukturen der Hilfe versus basislebensweltlich orientierte, selbst aktiv werdende eigenständige Hilfskräfte und ehrenamtliche Helfergruppenarbeit;

- schnelle Aktionen, prompte Hilfeprogramme und professionelle Betreuungsmaßnahmen versus längerfristige Prozesse der Ressourcensuche bei Bürgern und Betroffenen und versus der Befähigung und Subjektwerdung von Menschen;

- hierarchische Strukturen in Kirche und Verband versus Partizipation, Mitverantwortung und Mitbeteiligung von Mitarbeitern und Betroffenen sowie persönlichen Caritasmitgliedern;

- Tendenzen zur Allzuständigkeit des Verbandes in Sachen kirchlicher Caritas versus Kompetenzaufteilung und Rückgabe von Diensten an die Gemeinde und Befähigung der Basis zum eigenen Tun in einem integrativen Konzept von Glaubens- und Lebensvollzügen;

- neuere Tendenzen der organisationsrechtlichen Einrichtung eines Caritasverbandes auf dem Territorium der Pfarrei versus Stärkung der Gemeindediakonie"[98].

1.1.1.2.3.3   Leitbild-Diskussion

Aus Anlaß des hundertjährigen Bestehens des Deutschen Caritasverbandes im Jahr 1997 wurde im Dezember 1991 in der Zeitschrift "Caritas" die Erarbeitung eines Leitbildes für die verbandliche Caritas angeregt[99]. Die Gründe dafür sind freilich vielfältiger Natur und überschreiten bei weitem den Anlaß eines Jubiläums. Neben den bereits beschriebenen Entwicklungen in der Gesellschaft, der Politik und im Hilfesektor ist hier die in manchen Punkten umstrittene Anwendung des geltenden kirchlichen

---

[98] MICHAEL MANDERSCHEID/HANNES KRAMER, Programmatik und Praxis von Gemeindeorientierung des Caritasverbandes - Erfahrungen und Aporien, a. a. O., 10.

[99] Mittlerweile liegt der Entwurf zum Caritas-Leitbild vor: vgl. Caritas 97 (1996)/Sonderdruck (Lit.).

Dienst- und Arbeitsrechts zu nennen[100]. Darüber hinaus gilt auch für kirchliche Sozialverbände und -einrichtungen der organisationssoziologische Leitsatz, daß ein Unternehmen über ein klares Selbstverständnis (in der Sprache des modernen Managements: "Corporate Identity") verfügen muß, um nach innen die eigenen Mitarbeiter zu motivieren und nach außen in der Öffentlichkeit oder auf dem Markt seine Position behaupten zu können[101]. Daß gerade unter diesem Aspekt für die Caritas (wie für die anderen Verbände der freien Wohlfahrtspflege auch) große Schwierigkeiten bestehen, wurde oben bereits dargestellt. Wie sich allerdings in der bisherigen Diskussion gezeigt hat, kann das Bemühen um eine Bestimmung der verbandlichen Identität der Caritas zu diametralen Positionen führen. So spricht sich HEINRICH POMPEY, Inhaber des einzigen deutschen Lehrstuhls für Caritaswissenschaft in Freiburg, für die Schaffung von dezidiert kirchlich ausgerichteten Einrichtungen der Caritas aus[102]. Wenn die Diakonie als ein Grundvollzug kirchlichen Handelns anzusehen ist, dann ist nach HEINRICH POMPEY zu fragen, "inwieweit die amtlich mit der kirchlichen Caritas Beauftragten - das sind alle Bediensteten der kirchlichen Caritas - sich dieser christlichen und kirchlichen Ausrichtung verbunden fühlen müssen"[103]. Weil die Diakonie nicht als ein beliebiges, sondern als evangelisatorisches Handeln anzusehen ist, kommt HEINRICH POMPEY zu dem Schluß, daß "die Kirche nicht beliebige Helfer/innen gegen Bezahlung für ihre ureigenste Aufgabe einkaufen" kann[104]. Die Mitarbeit in der Caritas setzt somit eine besondere Identifikation mit der Kirche voraus. Sie ist durch eine spirituelle Begleitung der Mitarbeiter zu fördern[105]. Sofern es aber nicht möglich ist, das Personal für eine Mitarbeit in der Caritas im Sinne

---

[100] Vgl. HerKorr 45 (1991), 278ff.

[101] Vgl. HEINRICH POMPEY, Das Profil der Caritas und die Identität ihrer Mitarbeiter/innen, in: Caritas '93, 11 - 26; 11f.

[102] Vgl. HEINRICH POMPEY, Das Profil der Caritas und die Identität ihrer Mitarbeiter/innen, a. a. O., DERS., "Dienstgemeinschaft" unter dem Anspruch des Glaubens und des Sendungsauftrags der Kirche, in: NORBERT FELDHOFF/ALFRED DÜNNER (Hrsg.), Die verbandliche Caritas. Praktisch-theologische und kirchenrechtliche Aspekte, a. a. O., 81 - 118.

[103] HEINRICH POMPEY, Das Profil der Caritas und die Identität ihrer Mitarbeiter/-innen, a. a. O., 15.

[104] A. a. O., 21.

[105] Vgl. a. a. O., 16 - 18.

der Kirche zu motivieren, muß sich die Caritas um der Eindeutigkeit ihres Zeugnisses willen auf dezidiert kirchliche Einrichtungen konzentrieren und caritative Einrichtungen, für die kein kirchliches Personal zur Verfügung steht, an kirchenunabhängige Träger übergeben[106]. Läuft die von HEINRICH POMPEY vertretene Position letztlich auf eine Verkirchlichung der Caritas und eine Selektion des Personals mit Hilfe von bestimmten Kirchlichkeitskriterien hinaus, so entwirft ROLF ZERFAß[107] demgegenüber die Perspektive einer offenen verbandlichen Identität, die sich nicht durch Abgrenzung, sondern innerhalb eines gemeinsamen Suchprozesses konstituiert, an dem alle Betroffenen, Haupt- und Ehrenamtliche, Hilfebedürftige, Einrichtungsträger und Kirchenleitung beteiligt sind. Entgegen der Versuchung, "sich in dogmatischen Spezialaussagen zu versteigen, moralische Spezialleistungen zu fordern und liturgische Spezialveranstaltungen anzubieten, um auf diesem Wege das Proprium kirchlicher Einrichtungen unverwechselbar herauszustellen"[108], soll sich nach ROLF ZERFAß die von ihm favorisierte Suchbewegung an der gemeinsamen Nachfolge Jesu orientieren.

Auch wenn die eben skizzierten Positionen nach der Auffassung des "Praktikers" HUBERTUS JUNGE, Abteilungsleiter Jugendhilfe beim Deutschen Caritasverband in Freiburg, Extreme sind, die "den komplexen Sachverhalten nicht gerecht werden"[109], so zeigen sie aber doch andererseits, daß die Aufgabenbestimmung der Caritas von dem jeweiligen Kirchenbild und der Einschätzung der gesellschaftlichen Stellung der Caritas abhängig ist. Der von HEINRICH POMPEY erweckte Eindruck, daß die Caritas als ein

---

[106] Vgl. a. a. O., 22 - 26.

[107] Vgl. ROLF ZERFAß, "Einer trage des anderen Last" (Gal 6,2). Theologische Überlegungen zu den Kirchlichkeitskriterien der Caritas in Deutschland (BRD), in: INÉS CREMER/DIETER FUNKE (Hrsg.), Diakonisches Handeln. Herausforderungen - Konfliktfelder - Optionen, Freiburg i. Br. 1988, 116 - 134; DERS., Das Proprium der Caritas als Herausforderung an die Träger, in: Caritas '93, 27 - 40.

[108] ROLF ZERFAß, Das Proprium der Caritas als Herausforderung an die Träger, a. a. O., 31.

[109] HUBERTUS JUNGE, Aufbruch oder Rückzug? Stellung und Auftrag der Caritas im heutigen Sozialstaat, a. a. O., 126 - 131; 130: "Wenn z.B. *Rolf Zerfaß* (...) feststellt, daß die Identität der Caritas nicht an den Mitarbeitern gemessen werden darf, so ist dies nur die halbe Wahrheit. Die Identität der Caritas ist selbstverständlich nicht alleine eine Sache der Mitarbeiter, aber eben auch ihre! Ebenso wenig erfaßt die pauschale Behauptung von *Heinrich Pompey* (...) 'Grundeinstellungen und helfendes Verhalten (der Mitarbeiter der Caritas) stimmen nicht mit den kirchlichen Vorgaben überein' die Wirklichkeit. Derartige Vereinfachungen lösen Ärger und Betroffenheit bei Mitarbeitern wie bei Trägerverantwortlichen aus."

Wesenszug der Kirche vom hierarchischen Amt delegiert wird[110], wird weder dem historischen Ursprung der Caritas noch ihrer intermediären Stellung zwischen Kirche und sozialstaatlich organisierter Gesellschaft gerecht. Zudem entspringt die diakonische Berufung den von Gott geschenkten Charismen[111]. Und schließlich eröffnet auch das kirchliche Vereinigungsrecht des CIC/1983 die Möglichkeit, der Caritas den Status einer "privaten (kirchlich empfohlenen) Vereinigung" zu verleihen[112] und ihr so den Spielraum zu gewähren, der ihrer intermediären Stellung angemessen ist.

1.1.1.2.3.4   Option für die Armen

Auf dem Hintergrund der Leitbild-Diskussion ist besonders bemerkenswert, daß sich in den vergangenen zehn Jahren bereits ein neues Profil der Caritas herauskristallisiert hat, das sich nicht in erster Linie auf die Probleme wohlfahrtsverbandlichen Handelns, sondern auf die Adressaten bezieht und dabei durch die Konzentration auf die Schwachen und an den Rand Gedrängten an Kontur gewinnt. Ohne Übertreibung kann man sagen, daß "die Option für die Armen wieder als innerster Kern der Caritasarbeit entdeckt"[113] wurde. Deutliche Signale dafür sind die Armutsuntersuchung "Arme unter uns"[114], die im Auftrag des Deutschen Caritasverbands von den Frankfurter Armutsforschern RICHARD HAUSER und WERNER HÜBINGER durchgeführt wurde, und das gleichnamige Positionspapier[115], das unter Berücksichtigung erster Ergebnisse der

---

[110] Vgl. HEINRICH POMPEY, Das Profil der Caritas und die Identität ihrer Mitarbeiter/innen, a. a. O., 20f.

[111] Vgl. ROLF ZERFAß, Das Proprium der Caritas als Herausforderung an die Träger, a. a. O., 36f.

[112] Vgl. WALTER FÜRST, Pastorale Diakonie - Diakonische Pastoral, a. a. O., 70 - 72.

[113] TERESA BOCK/THOMAS BECKER, Vorwort des Herausgebers, in: RICHARD HAUSER/WERNER HÜBINGER, Arme unter uns. Teil 1: Ergebnisse und Konsequenzen der Caritas-Armutsuntersuchung (hrsg. vom DEUTSCHEN CARITASVERBAND E.V., Freiburg i. Br. 1993, 11 - 13; 13.

[114] RICHARD HAUSER/WERNER HÜBINGER, Arme unter uns. Teil 1: Ergebnisse und Konsequenzen der Caritas-Armutsuntersuchung (hrsg. vom DEUTSCHEN CARITASVERBAND E.V.), a. a. O.; DIES., Arme unter uns. Teil 2: Dokumentation der Erhebungsmethoden und der Instrumente der Caritas-Armutsuntersuchung (hrsg. vom DEUTSCHEN CARITASVERBAND E.V.), Freiburg i. Br. 1993.

[115] Arme unter uns. Der Deutsche Caritasverband bezieht Position, in: RICHARD HAUSER/WERNER HÜBINGER, Arme unter uns. Teil 1: Ergebnisse und Konsequenzen der Caritas-Armutsuntersuchung, a. a. O., 17 - 46.

Armutsuntersuchung von der Arbeitsgruppe Armutsdiskussion[116] erarbeitet und im Juni 1992 vom Zentralvorstand in Magdeburg verabschiedet wurde[117]. "Die Positionen stießen in der politischen und Fachöffentlichkeit auf großes Interesse und weitgehende Zustimmung, wie die Reaktionen von Politikern verschiedener Parteien, anderer Wohlfahrtsverbände und gesellschaftlicher Gruppen zeigen"[118]. Vorausgegangen war ein mehrjähriger Prozeß als dessen wichtigste Stationen sich benennen lassen: das 1983 verabschiedete Positionspapier des Deutschen Caritasverbandes "Caritasverband in Kirche, Staat und Gesellschaft"[119], das 1987 verabschiedete Positionspapier "Soziale Brennpunkte"[120] sowie der ebenfalls 1987 vom Caritasverband für die Diözese Münster veröffentlichte Armut-Report "Arme haben keine Lobby"[121].

In dem Positionspapier "Arme unter uns" werden nicht nur gesellschafts- und sozialpolitische Folgerungen aus der Armutsuntersuchung gezogen, sondern zugleich auch die Konsequenzen für die eigene Caritasarbeit benannt. Sie haben den Charakter der Selbstverpflichtung und treten für die Integration der Armutsbewältigung in die gesamte Arbeit der Caritas ein: "Nicht nur die speziell für arme Menschen eingerichteten Dienste, sondern alle Einrichtungen der Caritas - vom Kindergarten bis zum Altenheim, von der Erziehungsberatungsstelle bis zur Sozialstation - müssen für die Armut

---

[116] Mitglieder der Arbeitsgruppe Armutsdiskussion: TERESA BOCK (Vorsitz), THOMAS BECKER (Geschäftsführung), HANS HARRO BÜHLER, EVA-MARIA DENNEBAUM, GÜNTER EMIG, HANS-JÜRGEN KOCAR, BERND-OTTO KUPER, ROLF LODDE, KURT NACHBAUER, FRANZ SPIEGELHALTER, ALFRED SCHLEIMER, ERICH SCHMITZ.

[117] Zu nennen ist auch der Entwurf zum Caritas-Leitbild: vgl. a. a. O., 7f.

[118] TERESA BOCK/THOMAS BECKER, Vorwort des Herausgebers, a. a. O., 12. Allerdings macht sich ein Caritasverband, wenn er sich eindeutig auf die Seite der Armen stellt, auch angreifbar. Diese Erfahrung blieb bislang auch Mitarbeitern, die in dieser Hinsicht besonders engagiert sind, selbst innerkirchlich und verbandsintern nicht erspart. Vgl. ULRICH THIEN, Caritas und die Option für die Armen, in: Diakonia 22 (1991), 179 - 183; 180.

[119] GENERALSEKRETARIAT DES DEUTSCHEN CARITASVERBANDES E.V. (Hrsg.), Caritasverband in Kirche, Staat und Gesellschaft. Ein Positionspapier des Deutschen Caritasverbandes zu Selbstverständnis und Auftrag verbandlich organisierter Caritas im heutigen kirchlichen und gesellschaftlichen Kontext, Freiburg i. Br. 1983.

[120] GENERALSEKRETARIAT DES DEUTSCHEN CARITASVERBANDES E. V. (Hrsg.), Caritas und soziale Brennpunkte (Unser Standpunkt 21), Freiburg i. Br. 1987.

[121] CARITASVERBAND FÜR DIE DIÖZESE MÜNSTER (Hrsg.), Arme haben keine Lobby. Caritas-Report zur Armut, Freiburg i. Br. 1987.

und deren Auswirkungen sensibilisiert werden"[122]. Hinsichtlich der intermediären Stellung als Partner der öffentlichen Sozialpolitik und als Fürsprecher für die Armen heißt es selbstkritisch und mit einem klaren Votum für die Anwaltsfunktion der Caritas: "Der DCV hat im sozialen Rechtsstaat auf kommunaler, Länder- und Bundesebene die Chance, seine Stimme für arme und von Armut bedrohte Menschen einzubringen. Bei dieser politischen Lobbyarbeit muß die Option für arme und von Armut bedrohte Menschen im Vordergrund stehen. Der Verband kann nicht eine Auffassung akzeptieren, nach der ihm die 'Reparatur sozialer Notlagen' zugewiesen wird, er aber dann nicht gefragt ist, wenn es um die Behebung der Ursachen von Not geht und um eine entsprechende Sozialpolitik. Dabei steht er oft in der Spannung, zum einen loyaler Partner des sogenannten Dienstleistungssystems, zum anderen Anwalt der Armen und ihrer sozialpolitischen Ansprüche zu sein. In solchen Spannungsverhältnissen ist in der Vergangenheit das Pendel oft in Richtung der loyalen Partnerschaft mit öffentlichen Kostenträgern ausgeschlagen. Der DCV muß sich in Zukunft mehr auf die Rolle der politischen Anwaltsfunktion besinnen und die Interessen armer und ausgegrenzter Menschen offensiv vertreten"[123]. Mit ihrer Initiative für die Armen in der Bundesrepublik Deutschland will die Caritas zugleich den Blick schärfen für den Kampf gegen die weltweit verbreitete Armut und einen Beitrag leisten zur aktuellen Diskussion um die Sicherstellung des sozio-kulturellen Existenzminimuns in Europa[124]. Die nationale Option für die Armen wird somit in den Horizont internationaler Solidarität gestellt.

1.1.1.2.3.5   Abkehr vom Expansionskurs

Abhängigkeit von öffentlicher Finanzierung, Verrechtlichung, Professionalisierung und eine zunehmende Entfernung von den Bedürfnissen der Bürger sind ursächlich mit dem Expansionskurs der freien Wohlfahrt in den vergangenen vierzig Jahren in Zusammenhang zu bringen. Auf seiten des Caritasverbandes ist man sich zunehmend

---

[122] Arme unter uns. Der Deutsche Caritasverband bezieht Position, a. a. O., 42.

[123] A. a. O., 45.

[124] Vgl. a. a. O., 17f.

darüber im klaren, daß dieser Kurs nicht beibehalten werden kann[125]. Zukünftig wird man bestimmte Angebote reduzieren müssen, was jetzt schon im Bereich stationärer Dienste zugunsten des Ausbaus ambulanter Dienste geschieht. Außerdem sollen Monopolsituationen, die der Wahlfreiheit der Klienten abträglich sind, und der Ausbau von gänzlich fremdfinanzierten Diensten vermieden werden. Gleichwohl wird der verschiedentlich favorisierte Ansatz einer Abkehr von der Einbindung in das flächendeckende System sozialstaatlicher Sicherung[126] nicht geteilt[127]. Da unter Punkt 1.4.2 dieser Studie auf diese Fragestellung noch einmal Bezug genommen wird, sollen hier nur die verschiedenen Positionen benannt werden.

1.1.2 Die kirchliche Funktion der organisierten Caritas

Die organisierte Caritas ist nicht nur, auch wenn dies aus den beschriebenen Gründen zuweilen so erscheinen mag, eingebunden in das staatliche System sozialer Sicherung, sondern sie ist zugleich auch ein Teil der katholischen Kirche, was zumindest darin ersichtlich wird, daß sie unter der Aufsicht der Bischöfe steht[128]. Der praktische Befund zeigt indes deutliche Ambivalenzen hinsichtlich der kirchlichen Verortung der Caritas. Neben Bewußtseinsstrukturen, die die Caritas marginalisieren, sind Strategien zu entdecken, die die Caritas im Sinne der Kirche funktionalisieren. Als idealtypische Skizzen dieser Bewußtseinsstrukturen werden im folgenden das Vorfeld- und das Spezialisten-Schema diskutiert.

---

[125] Vgl. HUBERTUS JUNGE, Aufbruch oder Rückzug? a. a. O., 131.

[126] Vgl. neben den bereits genannten Publikationen von HEINRICH POMPEY: PAUL ZÖLLER, Krisen als Chancen nutzen. Thesen zur Situation und zu den Perspektiven caritativer Organisationen, in: PthI 10 (1990), 213 - 224.

[127] Zu sehen ist allerdings, daß diese Frage auch verbandsintern durchaus kontrovers diskutiert wird.

[128] Vgl. §2 der "Satzung des Deutschen Caritasverbandes" (vom 9. November 1897 in der Fassung vom 4. Mai 1993), in: CaritasKorr 61 (Sonderheft II/1993), 2 - 9; 2.

1.1.2.1 Die Caritas als "uneigentlicher" kirchlicher Vollzug (Vorfeld-Schema)

Grundlegend für dieses Schema[129] ist, daß es die kirchlichen Vollzüge in "eigentliche" und "uneigentliche" aufteilt. Auf dem Hintergrund einer modernen, d.h. differenzierten Gesellschaft gilt als diesbezügliches Unterscheidungskriterium vor allem das, wodurch sich die Kirche von anderen Institutionen abhebt. Das aber sind vor allem die Liturgie und die Verkündigung. Folglich werden sie als die eigentlichen Vollzüge betrachtet. Ihnen gegenüber erscheint die Diakonie als uneigentlich und zweitrangig, denn sie wird ja im Sinne von Sozialarbeit nicht nur von Christen, sondern auch von Nicht-Christen praktiziert. In Situationen, in denen eigentliche und uneigentliche Aufgaben miteinander konkurrieren, man denke nur an den Terminkalender eines Pfarrers, ist aufgrund dieser wertenden Zweiteilung von vornherein klar, wo die Prioritäten zu setzen sind: eben bei den sogenannten eigentlichen Tätigkeiten[130].

Ist die Diakonie im pastoralen Alltag mithin zuzeiten als "uneigentlicher" kirchlicher Vollzug durchaus zu vernachlässigen, so erscheint sie doch im Blick auf das Phänomen der distanzierten Kirchlichkeit als nahezu unentbehrlich. Denn die Existenz der Caritas trägt dazu bei, daß problematisch gewordene Kirchenmitgliedschaft weiterhin aufrecht erhalten wird. Auch wenn die Leistungen der Kirche zur religiösen Versorgung weitgehend nicht selbst in Anspruch genommen werden oder ihr inhaltliches Profil etwa in Fragen der Sexualmoral nicht mit der eigenen Werthaltung übereinstimmt, halten es doch viele Zeitgenossen immer noch für angebracht, weiterhin Kirchensteuer zu zahlen, weil damit kirchliche Sozialleistungen unterstützt werden[131]. Die Caritas ermöglicht somit die Beibehaltung distanzierter Kirchenzugehörigkeit in der

---

[129] Vgl. KONRAD HILPERT, Der Ort von Caritas in Kirche und Theologie, in: Caritas '90 (1989), 9 - 15 und 16 - 23; 10f.

[130] Im Vorfeld-Schema wirken sich allerdings auch traditionelle Glaubenselemente aus. Wenn das Erlangen der ewigen Seligkeit als die vorrangige Bestimmung des menschlichen Lebens angesehen wird, dann ist der Empfang der geistlichen Güter durch Liturgie und Verkündigung von besonderem Belang. Hoch bewertet werden auch die Vermittler der göttlichen Gaben; dem Heilsdienst des Klerus als dem zentralen Vollzug von Kirche wird der Weltdienst der Laien nachgeordnet.

[131] Dies muß nicht immer ausdrücklich im Blick auf die Caritas geschehen. Denn es ist, wie die Ausführungen oben belegen, für Außenstehende schwierig geworden, die Caritas als eine katholische Hilfsorganisation zu identifizieren. Immerhin ist es aber möglich, in entsprechend apologetisch gefärbten Kontexten auf die sozialen Dienstleistungen der Caritas als kirchliche Dienstleistung hinzuweisen.

Gestalt des Mäzenatentums, was allerdings keine Verhaltensänderung bei den Betreffenden zur Folge hat. Dennoch hegt man auch von seiten des Caritasverbandes die Hoffnung, durch das Angebot des caritativen Engagements diejenigen Katholiken ansprechen zu können, die am Rande der Kirche leben[132]. Caritasarbeit fungiert somit - pointiert formuliert - als ein "Lockmittel, mit dem man einzelne aus der Alltagswelt, in der sie bislang ganz aufgingen, in die Welt von Glaube, Gottesdienst, Gebet und so weiter locken kann. Aber dies gilt dann immer nur als ein erster Schritt, als Vorbereitung, auf die dann das Eigentliche folgen sollte, die aktive Identifikation mit der Gemeinschaft der Glaubenden nämlich"[133].

Gegen das Vorfeld-Schema ist kritisch einzuwenden, daß es zwischen der Vergegenwärtigung Gottes in Wort und Sakrament und dem Hilfehandeln in unsachgemäßer Weise trennt und dadurch Grenzen, die sich als Folge der Einbindung der Caritas in das staatliche System der sozialen Sicherung ergeben, noch verstärkt. Gott kommt nach diesem Modell nur dort vor, wo er ausdrücklich thematisiert wird. Mit seiner Gegenwart in der Interaktion zwischen Hilfebedürftigen und Helfern wird nicht gerechnet. Die Caritas wird somit abgewertet und ihrer theologischen Dignität beraubt: Sie wird letztlich zu einem für die Theologie belanglosen Ort. Und die Chance, Gottes verborgene Gegenwart im diakonischen Handeln zu entdecken, wird somit vertan.

Das Vorfeld-Schema steht für ein ekklesiozentrisches Denken, das sich nicht davor scheut, die Diakonie für die Zwecke der kirchlichen Institution, näherhin den Erhalt des Mitgliederbestandes, zu instrumentalisieren. Dadurch wird diakonisches Handeln sich selber entfremdet und von systemischen Interessen überlagert und kolonialisiert. Deutlich wird dies an den Rechtfertigungszwängen, denen sich Mitarbeiter der Caritas

---

[132] "Indem der Caritasverband die Bereitschaft zu spezifischen Diensten bei Menschen ergreift, die sich nur mehr partiell mit der Kirche identifizieren, kann er sowohl deren Kontakt mit der Kirche erleichtern als auch selbst ein Element der kirchlichen Erneuerung sein". Generalsekretariat des Deutschen Caritasverbandes e. V., Caritasverband in Kirche, Staat und Gesellschaft, a. a. O., 10. Möglicherweise kommen als Zielgruppe für diese Strategie schwerpunktmäßig nur mehr hauptamtliche Mitarbeiter in Frage, da es unter den derzeitigen Voraussetzungen gerade kirchlichen Hilfsorganisationen zunehmend schwerer fällt, ehrenamtliches Engagement abzufragen (vgl. 1.1.1.2.1.3).

[133] KONRAD HILPERT, Der Ort von Caritas in Kirche und Theologie, a. a. O., 11.

innerkirchlich ausgesetzt sehen[134]. Schließlich ist darauf zu verweisen, daß die theologische Abwertung auch politische Risiken mit sich bringt. Denn dadurch wird "die Begründung von Bezuschussungswünschen an die öffentliche Hand" geschwächt und "die Rechtfertigung des Anspruchs auf eine kirchliche Trägerschaft vor einer kritischen Öffentlichkeit"[135] erschwert. Wenn caritatives Handeln kirchlicherseits als uneigentlich eingestuft wird, dann ist anderenorts nur schwer plausibel zu machen, warum dort ausgerechnet das Prinzip der Weltanschaulichkeit gelten soll. Dieser Einwand gegen das Vorfeld-Schema wird zwar durch den öffentlichen Einstellungswandel gegenüber sozialen Dienstleistungen relativiert; trotzdem ist festzuhalten: Nicht nur die Entwicklung im Sozialsektor, sondern auch kirchliche Wertmuster haben zur Säkularisierung des Helfens beigetragen.

1.1.2.2 *Die Caritas als Angelegenheit von Experten (Spezialisten-Schema)*

Im Unterschied zum ersten Schema siedelt das zweite[136] die Caritas innerhalb der Kirche an. Diakonie, Liturgie und Verkündigung gelten als Grundvollzüge kirchlichen Handelns und sind deshalb als gleichwertig anzusehen. Trotzdem gibt es auch in diesem Modell die Tendenz, die Caritas aus dem kirchlichen Handlungsrahmen herauszulösen. Ausschlaggebend dafür ist, daß die Caritas vor allem als Sache von Experten angesehen wird. Dies ist zwar nicht ganz unberechtigt; manche Notlagen erfordern professionelle Kompetenz, damit die Hilfe nicht nur gutgemeint, sondern auch angemessen ist. Andererseits begünstigt diese Auffassung jedoch eine gewisse Delegationsmentalität[137], die unter der Hand die Wahrnehmung der Not und der

---

[134] Nicht selten müssen Caritasmitarbeiter, um in einer Pfarrgemeinde Gehör zu finden, eine Art Sonderqualifikation erwerben. Sie müssen erst einmal Firmgruppenleiter oder Kommunionhelfer werden oder sich in den Pfarrgemeinderat wählen lassen, sonst kann das, was sie tun, nicht gut sein. Vgl. ROLF ZERFAß, Der Beitrag des Caritasverbandes zur Diakonie der Gemeinde, in: Caritas 88 (1987), 12 - 27; 18f.

[135] KONRAD HILPERT, Der Ort von Caritas in Kirche und Theologie, a. a. O., 11.

[136] A. a. O., 11f.

[137] Dieser Delegationsmentalität entspricht auf seiten der verbandlichen Caritas die Bereitschaft, Aufgaben an sich zu ziehen. Vgl. GENERALSEKRETARIAT DES DEUTSCHEN CARITASVERBANDES E.V. (Hrsg.), Caritasverband in Kirche, Staat und Gesellschaft, a. a. O., 35, und die Erfahrungen im Fachbereich "Caritas und Pastoral" (Punkt 1.1.1.2.3.2 der vorliegenden Arbeit).

eigenen Helferkompetenz verkümmern läßt. "Längerfristig geht dann aber mit der Wahrnehmung auch das Helfen als gemeinschaftstiftendes und gemeinschaftvollziehendes Tun verloren oder driftet irgendwo an den Rand des Glaubens- und des Gemeinschaftsbewußtseins, dorthin jedenfalls, wo es nicht mehr so darauf ankommt"[138].

1.1.3 Resümee

Die verbandliche Caritas nimmt innerhalb der Bundesrepublik Deutschland die Funktion eines Bindegliedes zwischen Kirche und sozialstaatlich organisierter Gesellschaft ein. Während insgesamt eine Entflechtung von Kirche und Politik zu beobachten ist, zeigt sich im Blick auf die "sozialen Zonen"[139] der Gesellschaft ein umgekehrter Trend. "Hier ist es ganz im Gegenteil in den letzten Jahren zu einem einmalig hohen Grad der Verflechtung von Kirche und Gesellschaft gekommen"[140]. Offensichtlich ist dies deshalb der Fall, weil alle Seiten ihren Nutzen daraus ziehen. Dank dieser Verflechtung ist es nämlich der deutschen Kirche möglich, in einem sowohl in historischer Hinsicht als auch im Vergleich zu anderen Ländern einmaligen Ausmaß diakonisch tätig zu sein. "Zutreffend hat J. DEGEN dies gewürdigt: 'Im Blick auf die Diakonie hilft also der Sozialstaat ganz wesentlich dazu, daß die Kirche Kirche sein kann', insofern es sich dabei ja um eine ihrer grundlegenden Funktionen handelt"[141]. Zudem ermöglicht es die Caritas, daß distanzierte Kirchenmitgliedschaft aufrecht erhalten bleibt. Aber auch für den Staat ist es von Vorteil, auf die Caritas zurückzugreifen. Er verfügt über keine eigenen Motivationsressourcen, um Hilfsbereitschaft zu mobilisieren und ist in einem hohen Maße "von der schwankenden Einstellung der Wählerschaft hinsichtlich des sozialpolitischen Einsatzes für gesellschaftliche Randgruppen"[142] abhängig. "Gleichzeitig", so gibt NORBERT METTE zu bedenken, "kann der Staat aufgrund dieser

---

[138] A. a. O., 12.

[139] Dieser Begriff stammt von HANS MAIER zitiert bei: KARL GABRIEL, Die verbandliche Caritas im Spannungsfeld von Kirche und Gesellschaft, a. a. O., 50.

[140] Ebd.

[141] NORBERT METTE, Caritas und Sozialstaat - Identität kirchlicher Diakonie im Widerstreit, in: Conc(D) 30 (1994), 425 - 431; 427.

[142] Ebd.

subsidiären Indienstnahme der Kirchen im Wohlfahrtsbereich mit ihrer grundsätzlichen Loyalität ihm gegenüber rechnen"[143]. Schließlich ist auch für die Caritas die Stellung zwischen Kirche und Staat von Nutzen. Sie ermöglicht es ihr, "nach beiden Seiten hin kritisch und gestaltend tätig zu werden"[144]. Neben dem Nutzen sind jedoch auch die Kosten dieser intermediären Stellung der Caritas zu sehen. Institutionalisierung, Bürokratisierung und Professionalisierung haben zu weitgehenden Angleichungs- prozessen an sozialstaatliche Vorgaben und unter den Wohlfahrtsverbänden geführt. Dieses "Kartell des Helfens" ist in der Öffentlichkeit zunehmender (allerdings oft auch überzogener) Kritik ausgesetzt. Diese konzentriert sich auf die finanzielle Praxis der Wohlfahrtsverbände sowie auf die weitgehende Distanz der wohlfahrtsverbandlich vorgehaltenen Dienstleistungen von den Bedürfnissen der Hilfebedürftigen. Speziell im Blick auf die Caritas zeigt sich aufgrund der Einbindung in das flächendeckende System sozialstaatlicher Sicherung eine deutliche Distanz zur parochial organisierten Pastoral. Diese wird durch innerkirchlich wirksame Mechanismen, wie das Vorfeld- und das Spezialisten-Schema, verstärkt. Zu den endogenen Ursachen für die Krise der freien Wohlfahrtspflege kommen noch exogene hinzu. Als solche wurden die quantitativen und qualitativen Veränderungen im Bedarf nach sozialen Dienstleistungen, die Restriktivität staatlicher Sozialpolitik und die durch den europäischen Einigungsprozeß forcierte Marktorientierung beschrieben. Die Caritas versucht, die aus alledem resultierende Orientierungskrise wohlfahrtsverbandlicher Arbeit durch eine multiple Strategie, die sich nicht auf die einfache Alternative "Expansion oder Rückzug" einläßt, zu bewälti- gen. Favorisiert werden - neben einer eher schwach berücksichtigten stärkeren Markt- orientierung - die Gemeindeorientierung verbandlicher Caritasarbeit, das Bemühen um die Bestimmung des eigenen Leitbildes sowie die Abkehr vom bisherigen Expansions- kurs. Besonders hervorzuheben ist, daß die Orientierungskrise wohlfahrtsverbandlicher Arbeit in der Caritas auch zu einer Rückbesinnung auf die prophetische Anwaltsfunktion diakonischen Handelns geführt hat. Dies ist nicht nur allgemein aufgrund der jüdisch- christlichen Tradition, der sich christliches Hilfehandeln verpflichtet weiß, besonders

---

[143] Ebd.

[144] A. a. O., 427f.

zu begrüßen; auch die systemimmanente Benachteiligung besonders Schwacher (Stichwort: "creaming the poor") und die bis dato zu große Rücksichtnahme auf die herrschende Politik, die die Armutsproblematik weitgehend bagatellisiert, drängen zu diesem Schritt.

1.2 Zur marginalen Stellung der Diakonie in der Pastoral

Die Doppelstruktur von Caritas und Pastoral weckt den Verdacht, daß diese das Resultat einer Arbeitsteilung ist: Die Diakonie fällt in die Zuständigkeit der Caritas, und die Verkündigung ist die Sache der Pastoral. Daß dafür durchaus Anhaltspunkte vorhanden sind, wurde oben bereits benannt. Andererseits ist nicht zu verkennen, daß sich auch auf Gemeindeebene die verschiedensten diakonischen Aktivitäten finden lassen. Was derzeit in den Gemeinden an Caritasarbeit geschieht, läßt sich nach HANNES KRAMER und BERNHARD STAPPEL wie folgt grob skizzieren:

1. "Es gibt eine beachtliche Anzahl von Pfarreien in der Bundesrepublik, in denen wenig Nähe zu den sozialen und materiellen Nöten der Menschen unserer Zeit vorhanden ist, wo Vorurteile und Ablehnung gegenüber sog. 'Randgruppen' bestehen und wenig im Blick auf gesellschaftsdiakonische Aufgaben (z.B. Arbeitslosigkeit, Wohnungsnot) geschieht"[145].

2. In etwa 50% der Gemeinden, vor allem in den Städten, existieren ehrenamtliche Helfer- und Mitarbeitergruppen (Caritas- und Vinzenzkonferenzen, Frauengemeinschaften und gemeindliche Helfergruppen). Sie setzen sich mehrheitlich aus Frauen zusammen. Ihre Arbeitsschwerpunkte liegen in den Bereichen Kranken- und Altenhilfe, Besuchsdienst (in Krankenhäusern, Altenheimen und bei Vereinsamten) und in der Hilfe für sozial schwache Familien, Spätaussiedler, Ausländer und Gefährdete. Zur sozialen Landschaft einer Gemeinde gehören meistens auch ein Kindergarten und eine Sozialstation[146].

3. "In einer wachsenden Minderheit von Pfarreien und Gemeinden hat sich in den letzten Jahren ein Bewußtseinswandel vollzogen: Sie haben gesellschaftspolitische Verantwortung übernommen (als Anwälte zugunsten von Behinderten, Ausländern, sozial schwachen Familien, Arbeitslosen; durch gemeinsame Projekte und Initiativen in weltkirchlichen sozialen Anliegen; in wachsender Sensibilisierung für

---

[145] HANNES KRAMER/BERNHARD STAPPEL, Zwischenbilanz im Arbeitsbereich Caritas und Pastoral/-Gemeindediakonie (1966 - 1986), a. a. O., 33.

[146] Vgl. a. a. O., 33f.

aktuelle gesellschaftsdiakonische Fragen wie Ausländerfeindlichkeit, § 218, Ökologie)"[147].

Dieser Befund soll im folgenden mit Hilfe einer von HERMANN STEINKAMP entwickelten Gemeindetypologie strukturiert werden[148]. HERMANN STEINKAMP unterscheidet zwischen der "Gemeinde als kleinster kirchlicher Verwaltungseinheit" (= Pfarrei), der "Gemeinde als Organisation" (= Pfarrgemeinde) und der "Gemeinde als Gemeinwesen" (= Basisgemeinde) und ordnet jedem dieser Modelle eine eigene Gestalt von Diakonie zu[149]. Das heißt: Jedem Gemeinde-Typ entspricht ein bestimmter Typ von Diakonie. Diese Typologie ermöglicht es zwar, die pastorale Wirklichkeit differenziert zu betrachten. Dabei ist jedoch zu beachten, daß das Bemühen, Profile herauszuarbeiten, dazu führt, daß die Komplexität der derzeit real existierenden Gemeinden ausgeblendet wird. Die wenigsten von ihnen lassen sich präzise einem einzelnen Typ zuordnen. Weit verbreitet sein dürfte vielmehr ein Mischtyp mit Anteilen aus den verschiedenen Modellen[150].

---

[147] A. a. O., 34.

[148] Vgl. HERMANN STEINKAMP, Gemeindestruktur und Gemeindeprozeß. Versuch einer Typologie, in: NORBERT GREINACHER/NORBERT METTE/WILHELM MÖHLER (Hrsg.), Gemeindepraxis. Analysen und Aufgaben, München - Mainz 1979, 77 - 89. Die von STEINKAMP entwickelte Gemeindetypologie hat sich weithin durchgesetzt: vgl. ROLF ZERFAß, Der Beitrag des Caritasverbandes zur Diakonie der Gemeinde, a. a. O., 15 - 19; JOSEF BOMMER, Gemeinde auf dem Weg Jesu. Anregungen und Predigten zu einer neuen Theologie der Gemeinde, München 1988.

[149] HERMANN STEINKAMP, Diakonie: Kennzeichen der Gemeinde, a. a. O., 37 - 90.

[150] Klassifiziert man (mit JOSEF BOMMER, a. a . O., 16; 18; 20) die Pfarrei als vorbürgerliche und feudalistische Versorgungskirche, die Pfarrgemeinde als bürgerliche Angebotskirche und die gemeinwesenorientierte Gemeinde als nachbürgerliche Basiskirche, dann läßt sich dieser Mischtyp näherhin als "Kirche der Ungleichzeitigkeit" bestimmen (vgl. KARL RAHNER, Strukturwandel der Kirche als Aufgabe und Chance, Freiburg i. Br. - Basel - Wien 1972/1989, 47 - 50.

1.2.1 Die Geringschätzung diakonischen Handelns in der Pfarrei

1.2.1.1 Die Gemeinde als kleinste kirchliche Verwaltungseinheit

Das zentrale Merkmal dieses Typus[151] ist der im individuellen und kollektiven Bewußtsein vorherrschende Bezug zur Weltkirche. Die Pfarrei versteht sich selbst als die unterste Ebene der Kirche, deren Leben von den nächsthöheren Ebenen, der Bistums- und der Gesamtkirche(nleitung) bestimmt wird. Die Stärke dieses Modells ist darin zu sehen, daß es durch die Betonung der Zugehörigkeit zu einer machtvollen - weil Grenzen und Zeiten überschreitenden - Großorganisation das Gefühl der Geborgenheit vermittelt. Mit diesem Konzept verbinden sich allerdings auch bürokratische Denkmuster, die den Verwaltungsaspekt betonen und sich deshalb einschränkend auf die Eigenständigkeit der Pfarreiebene auswirken. In diesem Sinne geht es vor allem darum, die von oben vorgegebenen Ziele und Aufgaben korrekt auszuführen. Analog zur pyramidalen Struktur der Gesamtkirche ist auch die Pfarrei hierarchisch ausgerichtet. Der Pfarrer ist der eigentliche Entscheidungsträger. Er sieht sich als der Hirt seiner Herde, als Vater seiner Pfarrkinder. Materialer Schwerpunkt seiner Pastoral ist die Rettung der ihm anvertrauten Seelen durch die Verwaltung von Wort und Sakrament. Auf diesem Hintergrund läßt sich die Pfarrei definieren als die Summe von Individuen, die durch das Territorialprinzip in die Zuständigkeit eines Pfarrers fallen. Das Pfarreimodell kultiviert somit eine Jenseitsorientierung, teilt den Pfarreiangehörigen eine passive Rolle zu und führt zu einem individuellen Konsumentenverhalten, unbeschadet dessen, daß einzelnen Mitgliedern aufgrund ihrer religiös-ethischen Motivation durchaus auch Aufgaben übertragen werden.

1.2.1.2 Die Diakonie als Sache des Einzelnen

Nach HERMANN STEINKAMP weist das diakonische Profil der Pfarrei drei idealtypische Merkmale auf: "Sammlungen, kontingente/exemplarische Aktivitäten, Werbung und Aktivierung von Caritasmitgliedern"[152].

---

[151] Vgl. HERMANN STEINKAMP, Gemeindestruktur und Gemeindeprozeß, a. a. O., 79 - 81.

[152] HERMANN STEINKAMP, Diakonie: Kennzeichen der Gemeinde, a. a. O., 39.

Den Schwerpunkt bildet die Durchführung von Sammlungen bzw. Kollekten, deren Zweck zu allermeist von den höheren kirchlichen Instanzen vorgegeben ist. Dieser Praxistyp herrscht sicher auch deshalb vor, weil er in einer arbeitsteiligen Gesellschaft einen hohen Plausibilitätsgrad besitzt: Wo es dem Spender aufgrund von fehlender fachlicher Kompetenz oder wegen der räumlichen und/oder sozialen Distanz nicht möglich ist, selbst Hand anzulegen, kann er wenigstens materiell einen Beitrag leisten. Nichtsdestoweniger ist diese Form des Helfens nicht unproblematisch. Sie führt zu einer "Loskauf"-Mentalität[153], derzufolge sich der Spender von weiteren diakonischen Aktivitäten im eigenen Umfeld dispensiert fühlt. Begünstigt wird diese Einstellung durch die "für unsere Gesellschaft kennzeichnende Tendenz, abzuschieben, zu isolieren, Leid und Not aus dem Blickfeld der Gesunden zu verbannen"[154].

Neben der dominanten Praxisgestalt der Sammlungen und Spenden lassen sich in der Pfarrei kontingente bzw. exemplarische Aktivitäten finden. Als kontingente Maßnahmen bezeichnet HERMANN STEINKAMP solche diakonischen Aktivitäten, "die aufgrund zufälliger Einfälle, Traditionen, Initiativen zustandekommen beziehungsweise sich zu standardisierten Diensten entwickelt haben"[155] (z.B. Krankenbesuchsdienste, Kleidersammlungen und Altennachmittage), ohne daß noch eine Reflexion auf ihren diakonischen Gehalt, etwa nach dem Kriterium der Dringlichkeit im Vergleich zu anderen Tätigkeiten, vorgenommen wird. Diese "Selbstläufer"-Aktivitäten werden nicht selten in einem exemplarischen Sinne funktionalisiert, d.h. pastorale oder pädagogische Nebenziele treten in den Vordergrund, ohne daß die Subjektwürde der Hilfebedürftigen angemessen in den Blick kommt. Dies ist beispielsweise der Fall, wenn es bei der Durchführung einer caritativen Aktion in erster Linie darum geht, Jugendliche zu beteiligen.

Schließlich gibt es in der Pfarrei auch Zusammenschlüsse, die der verbandlichen Caritas angehören: traditionellerweise die "Vinzenz-Konferenz" oder der "Elisabeth-Verein" und neuerdings die "Caritas-Konferenz". Ihre Aufgabe ist nicht nur die

---

[153] Vgl. ebd.

[154] A. a. O., 40.

[155] Ebd.

Wahrnehmung diakonischer Tätigkeiten vor Ort, vielmehr bilden sie auch die Basis des Caritasverbandes. Zu problematisieren ist dabei zum einen, daß diese Praxisgestalten oft den Charakter eines Alibis haben und im Sinne des Vorfeld- und des Spezialisten-Schemas abgewertet werden. Zum anderen zeigt sich immer deutlicher, daß es dem Caritasverband kaum mehr möglich ist, auf Pfarreiebene Mitglieder zu gewinnen.

Fazit: In der volkskirchlich ausgerichteten Pfarrei ist die Diakonie als Grundfunktion der Gemeinde nur rudimentär oder gar nicht entwickelt. Zwar sind neben einem zum Teil sehr beträchtlichen Spendenaufkommen oft auch vielfältige Formen einer "unorganisierten Diakonie des Alltags"[156] auszumachen, aber ihnen kann "nur" der Rang privater Mildtätigkeit oder privaten Engagements zugesprochen werden: "Sie als Diakonie *der Gemeinde* zu bezeichnen, wäre frommer Selbstbetrug"[157]. Ausschlaggebend für dieses Defizit an gemeindlicher Diakonie ist der Mangel an communio, der für dieses Modell kennzeichnend ist. Ferner wirken sich verschiedene Abwertungsmechanismen aus, die von vornherein der Liturgie und der Verkündigung als den vermeintlich "eigentlichen" christlichen Vollzügen den Vorzug geben.

1.2.2 Die Diakonie der Pfarrgemeinde

1.2.2.1 Die Gemeinde als Organisation

Im Unterschied zum ersten betont das zweite Modell[158] den Aspekt der Selbstreferenz und Selbststeuerung der Gemeinde. Die Gemeinde versteht sich selbst nicht als der Ort, an dem die von oben vorgegebenen Vorschriften und Bestimmungen ausgeführt werden, vielmehr geht es darum, zwischen den Zielen der Universalkirche und den Bedürfnissen der Gemeindemitglieder zu vermitteln.

Die theologischen Weichen für diese das Subjektsein der Gemeinde ermöglichende Sicht stellt die Ekklesiologie des Zweiten Vatikanischen Konzils, die das Verhältnis

---

[156] Vgl. DIETER EMEIS, Zur unorganisierten Diakonie des Alltags, in: Lebendige Katechese 7 (1985), 36 - 38.

[157] HERMANN STEINKAMP, Diakonie: Kennzeichen der Gemeinde, a. a. O., 42.

[158] Vgl. HERMANN STEINKAMP, Gemeindestruktur und Gemeindeprozeß, a. a. O., 81 - 84.

zwischen der Universalkirche und der Ortskirche auf die Formel bringt, die katholische Kirche bestehe "in und aus" Ortskirchen[159]. Ausschlagebend sind aber auch die gesellschaftlichen Umbrüche der letzten Jahrzehnte, die zu einem Funktionswandel der Kirche und zu einer Ausdifferenzierung der Kirchenmitgliedschaft in kirchlich Interagierende und distanziert Kirchliche geführt haben.

Die Pfarrgemeinde versucht darauf mit einem differenzierten Angebotsprofil zu reagieren, das zu den religiösen auch gesellschaftliche und soziale Themen und Aktivitäten aufnimmt und verschiedene Formen der Partizipation ermöglicht. Oberstes und oft nicht mehr hinterfragtes Ziel ist jedoch, bisher passive Gemeindemitglieder zur aktiven Mitarbeit zu motivieren. Richtet sich das erste Modell an den erlösungsbedürftigen Seelen aus, so konzentriert sich das zweite auf die aktivierungsbedürftigen Fernstehenden. An die Stelle der Versorgungspastoral tritt somit die Aktivierungspastoral.

Auch die Struktur der Gemeinde verändert sich. Das Strukturmuster der Pyramide wird durch das der konzentrischen Kreise ersetzt[160]. Dabei lassen sich drei Kreise unterscheiden. Ein Innenkreis, der sich aus dem Pfarrer, den Hauptamtlichen, dem Pfarrgemeinderat und vielen Ehrenamtlichen zusammensetzt. Sie sind die Anbieter, die Veranstalter. Ein weiterer Kreis umfaßt die aktiv konsumierenden Gemeindemitglieder. Und schließlich der passive Außenkreis. Er besteht aus nominellen bzw. potentiellen Mitgliedern. Ein weiteres strukturelles Merkmal ist die sogenannte Verkreisung, d.h. innerhalb der Pfarrgemeinde bestehen verschiedene Gruppen, Gremien und Vereine, die sich zum Teil berühren und überschneiden, aber auch teilweise nebeneinander her existieren. Dennoch ist zu sehen, daß der Pfarrgemeinderat weithin die Funktion eines Organisationszentrums hat, das die verschiedenen Angebote und Aktivitäten steuert und koordiniert.

Bestehen die Vorzüge dieses Modells gegenüber dem ersten im wesentlichen darin, daß es von der Subjekthaftigkeit der Gemeinde ausgeht und neben der religiösen auch die soziale Partizipation ermöglicht und fördert, so bedürfen auch hier einige Aspekte

---

[159] Vgl. LG 23 (1).

[160] Vgl. KARL FORSTER (Hrsg.), Religiös ohne Kirche?, Mainz 1977; LOTHAR ROOS, Pastoral der konzentrischen Kreise, in: LS 29 (1978), 242 - 250.

58

der Problematisierung. Das pastorale Grundmodell der konzentrischen Kreise impliziert eine Abwertung der beiden äußeren Kreise[161]. Zudem wird die pyramidale Struktur der Pfarrei durch eine tendenziell zentralistische Organisationsform ersetzt. An die Stelle der Hierarchie tritt die Entscheidungsmacht der hauptamtlichen Fachleute und der ehrenamtlichen Organisatoren. Diese wird zwar durch Wahlen und die Möglichkeit der Basis, durch Annahme bzw. Ablehnung Einfluß auf das Angebotsprofil auszuüben, demokratisch temperiert; aber die von der Gemeinsamen Synode der Bistümer in der Bundesrepublik Deutschland mit Nachdruck erhobene Forderung, daß "aus einer Gemeinde, die sich pastoral versorgen läßt, (...) eine Gemeinde werden [muß], die ihr Leben im gemeinsamen Dienst aller und in unübertragbarer Eigenverantwortlichkeit jedes einzelnen gestaltet"[162], wird dadurch nicht eingelöst. Es sind letztlich die Aktiven, die für die anderen etwas machen und sie in diesem Sinne versorgen. Schließlich ist zu fragen, ob die Orientierung an Angebot und Nachfrage nicht zu einer Verdoppelung des gesellschaftlich dominanten Marktmechanismus führt, die das Ausagieren eines Prozesses durch eine blinde Aktivierungsdynamik blockiert[163].

1.2.2.2   Die Diakonie als Mittel zur Aktivierung

Das wesentliche strukturelle Merkmal der pfarrgemeindlichen Diakonie besteht nach HERMANN STEINKAMP darin, daß sie nach dem gleichen Muster durchgeführt wird wie andere Aktivitäten der Gemeinde auch: Es wird Wert gelegt auf eine zentrale Organisation und Koordination, und die Aktivierung möglichst vieler Mitarbeiter dient zumindest als sekundäre Motivation[164]. Handlungsleitend ist ferner das Gefühl einer vermeintlichen Allzuständigkeit. Es führt teilweise zu dem Versuch, die örtliche Caritas

---

[161] Eine umfassende Kritik der Pastoral der konzentrischen Kreise bietet: WOLFGANG STECK, Die Pastoral der konzentrischen Kreise. Chancen und Grenzen eines pastoraltheologischen Modells, in: PthI 8 (1979), 7 - 18.

[162] Beschluß "Dienste und Ämter", in: Gemeinsame Synode der Bistümer in der Bundesrepublik Deutschland. Beschlüsse der Vollversammlung. Offizielle Gesamtausgabe I, hrsg. von LUDWIG BERTSCH u. a., Freiburg i.Br. - Basel - Wien 6,1985, 598 - 636; 602.

[163] Vgl. HERMANN STEINKAMP, Gemeindestruktur und Gemeindeprozeß, a. a. O., 84.

[164] Hinsichtlich der Strukturen der pfarrgemeindlichen Diakonie sind die von HERMANN STEINKAMP vorgelegten Organigramme "Pfarrgemeinderat", "Sachausschuß Caritas" und "Kerngruppe" sehr aufschlußreich (vgl. DERS., Diakonie: Kennzeichen der Gemeinde, a. a. O., 59 - 65.

zu vereinnahmen. Eine weitere Folge ist eine gewisse Beliebigkeit der pfarrgemeindlichen Diakonie: Sie verzichtet sowohl auf eine Analyse der Not und ihrer Hintergründe als auch auf die Feststellung von Prioritäten. Als Ursache für das Gefühl der Allzuständigkeit bzw. für die Beliebigkeit der pfarrgemeindlichen Diakonie kommt, so HERMANN STEINKAMP, zum einen die sogenannte "Samariter"-Option in Betracht. Ihr zufolge erweist sich die Christlichkeit des Helfens gerade darin, daß es sich ohne Wenn und Aber einfach dem zuwendet, der, bildlich gesprochen, zufällig am Wegrand liegt[165]. Zum anderen ist mit HERMANN STEINKAMP aber auch zu fragen, ob in der Okkasionalität pfarrgemeindlicher Diakonie nicht Anzeichen eines "kollektiven Helfersyndroms" vorliegen, nämlich "in dem Sinne, daß unsere Gemeinden angesichts der verspürten Ohnmacht und Bedeutungslosigkeit in ein geschäftiges 'Helfen' fliehen; daß - ähnlich dem ziellosen Handeln des Depressiven - ihre geschäftige diakonische Aktivität nichts weiter ist als der unbewußte Ausdruck eines tiefsitzenden Zweifels, ob es denn mit den Sinnangeboten und dem Trost der Religion wirklich 'etwas auf sich hat' angesichts so vieler Zweifel und alternativer Sinnangebote der pluralistischen Gesellschaft"[166].

Mit dem bisher Gesagten steht ein weiteres Merkmal pfarrgemeindlicher Diakonie im Zusammenhang: Sie ist vornehmlich sozial und nicht politisch ausgerichtet[167]. Not wird zumeist personalisiert, d.h. an Personen und ohne Berücksichtigung struktureller Faktoren, wahrgenommen. Dieser Wahrnehmungsweise entspricht die typische Form des pfarrgemeindlichen Hilfehandelns: Es blendet die umfassende politische Dimension aus, beschränkt sich auf die materielle und "moralische" Unterstützung der Notleidenden und vermeidet es, solidarisch Position zu beziehen. Um dies an einem Beispiel zu verdeutlichen: Während der Pfarrer der Gemeinde A sich auf der Linie des sozialen Diakonieverständnisses dazu entschließt, den Arbeitslosen seines Bezirks den pfarreigenen Kopierer zur Verfügung zu stellen, damit diese ihre Bewerbungsunterlagen kostenlos vervielfältigen können, beteiligt sich der politisch engagierte Pfarrgemeinderat

---

[165] Vgl. a. a. O., 65.

[166] Ebd.

[167] Vgl. a. a. O., 24f.; 35f.; 67 - 70.

der Gemeinde B an Demonstrationen gegen die Entlassung von einigen hundert Arbeitern[168]. Ausschlaggebend für diese Präferenz des sozialen Engagements sind neben der oben skizzierten "Samariter"-Option, die Trennung von Glaube und Politik und die vorherrschende Mittelstandsorientierung christlicher Gemeinden. Dementsprechend liegt hier ein beträchtliches Konfliktpotential, sofern versucht wird, die soziale Ausrichtung der Diakonie politisch zu transformieren.

Ein weiteres Konfliktfeld liegt an der "Innen"/"Außen"-Grenze der Pfarrgemeinde bzw. der pfarrgemeindlichen Diakonie[169]. Auch wenn sich diese aufgrund der volkskirchlichen Gegebenheiten nicht eindeutig definieren läßt, so dient sie doch, man vergegenwärtige sich nur das Modell der konzentrischen Kreise, als Orientierungsraster der pfarrgemeindlichen Pastoral. Bestimmte Gemeindemitglieder (z.B. Arbeitslose oder Ausländer) werden oft erst im Rahmen diakonischer Aktivitäten von der (Kern-)Gemeinde wahrgenommen und lösen, unbeschadet der missionarischen Ausrichtung pfarrgemeindlicher Pastoral, nicht selten die Frage aus, ob sie denn wirklich zur Gemeinde gehören, weil man sie zuvor weder in einem Gottesdienst noch bei einer anderen gemeindlichen Veranstaltung gesehen hat. Des weiteren werden Konflikte um die "Innen"/"Außen"-Grenze virulent, wenn es um die Zusammenarbeit mit nichtchristlichen Gruppierungen und Organisationen geht.

Vergleicht man das Modell der Pfarrei mit dem der Pfarrgemeinde, so zeigt sich ein deutlicher Fortschritt. Während im ersten Modell ein beträchtliches Gefälle zwischen der Verkündigung und der Diakonie und ein Defizit an Koinonia als Voraussetzung der weitgehenden Diakonielosigkeit festzustellen ist, geht das zweite Modell nicht nur von der Gleichrangigkeit der kirchlichen Grundvollzüge aus, sondern es versteht sich auch als ein Angebot von Gemeinschaft an Einsame und Sinnsuchende[170]. In diesem Sinne ist von einer diakonischen Grundausrichtung der Pfarrgemeinde zu sprechen. Allerdings wird diese zum einen durch die tendenzielle Asymmetrie im Beziehungsgefüge beeinträchtigt, die sich aus der Rolleneinteilung von Anbietern und

---

[168] Vgl. a. a. O., 24.

[169] Vgl. a. a. O., 18 -23; 30 - 33.

[170] Vgl. HERMANN STEINKAMP, Diakonie: Kennzeichen der Gemeinde, a. a. O., 56.

Nachfragern ergibt. Zum anderen verstellt die Einbindung der Diakonie in das organisatorische Gefüge der Pfarrgemeinde die Möglichkeit, daß die Diakonie zum prägenden Moment der Gesamtgemeinde wird. Stattdessen kommen sekundäre Motive, wie die Aktivierung von Mitgliedern, auch im diakonischen Sektor zum Tragen. Dies schmälert die Glaubwürdigkeit der pfarrgemeindlichen Diakonie und weckt den Verdacht, daß es ihr in erster Linie um eigene Interessen und nicht so sehr um die Interessen der Hilfebedürftigen und Notleidenden geht. Schließlich ist festzuhalten, daß die pfarrgemeindliche Diakonie sozial und nicht politisch ausgerichtet ist und daß somit von ihr nur ein geringes Maß an gesellschaftlicher Innovation ausgeht[171].

1.2.3 Die Diakonie der Basisgemeinde

Den folgenden Ausführungen ist vorauszuschicken, daß es sich bei ihnen nicht um die Generalisierung einer bereits bestehenden Praxis, sondern um die Extrapolation eines Trends handelt[172]. Darüber hinaus ist zu berücksichtigen, daß es sich bei diesem dritten Gemeindetyp um ein sehr vielseitiges Phänomen handelt[173]. Die Typologie nimmt somit in einem noch größeren Maß Vereinfachungen vor, als dies bei den beiden voranstehenden Modellen der Fall ist. Schließlich gibt HERMANN STEINKAMP zu bedenken, daß die bisherige Methode, zunächst einen Gemeindetyp vorzustellen und dann die Konturen seines diakonischen Profils herauszuarbeiten, im Blick auf den jetzt anstehenden Gemeinde-Typ von der Sache her nicht angemessen ist. Denn "für bestimmte Basisgemeinden ist kennzeichnend, daß sie *an* diakonischen Aktivitäten, *über*

---

[171] In dieser Hinsicht zu bedenken ist auch der Hinweis von ROLF ZERFAß: "Die auf die Differenzierung der Gesellschaft durch ein differenziertes Zielgruppenangebot reagierende B-Pfarrei [= Pfarrgemeinde] vermag (...) die von der Gesellschaft gebildeten Ghettos gerade nicht zu überwinden, sondern sie schreibt sie fest, indem sie sie innerkirchlich reproduziert. (...) Es käme gerade nicht darauf an, Senioren und Kinder separat zu betreuen, sondern sie aufeinander zuzuführen, so daß sie entdecken können, was sie einander zu geben haben (und was ihnen kein Sozialarbeiter oder Betreuer zu geben vermag); desgleichen Gesunde und Kranke, Arbeitslose und Arbeitende, Einheimische und Fremde, Starke (Nichtbehinderte) und Schwache (Behinderte), Glaubende und Anfänger im Glauben" (DERS., Der Beitrag des Caritasverbandes zur Diakonie der Gemeinde, a. a. O., 18).

[172] Einen Überblick über die derzeitige Entwicklung im deutschsprachigen Raum bieten WALTER LUDIN/THOMAS SEITERICH/PAUL MICHAEL ZULEHNER (Hrsg.), Wir Kirchenträumer. Basisgemeinschaften im deutschsprachigen Raum, Olten - Freiburg i. Br. 1987.

[173] Zu den verschiedenen Typen basisgemeindlicher Entwicklung vgl. HERMANN STEINKAMP, Diakonie: Kennzeichen der Gemeinde, a. a. O., 84 - 86.

Diakonie sich überhaupt bilden, oder daß Diakonie eine so zentrale Funktion solcher Gemeinden ausmacht, daß durch sie ihre Identität weitgehend bestimmt wird"[174].

Wenn im folgenden dennoch am bisherigen Schema festgehalten wird, so liegt dies nicht nur darin begründet, daß in einem späteren Abschnitt die Darstellung der Gemeinde als Gemeinwesen noch einmal aufgeriffen wird; vielmehr soll dadurch auch auf ein Defizit in HERMANN STEINKAMPs Darstellung der basisgemeindlichen Diakonie hingewiesen werden. Sie blendet wichtige Aspekte, wie etwa die Frage der Gemeindeleitung, weithin aus[175]. Allem Anschein nach geschieht dies eben auch deshalb, weil auf die vorausgehende Darstellung des Strukturmodells verzichtet wird.

1.2.3.1   Die Gemeinde als Gemeinwesen

Prozeßfördernde Aspekte wie Selbstreferenz und Selbststeuerung nehmen im Vergleich zum zweiten Gemeinde-Typ in diesem Modell[176] noch zu. Die Gemeinde versteht sich hier in erster Linie als Teil des umfassenden Gemeinwesens, des Wohnviertels, des Dorfes oder (im Falle funktionaler Gemeinwesen) der Universität, des Krankenhauses usw.; nicht die Differenz, sondern die Identität mit den sozialen und politischen Gemeinwesen wird betont[177]. Das signifikant Christliche besteht dann "in der vom Evangelium inspirierten Reflexion auf die sozialen und politischen Prozesse" sowie in der "solcher Reflexion entspringende[n] alternative[n] Weise kommunikativen Handelns: Teilen, Versöhnung, Parteinahme für die Schwachen, Feier als Erinnerung und Ausdruck von Hoffnung"[178]. Das Evangelium drängt in diesem Modell an die Basis, und zwar in einem doppelten Sinn: Alle Bereiche des Lebens, das poltische Handeln genauso wie die grundlegenden Werte und die Arbeitswelt, sollen davon geprägt werden. Gemeindliches Handeln erschöpft sich somit nicht in der Organisation

---

[174] A. a. O., 84.

[175] Vgl. a. a. O., 83 - 115.

[176] Vgl. HERMANN STEINKAMP, Gemeindestruktur und Gemeindeprozeß, a. a. O., 84 - 86.

[177] Dies zeigt sich äußerlich an der bewußt übernommenen Orts- bzw. Quartierbezeichnung solcher Gemeinden (z.B. Maihof Luzern, Frankfurt-Eschborn, Dortmund-Scharnhorst, Wien-Machstraße, Wien-Schwechat); vgl. JOSEF BOMMER, Gemeinde auf dem Weg Jesu, a. a. O., 18.

[178] HERMANN STEINKAMP, Gemeindestruktur und Gemeindeprozeß, a. a. O., 84f.

eines Freizeitbetriebs oder in der Befriedigung religiöser Bedürfnisse. Schließlich setzt sich die Gemeinde als Gemeinwesen aus verschiedenen Basisgruppen zusammen. Bei ihnen handelt es sich um selbstorganisierte Interessengruppen. Sie sind als die eigentlichen Subjekte der Gemeinde zu betrachten. Das Aktivitätszentrum wandert sozusagen in die gemeindlichen Teilgruppen ab[179]. Der Pfarrgemeinderat hat in diesem Modell die Aufgabe eines Parlaments. In ihm werden die unterschiedlichen Interessen zu einem gemeinsamen Programm ausgehandelt. Die Rolle des Pfarrers wird durch die Aufgabenschwerpunkte "Koordination", "Inter-gruppen-Intervention" und "Konflikt-Management", theologisch gesprochen: durch den Dienst an der Einheit und der Versöhnung, bestimmt. Dazu gehört auch, daß er die Verbindung zur Tradition der Kirche, wie sie im Bistum und in der Universalkirche lebendig ist, aufrecht erhält[180].

1.2.3.2   Koinonisch gelebte Diakonie

Ein zentrales Merkmal basisgemeindlicher Diakonie ist, daß sie im Unterschied zum zweiten Gemeinde-Typ nicht als ein Sektor des gemeindlichen Handelns aufgefaßt wird. Vielmehr ist sie Ausdruck gemeindlicher Koinonia, die sich allerdings immer wieder nach außen hin entgrenzt und sich nicht nur auf die Gemeindemitglieder beschränkt. Begünstigt wird dies dadurch, daß sich basisgemeindliche Diakonie vom Gemeinwesen her versteht.

Basisgemeindliche Diakonie strebt nach einer symmetrischen Gestaltung der Beziehungen zwischen den Helfern und den Hilfebedürftigen. Dies geschieht in erster Linie dadurch, daß die herkömmlichen Definitionen der Helfer- und der Hilfebedürftigenrolle aufgebrochen werden. In diesem Sinne versteht sich nicht mehr nur der Helfer als aktiv und der Hilfebedürftige als passiv; auch der Helfer empfängt, wenn er gibt, und der Hilfebedürftige gibt, wenn er empfängt. So tragen etwa Behinderte dazu bei,

---

[179] Vgl. ROLF ZERFAß, Der Beitrag des Caritasverbandes zur Diakonie der Gemeinde, a. a. O., 16.
[180] Dieser Aspekt ist den Ausführungen von HERMANN STEINKAMP hinzuzufügen.

daß Nicht-Behinderte ihre eigenen "Behinderungen" entdecken und lernen, diese anzunehmen und mit ihnen umzugehen[181].

Ein weiteres Kennzeichen basisgemeindlicher Diakonie ist, daß sie zumeist politisch ausgerichtet ist. Dies hängt zum Teil mit der Enstehungsgeschichte solcher Basisgemeinden zusammen. Sie formieren sich nicht selten innerhalb von Kontexten, in denen es um die Aushandlung einer menschenwürdigen und schöpfungsgerechten Gestaltung der Zukunft geht. Zum anderen findet sich bei Mitgliedern von Basisgemeinden oft ein ausgeprägtes politisches Bewußtsein, daß sich nicht mit den üblichen Formen sozialer Diakonie begnügt, sondern darüber hinaus auch nach den strukturellen Ursachen von Not fragt und diese auch beseitigen will. Allerdings fällt auf, daß die basisgemeindliche Diakonie des deutschsprachigen Raums im Unterschied zur Praxis der lateinamerikanischen Basisgemeinden nicht unbedingt von einer ausdrücklichen Option für die Armen geleitet wird. Als eine mögliche Ursache kommt in Betracht, daß sich viele deutschsprachige Basisgemeinden aus Angehörigen der Mittelschicht zusammensetzen. Andererseits ist jedoch zu sehen, daß in diesen Kreisen eine potentielle Bereitschaft für diese Option vorhanden ist und in vielfältigen Formen konkreter Solidarität auch schon gelebt wird.

1.2.4 Resümee

Im vorausgehenden Abschnitt sollte gezeigt werden, daß es weder *die* diakonielose Gemeinde noch *die* Diakonie der Gemeinde gibt. Der Befund ist vielmehr ausgesprochen facettenreich. Es gibt große Ressourcen einer volkskirchlichen Diakonie des Einzelnen, ein komplexes Hilfeangebot pfarrgemeindlicher Diakonie und Formen koinonisch gelebter Solidarität. Angesichts dieser Sachlage stellt sich in erster Linie nicht die Frage, was zu tun ist, um die Diakonie als Grundfunktion der Gemeinde wiederzubeleben; denn diese Frage wird nur dem Problembestand der Gemeinde als Pfarrei gerecht. Vielmehr geht es darum, wie die verschiedenen Formen gemeindlicher Diakonie zu beurteilen sind bzw. welche von ihnen für sich beanspruchen kann, im

---

[181] Vgl. ULRICH BACH, Boden unter den Füßen hat keiner. Plädoyer für eine solidarische Diakonie, Göttingen ²1986.

christlichen Sinne authentisch zu sein. In dieser Hinsicht sind im weiteren vor allem die folgenden Beobachtungen zu berücksichtigen:

1. Die Diakonie wird zum Teil nach dem Vorfeld-Schema abgewertet oder im Rahmen der pfarrgemeindlichen Aktivierungspastoral anderen Zielen dienstbar gemacht.

2. Die Beziehung zwischen Helfenden und Hilfebedürftigen ist unter den Voraussetzungen der pfarrgemeindlichen "Angebots- und Nachfrage"-Pastoral asymmetrisch präfiguriert. Wie Not definiert und behandelt wird, bestimmen in erster Linie die Helfenden.

3. Gemeindliche Diakonie ist vorrangig sozial und nicht politisch ausgerichtet. Hilfe wird verstanden als unmittelbare Zuwendung zum Nächsten. Der strukturelle Aspekt von Not und Notbewältigung wird meistens nicht berücksichtigt.

4. Hilfe wird zumeist optionslos geleistet, d.h. ohne ein ausreichendes Bewußtsein über die eigenen Motive und Ziele und ohne den Versuch, angesichts der Begrenztheit der eigenen Kräfte die Hilfe nach bestimmten Kriterien auf das vordringlich Notwendige zu konzentrieren. Dementsprechend ist gemeindliche Diakonie oft profillos. Helfende sind, sofern sie sich nicht von vornherein auf das organisatorische Beraten und Verwalten von Not beschränken, vom sogenannten "burn out"-Syndrom bedroht.

1.3 Die gegenwärtige Stellung der Predigt in Gemeinde, Kirche und Gesellschaft

Standen für die Caritas die vergangenen vierzig Jahre unter dem Vorzeichen der institutionellen Expansion, so zeigt sich im Blick auf die sonntägliche Gemeindepredigt - gemessen an der Zahl der regelmäßigen Gottesdienstbesucher - eine gegenläufige Entwicklung. Während 1952 noch 51% aller Katholiken regelmäßig an einem Gottesdienst teilnahmen, waren es 1982 nur noch 32%[182]. Dabei ist besonders hervorzuheben, daß vor allem die Altersgruppen der unter 60jährigen deutlich unterrepräsentiert sind; 1988 gaben nur noch knapp 20% der 20- bis 45jährigen an, jeden oder fast jeden Sonntag einen Gottesdienst mitzufeiern[183]. Die Schlußfolgerung liegt nahe: die Predigt hat an Öffentlichkeit verloren und fristet möglicherweise schon bald nur noch ein kümmerliches Dasein als "Winkelangelegenheit"[184].

Diesem "Untergangsszenario" entgegen steht der Befund, daß sich immer noch Erwartungen an die Predigt richten; das ist schon daran abzulesen, daß es in der Bundesrepublik Deutschland keine andere Institution gibt, "die regelmäßig und kontinuierlich eine auch nur annähernd vergleichbare Zahl face to face anspricht"[185]. Zudem zeigt sich, daß angesichts bestimmter gesellschaftlicher oder individueller Problemlagen nach wie vor das situationserhellende Wort der Predigt gesucht wird und dies durchaus auch von Menschen, die nach ihrer subjektiven Einschätzung über keine enge Kirchenbindung verfügen. Aufgrund solcher Beobachtungen wird im folgenden

---

[182] Vgl. KARL GABRIEL, Christentum zwischen Tradition und Postmoderne (QD 141), Freiburg i. Br. - Basel - Wien 1992, 36.

[183] Ebd.

[184] HANS WERNER DANNOWSKI, Kompendium der Predigtlehre, a. a. O., 19. DANNOWSKI bezieht sich hier auf eine Position von HANS-ECKEHARD BAHR, die dieser zum Funktionsverlust der Predigt vorgetragen hat. Vgl. DERS., Verkündigung als Information (Konkretionen 1), Hamburg 1968.

[185] GERT OTTO, Die Predigt als Rede- und Kommunikationsprozeß in der Gemeinde, in: HPTh III (1983), 135 - 149; 136. GERT OTTO geht von rund anderthalb Millionen Menschen aus, die allsonntäglich in einem evangelischen Gottesdienst die Predigt hören, und rechnet diese Zahl auf einen Jahreswert von 75 Millionen hoch. Bei der Hinzunahme der katholischen Predigthörer würde sich nach seiner Meinung die Zahl mehr als verdoppeln. Diese Rechnung geht von dem je einmaligen Gottesdienstbesuch aus. Sie wird dadurch dem von GERT OTTO selbst genannten Kriterium der Kontinuität nicht gerecht und kommt zu einer insofern abenteuerlich wirkenden Hochrechnung, als die Zahl der veranschlagten Predigthörer die Zahl der Einwohner in der Bundesrepublik Deutschland bei weitem übersteigt. Trotz dieses Mankos wird man der von GERT OTTO vorgenommenen Einschätzung dennoch folgen können.

nicht vom Öffentlichkeits- und Bedeutungs*verlust*, sondern vom Bedeutungs*wandel* der Predigt ausgegangen. Dieser ist in Zusammenhang zu bringen mit dem Funktionswandel, dem der christliche Glaube seit der Entstehung der modernen, pluralistischen Gesellschaft unterworfen ist[186].

1.3.1 Religion und Kirche im Kontext einer freiheitlich-pluralistischen Gesellschaft

1.3.1.1 *Kirche als ein gesellschaftliches Subsystem*

Verlieh der christliche Glaube im Kontext einer christentümlichen Gesellschaft "dem Ganzen des gesellschaftlichen Lebens einen plausiblen, verpflichtenden und Grenzen setzenden Sinn"[187], so wird er unter den Bedingungen einer freiheitlich-pluralistischen Gesellschaft in zweifacher Hinsicht relativiert. Zum einen treten "weltliche" Verhaltens- und Bewußtseinsstrukturen aus dem Geltungsbereich christlicher Vorstellungen heraus. Die Kirche ist nur mehr ein gesellschaftliches Subsystem neben anderen und nimmt im Vergleich zu den Teilsystemen der Wirtschaft und der Politik eine eher marginale Stellung ein[188]. Zum anderen werden nicht-christliche Formen der Lebensdeutung und der Lebensgestaltung, religiöse aber auch a-religiöse, zugelassen. Dadurch wird der christliche Absolutheitsanspruch gesellschaftlich aufgehoben. Christlicher Glaube kann sich fortan nur noch zu Gehör bringen, sofern er diesen unaufhebbaren Pluralismus der Weltanschauungen akzeptiert. Angesichts dieser deutlichen Relativierung darf jedoch nicht übersehen werden, daß die Kirche immer noch in den Funktionsbereichen der Identitätsfindung, der Handlungsführung im Außerall-

---

[186] Wenn diese Zuordnung nicht unter der Hand zu einer Exkulpierungsstrategie verkommen soll, die die Ursachen für den Rückgang der Predigthörer vor allem außerhalb der Institution der Predigt sucht, dann sind hier auch die strukturellen Mängel dieser Institution in Erinnerung zu rufen, die die Kommunikation erschweren; vgl. JOSEF KOPPERSCHMIDT, Kommunikationsprobleme der Predigt, in: GÜNTER BIEMER, Die Fremdsprache der Predigt, Kommunikationsbarrieren der religiösen Mitteilung, Düsseldorf 1970, 30 - 57. Allerdings ist zu sehen, daß die Problematisierung von JOSEF KOPPERSCHMIDT etwa hinsichtlich der monologischen Struktur der Predigt (vgl. a. a. O., 35 - 38) durch die Ergebnisse der neueren empirischen Predigtforschung (vgl. Punkt 1.3.3.3 der vorliegenden Arbeit) relativiert wird.

[187] KARL GABRIEL, Christentum zwischen Tradition und Postmoderne, a. a. O., 151.

[188] Vgl. a. a. O., 150f.

68

täglichen, der Kontingenzbewältigung, der Sozialintegration, der Sinnvermittlung und des Protests gegen ungerechte Verhältnisse individuelle und gesellschaftliche Bedürfnisse befriedigt[189]. Dies kann sie allerdings nicht mehr im Modus der Zuweisung, sondern hauptsächlich im Modus des Angebots leisten. Darin kommt die freiheitliche Konzeption des Pluralismus zum Tragen, die auf die autonome Lebensführung des Individuums ausgerichtet ist.

1.3.1.2 Phänomen "Auswahlchristentum"

War in geschlossenen Gesellschaften die Biographie des Einzelnen im wesentlichen gesellschaftlich vorherbestimmt, so wird jetzt das Erwerben und Erhalten der eigenen Identität zur ureigenen, aber auch zur vorrangigen Aufgabe des Individuums[190]. Denn diese muß im ständig wechselnden Kontext verschiedener Referenzsysteme (Familie, Beruf, Freundeskreis, Sportverein etc.) und den damit verbundenen unterschiedlichen Werte- und Deutemustern ausgebildet werden. Dem Bürger wird somit zugemutet, ein "Freiheitskünstler"[191] zu sein. Er steht "ständig vor der Notwendigkeit, innerhalb dieser Vielfalt von angebotenen und möglichen Wertsetzungen auszuwählen, Prioritäten zu setzen, Auswahlkriterien zu entwickeln und bestimmte Wertkonstellationen für sich selbst zusammenzustellen, was dann häufig zu einem bunten, in sich z. T. auch widersprüchlichen Synkretismus führt"[192].

---

[189] Vgl. FRANZ-XAVER KAUFMANN, Auf der Suche nach den Erben der Christenheit, in: DERS., Religion und Modernität. Sozialwissenschaftliche Perspektiven, Tübingen 1989, 70 - 88; 84 - 85. Wesentlich für die gegenwärtige Situation ist jedoch, daß diese Funktionen nicht ausschließlich von den christlichen Kirchen erfüllt werden: "So hilft die Psychotherapie beim Umgang mit Ängsten, aber der Fromme kann noch immer die entlastende Wirkung des Gebets erfahren. Die Handlungsführung im Außeralltäglichen ist vielfältigen Professionen anvertraut, den Seelsorgern bleibt dabei sozusagen die Bearbeitung von Restrisiken, insbesondere desjenigen des Todes, übrig. Für den Umgang mit Schicksalsschlägen ist das soziale Sicherungssystem ebenso zuständig wie die Kirchen. Die gesellschaftliche Integration erfolgt vor allem durch Staat und Recht, die aber auf zivilreligiöse Legitimationen angewiesen erscheinen" (a. a. O., 86). Die Kirchen haben somit im Vergleich zu christentümlichen Gesellschaften ihre Monopolstellung eingebüßt, sind aber, möglicherweise eben wegen der Nachwirkungen dieser historischen Monopolstellung, noch lange nicht entbehrlich geworden.

[190] Vgl. PAUL MICHAEL ZULEHNER, Pastoraltheologie. Bd. 1: Fundamentalpastoral, Düsseldorf 1989, 196 - 211.

[191] A. a. O., 199.

[192] MEDARD KEHL, Die Kirche. Eine katholische Ekklesiologie, Würzburg 1992, 171.

Dieser "Zwang zur Wahl"[193] wirkt sich auch auf das Verhältnis der Bürger zu Religion und Kirche aus, nämlich dahingehend, daß das Auswahlchristentum dominant wird. Wenn das Aussuchen und Auswählen zum gesamtgesellschaftlich gültigen Imperativ wird, dann ist nüchtern davon auszugehen, daß dieser nicht vor den Toren der Kirchen Halt macht; damit soll vor allem gesagt sein, daß dieses Auswahlchristentum nicht einfach individueller Willkür zuzuschreiben, sondern sozio-kulturell bedingt ist. Aber auch ohne moralisierende Attitüde ist nicht zu verkennen, daß diese Gestalt christlichen Glaubens nicht unproblematisch ist. "Aus dem einst zugewiesenen und kulturell gestützten Glaubens(zu)-Stand wird eine labile, konversionsanfällige religiöse Lebensgeschichte. Veränderungen (Konversionen) werden immer wahrscheinlicher. Trifft ein Bürger eine Wahl zugunsten des christlichen Glaubens, dann muß er diese privat getroffene Entscheidung in einem schwierigen Balanceakt den Handlungszumutungen der vielfältigen gesellschaftlichen Lebensbereiche (wie Wirtschaft, Politik) anpassen, was ihm viel Lebensenergie abverlangt. Viele ersparen sich solche Anstrengungen und ziehen sich auf Positionen zurück, mit denen sie im öffentlichen Leben keine Konflikte zu erwarten haben. Aus ihrer Kirche treten sie aber deshalb nicht gleich aus. Was dann in den Kirchen dominiert, sind nicht die im Sinn des Evangeliums Religiösen, sondern ist eine Art bürgerliche 'Leutereligion'"[194].

Wie wirken sich diese Rahmenbedingungen auf die Predigt aus? Besonders augenscheinlich ist, daß die Balance von Nähe und Distanz zur Kirche zu einem Rückgang in der Frequentierung der Gemeindepredigt bei einem weiterhin aufrecht erhaltenen Interesse an der Predigt geführt hat. Das wird im folgenden Abschnitt unter dem Aspekt der Ausdifferenzierung verschiedener Predigtorte näher erläutert. Des weiteren ist der Frage nachzugehen, ob die Predigt unter den Bedingungen einer freiheitlich-pluralistischen Gesellschaft an Plausibilität verloren hat.

---

[193] Vgl. PETER L. BERGER, Der Zwang zur Häresie. Religion in der pluralistischen Gesellschaft, Freiburg i. Br. - Basel - Wien 1992.

[194] PAUL MICHAEL ZULEHNER, Fundamentalpastoral, a. a. O., 302.

1.3.2 Ausdifferenzierung verschiedener Predigtorte

Ein wesentliches Kennzeichen des Funktionswandels der Predigt unter den Bedingungen einer freiheitlich-pluralistischen Gesellschaft ist, daß sich verschiedene Predigtorte ausdifferenzieren. Die Predigt ereignet sich nicht nur im Leben der Gemeinde, sondern darüber hinaus auch im Kontext der Kirche als Gesamtorganisation und im Kontext der Gesellschaft[195]. Nach KARL-FRITZ DAIBER ist diese Distinktion der verschiedenen Orte der Predigt vor allem schon deshalb bedeutsam, weil sie die Aufmerksamkeit sowohl auf die Vielfältigkeit als auch auf die spezifischen Bedingungen und Chancen des christlichen Wortzeugnisses richtet[196].

1.3.2.1 Die Gemeinde als Ort der Predigt

Das Gros christlicher Gemeinden konstituiert sich unter Bezug auf ein bestimmtes Territorium, den Gemeindesprengel oder die Parochie. Obschon sich die Bedeutung des Wohnorts aufgrund gesellschaftlicher Differenzierungsprozesse, größerer Mobilität und zunehmender Fluktuation gegenüber früheren Zeiten gewandelt hat und in diesem Sinne ein Auseinandertreten von Wohn-, Arbeits- und Freizeitwelt sowie ein kontinuierlicher Wechsel in der Zusammensetzung der Bevölkerung zu beobachten ist, ist der Wohnort dennoch nicht bedeutungslos geworden[197]: "In der Wohnwelt ereignet sich immer noch am stärksten Lebenskontinuität, hier können dauerhafte soziale Beziehungen am ehesten verwirklicht werden, hier kommt es zur Ausbildung von Kontakten, die auch ein gemeinsames Erleben von Zeit möglich machen"[198]. Zudem gibt ERNST LANGE zu bedenken, daß sich vor allem in der Wohnwelt die Problemlagen und die Notleidenden der Gesellschaft finden lassen. Pointiert spricht er deshalb davon, daß die Ortsge-

---

[195] Vgl. KARL-FRITZ DAIBER, Predigt als religiöse Rede. Homiletische Überlegungen im Anschluß an eine empirische Untersuchung. Predigen und Hören 3. Mit Exkursen von WOLFGANG LUKATIS, PETER OHNESORG und BEATE STIERLE, München 1991, 105 - 198.

[196] Vgl. a. a. O., 107.

[197] Das Folgende ist gegen die Position von HANS-ECKEHARD BAHR einzuwenden, der einseitig von einem Funktions*verlust* der Parochie und einem daraus resultierenden Öffentlichkeitsverlust der Predigt ausgeht (vgl. DERS., Verkündigung als Information. Konkretionen 1, Hamburg 1968, 92 - 114).

[198] KARL-FRITZ DAIBER, Predigt als religiöse Rede, a. a. O., 116.

meinde das mögliche "Ensemble der Gefährdeten und der Opfer der Zeit"[199] ist. Die Gemeinde als Ort der Predigt bietet somit die Chance, daß der Prediger aufgrund seines mit den Hörern geteilten Lebens im Kontext einer gemeinsamen Geschichte sowohl mit einzelnen als auch mit der Gemeinde als Ganzer und unter Berücksichtigung der sozialen Verhältnisse predigen kann. Anders formuliert: die Gemeindepredigt bietet die Chance des Gemeindebezugs und der sozialen Verortung der Predigt. Allerdings wird man davon ausgehen müssen, daß diese Chance in Abhängigkeit von der jeweiligen Gestalt von Gemeinde unterschiedlich genutzt wird. Deshalb ist im Anschluß an die unter Punkt 1.2 eingeführte Gemeindetypologie wie folgt zu differenzieren[200].

1.3.2.1.1 Der Gemeindebezug der Predigt im Kontext der Gemeinde als kleinster kirchlicher Verwaltungseinheit

In der Pfarrei ist die Predigt ausschließlich die Aufgabe des Amtsträgers. Er hat die Pflicht, die Lehre der Kirche unverfälscht und vollständig an die Angehörigen seiner Pfarrei weiterzugeben. Die Situation vor Ort ist für die Predigt allerdings nicht unmaßgeblich. Schließlich geht es auch darum, hörergerecht zu predigen. Das heißt zum einen, daß der Prediger die Auffassungsgabe seiner Zuhörer berücksichtigt und sich um Verständlichkeit bemüht. Zum anderen hat er die Defizite im Glaubenswissen der Angehörigen seiner Pfarrei aufzuspüren und durch die Predigt zu vermindern. In dieser Hinsicht werden die vielen informellen Alltagskontakte mit Angehörigen der Pfarrei und andere pastorale Aufgaben für die Predigt in Dienst genommen; Hausbesuche und Kasualien gelten als Mittel, den Zustand der Predigthörer zu erforschen. Lassen sich somit durchaus Bezüge zur Situation vor Ort verzeichnen, so kann dennoch nicht von einem Gemeindebezug der Predigt in der Pfarrei gesprochen werden. Was in diesem Kontext zum Teil als "die Gemeinde" apostrophiert wird, ist in Wirklichkeit nicht mehr als die Extrapolation von Erfahrungen des Predigers mit einzelnen Angehörigen der

---

[199] ERNST LANGE, Ein anderes Gemeindebild, in: DERS., Kirche für die Welt. Aufsätze zur Theorie kirchlichen Handelns (hrsg. von RÜDIGER SCHLOZ), München - Gelnhausen 1981, 177 - 194; 185.

[200] Eine Anregung zu dieser Unterscheidung findet sich bei ROLF ZERFAß, Predigt im Prozeß Gemeinde, in: DERS. (Hrsg.), Mit der Gemeinde predigen, Gütersloh 1982, 30 - 49. Zum Komplex "Die Gemeinde als Subjekt der Predigt" vgl. HANS WERNER DANNOWSKI, Kompendium der Predigtlehre, Gütersloh 1985, 44 - 50.

Pfarrei. Dem Anliegen der Gemeindebildung durch die Predigt wird in der Pfarrei nur wenig Bedeutung beigemessen. Das rührt zum einen daher, daß Christsein im wesentlichen unter dem Aspekt der Zugehörigkeit zur Kirche als Großorganisation gesehen wird. Des weiteren erübrigt sich die Aufgabe der Gemeindebildung durch das Vorhandensein eines christlichen Milieus, das die Werte und Inhalte des Glaubens unbefragt tradiert. Die Gemeinde existiert bereits aufgrund sozio-kultureller Vorgegebenheiten, so daß sich die Predigt mit der Orientierung am Seelenheil und der Rechtgläubigkeit des Einzelnen begnügen kann.

1.3.2.1.2 Der Gemeindebezug der Predigt im Kontext der Gemeinde als Organisation

Demgegenüber finden sich in der Pfarrgemeinde, der Gemeinde als Organisation, veränderte gesellschaftliche Rahmenbedingungen, die sich auch auf die Gestalt der Predigt auswirken. Christliche Milieus erodieren, d.h. die strukturellen Voraussetzungen der Tradierung des Glaubens sowie die Plausibilität des Christlichen beginnen sich aufzulösen. Auf diesem Hintergrund wird sowohl die Notwendigkeit der Gemeindebildung als auch die Bedeutung der sich vergewissernden Aneignung der christlichen Tradition unter den Bedingungen der entfalteten Moderne gesehen: "Die überlieferten Kernworte der religiösen Sprache dürfen nicht einfach weiter rezitiert und reproduziert, sondern müssen aufgebrochen und in ihrem Kern freigesetzt werden; die Leitlinien einer christlichen Lebensorientierung können nicht länger im charakteristischen Lamentierstil der klassischen Moralpredigt eingeklagt, sondern müssen in einer aufmerksamen Haltung des Fragens bedacht werden, weil es nicht einfach um die Einhaltung immer schon bekannter Normen gehen kann, sondern um die Suche nach einem Profil christlichen Lebens unter den Bedingungen der Gegenwart"[201]. Deshalb werden in der Pfarrgemeinde die herkömmlichen Rollenverteilungen zwischen Prediger und Hörer langsam aufgebrochen. Mitglieder der Pfarrgemeinde werden selbst am Prozeß der Predigt beteiligt. In diesem Sinne gibt es Predigtvor- und Predigtnachgespräche, finden in Gottesdiensten mit kleinen Gruppen Schriftgespräche statt, haben einzelne Gruppen

---

[201] ROLF ZERFAß, Predigt im Prozeß der Gemeinde, a. a. O., 35.

die Gelegenheit, im Gottesdienst der Pfarrgemeinde aus ihrer Perspektive das Leben im Licht des Glaubens zu deuten. Darüber hinaus wird die Predigt in den Dienst der Gemeindebildung und Gemeindeentwicklung gestellt. Die Gemeinde wird dabei nicht nur als ein allgemeines Thema behandelt; vielmehr werden auch die konkreten Gemeindeprozesse vor Ort angesprochen. Predigt vollzieht sich somit in Rückgebundenheit an andere gemeindliche Vollzüge und wird letztlich nicht mehr allein durch den Amtsträger verantwortet. Sie bekommt die Gestalt einer Etappe im Gesamtdialog der Pfarrgemeinde[202]. Bedeutet dies einen Fortschritt gegenüber der alten Auffassung von der Pfarrei, so darf dennoch nicht übersehen werden, daß sich manche Spezifika dieses Gemeindetyps für die Predigt auch negativ auswirken können. Zu bedenken ist hier zunächst die Ausrichtung am Axiom der Aktivierung. Unter dieser Voraussetzung kann die Predigt leicht zu einer Werberede verkommen, in der der offene oder verdeckte Appell zum Mitmachen dominiert. Beispiele, die mit dieser Strategie in Verbindung stehen, sind das Rühmen der Leistungen der Aktiven und des gemeindeeigenen Flairs oder das Kaschieren von Konflikten. Ferner ist zu berücksichtigen, daß in vielen Pfarrgemeinden eine Mittelstandsorientierung vorherrscht, die sich sowohl auf das Sprachniveau der Verkündigung als auch auf die soziale Wahrnehmung auswirkt[203].

1.3.2.1.3 Der Gemeindebezug der Predigt im Kontext der Gemeinde als Gemeinwesen

Die Funktion der Predigt als Ferment der Gemeindeentwicklung, ihre Rückbindung an andere gemeindliche Vollzüge und die Auflockerung der herkömmlichen Rollenverteilung zwischen Prediger und Hörer, also die Kennzeichen für den Gemeindebezug der Predigt in der Pfarrgemeinde, gewinnen in der Basisgemeinde noch mehr an Bedeutung. Dies geschieht jedoch unter anderen Voraussetzungen und führt deshalb zu einem anderen Profil. Ausschlaggebend dafür ist, daß sich die Basisgemeinde als Teil des jeweiligen Gemeinwesens versteht. Gesellschaftspolitische Themen, die in der Pfarr-

---

[202] Vgl. HEINZ-MANFRED SCHULZ, Eine Gemeinde spricht über ihren Glauben. Predigt als Wegbegleitung, Mainz 1983.

[203] Vgl. meine Ausführungen unter 1.2.2.2.

gemeinde in der Perspektive der Aktivierung von Mitgliedern und somit vermittelt wahrgenommen werden, treten jetzt verstärkt in den Mittelpunkt. An ihnen entzündet sich die Auseinandersetzung mit dem Evangelium. Diese Akzentuierung wirkt sich auch auf die gottesdienstliche Verkündigung aus. Für sie wird der gesellschaftliche und politische Bezugshorizont konstitutiv. Andere Rahmenbedingungen, wie das Kirchenjahr oder die Leseordnung, werden dadurch notwendigerweise relativiert: Welche Bedeutung etwa die Menschwerdung oder die Erlösung und Befreiung haben, wird nicht nur dann thematisiert, wenn sie von der liturgischen Ordnung vorgesehen sind, sondern gerade auch dann, wenn sich bei der Suche nach dem Willen Gottes im Hier und Heute die Frage danach stellt. Dabei ist zu beobachten, daß sich eine Präferenz für diese zentralen Inhalte des christlichen Glaubens herauskristallisiert; Verkündigung vollzieht sich somit nicht mehr mit der Beliebigkeit, wie dies für die Predigt in der Pfarrgemeinde noch charakteristisch ist. Für die gottesdienstliche Verkündigung innerhalb einer Basisgemeinde ist ferner charakteristisch, daß in ihr aufgrund der basisgemeindlichen Subjektorientierung das vielfältige Zeugnis der Versammelten zum Tragen kommt. Dies geschieht im bewußten Rückgriff auf die frühchristliche Gottesdienstpraxis (vgl. 1 Kor 14,26-31). Die Predigt wird somit ganz augenscheinlich in den Dialog der Gemeinde eingebettet.

1.3.2.1.4   Der Gemeindebezug der Predigt in der Praxis

Zur richtigen Gewichtung der bisherigen Ausführungen zum Gemeindebezug der Predigt ist in Erinnerung zu rufen, daß es sich dabei um eine Typologie handelt. Vor allem die Aussagen über den Gemeindebezug der Predigt innerhalb der Gemeinde als Gemeinwesen sind stark hypothetisch, da dieser Gemeindetyp im deutschen Sprachraum noch wenig verbreitet ist. Zur Überprüfung des faktischen Gemeindebezugs der Predigt kann auf die Ergebnisse der Gottesdienstbefragung "Predigen und Hören"[204] zurück-

---

[204] Vgl. KARL-FRITZ DAIBER u. a., Predigen und Hören. Ergebnisse einer Gottesdienstbefragung; Bd 1: Predigten, Analysen und Grundauswertung, München 1980. KARL-FRITZ DAIBER u. a., Predigen und Hören. Ergebnisse einer Gottesdienstbefragung; Bd 2: Kommunikation zwischen Predigern und Hörern. Sozialwissenschaftliche Untersuchungen, München 1983. Sowie KARL-FRITZ DAIBER, Predigt als religiöse Rede, a. a. O. Diese Untersuchung stammt zwar aus dem Bereich einer evangelischen Landeskirche. Es kann aber dennoch davon ausgegangen werden, daß ihre Ergebnisse über den unmittelbaren kon-

gegriffen werden. Sie hat zu Tage gefördert, daß im Bereich des Gemeindebezugs ein deutliches Defizit vorliegt. Die Prediger bringen zwar durchaus Erfahrungen aus dem alltäglichen Umgang mit den Angehörigen ihrer Gemeinden zur Sprache. Bezeichnenderweise sind demgegenüber jedoch kollektive Probleme oder Erfahrungen der Gemeinde bzw. bestimmter gemeindlicher Teilgruppen viel seltener[205]. Ein Grund dafür mag die Rücksichtnahme auf seltene Gottesdienstteilnehmer sein, um diese nicht auszuschließen[206]. Andererseits stellt sich jedoch die Frage, ob dieser Befund nicht für eine individualisierende Sicht steht, die durch das Individualisierungskonzept einer freiheitlich-pluralistischen Gesellschaft begünstigt wird.

1.3.2.2 Der Ort der Predigt innerhalb der Kirche als übergemeindlicher Organisation

Innerhalb der Ortsgemeinde ereignet sich die Kirche. Dies gilt aber nicht in einem ausschließlichen Sinn, so daß zu sagen wäre, die Kirche existiert nur in der Gestalt der Ortsgemeinde. Vielmehr weist die Gemeinde als zeichenhafte Verwirklichung der Raum und Zeit übergreifenden *communio sanctorum* auch strukturell über sich hinaus. Diese gemeindeübergreifende Dimension von Kirche wird auf unterschiedliche Weise sichtbar: bei der Fronleichnamsfeier in einem Dekanat, während der Katholiken- oder Kirchentage, anläßlich von Bischofskonferenzen oder bei der Übertragung eines Papstgottesdienstes, um nur einiges zu nennen. Diese Beispiele verdeutlichen zugleich, daß es neben der lokalen Gemeinde einen eigenständigen Predigtort "Kirche" gibt[207]. Nach KARL-FRITZ DAIBER besteht die Funktion dieses Predigtortes in erster Linie darin, daß die Kirche aus eigenem Antrieb einer breiteren gesellschaftlichen Öffentlichkeit den Glauben bezeugt und dabei auch Mitglieder erreicht, die kaum oder nur selten am

---

fessionellen Kontext hinaus von Bedeutung sind, da sich ihr Forschungsinteresse vor allem auf die kommunikativen Bedingungen der Predigt richtet.

[205] Vgl. KARL-FRITZ DAIBER, Predigt als religiöse Rede, a. a. O., 118.

[206] Vgl. a. a. O., 119.

[207] KARL-FRITZ DAIBER untersucht das Profil dieses Predigtortes fallanalytisch am Beispiel der evangelischen Bischofspredigt; vgl. a. a. O., 153 - 161.

Leben der Ortsgemeinde partizipieren[208]. Im Blick auf den Predigtort "Kirche" ist zu problematisieren, daß sich die öffentliche Wahrnehmung auf besonders exponierte Personen des kirchlichen Lebens, wie Amtsträger oder prominente Theologen, konzentriert. Dies geschieht nicht nur in bezug auf die Kirche, denn in einer differenzierten Gesellschaft ist es allgemein üblich, daß zur Reduzierung von komplexen Sachverhalten die Ziele von Institutionen und Organisationen häufig nicht mehr über elaborierte Programme, sondern über deren Repräsentanten kommuniziert werden[209]. Bedenklich ist jedoch, daß unter diesen Voraussetzungen ein einseitiges Kirchenbild gezeichnet wird. Kirche wird auf ihre gemeindeübergreifende Funktion reduziert. Daß christlicher Glaube sich in gemeinschaftlichen Formen vollzieht und daß die gemeindliche Basis eine eigene Dignität hat, kommt auf dieser Ebene der gesellschaftlichen Kommunikation des Evangeliums nicht ausreichend in den Blick.

1.3.2.3 Der gesellschaftliche Ort der Predigt

Neben den beiden Predigtorten "Gemeinde" und "Kirche" gibt es schließlich noch den Predigtort "Gesellschaft". Sein Vorhandensein demonstriert, daß auch in der gegenwärtigen Gesellschaft, für die die herkömmliche Deckungsgleichheit von Kirche und Gesellschaft nicht mehr konstitutiv ist, der christliche Glaube noch immer von öffentlicher Bedeutung ist. KARL-FRITZ DAIBER definiert diesen Predigtort dahingehend, daß der Anlaß für die Predigt nicht von der Kirche oder der Gemeinde, sondern von anderen gesellschaftlichen Gruppierungen und Institutionen bestimmt wird. Hierzu zählt er nicht nur die Predigten und Ansprachen, die anläßlich der sogenannten weltlichen Kasualien gehalten werden (bei der Einweihung einer öffentlichen Einrichtung, bei Vereinsjubiläen u.ä.), sondern auch diejenigen bei den lebensbegleitenden Riten[210]. In Betracht kommen schließlich auch Sendungen in Rundfunk und Fernsehen, wie "Das

---

[208] Vgl. a. a. O., 106; 153.

[209] Vgl. a.a. O., 158.

[210] Der Begriff "lebensbegleitende Riten" ist eine funktionale Beschreibung für die Handlungsführung in außeralltäglichen Situationen, wie Geburt, Eheschließung und Tod (vgl. KARL-FRITZ DAIBER, Predigt als religiöse Rede, a. a. O., 185f.). KARL-FRITZ DAIBER ordnet die Predigten, die anläßlich der lebensbegleitenden Riten gehalten werden, deshalb dem gesellschaftlichen Ort der Predigt zu, weil er damit ihre gesellschaftliche Bedeutung unterstreichen möchte (vgl. Punkt 1.3.2.4 der vorliegenden Arbeit).

Wort zum Sonntag" und die Morgenandacht, und der geistliche Beitrag in verschiedenen Printmedien. Hinsichtlich der Reichweite dieser Formen des christlichen Wortzeugnisses ist als Ergebnis verschiedener Untersuchungen[211] festzustellen, daß mit ihnen in erster Linie nur die kirchlich Verbundenen erreicht werden. Es gibt "keine 'Mediengemeinde', die sich deutlich von der Gottesdienstgemeinde unterscheiden ließe"[212]. Die Verkündigung in den Massenmedien hat eine eher verstärkende Funktion[213]. Gleichwohl ist eine Besonderheit zu verzeichnen. Wie eine Infratest-Untersuchung von 1968/69 gezeigt hat, erreichen die Arbeiter unter den Hörern des "Wortes zum Sonntag" einen Anteil von annähernd 50%. Bei der Gottesdienstbefragung "Predigen und Hören" hingegen betrug der Anteil der Arbeiter und Facharbeiter lediglich 4%[214].

1.3.2.4   Verschränkung und Entschränkung der Predigtorte

Wurden bislang die Gemeinde, die Kirche und die Gesellschaft als unterschiedliche Predigtorte dargestellt, so ist jetzt auf ihre wechselseitige Beziehung einzugehen. Das ist in theologischer Hinsicht plausibel: Die Predigt geschieht im Auftrag der Kirche als Dienst an einer Gemeinde und richtet sich dabei an den ganzen Menschen - auch in seinen sozialen Bezügen. In der Praxis wirkt sich diese theologisch zu postulierende Verschränkung der verschiedenen Predigtorte jedoch oft konfliktreich aus. KARL-FRITZ

---

[211] Vgl. HELMUT HILD (Hrsg.), Wie stabil ist die Kirche? Bestand und Erneuerung. Ergebnisse einer Umfrage, Gelnhausen 1974; JOHANNES HANSELMANN/HELMUT HILD/EDUARD LOHSE (Hrsg.), Was wird aus der Kirche?, Gütersloh 1984. Die einzelnen Belege finden sich bei KARL-FRITZ DAIBER, Predigt als religiöse Rede, a. a. O., 163f.

[212] KARL-FRITZ DAIBER, Predigt als religiöse Rede, a. a. O., 164 (als Zitat aus: Wie stabil ist die Kirche?, 84). Allerdings ist zu sehen, daß es auch das Phänomen der "Medienreligiösität" gibt, d.h. das Medium selbst tritt an die Stelle der Religion und vermittelt als "Religionsersatz" psychische Stabilität, Geborgenheit und Trost (vgl. KARL-FRITZ DAIBER, Predigt als religiöse Rede, a. a. O., 165f.).

[213] Vgl. a. a. O., 165.

[214] Vgl. a. a. O., 164. Ferner: HORST ALBRECHT, Arbeiter und Symbol. Soziale Homiletik im Zeitalter des Fernsehens, München - Mainz 1982, 62 - 65.

DAIBER verdeutlicht diese Problematik an den Beispielen der politischen[215] und der lebensbegleitenden[216] Predigt.

Was in einer Gemeindepredigt zu einem politischen Thema gesagt wird, berührt in der Regel auch diesbezügliche gesamtkirchliche Stellungnahmen und greift in den gesellschaftlichen Bereich ein[217]. Auf solche Predigten "wirkt sich in einem besonderen Maße das funktionale Kraftfeld aus, das üblicherweise das Verhältnis zwischen Religion und Gesellschaft bestimmt: Weit überwiegend soll Religion Gesellschaft stabilisieren"[218]. Sie soll sittliche Normen transzendent verankern und durch eine tröstende Daseinsinterpretation gesellschaftliche und individuelle Instabilitäten ausgleichen. Wie sich das auf die konkrete Predigtpraxis auswirkt, wird noch zu zeigen sein.

Ein weiteres Beispiel für die Verschränkungsproblematik ist die Predigt anläßlich der Feier von lebensbegleitenden Riten[219]. Ihr Konfliktpotential liegt darin, daß die vor allem hinsichtlich der Spendung eines Sakraments anzustrebende Verschränkung des gesellschaftlichen, kirchlichen und gemeindlichen Ortes von der Nachfragerseite abgelehnt wird oder zumindest nicht mehr im lebendigen Bewußtsein steht. So ist für viele Eltern die Taufe ihres Kindes eine Familienfeier, verbunden mit dem Dank für die glückliche Geburt und der Bitte um Segen für das Kind, möglicherweise auch Ausdruck ihrer Verbundenheit mit der Kirche. Für die wenigsten aber ist die Taufe auch die Aufnahme in eine Gemeinde, durch die sich die Zugehörigkeit zu der einen Kirche

---

[215] Die Bezeichnung "politische Predigt" steht hier nicht für eine eigene Predigtgattung, sondern bezieht sich auf diejenigen Predigten, die eine konkrete politische Fragestellung behandeln und somit die politische Dimension, die jeder christlichen Predigt eigen ist, aktualisieren.

[216] Eine lebensbegleitende Predigt ist eine Predigt, die ihren Sitz im Leben bei der Feier der lebensbegleitenden Riten hat.

[217] Vgl. KARL-FRITZ DAIBER, Predigt als religiöse Rede, a. a. O., 175.

[218] A. a. O., 179.

[219] Vgl. KARL-FRITZ DAIBER, Predigt als religiöse Rede, a. a. O., 185 - 198. Auch wenn sich die vorliegende Arbeit auf die Sonntagspredigt konzentriert, ist es erforderlich, zumindest im Überblick über die Stellung der Predigt in Kirche und Gesellschaft auf die Problematik der lebensbegleitenden Predigt einzugehen, da das Gros der Katholiken vornehmlich aus einem lebensgeschichtlichen Anlaß heraus eine Predigt hört. Außerdem ist die von KARL-FRITZ DAIBER in diesem Zusammenhang vertretene Position für die vorliegende Arbeit insofern beachtenswert, als er hier für ein - allerdings zu hinterfragendes - diakonisches Predigtverständnis eintritt.

konkretisiert. Angesichts dieser Situation plädiert KARL-FRITZ DAIBER[220] im Anschluß an ERNST LANGE[221] für ein diakonisches Verständnis und Vorgehen der Predigt, was auch in dem von ihm favorisierten Terminus "lebensbegleitende Predigt" zum Ausdruck kommt. Die Kasualpredigt soll den Rahmen der Amtshandlung nicht als "missionarische"[222] Gelegenheit mißbrauchen, sondern Ausdruck der Solidarität mit den Menschen sein, die in ihrer spezifischen Situation das deutende Wort der Kirche suchen. Das heißt nach KARL-FRITZ DAIBER jedoch nicht, daß sich der Prediger den Erwartungen der Menschen fraglos anpaßt. Vielmehr soll er die vorgegebene Situation im Horizont der biblischen Gotteserfahrung in ein neues Licht stellen. Und "dies wird häufig genug gerade auch von denen, die Amtshandlungen erbitten, erwartet"[223]. "So nur wird ein Beitrag, ein christlicher Beitrag, zur Identitätssuche von einzelnen und Gruppen geleistet, und darum geht es ja wohl"[224]. *Diakonie als Dienst an der Sicherung menschlicher Identität*, als Hilfestellung zur Bewältigung einer als krisenhaft erlebten Situation ist nicht nur im Blick auf den Einzelnen, sondern auch im Blick auf die Gesellschaft von Bedeutung. Denn: "Was wäre das für eine Gesellschaft, in der an wichtigen Einschnitten menschlichen Lebens die deutende Sprache verstummt?" Zudem erweist sich die gesellschaftliche Bedeutung der lebensbegleitenden Predigt darin, daß "sie ein Symbol für die Überschreitung von Klassengegensätzen ist. Die Intellektuellen finden immer noch Sprache für die Deutung ihres Lebens, und den Bedeutenden ist am Ende des Lebens der Nachruf sicher, in der Regel jedenfalls. Nur, wie steht es mit den Namenlosen, den kleinen Leuten, auch den Müttern, die in ihrem Haus ein Leben lang für andere da waren? Nachrufe werden hier nicht gehalten, nur der Pfarrer hat die Möglichkeit, ein solches Leben in das rechte Licht zu rücken"[225].

---

[220] Vgl. a. a. O., 191 - 193.

[221] ERNST LANGE, Versuch einer Bilanz, in: DERS., Kirche für die Welt, a. a. O., 66 - 160; 144f.

[222] "Missionarisch" wird hier in einem pejorativen Sinn gebraucht und insofern nicht den neueren missionstheologischen Überlegungen gerecht.

[223] KARL-FRITZ DAIBER, Predigt als religiöse Rede, a. a. O., 191.

[224] A. a. O., 192.

[225] Ebd. Dort findet sich auch die Modifikation, daß es nicht darum geht, das Leben und die Leistung eines Verstorbenen über Gebühr zu rühmen. Gottes Gnade und nicht die eigene Leistung bestimmt den Wert des menschlichen Lebens.

KARL-FRITZ DAIBER betont nicht nur emphatisch die Notwendigkeit des diakonischen Ansatzes bei der lebensbegleitenden Predigt, sondern er problematisiert ihn auch. So sieht er darin, daß die lebensbegleitende Predigt oft nicht in einen größeren Handlungszusammenhang eingebettet ist, - etwa bei einem Begräbnis in der weiterführenden Begleitung der Hinterbliebenen -, ein deutliches Defizit volkskirchlicher Praxis[226]. Gleichwohl thematisiert er nicht, daß das Setting volkskirchlicher Amtshandlungspraxis diese Einbettung auschließt oder zumindest beeinträchtigt. Als einen weiteren Problemkreis spricht KARL-FRITZ DAIBER an, daß manche Prediger angesichts der diffusen Situation der Amtshandlungspraxis in eine Krise ihrer "christlichen und theologischen Identität"[227] geraten, und deshalb eine verdeckte Abwehrhaltung entwickeln, die sich in einer Geringschätzung des Hörers äußert[228]. Zur Bewältigung dieses Konflikts nimmt KARL-FRITZ DAIBER Rekurs auf die - seiner Meinung nach - vorbildliche Haltung von KARL BARTH. Dieser verband ein klar profiliertes Predigtkonzept mit dem Grundsatz: "Der Prediger muß seine Gemeinde liebhaben"[229]. Es ist aber sehr fraglich, ob ein solcher Appell außer zu einem schlechten Gewissen auch zu einer konstruktiven Problemlösung führt. Alles in allem scheint der Diakoniebegriff bei KARL-FRITZ DAIBER die Funktion eines Schibboleths der Krisenbewältigung einzunehmen, das aufgrund seiner moralisierenden Attitüde einer Analyse der Situation im Weg steht und deshalb auch keine Handlungsalternative aufzeigen kann. Soll der Diakoniebegriff für die Verkündigung relevant sein, dann ist dies vorgängig zu jeder Krisensituation zu begründen und nicht - salopp formuliert - als "As im Ärmel" ins Spiel zu bringen. Zudem zeigt sich im Blick auf die inhaltliche Bestimmung des Diakoniebegriffs bei KARL-FRITZ DAIBER die Tendenz, diesen gesellschaftlich-affirmativ aufzufassen. Vor allem das zweite Beispiel bezüglich der gesellschafts-diakonischen Funktion der lebensbegleitenden Predigt, die Trauerrede für die sogenannten Namenlosen, hebt

---

[226] Vgl. a. a. O., 193.

[227] A. a. O., 198.

[228] Beispiele einer geringschätzigen Haltung gegenüber distanziert Kirchlichen sind Titulierungen wie "Karteileichen", "Taufscheinchristen" etc. Das wird zwar den Betroffenen gegenüber nicht offen ausgesprochen, wirkt aber unterschwellig als Kommunikationsbarriere.

[229] Ebd.

lediglich auf einen Ausgleich ab, ohne das Statusgebaren in Zweifel zu ziehen. Dies hängt möglicherweise auch mit der spezifischen Situation der Trauerrede zusammen, denn das Bedürfnis nach Trost läßt sich nur in seltenen Fällen mit einer gesellschaftlichen Analyse verbinden. Das aber wirft neuerlich die Frage auf, ob es angemessen ist, das Anliegen der diakonischen Predigtweise ohne eine grundsätzliche Verständigung auf die inhaltliche Spannweite des Diakoniebegriffs einzuführen. Schließlich ist schon im Vorausgriff auf noch folgendes zu kritisieren, daß der Diakoniebegriff, so wie ihn KARL-FRITZ DAIBER verwendet, ubiquitär wird. Denn dann ist jeder, der unter den Bedingungen der Volkskirche eine Kasualhandlung vornimmt, diakonisch tätig; selbst dann, wenn dies - im Extremfall - unter dem Vorzeichen der Dienstleistung geschieht.

1.3.3 Zum Plausibilitätsverlust der Predigt

Der Kontext einer freiheitlich-pluralistischen Gesellschaft, in der die Geltung des christlichen Glaubens relativiert wird, und der deutliche Rückgang in der Frequentierung der Gemeindepredigt werfen die Frage auf, ob die christliche Verkündigung an Plausibilität verloren hat.

1.3.3.1 *Akzeptanz der Predigt als Verkündigung des Wortes Gottes*

Wie die Untersuchung "Predigen und Hören" gezeigt hat, läßt sich die These vom Plausibilitätsverlust der Predigt - zumindest im Blick auf diejenigen, die die Predigt noch hören - nicht erhärten. Vielmehr kann davon ausgegangen werden, daß die in der Predigt intendierte Kommunikation gelingt: "Der Durchschnitt der beteiligten Hörer empfindet die Predigten als gut. Sie sind tendenziell eher dynamisch gesprochen, eher stark auf den Bibeltext bezogen, eher aussagekräftig, eher sehr gut vorgetragen usw."[230]. Das Gelingen der Predigtkommunikation wird durch folgende Faktoren begünstigt:

---

[230] KARL-FRITZ DAIBER u. a., Predigen und Hören 1, a. a. O., 42. Das Hörervotum fällt wahrscheinlich auch deshalb so günstig aus, weil ein Großteil der Befragten der Kirche Nahestehende sind. Vgl. a. a. O., 43.

- Prediger und Hörer stimmen in den grundlegenden Wertorientierungen in einem hohen Maße überein. Nächstenliebe, Glaube und persönliche Tatkraft sind die wichtigsten Elemente des gemeinsamen Wertesystems[231].
- Ebenfalls hohe Übereinstimmung findet sich hinsichtlich des Predigtverständnisses. Prediger und Hörer bejahen gleichermaßen die Statements "'In der Predigt wird gesagt, was Menschen als Christen glauben können', 'Die Predigt gibt Trost und Hilfe für das Leben' und 'Die Predigt zeigt Möglichkeiten auf, was Christen heute tun können'. Fast ebenso übereinstimmend wichtig sind die Funktionsbeschreibungen 'In der Predigt werden Lebenserfahrungen von Aussagen des Glaubens her gedeutet' und 'Die Predigt hilft dem Hörer, sein Leben zu verstehen'. *Predigt wird übereinstimmend als Möglichkeit zu individueller Glaubens- und Lebenshilfe verstanden*"[232].
- Die Predigt wird von den Hörern "als Institution der Verkündigung des Wortes Gottes (...) in ganz hohem Maße anerkannt"[233].
- Der Prediger genießt als Person und Amtsträger einen hohen Vertrauensbonus[234].

Neben diesen Faktoren, die die Voraussetzung dafür schaffen, daß die Kommunikation zwischen Predigern und Hörern gelingt, sind jedoch die Unterschiede zwischen diesen beiden Gruppen zu berücksichtigen.

1.3.3.2 Divergenzen zwischen Predigern und Hörern bezüglich politischer und ethischer Predigt

Auf der Ebene der allgemeinen Wertorientierung unterscheiden sich Prediger und Hörer hinsichtlich des Ordnungsfaktors. Ordnungsorientierte Statements werden von den Hörern stärker bejaht als von den Predigern. "Für Sitte und Ordnung eintreten" erlangt

---

[231] Vgl. ebd.

[232] A. a. O., 40.

[233] A. a. O., 43.

[234] Vgl. a. a. O., 44.

auf einer Skala von "1" ("sehr wichtig") bis "6" ("nicht so wichtig") bei den Hörern einen durchschnittlichen Zustimmungswert von 2,1; bei den Predigern hingegen nur von 4,2[235]. "In geordneten Verhältnissen leben" findet bei den Hörern einen Zustimmungswert von 1,9; bei den Predigern wiederum nur 3,4[236]. "Dies ist nicht besonders überraschend, da diese Werte von höheren Bildungsschichten [zu denen auch die akademisch gebildeten Prediger gehören] im allgemeinen sehr viel kritischer betrachtet werden als vom Durchschnitt der Bevölkerung"[237].

Divergenzen finden sich auch auf der Ebene des Predigtverständnisses, und zwar hinsichtlich der politischen und der moralischen Funktion der Predigt. Das Statement "In der Predigt wird gesagt, wie sich ein guter Mensch verhalten muß" erreicht bei den Hörern einen durchschnittlichen Zustimmungswert von 2,7; bei den Predigern lediglich von 4,6[238]. Hinsichtlich der politischen Funktion kehrt sich das Bild nahezu um. Auf seiten der Prediger findet die Aussage "In der Predigt haben auch politische Fragestellungen ihren Ort" einen Zustimmungswert von 2,7; bei den Hörern von 3,6[239]. Folglich weisen die Prediger deutlicher als die Hörer der Predigt eine politische Funktion zu. Allerdings ist auch für sie diese Funktion keineswegs dominant, denn unter neun möglichen Funktionszuweisungen rangiert die Zustimmung zur politischen Funktion der Predigt auf den Plätzen fünf und sieben[240]. Die unterschiedlichen Positionen zwischen Predigern und Hörern nähern sich jedoch an, wenn die politische Funktion der Predigt als Auslegung der biblischen Botschaft aufgefaßt wird. So verringert sich die Streuungsbreite bei dem Statement "Die Predigt legt die biblische Botschaft für das politische und öffentliche Leben aus"; der durchschnittliche Zustimmungswert beträgt hier bei den Hörern 3,2 und bei den Predigern 2,7[241].

---

[235] Vgl. a. a. O., 47.

[236] Vgl. ebd.

[237] A. a. O., 40.

[238] Vgl. a. a. O., 48.

[239] Vgl. ebd.

[240] Vgl. a. a. O., 38.

[241] Vgl. a. a. O., 48.

1.3.3.3 Vorrangige Hörererwartung: Lebensnähe und Identitätssicherung

Unter den Predigthörern ist ein deutlicher Konsens hinsichtlich des Predigtverständnisses und der Erwartungen an die Predigt zu verzeichnen. Dieser bezieht sich zunächst auf die Gestaltung des kommunikativen Vorgangs der Predigt. "Die Predigt muß gut vorgetragen sein, der Hörer will den Prediger als engagierte Persönlichkeit erleben"[242]. Im Blick auf den Inhalt bemessen die Hörer die Qualität der Predigt an ihrer Lebensnähe. Dies steht in Zusammenhang mit der von den Hörern gewünschten identitätsaufbauenden und identitätssichernden Funktion der Predigt. "Dabei geht es nicht nur um Hilfen, das Leben zu verstehen, sondern zugleich um Perspektiven, die rechtes Handeln ermöglichen"[243]. Hier dominiert allerdings das Individualethische. "Die Einbindung des Handelns in politisch-gesellschaftliche Zusammenhänge ist für die Mehrzahl der Predigthörer von geringer Bedeutung"[244]. Schließlich ist darauf zu verweisen, daß entgegen der ursprünglichen Annahme des Forschungsprojekts keiner der von HANS WERNER DANNOWSKI ermittelten Predigttypen präferiert wird. Die Hörer bevorzugen weder den dogmatisch-bezeugenden[245] noch den persönlich-dialogischen Predigttyp[246]. "Die homiletische Hypothese, daß in einer Gesellschaft mit abnehmender Plausibilität für christliche Grundaussagen ein dialogisch-emotives Predigen hörerangemessener sei, läßt sich nicht eindeutig bestätigen"[247]. Dies ist auf die Stärken und Schwächen zurückzuführen, die beide Predigttypen aufweisen. "Zu den Stärken des dogmatisch-bezeugenden Typs gehört offenbar seine hohe Orientierungs-

---

[242] KARL-FRITZ DAIBER u. a., Predigen und Hören 2, a. a. O., 182.

[243] A. a. O., 243.

[244] Ebd.

[245] Der dogmatisch-bezeugende Predigttyp "läßt den Prediger hinter seinem Auftrag zurücktreten; versteht die Predigt als Sichereignen des Wortes Gottes, das unsere Wirklichkeit gestaltet; benutzt den Predigttext konsequent im Rahmen eines Begründungszusammenhanges; läßt den Anspruch Gottes hermeneutisch selbständiger zum Zug kommen; er arbeitet stark mit konstatierenden Sprechhandlungen" (KARL-FRITZ DAIBER u. a., Predigen und Hören 1, a. a. O., 125).

[246] Der persönlich-dialogische Predigttyp "hat einen sehr persönlichen Charakter; arbeitet mit Erzählungen; versucht, den Predigttext im Rahmen eines Entdeckungszusammenhanges zu erschließen, entwickelt die Botschaft hermeneutisch von der grundlegenden Struktur der Zuwendung Gottes her; arbeitet stark mit repräsentativen Sprechhandlungen" (KARL-FRITZ DAIBER u. a., Predigen und Hören 1, a. a. O., 125).

[247] KARL-FRITZ DAIBER, Predigt als religiöse Rede, a. a. O., 29.

leistung. Die dialogische Struktur einer Predigt wird vielfach ambivalent erlebt, teils als solidarisch mit dem suchenden Hörer, ihm gegenüber offen, ihn verstehend, teils ihn verunsichernd, seine Suche nicht ausreichend voranbringend"[248]. Die persönlich-dialogische Predigt wird zwar insgesamt als lebensnäher wahrgenommen, weil sie Erlebnisse und Erfahrungen aufgreift und Glaubensaussagen im Blick auf die jeweilige Situation erschließt[249]; aber auch die dogmatisch-bezeugende Predigt erweist sich insofern als lebensnah, als sie dem Orientierungsbedürfnis der Hörer entgegen-kommt[250].

1.3.3.4 Differenzierung der Hörer

Die Wertorientierung und die Erwartungen der Hörer an den Prediger und an die Predigt lassen sich unter den Aspekten Alter, Bildung und Kirchenverbundenheit weiter differenzieren. Die Ordnungs- und Autoritätsorientierung und die Zuweisung der Moralfunktion ist bei Älteren und Kirchennahen stärker ausgeprägt als bei Jüngeren und distanziert Kirchlichen[251]. Letztere sehen im Prediger einen Partner, mit dessen Position man sich auseinandersetzen muß[252]. Sie unterscheiden sich von den Kirchen-nahen in diesem Punkt auch dadurch, daß sie weniger amts- und verkündigungsorien-tierte als personorientierte Aussagen über den Prediger betonen. Daraus folgt: "Je weniger (...) Kirche und Predigt in den Bereich der kulturellen Selbstverständlichkeiten gehören, desto mehr gewinnt die persönliche Wahrnehmung der Predigerfunktion an Bedeutung"[253]. Gleichwohl bleibt auch in dieser Gruppe der Predigthörer dem Predi-ger gegenüber ein Vertrauensvorschuß erhalten. Die distanziert Kirchlichen sind es schließlich auch, die am ehesten der Funktionszuweisung "Die Predigt legt die biblische Botschaft für das politische und öffentliche Leben aus" zustimmen[254]. Maßgeblich

---

[248] A. a. O., 29f.

[249] Vgl. KARL-FRITZ DAIBER u. a., Predigen und Hören 2, a. a. O., 309 - 311.

[250] Vgl. a. a. O., 311f.

[251] Vgl. KARL-FRITZ DAIBER u. a., Predigen und Hören 2, a. a. O., 212 und 232.

[252] Vgl. a. a. O., 237 - 241.

[253] A. a. O., 245.

[254] Vgl. a. a. O., 226.

für die Differenzierung der Hörer ist auch ihr Bildungsstand. Hörer mit Volksschulabschluß begrüßen die Moralpredigt und weisen eine stärkere Ordnungs- und Autoritätsorientierung auf. "Offenbar ist gerade in den unteren gesellschaftlichen Schichten infolge der erlebten Lebensumstände diese Orientierung als Gesamthaltung nach wie vor ausgeprägt"[255]. Akademiker hingegen betrachten den Prediger stärker als ihresgleichen[256]. Sie grenzen sich gegenüber der Moralpredigt ab[257] und befürworten eher die Thematisierung politischer Fragen in der Predigt[258].

1.3.3.5   Privatisierung und Individualisierung als Kennzeichen der Predigt

Unter den Bedingungen einer freiheitlich-pluralistischen Gesellschaft ist das Erwerben und Erhalten der eigenen Identität die ureigenste, aber zugleich auch die vorrangige Aufgabe des Individuums. Die Erwartungshaltung der Hörer gegenüber der Predigt bestätigt dies. Die Autoren der Gottesdienstbefragung "Predigen und Hören" folgern daraus, "daß die Aussagen christlicher Predigt hier ansetzen"[259] müssen. Die Hörer sollen sich durch die Symbolwelt der religiösen Sprache ihrer eigenen Identität vergewissern können. Dieses Anliegen ist grundsätzlich zu begrüßen. Denn christlicher Glaube "erhebt den Anspruch und macht den Versuch, den Menschen von außerhalb seiner selbst zu identifizieren, als den Geschaffenen, als den von Gott Gerufenen und Bestallten"[260]. So berechtigt also das Anliegen der Identitätssicherung als eine Aufgabenstellung der Predigt ist, so bedarf es dennoch der Präzisierung. Denn wie die Untersuchung "Predigen und Hören" gezeigt hat, vermag die gegenwärtige Predigt diese Aufgabe durchaus zu erfüllen. Jedenfalls die Hörer, die den Dienst der Predigt noch in

---

[255] A. a. O., 244.

[256] Vgl. a. a. O., 241.

[257] Vgl. a. a. O., 231.

[258] Vgl. a. a. O., 232. Sie haben aber diesbezüglich eine nicht so positive Einschätzung wie die distanziert Kirchlichen.

[259] KARL-FRITZ DAIBER u. a., Predigen und Hören 2, a. a. O., 359.

[260] ERNST LANGE, Was nützt uns der Gottesdienst? in: DERS., Predigen als Beruf. Aufsätze zu Homiletik, Liturgie und Pfarramt (hrsg. von RÜDIGER SCHLOZ), München ²1987, 83 - 95; 85. Zur Frage nach der Gestalt und den Bedingungen menschlicher Identität in soziologischer Perspektive vgl. KARL-FRITZ DAIBER u. a., Predigen und Hören 2, a. a. O., 43 - 46.

Anspruch nehmen, sind in der Lage, den Kommunikationsvorgang der Predigt im Sinne ihrer jeweiligen Identitätskonstruktion zu funktionalisieren. Die Predigt wird in der Perspektive des eigenen Sinnentwurfs rezipiert[261]. Aus diesem Grund ist davon auszugehen, daß das eigentliche Problem der gegenwärtigen Predigt in erster Linie nicht darin besteht, daß sie keinen Beitrag zur Identitätssicherung leistet. Problematisch ist vielmehr die Art und Weise, wie sie es tut, nämlich privatisierend und individualisierend. Belegt wird dies durch den Mangel an Gemeindebezug und durch das Defizit an gesellschaftlich-politischer Orientierung[262]. Hinzu kommt, daß politische Fragestellungen - wenn überhaupt - ohne Rücksicht auf strukturelle Zusammenhänge behandelt werden[263]. Bedingt wird dieses Vorgehen durch das Individualisierungskonzept einer freiheitlich-pluralistischen Gesellschaft und durch die stabilisierende Funktion, die der Religion gesamtgesellschaftlich und individuell überwiegend zugewiesen wird. Dieses "funktionale Kraftfeld"[264] wirkt sich zunächst dahingehend aus, daß die politische Dimension der Predigt meistens nicht bewußt ist oder nicht genügend ernstgenommen wird[265]. Hinzu kommt eine gewisse Konfliktscheu unter Predigern. Das konfliktreiche Aushandeln der stabilisierenden und der kritischen Funktionszuweisung an den christlichen Glauben läßt sie davor zurückschrecken, im engeren Sinn politisch zu predigen, selbst wenn sie die Thematisierung politischer Fragen in der Predigt ausdrücklich begrüßen[266]. Dabei kommt auch eine Fehleinschätzung der Hörererwartung auf seiten der Prediger zum Tragen. Denn die politische Predigt wird von den Hörern nicht einfach rundweg abgelehnt; es gibt Hörergruppen, die gegenüber der Behandlung von politischen Fragen in der Predigt aufgeschlossen sind[267]. Zudem scheint sich die

---

[261] Vgl. KARL-FRITZ DAIBER u. a., Predigen und Hören 2, a. a. O., 352f.

[262] Vgl. KARL-FRITZ DAIBER u. a., Predigen und Hören 1, a. a. O., 42.

[263] Vgl. KARL-FRITZ DAIBER u. a., a. a. O., 197f.

[264] KARL-FRITZ DAIBER, Predigt als religiöse Rede, a. a. O., 179.

[265] Dabei ist auch die Predigt, die sich aus politischen Fragen heraushält, sehr wohl politisch. Und zwar in dem Sinn, daß ihr Schweigen als Zustimmung gewertet werden kann.

[266] Vgl. KARL-FRITZ DAIBER u. a., Predigen und Hören 1, a. a. O., 42.

[267] Vgl. dazu auch den Befund von GERHARD SCHMIDTCHEN, Priester in Deutschland. Forschungsbericht über die im Auftrag der Deutschen Bischofskonferenz durchgeführte Umfrage unter allen Welt- und Ordenspriestern in der Bundesrepublik Deutschland, Freiburg i. Br. - Basel - Wien 1973, 29:

Bereitschaft der Hörer, sich auf eine politische Predigt einzulassen, dann positiver zu gestalten, wenn es gelingt, das politische Anliegen von der biblischen Botschaft her zu beleuchten und zu begründen. Schließlich ist zu sehen, daß selbst für die kritische politische Predigt mehr gesellschaftliche Freiräume vorhanden sind als von vielen Predigern angenommen wird. Dies ist etwa in den Bereichen der Friedenssicherung, der Bewahrung der Schöpfung und der Verwirklichung von größerer sozialer Gerechtigkeit der Fall[268]. Soll die Predigt im Dienst der Identitätssicherung stehen, dann hat sie um der Erfüllung dieser Aufgabenstellung willen die genannten Anknüpfungspunkte und Freiräume zu nutzen. Denn der individualisierende Ansatz der Identitätssicherung blendet sowohl die strukturellen Ursachen der Identitätsgefährdung[269] als auch die Möglichkeiten solidarischer Identitätssicherung aus.

1.3.4   Resümee

Der Überblick über die verschiedenen Orte der Predigt sollte deutlich machen, daß sich im Kontext einer freiheitlich-pluralistischen Gesellschaft die Aufgabe der Predigt ausdifferenziert hat. Das Resultat dieses Ausdifferenzierungsprozesses ist ein Funktionswandel der Predigt. Für ihn ist nicht so sehr typisch, daß die Funktionen der Predigt nicht allein kirchlich, sondern auch von den individuellen und gesellschaftlichen Bedürfnissen her bestimmt werden; das galt wohl zu jeder Zeit. Wesentlicher ist vielmehr - dahingehend ist die Beschreibung von KARL-FRITZ DAIBER noch zu pointieren -, daß die Funktionen der Predigt, ihr gemeindlicher, kirchlicher und gesellschaftlicher Ort, auseinandertreten. Daraus ergibt sich eine Entschränkungs- und Verschränkungsproblematik, die mit Konflikten verbunden ist und die die Predigt mit der Frage nach ihrer eigenen Identität konfrontiert. Die Handlungsperspektive läßt sich nicht in einem vereinfachenden Entweder/Oder formulieren, etwa in dem Sinne: "Soll sich die Predigt der Entschränkung anpassen oder widersetzen?" Eher schon wird sie in dem

---

"Zudem scheinen die Priester auch in der Stellungnahme zu politischen Fragen größere Zurückhaltung zu üben, als bestimmten und nicht eben kleinen Gruppen von Laien lieb ist."

[268] Vgl. KARL-FRITZ DAIBER, Predigt als religiöse Rede, a. a. O., 181.

[269] Vgl. Punkt 1.1.1.2.2.3 der vorliegenden Arbeit.

Bemühen zu finden sein, die Möglichkeiten zur Verschränkung der Predigtorte, die sich unter den gegenwärtigen Bedingungen ergeben, zu erkunden und auch zu nutzen. Genau das aber scheint, wie hinsichtlich des Gemeindebezugs der Predigt und der Thematisierung politischer Fragen deutlich geworden ist, vielen Predigern schwer zu fallen.

Eine gängige These bezüglich der krisenhaften Auswirkungen der Trennung von organisierter Diakonie und Verkündigung lautet: Verkündigung, die sich aufgrund organisatorischer Verselbständigung nicht mehr auf die Diakonie beziehen kann, wird lebensfern und neigt zum Doktrinalismus. Zumindest in puncto "Lebensnähe" muß diese These revidiert werden. Die gegenwärtige Predigt wird von denen, die sie noch hören, als eher lebensnah eingestuft, d.h. sie befriedigt im großen und ganzen das Bedürfnis nach individueller Identitätssicherung und Handlungsanleitung. Diese individualisierende Ausrichtung der Predigt kommt nicht von ungefähr; anzunehmen ist, daß sie dem Individualisierungskonzept einer freiheitlich-pluralistischen Gesellschaft entspricht. Sofern das menschliche Bedürfnis nach Identitätssicherung zum Ausgangspunkt eines homiletischen Konzepts gemacht wird, ist die Problematik der Ausblendung struktureller Faktoren und gemeinschaftlichen Handelns zu berücksichtigen.

Schließlich ist noch einmal hervorzuheben, daß speziell im Blick auf die Entschränkungsproblematik der lebensbegleitenden Predigt in der homiletischen Theorie auf den Diakoniebegriff zurückgegriffen wird. Die Predigt wird dabei als Dienst an der menschlichen Identitätssicherung aufgefaßt. Dies geschieht zwar ohne Vergewisserung hinsichtlich der inhaltlichen Tragweite dieses Begriffs und erweckt den Eindruck eines "moralisierenden Krisenmanagements". Gleichwohl bleibt festzuhalten, daß es neben der Trennung von organisierter Diakonie und Verkündigung einen weiteren Bezugsrahmen zur Thematisierung der diakonischen Predigt gibt. Dieser besteht darin, die Predigt selbst als Dienst zu verstehen.

1.4 Religionssoziologische Aspekte zur Diskrepanz von Diakonie und Verkündigung

Die kirchliche Praxis hat sich unter den Bedingungen einer modernen Gesellschaft in ein diakonisches und ein pastorales Handlungsfeld ausdifferenziert. Dabei hat die verbandliche Caritas die Rolle eines Bindegliedes zwischen der organisatorisch verfaßten Kirche und der sozialstaatlich organisierten Gesellschaft eingenommen. In dieser Position ist die Caritas sowohl für die Kirche als auch für den Staat von großer Bedeutung, denn sie leistet für beide einen Beitrag zur Bewältigung der je eigenen Strukturprobleme. Gleichwohl ist diese Stellung der Caritas nicht unproblematisch. Sie hat sich - um nur einige Teilaspekte zu wiederholen - sehr weit von der parochial verfaßten Kirche entfernt, ist selbst nur mehr schwer als kirchliche Sozialarbeit zu identifizieren und trägt mit dazu bei, daß die Diakonie auf der Ebene der Pfarrgemeinden nicht die Bedeutung hat, die ihr als kirchlichem Grundvollzug eigentlich zukommen müßte. Nach dem Aufriß dieser Problemkonstellation im vorhergehenden soll nun im folgenden die gegenwärtige Situation noch einmal ausdrücklich mit Hilfe von religionssoziologischen Erkenntnissen gedeutet und auf mögliche Perspektiven des zukünftigen kirchlichen Handelns hin befragt werden.

1.4.1 Diakonie als personalisierte Leistung - Aufrechterhaltung des Status quo (NIKLAS LUHMANN)

In der systemtheoretischen Perspektive von NIKLAS LUHMANN[270] gibt es für jedes Teilsystem einer differenzierten Gesellschaft drei Typen von Systembeziehungen: "(1) die Beziehung zum Gesamtsystem, dem es angehört; (2) die Beziehungen zu anderen Systemen der systeminternen Umwelt; und (3) die Beziehung zu sich selbst"[271]. Die Beziehung zur Gesellschaft als dem umfassenden System bezeichnet NIKLAS LUHMANN als *Funktion*, die Beziehung zu anderen gesellschaftlichen Systemen

---

[270] Zum systemtheoretischen Ansatz der Religionssoziologie bei NIKLAS LUHMANN vgl. TRAUGOTT SCHÖFTHALER, Religion paradox: Der systemtheoretische Ansatz in der deutschsprachigen Religionssoziologie, in: KARL-FRITZ DAIBER/THOMAS LUCKMANN (Hrsg.), Religion in den Gegenwartsströmungen der deutschen Soziologie, München 1983, 136 - 156.

[271] NIKLAS LUHMANN, Funktion der Religion, Frankfurt a. M. ²1990, 54f.

als *Leistung* und die Beziehung zu sich selbst als *Reflexion*[272]. Für eine funktional differenzierte Gesellschaft ist charakteristisch, daß die Differenzierung der drei Beziehungstypen so weit vorangeschritten ist, daß sie "nicht mehr in schlichte operative Übereinstimmung gebracht werden"[273] können.

Aufgrund dieser Unterscheidungen trifft NIKLAS LUHMANN im Blick auf das Religionssystem folgende Bestimmungen: Die *Funktion* des Religionssystems, also seine Beziehung zum Gesamtsystem der Gesellschaft, ist die geistliche Kommunikation. Deren Träger ist die Kirche. Geistliche Kommunikation geschieht allerdings in erster Linie nicht in der Kirche, sondern durch die Kirche, indem diese Rituale kultiviert und zur Verfügung stellt[274].

Die *Leistungen* des Religionssystems für andere gesellschaftliche Teilsysteme nennt NIKLAS LUHMANN Diakonie. Für sie ist kennzeichnend, "daß *sozialstrukturelle* Probleme in *personalisierter Form*, also an Personen wahrgenommen werden (und das heißt natürlich in gewisser Weise auch: nicht als sozial*strukturelle* Probleme wahrgenommen werden)"[275]. Auf diese Weise ist es dem Religionssystem möglich, "Zuständigkeiten für 'Restprobleme' oder Personenbelastungen und Schicksale in Anspruch zu nehmen, die in anderen Funktionssystemen erzeugt, aber nicht behandelt werden"[276]. Gleichzeitig dient diese Wahrnehmungsweise dazu, das Religionssystem "gegen allzu starke Interferenzen mit anderen Funktionssystemen" abzuschirmen, "zum Beispiel gegen die Versuchung einer diakonischen Umverteilung des Eigentums, einer diakonischen Außenpolitik, Konjunkturpolitik, Forschung usw."[277]. Von den Leistungen des Religionssystems für andere gesellschaftliche Teilsysteme unterscheidet NIKLAS LUHMANN diejenigen für personale Systeme und bezeichnet diese zur Verdeutlichung des Unterschieds als Seelsorge. Denn dabei geht es nicht um die personalisierende Bearbeitung

---

[272] Vgl. a. a. O., 56.

[273] Ebd.

[274] Vgl. ebd.

[275] A. a. O., 58.

[276] Ebd.

[277] Ebd.

von sozialstrukturellen Problemstellungen, sondern um die Behandlung von Problemen, die individuellen Ursprungs sind[278]. Nicht weiter erörtert wird, ob und inwiefern Problembereiche in dieser Weise unterschieden werden können.

Schließlich die Beziehung des Religionssystems zu sich selbst, die *Reflexion*. Sie vollzieht sich durch die Theologie. Ihre Aufgabe ist es, die Identität des Religionssystems sicherzustellen. Unter welchen Aspekten sie dies tut, kann im Kontext dieser Studie unberücksichtigt bleiben[279]. Wichtiger ist es, die besondere Problematik der Leistungserbringung durch das Religionssystem hervorzuheben.

In systemtheoretischer Hinsicht kann nur dann von Leistung gesprochen werden, wenn diese von anderen Systemen angenommen und verarbeitet wird. Dies setzt allerdings voraus, daß eine Übereinstimmung mit den normativen Strukturen der aufnehmenden Systeme gegeben ist oder daß die Möglichkeit besteht, auf diese verändernd Einfluß zu nehmen. Letzteres ist unter den gegebenen gesellschaftlichen Verhältnissen eher nicht der Fall. Die Leistungen des Religionssystems müssen sich weitgehend Fremdnormierungen anpassen, um ankommen zu können. Dadurch aber gerät die Leistung des Religionssystems in Konflikt mit den beiden anderen Relationen, der Funktion und der Reflexion[280]. Im Blick auf die organisierte Diakonie heißt dies: Sie "muß sich den Normen einer methodisch orientierten Sozialarbeit anpassen. Dabei diskreditiert sie möglicherweise die religiöse Zentralnorm 'Liebe'. Das bedeutet, daß z.B. der theologisch immer wieder deutlich gemachte Zusammenhang zwischen einem Dienst, der empirisch faßbare Zustände humanisiert, und dem anderen, der das Gottesverhältnis des Menschen als das Zentralproblem allen Unheils betrachtet, nicht mehr deutlich genug sichtbar werden kann. 'Heil' und 'Wohl' treten unter den Strukturbedingungen, unter denen Helfen heute möglich ist, auseinander"[281]. Oder noch einmal anders aus der Perspektive der Diskrepanz von Diakonie und Verkündigung formuliert: "Diakonie kann von den Strukturbedingungen her also nicht zugleich Aufgaben der

---

[278] Vgl. ebd.

[279] Vgl. a. a. O., 59 - 61.

[280] Vgl. a. a. O., 58f.

[281] KARL-FRITZ DAIBER, Diakonie und kirchliche Identität, a. a. O., 25.

verbalen Verkündigung des Evangeliums übernehmen. Sie orientiert sich als Sozialarbeit weder an Vollzügen wie dem des Zuspruchs des befreienden Evangeliums, noch praktiziert sie Nächstenliebe in dem Sinne, daß in allen Einzelakten ein Partnerbezug zustande kommt, in dem personale Annahme unmittelbar erfahren wird"[282].

Folgerichtig konstatiert NIKLAS LUHMANN eine Lockerung der Interdependenzen des Religionssystems. Hinsichtlich der Lösung dieser Problemkonstellation tendiert er zu einer Entkoppelung der verschiedenen Relationen, "zu einer Art Systemautonomie innerhalb des Religionssystems"[283].

Die Stärke dieses Erklärungsversuchs von NIKLAS LUHMANN liegt darin, daß er die strukturell bedingten Aporien des organisierten caritativen Handelns herausstellt. Wenn sich die Kirche gemäß ihres Auftrags dazu entschließt, ihre Verantwortung für den Sozialstaat gerade auch durch caritative Organisationen wahrzunehmen, dann muß sie mit der von NIKLAS LUHMANN skizzierten Sachgesetzlichkeit der Leistungserbringung innerhalb einer funktional differenzierten Gesellschaft rechnen. Solches Ernstnehmen der strukturellen Bedingungen könnte dazu beitragen, daß angesichts der sich jetzt stellenden Frage nach der Identität der Caritas diejenigen Lösungsversuche relativiert werden, die die christliche Identität caritativer Organisationen vorrangig über die "richtige" Einstellung ihrer Mitarbeiter sicherstellen wollen[284]. Ein weiterer positiver Anknüpfungspunkt ist in der Unterscheidung der Leistung von der Funktion des Religionssystems zu sehen. Diakonie vollzieht sich "religiös absichtslos", d.h. sie bindet den Empfang ihrer Dienstleistungen nicht an Kirchenmitgliedschaft[285].

Unbeschadet dieser zustimmungswerten Aspekte bedarf die Position von NIKLAS LUHMANN auch der Kritik. Seine Ausführungen zur Ausdifferenzierung des Religionssystems bilden nicht nur analytisch den Zwiespalt von Diakonie und Verkündigung ab, sondern sie affirmieren ihn auch. Dadurch aber werden sie dem derzeit gegebenen Problemstand nicht gerecht. Die Caritas steht aufgrund vielfältiger Faktoren vor der

---

[282] A. a. O., 26.

[283] Ebd. Zu NIKLAS LUHMANN vgl. DERS., Funktion der Religion, a. a. O., 62f.

[284] Vgl. Punkt 1.1.1.2.3.3 der vorliegenden Arbeit.

[285] Vgl. HERMANN STEINKAMP, Diakonie: Kennzeichen der Gemeinde, a. a. O., 20.

Aufgabe einer neuen Standortbestimmung ihrer Arbeit. Ein Teilaspekt dieser Suchbewegung ist die Verbindung von Caritas und Pastoral. Und auch von seiten der Pastoral findet sich aufgrund des erneuerten Kirchenverständnisses des II. Vatikanums ein verstärktes Bemühen um die Wiederentdeckung der Diakonie als grundlegende Dimension des gemeindlichen Handelns. Die Überlegungen von NIKLAS LUHMANN sind für diesen Zusammenhang zwar insofern bedeutsam, als sie dahin weitergeführt werden können, daß die Ausdifferenzierung des Religionssystems nicht nur die gesellschaftliche Makroebene, sondern auch die Mesoebene der Gemeinde einbezieht. Aber eben auch hier bedarf es der verändernden Handlungsanleitung, sofern die eben genannten theologischen Prämissen geteilt werden. Daraus ergibt sich ein weiterer Kritikpunkt an der Position von NIKLAS LUHMANN. Seine Betrachtungsweise kann die jüdisch-christliche Tradition nicht kritisch erinnern und verstellt dem Entscheidungshandeln eine wesentliche motivationale Ressource. Schließlich stellt sich die Frage, ob NIKLAS LUHMANN den Handlungsspielraum hinsichtlich der Leistungserbringung durch das Religionssystem adäquat einschätzt. Dieser ist bei allen Sachzwängen doch nicht so weit eingeschränkt, wie unterstellt wird. Und er wird auch von seiten der Caritas genutzt. Ein Beispiel dafür ist die Armutsberichterstattung des Verbandes[286]. Sie bildet auch die Wasserscheide hinsichtlich der Frage nach der Berechtigung der Einschätzung, daß Diakonie - per definitionem - sozialstrukturelle Probleme in personalisierter Form wahrnimmt und bearbeitet.

1.4.2 Szenarien einer künftigen Entwicklung (KARL GABRIEL)

KARL GABRIEL unterscheidet drei mögliche Entwicklungen ("Zukünfte") von Caritas, Kirche und Gesellschaft, die als Trends erkennbar sind und aus analytischen Zwecken überpointiert als drei Szenarien dargestellt werden[287].

Im ersten Senario, der "*Neuversäulung und Traditionalisierung*", entscheidet sich die Kirche fundamentalistisch zu einer scharfen Abgrenzung gegenüber der modernen

---

[286] Vgl. oben Punkt 1.1.1.2.3.4.

[287] Vgl. KARL GABRIEL, Die verbandliche Caritas im Spannungsfeld von Kirche und Gesellschaft, a. a. O., 53 - 57.

Gesellschaft. Die verbandliche Caritas wird unter dieser Voraussetzung vornehmlich kritisch gesehen. "Die Expansion im sozialstaatlichen Kontext sei mit ihrer inneren Säkularisierung erkauft worden. Deshalb gelte es, sich zurückzubesinnen auf eine eindeutige und explizite Kirchlichkeit und Konfessionalität. Wo dies nicht möglich sei, müsse man Aufgabenfelder und Einrichtungen aufgeben"[288]. In der Konsequenz dieser Position liegt zum einen, daß sich in Ermangelung anderer Kriterien die Aufmerksamkeit auf die explizite Kirchlichkeit der Mitarbeiter richtet. Zum anderen zieht sich die sozial-caritative Arbeit der Kirche aus der Gesellschaft zurück und konzentriert sich auf die eigenen Glaubensgenossen. Durch diese "Neuversäulung", d.h. durch die Abgrenzung nach außen und die Stabilisierung nach innen, soll die sozial-caritative Arbeit der Kirche wieder deutlich als solche erkennbar werden und "in eine säkulare und gottlose Welt austrahlen können"[289].

Mit dieser Strategie würde die Kirche an die Vorgehensweise des Katholizismus im 19. Jahrhundert anknüpfen. Allerdings würde dies nicht zu dem gleichen Ergebnis führen. Denn im 19. Jahrhundert war es der Kirche noch möglich, durch die Abgrenzung nach außen und die Organisation einer Großgruppe die Folgen der voranschreitenden Modernisierung abzufedern und durch das Drängen auf die sozialpolitische Intervention des Staates "die gesellschaftliche Entwicklung offen zu halten für die Teilhabe und Teilnahme aller, auch der Ärmsten und Schwächsten"[290]. Nachdem sich aber die Großgruppenstruktur als Vergesellschaftungsform aufgelöst hat, "würde die Abgrenzung heute die Kirche in eine gesellschaftlich marginale Sektenexistenz führen. Um im Bild zu bleiben: aus der Säule würde das Reservat"[291].

Im zweiten Szenario setzt die Kirche nicht auf Neuversäulung und Traditionalisierung, sondern auf das "*Sich-Einlassen auf die entfaltete Moderne*" und entscheidet sich für die Öffnung gegenüber der Gesellschaft. KARL GABRIEL geht dabei von zwei zentralen Problemstellungen aus, der Tradierungskrise des Glaubens und der Identitäts-

---

[288] A. a. O., 54. Diese Position vertritt HEINRICH POMPEY (vgl. oben Punkt 1.1.1.2.3.3).

[289] Ebd.

[290] Ebd.

[291] Ebd.

96

krise der institutionalisierten Caritas. Nach seiner Meinung können diese beiden Krisen nur bewältigt werden, wenn sich die Kirche in all ihren Bezügen diakonisch versteht und verhält. Diakonie meint dabei zum einen, daß die Kirche entsprechend den Bedingungen der entfalteten Moderne hinsichtlich der Tradierung des Glaubens ein hohes Maß an individueller Transformation und Selbstbestimmung zuläßt. Zum anderen beinhaltet sie "eigenständige sozialpolitische Optionen und Positionen der verfaßten Kirche"[292]. Die institutionalisierte Caritas würde dadurch zu einem Bezugspunkt kirchlicher Identität. Das setzt jedoch "ein theologisches Nachdenken über die diakonische Dimension der Kirche auf der Grundlage der Realität einer Verflechtung von Kirche und Gesellschaft im sozialstaatlichen Sektor"[293] und eine Erweiterung des diakonietheologischen Diskurses voraus, der sich bislang auf die Diakonie als Kennzeichen der Gemeinde konzentrierte. Durch die "Rückendeckung" der verfaßten Kirche gewinnt die institutionalisierte Caritas an Profil. Solche Profilierung der Caritas darf sich aber nach KARL GABRIEL "nicht lösen von den Beständen impliziter Christlichkeit in unserer Gesellschaft, für die sie einen wichtigen Kristallisationspunkt darstellt"[294].

Geht die Option des Sich-Einlassens auf die modernisierte Moderne von der Versöhnbarkeit von Christentum und moderner Gesellschaft aus, so wird diese Prämisse im dritten Szenario nicht mehr geteilt. Die Aufmerksamkeit richtet sich hier auf "die Bruchstellen und Risiken, die in der modernen Gesellschaftsentwicklung offenkundig enthalten sind"[295]. Deshalb nimmt die Kirche ein vornehmlich kritisches Verhältnis zur Gesellschaft ein. Handlungsleitend ist das "*Überholen der Moderne*" durch prophetischen Widerspruch und eine veränderte Sozialgestalt des Glaubens. "Die Kirche nimmt Abschied von den volkskirchlichen Strukturen mit einer flächendeckenden Versorgungspastoral, um in basisgemeindlichen Sozialformen die christliche Tradition als gemeinschaftsstiftende Lebensform zu rekonstruieren"[296]. Auch in diesem Szenario

---

[292] A. a. O., 55.

[293] Ebd.

[294] Ebd.

[295] A. a. O., 56.

[296] Ebd.

kommt der Diakonie eine hervorragende Rolle zu. In der Basisgemeinde bilden Wort und Tat, Diakonie und Verkündigung eine Einheit. Durch die heilende Tat wird der lebensfeindlichen Gesellschaft der Spiegel vorgehalten. Weil in diesem Szenario die Gesellschaft als strukturell ungerecht und sozialstaatlich pazifiziert angesehen wird, liegt der Schritt nahe, die institutionalisierte Caritas wegen ihrer Verflechtung in die Strukturen der Ungerechtigkeit aufzugeben[297]. KARL GABRIEL beurteilt das dritte Szenario hinsichtlich seiner Folgen ähnlich kritisch wie das erste, da es sich nur "am Rande und in den Nischen" der Gesellschaft verwirklichen läßt: "Für die Masse der unter modernen gesellschaftlichen Bedingungen Lebenden muß im Rahmen dieses Szenariums mit einer wachsenden Ausgrenzung aus der christlichen Tradition gerechnet werden"[298].

WALTER FÜRST hat darauf hingewiesen, daß den von KARL GABRIEL dargestellten drei Szenarien einer zukünftigen Verhältnisbestimmung von Caritas, Kirche und Gesellschaft "*drei unterschiedliche 'Gestaltsinne' christlich-kirchlicher Praxis*" zugrundeliegen, die sich auf die drei möglichen Grundentscheidungen auswirken und "mit einer jeweils anderen theologischen Einschätzung der 'Moderne' gekoppelt sind"[299]. Die erste Option sieht das Verhältnis von Welt und Gesellschaft (heils-)pessimistisch und setzt deshalb auf Kirchlichkeit. Die zweite ist (heils-)optimistisch ausgerichtet und befürwortet deshalb die Orientierung am Subjektsein und an der Subjektwerdung des Menschen. Die dritte schließlich votiert aus einer (heils-)realistischen Perspektive für die universale Solidarität des Menschseins. Die drei Optionen korrelieren mit unterschiedlichen ekklesiologischen Standpunkten; die erste "mit einem hierachistischen und zentralistischen, von HERMANN J. POTTMEYER als *'christomonistisch' bezeichneten Kirchenbild*: Da die Welt heillos ist, kann die Rettung allein durch direkte Intervention 'von oben' kommen; die Kirche wird ausschließlich 'vom Haupt her' erbaut"[300]. Die

---

[297] In sachlicher Nähe zu dieser Skizze von KARL GABRIEL steht die von PAUL ZÖLLER vertretene Position (vgl. DERS., Krisen als Chancen nutzen, a. a. O.).

[298] KARL GABRIEL, Die verbandliche Caritas im Spannungsfeld von Kirche und Gesellschaft, a. a. O., 57.

[299] WALTER FÜRST, Pastorale Diakonie - Diakonische Pastoral, a. a. O., 64.

[300] Ebd.

dritte Option hingegen "ist mit einer, das Wirken des Heiligen Geistes in allen Gliedern der Kirche ernstnehmenden, *'pneumatologisch' vermittelten Ekklesiologie* (mit dem Bild der Kirche als 'communio sanctorum' oder 'Volk Gottes') verbunden: Mensch und Welt als Schöpfung verstanden, werden hier nicht als gänzlich verdorben betrachtet; zudem hat - aus dieser Sicht - in der Erlösungsordnung jeder Getaufte und Gefirmte am dreifachen Amt Christi teil und ist dazu berufen, mit dem ihm eigenen Charisma am Aufbau des Leibes Christi mitzuwirken"[301]. Die Besonderheit der zweiten Option ist nach WALTER FÜRST nun darin zu sehen, daß der ihr zugrundeliegende theologische Standpunkt nicht unverrückbar feststeht. "Er dürfte, je nachdem, ob das 'Sich-Einlassen auf die Moderne' wirklich existenzbezogen oder lediglich auf die Rezeption moderner Organisationstechniken beschränkt bleibt, variieren. Die zweite Option kann (...) sowohl mit dem zweiten als auch mit dem ersten der genannten Kirchenbilder eine innere Koalition eingehen"[302].

Auch wenn diese Reflexion auf die Gestaltsinne christlich-kirchlicher Praxis notwendig ist, um die religionssoziologischen Erkenntnisse theologisch verantwortet und praxisrelevant rezipieren zu können, so darf doch nicht übersehen werden, daß sie einen zentralen theologischen(!) Aspekt in der religionssoziologischen Argumentation von KARL GABRIEL außer acht läßt, nämlich die Verpflichtung der Kirche, das von ihr verkündete Heil allen Menschen zu bezeugen[303]. Dies ist das Kriterium, weshalb sich KARL GABRIEL gegen die fundamentalistische Versuchung einer Neuversäulung aus-spricht und zugleich auch Bedenken gegenüber dem dritten Szenario anmeldet. Gleich-wohl tritt er nicht für eine Entscheidung zugunsten des zweiten Szenarios ein. Denn "aus soziologischer Sicht wachsen (...) die Chancen, auch in einer sich beschleunigt modernisierenden Gesellschaft christlich-kirchliches Leben zu realisieren und an kommende Generationen weiterzugeben, mit der Vielfalt an Sozialformen, in denen die Kirche ihre Identität zum Ausdruck bringt. Von daher liegt es nahe, für die absehbare

---

[301] Ebd.

[302] A. a. O., 64f.

[303] Vgl. KARL GABRIEL, Die verbandliche Caritas im Spannungsfeld von Kirche und Gesellschaft, a. a. O., 54.

Zukunft auch für eine Pluralität von unterschiedlich ausgerichteten Verwirklichungs-formen der einen 'Diakonia' der Kirche zu plädieren"[304].

Wie dieses Votum zugunsten von unterschiedlich ausgerichteten Verwirklichungs-formen der einen Diakonia der Kirche zu konkretisieren ist, zeigen die "Optionen verbandlicher Caritas in der sozialstaatlich organisierten Gesellschaft"[305], die KARL GABRIEL zur Diskussion gestellt hat. Sie zielen darauf ab, sowohl die Gesellschaft als auch die Kirche an die christlichen Wurzeln des Sozialstaates zu erinnern. Dadurch wird zum einen der Versuch, die Verantwortung der Kirche für die soziale Gestaltung der Gesellschaft weitgehend zurückzunehmen, in Frage gestellt. Zum anderen wird das zentrale Anliegen des dritten Szenarios, menschenunwürdige Zustände mit prophetischer Kritik zu konfrontieren, aufgenommen. Im einzelnen handelt es sich um die Option

- "für eine 'Kultur der Teilhabe' - und gegen den Ausschluß der Schwachen in der Gesellschaft"[306]. Der soziale Rechtsstaat versteht sich von seinen Grundprinzi-pien her als Ermöglichungsform von universeller Teilhabe, ist aber hinsichtlich der Erhaltung seiner kulturellen Grundlagen überfordert. "Er ist auf gesellschaftliche Kräfte angewiesen, die eine 'Kultur der Teilhabe' praktizieren, propagieren und gesellschaftlich stützen. Von der Praxis und Verkündigung Jesu her stehen den Kirchen die Wertgrundlagen zur Verfügung, die zur Aufrechterhaltung der für den Sozialstaat unverzichtbaren politischen Kultur und Solidarität notwendig sind"[307].
- "für eine anwaltliche Politik der Teilhabe aller - und gegen die Verdrängung der Armut"[308]. Politik wird derzeit vorrangig von der Logik des Machtgewinns und Machterhalts und weniger von dem Bemühen um die Verwirklichung der Teil-nahme aller bestimmt. Wenn sich die organisierte Caritas und die institutionell verfaßte Kirche in der Nachfolge Jesu für den Aufbau und die Erhaltung einer

---

[304] A. a. O., 57.

[305] Vgl. KARL GABRIEL, Optionen der verbandlichen Caritas im Wandel der sozialstaatlich organisierten Gesellschaft, a. a. O., 255 - 257.

[306] A. a. O., 255.

[307] Ebd.

[308] Ebd.

"Kultur der Teilhabe" entscheiden, dann folgt daraus, daß sie gegen die "Borniertheit der Politik"[309], die die Ausgrenzung vom gesellschaftlichen Leben ignoriert, eigenständige Formen einer anwaltlichen Politik für die Armen entwickeln.

- "für die Vermittlung zwischen formellen Hilfesystemen und lebensweltlicher Hilfe - und gegen eine Kolonisierung der Lebenswelt"[310]. Die Kirchen haben einen wesentlichen Beitrag zur spezifischen Gestaltung des deutschen Hilfesystems geleistet; nicht zuletzt auch bei der Errichtung einer starken intermediären Ebene. In dieser Position erlagen die kirchlichen Wohlfahrtsverbände oft der Gefahr, die Bedürfnisse und Interessen der Betroffenen "kleinzuarbeiten", sich als Transmissionsriemen staatlicher Sozialpolitik mißbrauchen zu lassen. Sie wurden deshalb ihrer Vermittlerposition nicht immer voll gerecht und trugen mit dazu bei, daß sich viele Betroffene in der Selbsthilfebewegung zusammengeschlossen haben. Unbeschadet dieser Entwicklung wird heute "zunehmend deutlich, daß der intermediären Ebene grundlegende Funktionen in der Vermittlung zwischen System und Lebenswelt in Gesellschaften mit expandierenden Systemstrukturen politisch-machtmäßiger wie marktförmiger Art zukommen. Lebensweltliche Formen alltäglichen Helfens sind gegenüber dem kolonisierenden und auflösenden Zugriff des Staates wie des Marktes auf den Schutz intermediärer Hilfestrukturen angewiesen"[311]. Angesichts dieser Situation muß sich die Caritas "als Scharnier zwischen systemorientierter und lebensweltlicher Hilfe"[312] begreifen, muß sie sich den systemischen Übergriffen widersetzen, finanzielle und personelle Ressourcen zur Unterstützung lebensweltlicher Hilfe sichern und lebensweltlich-informelle Hilfe anregen.

- "für die subsidiäre Förderung und Entwicklung gemeindlicher Diakonie - und gegen eine Vereinnahmung der gemeindlichen Basis"[313]. In ihrer intermediären Position ist die Caritas auf den Rückhalt in diakonischen Gemeinden angewiesen. Das

---

[309] Ebd.

[310] A. a. O., 256.

[311] Ebd.

[312] Ebd.

[313] Ebd.

"freie", personelle und finanzielle Engagement der Christen sichert den Spielraum der Caritas gegenüber dem Staat und lockert die Abhängigkeit von staatlicher Finanzierung. Ähnliches gilt aber auch im Blick auf die Zwänge des Marktes: "Nur mit starken diakonischen Gemeinden im Rücken wird sich die verbandliche Caritas dem Druck des Dienstleistungsmarktes entziehen können. [Denn] dieser versucht, das Angebot dem Bedarf zahlungskräftiger Nachfrager anzupassen und zahlungsunfähige Betroffene nach Möglichkeit an andere Dienste zu verweisen"[314]. Schließlich ist die professionelle Hilfe verbandlicher Caritas auch deshalb auf die Mitarbeit der gemeindlichen Basis angewiesen, um nachteilige Nebeneffekte wie Isolierung und Kompetenzverlust ihrer Klienten zu begrenzen. Umgekehrt kann auch die verbandliche Caritas der Gemeindediakonie wichtige Dienste leisten. Sie kann dazu beitragen, daß verborgene Not im Gemeindequartier entdeckt, Potentiale der Solidarität erschlossen und Fehlformen ehrenamtlichen Helfens korrigiert werden. Alles in allem ist eine feldbezogene (Neu-)Orientierung verbandlicher Sozialarbeit erforderlich, die die isolierende Fallarbeit überwindet und sich für die subsidiäre Förderung und Entwicklung gemeindlicher Diakonie einsetzt.

- "für die Öffnung der deutschen Wohlfahrtsgesellschaft für weltweite soziale Verantwortung - und gegen den Egoismus des nationalen Sozialstaates"[315]. Das grundlegende Recht der Teilhabe aller kann nicht auf die Bürger des Sozialstaats beschränkt bleiben, sondern muß aufgrund seiner Ausrichtung an der Menschenwürde in den weltgesellschaftlichen Kontext der universellen Teilhabe aller hineingestellt werden. Der deutsche Sozialstaat trägt auch für die Sozialordnung der Weltgesellschaft Verantwortung, nicht zuletzt auch deshalb, weil er einen nicht unwesentlichen Teil seines Wohlstands dem Welthandel verdankt. Die verbandliche Caritas und die institutionell verfaßte Kirche verfügen nicht nur über eine Einbindung in ein internationales System, sondern sie sind auch von ihren ideellen Grundlagen her verpflichtet, sich nationalen Egoismen entgegenzustellen.

---

[314] A. a. O., 257.

[315] Ebd.

1.4.3 Resümee

Als Ertrag der Auseinandersetzung mit den oben angeführten religionssoziologischen Positionen ist festzuhalten, daß die Ausführungen von NIKLAS LUHMANN zwar zu einem besseren Verständnis der Ausdifferenzierung von Diakonie und Verkündigung und dabei vor allem zu einer Schärfung des Blicks für die mit der Leistungserbringung verbundenen Sachzwänge führen. Aber sie eröffnen angesichts der Krise der freien Wohlfahrtspflege und der Trennung von Diakonie und Verkündigung keine Handlungsperspektive. Statt dessen affirmieren sie den Status quo. Anders hingegen verfährt KARL GABRIEL. Zwar verbindet ihn mit NIKLAS LUHMANN als kleinster gemeinsamer Nenner die Absage an den Rückzug der Kirche und der Caritas aus ihrer sozialen Verantwortung als Alternative zu dem bisherigen Expansionskurs. Doch plädiert er für eine differenzierte Einheit von Caritas und Pastoral bzw. Verkündigung, während NIKLAS LUHMANN diese beiden auseinanderhalten möchte. Ein weiterer signifikanter Unterschied zwischen beiden Positionen zeigt sich hinsichtlich der Frage nach der stabilisierenden Funktion des Religionssystems. Während diese von NIKLAS LUHMANN favorisiert wird, spricht sich KARL GABRIEL für eine anwaltliche Politik der Teilhabe aller und wider die Verdrängung der Armut aus. In dieser Option für die Armen ist das Bindeglied für die Verbindung von Caritas und Kirche, von Diakonie und Verkündigung zu sehen.

Exkurs: Erste Ansätze zur Profilierung der diakonischen Predigt

Wenn die Diskrepanz von Diakonie und Pastoral (bzw. Verkündigung) überwunden werden soll, dann erfordert dies, daß sich die Kirche in allen Bereichen diakonisch vollzieht. Im Blick auf die Predigt folgt daraus, daß sie grundlegend als Dienst am Glauben verstanden wird. Allerdings ist diese Aufgabenbestimmung der Predigt noch zu allgemein. Denn es darf wohlwollend unterstellt werden, daß dieses Predigtverständnis von den meisten Predigern geteilt wird. Zudem erlebt, wie die Untersuchung "Predigen und Hören" zu Tage gefördert hat, ein großer Teil der Hörer die Predigt als Hilfe zum Glauben und zum Leben. Daß dennoch der Dienst der Predigt nur noch von relativ wenigen in Anspruch genommen wird, läßt sich nicht ausschließlich auf die strukturellen und individuellen Mängel der Predigt zurückführen, sondern wird auch durch die kulturellen Rahmenbedingungen einer freiheitlich-pluralistischen Gesellschaft bedingt.

Eine inhaltliche Zuspitzung des diakonischen Predigtverständnisses ist in der Option für die Armen zu sehen. In dieser Hinsicht kann die Predigt von der Caritas lernen. Denn diese hat sich dazu entschlossen, für die Armen Partei zu ergreifen. Dabei könnte die Caritas für die Predigt einen doppelten Dienst leisten: Zum einen ist sie eine Hilfe zur Wahrnehmung von Not. Zum anderen verbindet die Caritas in ihrer Arbeit caritatives Engagement mit der Kritik an struktureller Ungerechtigkeit. Gerade unter dem zuletzt genannten Aspekt ist aber im Blick auf die Predigt ein deutliches Manko festzustellen. Sie ist - auch das ist ein Resultat der oben genannten Untersuchung - überwiegend individualisierend ausgerichtet. Darin erfüllt sie eine gängige Funktionszuweisung, nach der Religion vornehmlich gesellschaftlich affirmativ zu wirken hat.

Laufen die bisherigen Überlegungen auf ein Verständnis der diakonischen Predigt als optionale Sozialverkündigung hinaus, so ist in Erinnerung daran, daß es um die diakonische Dimension der Predigt und nicht nur um einen Typus spezieller Predigt geht, darauf zu verweisen, daß es der genuine Auftrag der Predigt ist, Gottes Diakonie zu verkünden. Nur aus dieser zweckfrei zu haltenden Mitte der Verkündigung heraus können die Kräfte erwachsen, die erforderlich sind, um die mit der Option für die Armen verbunden Konflikte konstruktiv zu bewältigen. Und nur im Blick auf Gottes

Diakonie ist es möglich, entgegen der weit verbreiteten funktionalistischen Betrachtungsweise der Diakonie Gottes verborgene Gegenwart in der Interaktion von Helfern und Hilfebedürftigen zu entdecken.

Haben sich, wie aus diesem ersten Aufriß ersichtlich werden sollte, Caritas und Predigt gegenseitig Wesentliches zu vermitteln, so ist jetzt als dritte Größe die Gemeinde einzubeziehen. Ohne Zweifel ist in den Gemeinden - nicht zuletzt wegen des Engagements der verbandlichen Caritas im Bereich Caritas und Pastoral - viel an diakonischem Bewußtsein gewachsen. Gleichwohl ist immer noch festzustellen, daß der Diakonie noch lange nicht die Bedeutung beigemessen wird, die ihr als Grundvollzug des kirchlichen und des gemeindlichen Handelns eigentlich zukommen müßte. Sie wird zum Teil nach dem Vorfeld-Schema abgewertet oder anderen Zielen dienstbar gemacht. So wie die Caritas Beratungen für ehrenamtliche Helfer zur Verfügung stellt, so wäre es als eine Möglichkeit diakonischer Predigt zu sehen, daß Formen gemeindlichen und individuellen Helfens in der Predigt aufgegriffen und spirituell begleitet werden. Das wäre ein überaus wichtiger Dienst, denn viele Helfer werten ihr eigenes Handeln in dem eben genannten Sinn ab. Aber nicht nur die Predigt könnte ihren Dienst an der Diakonie des Einzelnen und der Gemeinde leisten, auch die Gemeinde könnte einen wichtigen Dienst für die diakonische Predigt erbringen. Dies gilt vor allem für ihre politische Gestalt. Denn dann (aber nicht nur dann) ist der Prediger in besonderer Weise auf die Kompetenz und den Rückhalt in seiner Gemeinde oder zumindest in einigen teilgemeindlichen Gruppen angewiesen. Auf diesem Hintergrund ist allerdings besonders hervorzuheben, daß in puncto Gemeindebezug derzeit noch deutliche Defizite zu verzeichnen sind, was vermutlich auf das Individualisierungskonzept der freiheitlich-pluralistischen Gesellschaft zurückzuführen ist; selbst Prediger sind eben auch nur Kinder ihrer Zeit.

2   **"Gesandt zu den Armen, um ihnen die Frohbotschaft zu bringen" (Lk 4,18f.). - Biblische Grundlegung der diakonischen Dimension der Predigt und das Ringen um die homiletische Option für die Armen ("Urteilen")**

Die Aufgabe dieses Teils ist es, die diakonische Dimension der Predigt zu erschließen und Kriterien zu finden, nach denen die Diakonie der Predigt beurteilt werden kann. Dazu wird zunächst das neutestamentliche Verständnis von Diakonie speziell im Blick auf die Verkündigung dargestellt. In einem weiteren Schritt wird das diakonische Verständnis der Verkündigung mit Hilfe der biblisch bezeugten Option für die Armen zugespitzt. Darin folgt die Argumentation der Reich-Gottes-Botschaft Jesu, denn in ihr sind die Diakonie und die Option für die Armen auf das engste miteinander verbunden. An diese exegetischen Ausführungen schließen sich historische an. Sie gehen der Frage nach, wie die Diakonie bzw. die Option für die Armen im Laufe der Geschichte der Predigt und der Homiletik thematisiert worden sind. Dabei wird sich zeigen, daß sowohl die Predigt als auch die Homiletik meistens hinter der biblischen Option für die Armen zurückgeblieben sind. Demgegenüber hat die lateinamerikanische Option für die Armen, die im Anschluß an das 2. Vatikanische Konzil getroffen wurde, den Charakter einer Neubesinnung auf das biblische Erbe. Insofern kann sie von der Kirche in der Bundesrepublik Deutschland als ein Impuls verstanden werden, sich der Herausforderung durch die Armut im eigenen Land zu stellen.

2.1   Die diakonische Dimension der Verkündigung

Der Begriff "Diakonie"[316] wird heute vielfach als ein Synonym für "Liebestätigkeit" verwendet. Dementsprechend kennzeichnet das Epitheton "diakonisch" dasjenige soziale Handeln, das durch den christlichen Glauben motiviert wird. Dieser Sprachgebrauch ist relativ jung. Er ist erst im 19. Jahrhundert innerhalb der Bewegung des sozialen Protestantismus in Deutschland aufgekommen. Gegenüber diesem Verständnis

---

[316] Vgl. PAUL PHILIPPI, Art. "Geschichte der Diakonie", in: TRE 8 (1981), 621 - 644; 621.

von Diakonie ist der neutestamentliche Bedeutungshorizont viel weiter gesteckt. Denn dort bezieht sich der Begriff "Diakonie" sowohl auf die Sendung Jesu und die sich daraus ableitende christliche Grundhaltung als auch auf bestimmte innergemeindliche Funktionen, wie den sozial-caritativen Einsatz, die Wortverkündigung und die Führungsaufgaben[317]. Ist durch die Diskrepanz zwischen dem heutigen Sprachgebrauch und dem weiten Begriffsverständnis des Neuen Testaments genügend Anlaß zu semantischer Verwirrung gegeben, so liegt doch in der Berücksichtigung des neutestamentlichen Verständnisses die Chance, das gegenwärtig weit verbreitete sektorielle Verständnis von Diakonie aufzubrechen.

Christliche Diakonie geht aus der Sendung Jesu hervor. Deshalb werden im folgenden zunächst konstitutive Elemente seiner Praxis beschrieben, die für die Formulierung des christlichen Diakonie-Motivs ausschlaggebend waren und sind. Im Anschluß daran werden zwei Modelle vorgestellt, die die Diakonie christologisch begründen. Die weiteren Ausführungen konzentrieren sich auf die Verkündigung. Sie sollen zeigen, daß die Verkündigung in der Nachfolge des Diakons Jesus Christus grundlegend diakonisch qualifiziert ist und zwar sowohl hinsichtlich der Form als auch hinsichtlich des Inhalts. Im letzten Abschnitt wird die in der praktisch-theologischen Literatur verschiedentlich geäußerte Annahme, daß sich schon im Neuen Testament erste Anzeichen für die Abwertung der Diakonie gegenüber der Verkündigung finden lassen, kritisch diskutiert.

2.1.1   Verkündigung der Gottesherrschaft - Mitte der Sendung Jesu

2.1.1.1   *Wort und Tat*

Im Zentrum der Sendung Jesu steht die Botschaft vom Kommen der Herrschaft Gottes[318]. Sachlich zutreffend bringt dies das Markusevangelium in Gestalt eines Summariums zum Ausdruck: "Nachdem man Johannes ins Gefängnis geworfen hatte,

---

[317] Vgl. ALFONS WEISER, Art. "διακονέω, διακονία, διάκονος", in: EWNT 1 (1980), 726 - 732; 727.

[318] Vgl. ULRICH LUZ, Art. "βασιλεία", in: EWNT 1 (1980), 481 - 491; HEINZ SCHÜRMANN, Gottes Reich - Jesu Geschick, Freiburg i. Br. 1983; JOACHIM GNILKA, Jesus von Nazaret. Botschaft und Geschichte (HThK.S 3), Freiburg i. Br. - Basel - Wien 1990.

ging Jesus wieder nach Galiläa; er verkündete das Evangelium Gottes und sprach: Die Zeit ist erfüllt, das Reich Gottes ist nahe. Kehrt um, und glaubt an das Evangelium" (Mk 1,14f.). Auch wenn sich nirgendwo in den Evangelien eine Definition des Begriffs "Gottesherrschaft" findet, so geht die Exegese einhellig davon aus, daß nach Jesus die Herrschaft Gottes mit dessen Nähe und Güte gleichzusetzen ist. Deutlich wird dies durch die Verkündigung Jesu. Um dafür ein Beispiel zu nennen: Im Gleichnis von den Arbeitern im Weinberg (Mt 20,1-16) wird das Verhältnis Gottes zu den Menschen von der Güte her und nicht von den herkömmlichen Gerechtigkeitsvorstellungen bestimmt.

Gottes Nähe und Güte werden von Jesus jedoch nicht nur in den Gleichnissen erzählt. Vielmehr bilden sie den Horizont für das gesamte Handeln Jesu. Der karge Lebensstil und die frei gewählte Ehe- und Heimatlosigkeit als Ausdruck des Vertrauens auf Gott sind Zeichen der von ihm verkündeten Basileia. Besonders in den Heilungen und Exorzismen Jesu bricht sich die Gottesherrschaft unübersehbar Bahn: "Wenn ich aber die Dämonen durch den Finger Gottes austreibe, dann ist doch das Reich Gottes schon zu euch gekommen" (Lk 11,20). Durch Jesus wird die Herrschaft Gottes in Wort und Tat bereits Wirklichkeit. Dabei richtet sich das Heil, das Jesus im Namen Gottes zuwendet, an Menschen in ihrer leib-seelischen Ganzheit.

2.1.1.2   Befreiende Mahlgemeinschaft

Besondere Beachtung verdient in diesem Zusammenhang die von Jesus praktizierte befreiende Mahlgemeinschaft mit den Marginalisierten seiner Zeit, den Zöllnern, Sündern und Dirnen, die ihm den ausgrenzenden Vorwurf einbringt, ein "Fresser und Säufer" und ein "Freund der Zöllner und Sünder" zu sein (vgl. Mt 11,19 par). Das Anstoßerregende am Verhalten Jesu wird im Blick auf die Bedeutung der Mahlgemeinschaft im antiken Judentum und durch die zeitgenössische Bewertung der Zöllner sichtbar. Diese waren wegen ihres oft recht willkürlichen Umgangs mit dem Handlungsspielraum, den ihnen das System der Steuerpacht bot, verpönt. Zudem galten sie als eklatante Sünder, weil sie die jüdischen Reinheitsvorschriften nicht beachteten. Die jüdische Gesetzeskasuistik unterwarf deshalb den Umgang mit ihnen strengen Vorschriften; für einen Schüler des Gesetzes war er von vornherein verboten[319]. Wer mit den Zöllnern Tischgemeinschaft hielt, wurde selbst unrein, denn das Mahl war damals mehr noch als heute Ausdruck engster Gemeinschaft. Diese Beobachtungen deuten bereits an, daß das Mahlhalten Jesu mit den Zöllnern über den Bedeutungsrahmen der Anerkennung einer gesellschaftlich und religiös verachteten Gruppe hinausgeht. Die Mahlgemeinschaft mit den Zöllnern ist vielmehr ein prophetisches Zeichen der durch Jesus vermittelten Sündenvergebung (vgl. Mk 2,17: "Nicht die Gesunden brauchen den Arzt, sondern die Kranken. Ich bin gekommen, um die Sünder zu rufen, nicht die Gerechten."). Dabei geschieht die Vergebung "weniger durch das Wort als durch die sinnenfällige persönliche Annahme, die wirksame Restituierung und Gewährung eines Neuanfangs in der vermittelten Gemeinschaft"[320].

2.1.2   Christologische Begründung der Diakonie

2.1.2.1   *Diakonie als Signatur Jesu Christi und seiner Kirche*

Nach JÜRGEN ROLOFF ist in der Mahlpraxis Jesu "der Ursprung des Motivs christlicher Diakonie zu suchen"[321]. Denn der ursprüngliche Bedeutungszusammenhang für διακονεῖν (dienen) und διακονία (Dienst) ist in der Profangräzität der Tischdienst[322]. In der Septuaginta, der griechischen Übersetzung des Alten Testaments, wird διακονεῖν überhaupt nicht und διακονία nur ganz am Rande verwendet. Statt dessen finden sich dort die bedeutungsverwandten Wörter des δουλ-Stammes. Sie drücken vor allem das Abhängigkeitverhältnis gegenüber dem κύριος aus

---

[319] Vgl. FRIEDRICH WILHELM HORN, Diakonische Leitlinien Jesu, in: GERHARD K. SCHÄFER/ THEODOR STROHM (Hrsg.), Diakonie - biblische Grundlagen und Orientierungen. Ein Arbeitsbuch zur theologischen Verständigung über den diakonischen Auftrag (VDWI 2), Heidelberg 1990, 109 - 126; 115.

[320] JOACHIM GNILKA, Jesus von Nazaret, a. a. O., 112. Ebd. gibt JOACHIM GNILKA zu bedenken, daß das Mahl im Judentum auch eine eschatologische Dimension besaß. So konnte das endzeitliche Heil im Judentum und auch in den Gleichnissen Jesu (vgl. Lk 14,16-24) mit einem festlichen Mahl verglichen werden. Auf diesem Hintergrund könnte das Mahlhalten Jesu mit den Sündern auch die Bedeutung der Vorwegnahme des himmlischen Hochzeitsmahles haben.

[321] JÜRGEN ROLOFF, Zur diakonischen Dimension und Bedeutung von Gottesdienst und Herrenmahl, in: GERHARD K. SCHÄFER/THEODOR STROHM (Hrsg.), Diakonie - biblische Grundlagen und Orientierungen, a. a. O., 186 - 201; 189.

[322] Vgl. ALFONS WEISER, Art. "διακονέω, διακονία, διάκονος", a. a. O., 726f.

und werden deshalb als Ausdruck für das Grundverhältnis des Menschen zu Gott verwendet, während διακονεῖν den Akzent stärker auf die einem anderen erwiesene Dienstleistung legt und deshalb in diesem Zusammenhang fehlt. Neutestamentlich wird somit ein noch "unverbrauchter" Terminus aufgegriffen, um mit ihm das Besondere der Sendung Jesu und das daraus erwachsende Selbstverständnis christlicher Gemeinde auszusagen. Zumindest aus heutiger Perspektive erscheint es als bedeutsam, daß mit διακονεῖν, das soviel bedeutet wie "bei Tisch aufwarten", ein profaner und kein religiös (vor)geprägter Begriff herangezogen wird, um die Mitte christlichen Glaubens zu bestimmen. Dadurch wird bereits begrifflich angezeigt, daß die Dichotomie von Profanität und Sakralität, die das sektorielle Verständnis kirchlicher Grundvollzüge und die Abqualifizierung diakonischen Handelns als Vorfeld-Arbeit mitbedingt, zu überwinden ist.

Der älteste und zentralste Beleg für die Verwendung von διακονεῖν im Neuen Testament ist nach JÜRGEN ROLOFF das Jesuslogion Lk 22,27[323]: "Welcher von beiden ist größer: wer bei Tisch sitzt oder wer bedient? Natürlich der, der bei Tisch sitzt. Ich aber bin unter euch wie der, der bedient". Der Kontext dieses Wortes ist - in überlieferungsgeschichtlicher Hinsicht auch schon vorlukanisch - das letzte Mahl Jesu. Es kehrt die herkömmlichen Wertungen um. Während sich üblicherweise die Größe von Gastgeber und Gästen darin zeigt, daß sie sich bedienen lassen, erweist sich Jesu Größe gerade darin, daß er dient. Dabei fungiert der Hinweis auf den Dienst des Tischsklaven als ein Bild für den tiefer zu verstehenden Dienst Jesu. Denn von ihm wird im Zusammenhang dieses Abendmahlsberichts nicht erzählt, daß er die Arbeiten eines Tischsklaven verrichtet hätte. Vielmehr besteht der Dienst Jesu darin, daß er durch seine Lebenshingabe "für die Vielen" (Mk 14,24) bzw. "für euch" (Lk 22,19) das Zustandekommen der eucharistischen Mahlgemeinschaft ermöglicht. Allerdings muß in historischer Hinsicht die Frage offen gelassen werden, ob Jesus dieses Wort tatsächlich im Kontext des Letzten Abendmahles gesprochen hat. Angesichts der Originalität dieses Logions ist nach JÜRGEN ROLOFF jedoch kaum zu bezweifeln, daß es sich dabei um

---

[323] Vgl. JÜRGEN ROLOFF, Zur diakonischen Dimension und Bedeutung von Gottesdienst und Herrenmahl, a. a. O., 189.

Jesu eigene Deutung seiner Sendung handelt. Es ist möglicherweise von ihm im Zusammenhang mit den Mählern während seines vorhergehenden Wirkens geprägt worden. Zumindest ist das Dienstlogion Lk 22,27 auch als Deutung für diesen Kontext geeignet. Denn durch sein Eintreten für die Verwirklichung der Güte Gottes hat Jesus das Zustandekommen der Mähler mit den Marginalisierten seiner Zeit gerade erst ermöglicht. Und auch schon darin hat er sich, wie die hämischen Äußerungen seiner Gegner belegen, als der sich selbst Preisgebende erwiesen. Wenn die Tradition das Dienstlogion in den Kontext des letzten Mahles stellte, dann machte sie theologisch deutlich, "daß die Selbsthingabe Jesu in den Tod die letzte Zuspitzung jener seine gesamte Sendung bestimmenden Lebenshaltung der dienenden Selbstpreisgabe für andere war"[324].

Als gesichert anzusehen ist jedoch, daß sich im Laufe der Ausformung der Jesusüberlieferung "das Logion vom Dienen fest mit der Tradition vom letzten Mahl verbunden [hat] mit der Folge, daß das diakonische Motiv im unmittelbaren Bereich des eucharistischen Gottesdienstes seinen festen Platz fand, von dem aus es eine weit ausstrahlende theologische Wirkung erreichte"[325]. Diese tritt in der johanneischen Erzählung von der Fußwaschung (Joh 13,1-20) hervor. An dieser Stelle wird das Dienstlogion Lk 22,27 narrativ entfaltet, indem erzählt wird, wie Jesus an den Jüngern einen der niedrigsten Sklavendienste vollzieht. Der Bezug zum Herrenmahl wird durch den ausdrücklichen Hinweis markiert, daß Jesus - entgegen jüdischer Sitte - nach dem Mahl den Jüngern die Füße gewaschen hat (vgl. Joh 13,4). Wie Lk 22,27 "wird die dienende Selbsterniedrigung Jesu gezielt als bildhafte Darstellung seiner gesamten Sendung verstanden"[326], so daß sich von daher der verpflichtende Charakter für die Gemeinde erklärt: "Wenn nun ich, der Herr und Meister, euch die Füße gewaschen habe, dann müßt auch ihr einander die Füße waschen. Ich habe euch ein Beispiel gegeben, damit auch ihr so handelt, wie ich an euch gehandelt habe" (Joh 13,14f.).

---

[324] A. a. O., 190.

[325] A. a. O., 190f.

[326] A. a. O., 191.

Derselbe Traditionsstrang findet sich Lk 12,37 im Kontext eines Parusiegleichnisses: "Selig die Knechte, die der Herr wach findet, wenn er kommt. Amen, ich sage euch: Er wird sich gürten, sie am Tisch Platz nehmen lassen und sie der Reihe nach bedienen". Die Besonderheit dieser Aussage ist darin zu sehen, daß das dienende Verhalten Jesu bei der Parusie durch die Übereinstimmung mit seinem Erdenwirken zum Identitätserweis für den Wiederkommenden wird. "Die Knechte", gemeint ist damit die in ihnen sich versinnbildlichende Gemeinde, erkennen ihren zur Parusie erscheinenden Herrn daran wieder, daß er ihnen dient. "Das dienende Dasein für andere ist *das bleibende Signum Jesu*"[327].

Schließlich ist noch auf Mk 10,45 zu verweisen, wo das Dienstlogion in direkter Verbindung mit dem eucharistischen Motiv der Lebenshingabe "für die Vielen" überliefert wird: "Denn auch der Menschensohn ist nicht gekommen, um sich dienen zu lassen, sondern um zu dienen und sein Leben hinzugeben als Lösegeld für viele". Die Lebenshingabe Jesu wird in der Eucharistie aktualisiert. Die Kirche, die daraus lebt, kann sich entsprechend der Diakonie ihres Herrn nur als dienende Kirche vollziehen. Besonders zu beachten ist hier die Verbindung aber auch der Unterschied von Soteriologie und Paränese. Jesu Dienst kann nicht einfach imitiert werden; sein Sterben hat einmalige soteriologische Bedeutung. Christliche Diakonie ist nicht zu allererst menschliche Leistung, sondern Diakonie Gottes an uns. Gleichwohl nimmt das Heil, das den Jüngern Jesu durch dessen Sühnetod im Glauben zuteil wird, diese auch in die Pflicht[328]. Dabei kommen in Mk 10,42b-45 bereits Herrschaftsprobleme zum Tragen[329]. Zwar muß es in der Kirche auch Autorität und Vollmacht geben, aber diese müssen sich von der Herrschaft unterscheiden, wie sie im weltlichen Bereich ausgeübt wird: "Ihr wißt, daß die, die als Herrscher gelten, ihre Völker unterdrücken und die Mächtigen ihre Macht über die Menschen mißbrauchen. Bei euch aber soll es nicht so sein, sondern wer bei euch groß sein will, der soll euer Diener sein, und wer bei euch

---

[327] A. a. O., 192.

[328] Vgl. JOACHIM GNILKA, Das Evangelium nach Markus (Mk 8,27-16,20) (EKK II/2), Zürich - Neukirchen-Vluyn ³1989, 103f.

[329] Vgl. GERHARD LOHFINK, Wie hat Jesus Gemeinde gewollt? Zur gesellschaftlichen Dimension des christlichen Glaubens, Freiburg i. Br. - Basel - Wien ⁶1985, 134 - 142; 135.

der Erste sein will, soll der Sklave aller sein" (Mk 10,42b-44). Autorität begründet sich demnach in der Kirche durch das Dienen. Nach GERHARD LOHFINK zeigt sich die Authentizität solchen Dienens nicht nur in dem Bestreben, von den eigenen Interessen abzusehen, sondern auch darin, daß nicht einmal erzwungen wird, was legitim und richtig ist. Denn so hat sich schon Jesus verhalten. Er starb lieber, als daß er versucht hätte, seine Botschaft mit den Mitteln der Macht durchzusetzen. Das eben ist die Autorität Jesu: Sie "ist eine bis ins letzte *paradoxe Autorität*, die in ihrer Ungeschütztheit und Verletzbarkeit alle sonst üblichen Arten von Herrschaft auf den Kopf stellt"[330]. Realistischerweise wird man sagen müssen, daß sich solches Verhalten weder im Leben des Einzelnen noch in der Kirche als Ganzer vollständig durchsetzen lassen wird. Nichtsdestoweniger ist es ein immer wieder anzustrebendes Ziel, denn kirchliche Autorität leitet sich von Jesus Christus ab, der dieser den Charakter des Dienstes bleibend eingestiftet hat.

2.1.2.2 Kollekte für Jerusalem als Analogie zur Entäußerung Jesu Christi

Eine weitere christologische Begründung der Diakonie findet sich bei Paulus im ersten Kollektenkapitel 2 Kor 8. Nach dem Bericht des Völkermissionars in Gal 2,1-10 wird auf dem Apostelkonvent vereinbart, daß die Heidenmissionare der Armen in Jerusalem gedenken (vgl. V 10). Die unscheinbar wirkende Kollekte muß in ihrer Tragweite richtig gewichtet werden: "Nichts anderes als die Hilfe für die Armen wird denjenigen zur Pflicht gemacht, die das Evangelium von der Bindung an die Beschneidung als das Zeichen des grundlegenden Bundes Gottes mit seinem Volk in Abraham gelöst haben, damit die Unversehrtheit des Evangeliums und damit die Einheit des einen Gottesvolkes gleichwohl bewahrt bleibt. Die elementare Bedeutung, die das helfende Eintreten für die Bedürftigen als notwendige Lebensäußerung des Evangeliums, d.h. als Darstellungsform von Kirche hat, tritt scharf hervor. Das Gedenken der Armen stellt sich geradezu als *die* nota ecclesiae (Kennzeichen der Kirche dar)"[331].

---

[330] A. a. O., 136.

[331] TRAUGOTT HOLTZ, Christus Diakonos. Zur christologischen Begründung der Diakonie in der nachösterlichen Gemeinde, in: GERHARD K. SCHÄFER/THEODOR STROHM (Hrsg.), Diakonie - biblische Grundlagen und Orientierungen, a. a. O., 127 - 143; 128.

Diese grundlegende Bedeutung der Diakonie der Kollekte (vgl. Röm 15,25), die über die Funktion als Hilfe für Notleidende hinausgeht, wird auch dadurch deutlich, daß Paulus sie als Gabe Gottes begreift. So stellt er gleich zu Beginn des ersten Kollektenkapitels in 2 Kor heraus, daß das ganze Unternehmen der Kollekte als Werk der Gnade Gottes zu verstehen ist (vgl. 2 Kor 8,1-6)[332]. Im Vollzug ihres Tuns erfahren die Gemeinden Mazedoniens selbst reiche Begnadung durch Gott. Und auch die Empfänger werden die Spende "als Gnade im Sinne der ungeschuldeten Gabe"[333] empfinden. Auf dem Hintergrund dieses Verständnisses der Kollekte als Tat der Gnade Gottes formuliert Paulus in Vers 9 deren christologische Begründung: Denn "die durch die Gnade geweckte Gabe der Kollekte (*charis*, V. 7) entspricht der Gnadentat (*charis*) unseres Herrn Jesus Christus, der um unseretwillen, obwohl er reich war, arm wurde, damit auch wir durch seine Armut reich würden"[334]. In dieser Argumentation folgt Paulus der Struktur des Christushymnus Phil 2,6-11. "Der Reichtum Jesu Christi besteht in der Würde, die dem Präexistenten zukommt. Seine Armut vollzieht sich in der Menschwerdung; sie zielt auf seinen schmählichen Kreuzestod"[335], wobei offen bleibt, ob Paulus auch an die materielle Armut des irdischen Jesus denkt. Der Reichtum der Korinther hingegen zeigt sich in ihrem Glauben, in den vielfältigen Gnadengaben, die sie empfangen haben (vgl. V 7). Dieser offensichtliche Reichtum soll sie dazu bewegen, den Weg der Selbsthingabe und Selbstentäußerung, wie er bei Jesus Christus vorgezeichnet ist, durch die Beteiligung an der Kollekte für Jerusalem nachzuvollziehen.

Die Kollekte "ist gewiß nicht der Ort, an dem Begriff und Sache der Diakonie nach frühchristlichem Verständnis ihren Ursprung oder ihren vornehmsten Platz haben"[336]. Aber immerhin zeigt auch die christologische Begründung der Kollekte bei Paulus, ihre Verankerung in der Heilstat Christi und im gnadenhaften Wirken Gottes, ihre heraus-

---

[332] Vgl. HANS-JOSEF KLAUCK, 2. Korintherbrief (NEB.NT 8), Würzburg 1986, 67.

[333] Ebd.

[334] TRAUGOTT HOLTZ, Christus Diakonos, a. a. O., 130.

[335] HANS-JOSEF KLAUCK, 2. Korintherbrief, a. a. O., 68.

[336] TRAUGOTT HOLTZ, Christus Diakonos, a. a. O., 131.

ragende Bedeutung. Die Diakonie ist die Signatur des Christus Diakonos und dementsprechend auch die Signatur seiner Kirche.

2.1.3 Verkündigung als Diakonie

2.1.3.1 Der Verkünder der Christusbotschaft als Diakon

Auch die Verkündigung, d.h. die missionarische Ausrichtung der Christus-
Botschaft, wird neutestamentlich mit dem Diakonie-Begriff erfaßt und benannt. Paulus
bezeichnet in 2 Kor 6,3f. zu Beginn der summarischen Darstellung seines apostolischen
Dienstes seine Evangeliumsverkündigung als διακονία. Röm 11,13 (διακονίαν μου) wird
man ebenfalls als generelle Aussage interpretieren dürfen. "Hier spielt offensichtlich das
Moment der Hilfe zum Heil für sein Volk, das in dem apostolischen Dienst des Paulus
an den Heiden enthalten ist, eine Rolle bei der Wahl des Begriffes. Gemeint ist gleichwohl auch hier der ganze umfassende Dienst der Präsentation des Evangeliums in der
Welt, durch die heiles Leben vermittelt wird"[337]. Aufschlußreich ist, daß Paulus vor
allem in 2 Kor die diakonische Terminologie zur näheren Kennzeichnung seines Ver-
kündigungsdienstes heranzieht[338]. Dies ist mit einiger Wahrscheinlichkeit darauf
zurückzuführen, daß sich die Gegner des Paulus[339], die zeitweilig in der Gemeinde
von Korinth aufgetreten sind, auf der Linie von Mk 10,45 und Lk 22,27 als "Diakone
Christi" verstanden und bezeichnet haben. Denn Paulus selbst bevorzugt normalerweise
die Begriffe "Apostel" und "Sklave (δοῦλος) Jesu Christi", um sein Selbstverständnis
und die Autorität seines Dienstes zum Ausdruck zu bringen[340]. Wenn Paulus in 2 Kor

---

[337] TRAUGOTT HOLTZ, Christus Diakonos, a. a. O., 137.

[338] Vgl. vor allem 2 Kor 3,1-11, sowie: 2 Kor 4,1 (als Zusammenfassung von 2 Kor 3), 2 Kor 5,18;
2 Kor 6,3; 2 Kor 11,8 (in Beziehung zu 2 Kor 11,12ff.).

[339] Zu den Gegnern des Paulus in Korinth vgl. HANS-JOSEF KLAUCK, 2. Korintherbrief, a. a. O., 10 -
12. HANS-JOSEF KLAUCK sieht es als verhältnismäßig gesichert an, daß die Gegner des Paulus Juden-
christen sind (vgl. 2 Kor 11,22f.), zeitlich später als er in der Gemeinde auftreten, von außen kommen
(vgl. 2 Kor 11,4) und zum Typ der Wandermissionare gehören, die sich mit Empfehlungsbriefen Zutritt
verschaffen (vgl. 2 Kor 3,1) und auf Kosten der Gemeinde leben (vgl. 2 Kor 11,20). Sie dürften sich von
Paulus durch ein jüdisch gefärbtes Verständnis von Heidenmission und eine eigene Interpretation der
Jerusalemer Übereinkunft unterschieden haben (vgl. a. a. O., 11).

[340] Vgl. TRAUGOTT HOLTZ, Christus Diakonos, a. a. O., 136.

dennoch die Bezeichnung διακονία für seine Verkündigung heranzieht, dann deshalb, um gegenüber seinen Gegnern und vor allem gegenüber der Gemeinde von Korinth[341] die besondere Bedeutung seiner Verkündigung herauszustellen. Dabei beziehen sich die Unterschiede, die Paulus gegenüber seinen Kontrahenten und der von ihnen vertretenen Position geltend macht, in erster Linie nicht auf das formale Verständnis der Verkündigung als Dienst, sondern auf den Inhalt der Verkündigung. Der Dienst seiner Gegner ist nach Paulus "nicht erleuchtet vom Glanz der Herrlichkeit Christi, der das Ebenbild Gottes ist (vgl 2 Kor 4,4), sondern er ist orientiert an dem alten in Christus aufgehobenen Bund, der zur Verurteilung führt"[342]. Paulus bestätigt somit in der Auseinandersetzung mit seinen Gegnern in Korinth einen allgemein kirchlichen Sprachgebrauch, der die Verkündigung als διακονία qualifiziert.

Diese Einschätzung wird auch dadurch gestützt, daß die glaubenstiftende und gemeindegründende Ausbreitung des Evangeliums auch außerhalb der echten Paulusbriefe als diakonisches Tun bezeichnet wird[343]. Von den Belegen dafür sollen im folgenden nur die des deuteropaulinischen Kolosserbriefes berücksichtigt werden[344], da die wiederholte Verwendung des Titels διάκονος für einen christlichen Verkündiger in diesem Schreiben besonders auffällt[345]. Typisches Merkmal der Verwendung von διάκονος als Qualifizierung christlicher Verkündiger ist im Kolosserbrief, daß die Zuverlässigkeit des Künders betont wird[346], was wohl in Zusammenhang zu sehen ist mit der kolossischen Häresie, die den Angelpunkt dieses

---

[341] HEINZ-JOSEF KLAUCK verweist darauf, daß die judenchristlichen Wandermissionare ihren Erfolg nicht nur dem, was sie mitbrachten, sondern auch der Erwartungshaltung und den Einstellungen, die sie in der Gemeinde vorfanden, ihren Erfolg verdankt haben werden (vgl. DERS., 2. Korintherbrief, a. a. O., 11).

[342] TRAUGOTT HOLTZ, Christus Diakonos, a. a. O., 136.

[343] Vgl. TRAUGOTT HOLTZ, Christus Diakonos, a. a. O., 133.

[344] Zur Abfassung und Deuteronymität des Kolosserbriefs vgl. JOACHIM GNILKA, Der Kolosserbrief (HThK X/1), Freiburg i. Br. - Basel - Wien ²1991, 19 - 26.

[345] Weitere Belege für die Verwendung der zum διακ-Stamm gehörenden Wortgruppe als Bezeichnung für den apostolisch-missionarischen Verkündigungsdienst finden sich bei ALFONS WEISER, Art. "διακονέω, διακονία, διάκονος", a. a. O., 727.

[346] Vgl. JOACHIM GNILKA, Der Kolosserbrief, a. a. O., 37 und 234.

Briefes bildet[347]. In diesem Sinne wird Epaphras, der Missionar des Lykostales, Gründer und Lehrer der Gemeinden in Kolossä, Laodikeia und Hierapolis[348], als "treuer Diener Christi" bezeichnet, der an Pauli Statt in der Gemeinde arbeitet (vgl. Kol 1,7)[349]. Πιστὸς διάκονος ist auch Tychikos, zur Zeit des Paulus einer seiner Delegaten und nach dem Tod des Apostels einer der christlichen Repräsentanten in der Provinz Asia (vgl. Kol 4,7)[350]. Schließlich wird auch Archippos, wahrscheinlich der Nachfolger des Epaphras, im ermunternden Sinn daran erinnert, daß er eine διακονία empfangen hat, womit vermutlich das Amt eines Evangelisten für mehrere Gemeinden gemeint ist (vgl. Kol 4,17)[351]. Wenn schon die Mitarbeiter des Paulus bzw. deren Nachfolger als Diakone bezeichnet werden, dann ist es naheliegend, daß der Begriff "διάκονος" vor allem auf Paulus selbst bezogen wird. Kol 1,23 nennt sich Paulus Diener des weltweit verkündigten Evangeliums. Manchen Handschriften war diese Titulierung nicht schwerwiegend genug; sie ergänzten "Herold und Apostel und Diener" oder "Diener und Apostel". Aber auch ohne diese Erweiterungen wird deutlich, daß mit dem Titel "Diakon" der apostolische und somit verbindliche Charakter der paulinischen Evangeliumsverkündigung herausgestellt werden soll[352]. Weil Paulus Diener des Evangeliums ist, ist er nach Kol 1,25 auch Diener der Kirche[353]. Das ist insofern besonders hervorzuheben, als hier (wie an anderen Stellen des Neuen Testamentes auch) das in der Kirche ausgeübte Amt grundlegend als Dienst verstanden und festgelegt wird[354]

---

[347] Zur kolossischen Häresie vgl. a. a. O., 163 - 170.

[348] Vgl. a. a. O., 36.

[349] Vgl. a. a. O., 37: Die Textüberlieferung ὑπὲρ ἡμῶν ("an unser Statt", V 7) ist nicht ganz gesichert; manche Textzeugen bieten stattdessen ὑπὲρ ὑμῶν ("für euch"). Doch legt sich die erste Lesart vom Kontext her nahe.

[350] Vgl. a. a. O., 234: Διάκονος ist hier und Kol 1,7 nicht als Amtsbezeichnung zu verstehen.

[351] Vgl. a. a. O., 246f.: Die Formulierung βλέπε τὴν διακονίαν ἥν παρέλαβες ἐν κυρίῳ kommt neutestamentlich nur einmal vor. Παραλαμβάνω weist auf den Empfang eines Amtes hin, das aber nicht mit dem späteren Diakonat gleichzusetzen ist.

[352] Vgl. a. a. O., 92.

[353] Vgl. a. a. O., 98: "Diener des Evangeliums" (V 23) und "Diener der Kirche" werden mit betontem ἐγώ hervorgehoben und sind sachlich unmittelbar aufeinander zu beziehen.

[354] Vgl. ebd.

2.1.3.2 Die Diakonie der Versöhnung

Bieten die bisherigen Ausführungen genügend Anhaltspunkte, um die Rede von der diakonischen Dimension der Verkündigung zu rechtfertigen, so stellt sich jetzt die Frage, wie diese inhaltlich zu bestimmen ist. Nach RUDOLF PESCH[355] findet sich der zentrale Verkündigungsinhalt zur Diakonie in 2 Kor 5,14-21, wo Paulus die Verkündigung als Dienst an der Versöhnung bestimmt (vgl. V 18)[356]. Der Text zeigt ein Zweifaches auf: Zum einen verdeutlicht er, daß die Verkündigung im Versöhnungshandeln Gottes ihren Ursprung hat. Zum anderen erschließt er von diesem Ursprung her die zentralen Verkündigungsinhalte, auf die hin alle weiteren Inhalte in Beziehung zu setzen sind. Demzufolge hat diakonische Verkündigung von der Versöhnungstat Gottes in Jesus Christus auszugehen. Gott "hat den, der keine Sünde kannte, für uns zur Sünde gemacht, damit wir in ihm Gerechtigkeit Gottes würden" (V 21)[357]. Dies ist in Tod und Auferstehung Jesu Christi geschehen. Dadurch hat Gott die neue Schöpfung aufgerichtet (vgl. V 17). Die Gottesebenbildlichkeit des Menschen, die durch die Sünde verloren war, wird durch seine Bekehrung und Taufe wiederhergestellt. Der Mensch wird nach dem Bilde Christi neugestaltet. Das neue Sein in Christus ermöglicht eine neue Erkenntnisweise, die nicht mehr "dem Fleische nach" durch Sünde und Begehren verzerrt wird (vgl. V 16). Wer in Christus neue Schöpfung geworden ist, "nimmt Mensch und Welt ganz anders wahr, er wird in jedem Menschen den Bruder/die Schwester sehen, für den/für die Christus starb"[358]. Der Dienst der Versöhnung hat das, was Gott in Jesus Christus getan hat, zur Sprache zu bringen. Dabei setzt er Gottes Versöhungshandeln gegenwärtig. Denn wer verkündigt, ist ein Gesandter an Christi Statt und es ist letztlich Gott, der durch ihn spricht (vgl. V 20). Besonders hervor-

---

[355] Vgl. RUDOLF PESCH, Die zentralen Verkündigungsinhalte zur Diakonie, in: HELMUT ERHARTER (Hrsg.), Diakonie der Gemeinde. Caritas in einer erneuerten Pastoral, Wien - Freiburg i. Br. - Basel 1978, 51 - 64; 51.

[356] Diese Deutung wird durch die parallele Formulierung "Dienst der Versöhnung" (V 18) und "Wort der Versöhnung" (V 19) nahegelegt.

[357] Vgl. zum folgenden HEINZ-JOSEF KLAUCK, 2. Korintherbrief, a. a. O., 53 - 57.

[358] A. a. O., 54. V 14b stellt in Verbindung mit dem Finalsatz V 15b heraus, daß das Kreisen um das eigene Selbst überwunden werden soll. Aus dem Leben für den, der für uns starb und auferweckt wurde, ist das Sein für andere abzuleiten.

zuheben ist, daß die für die Botschaft der Versöhnung angemessene Sprachgestalt nicht der Befehl, sondern die Bitte ist[359]. Das wird man dahingehend interpretieren dürfen, daß das Bewußtsein über die gewichtige Bedeutung der Botschaft und das Handeln an Gottes Statt nicht dazu führen darf, daß der Akt des Verkündigens machtförmig gestaltet wird.

2.1.4 Abwertung der Diakonie gegenüber der Verkündigung?

In der praktisch-theologischen Literatur wird verschiedentlich darauf hingewiesen, daß die Wurzeln für die Diskrepanz von Diakonie und Verkündigung bis ins Neue Testament zurückreichen[360]. Als zentraler Beleg für diese Annahme[361] wird der Konflikt um die Witwenversorgung in der Urgemeinde und die darauf erfolgende Wahl und Einsetzung der Sieben (Apg 6,1-7) angeführt. Nach WILHELM ZAUNER wird bereits schon hier "ein Teil des sozial-caritativen Dienstes (oder vielleicht der ganze?) aus dem einen und umfassenden pastoralen Dienst herausgebrochen. Wenn das bloß im Sinne einer Arbeitsteilung geschehen wäre, wäre die Einheit leichter festzuhalten gewesen. In dem Text liegt jedoch eine Wertung: Der Dienst am Wort ist wichtiger als der Dienst an den Tischen. (...) Von diesem Makel ist die Diakonie des sozialen Dienstes bis heute nicht losgekommen"[362].

---

[359] Vgl. a. a. O., 56.

[360] Vgl. WILHELM ZAUNER, Diakonie und Pastoral, in: Caritas 80 (1979), 237 - 242; HERMANN STEINKAMP, Diakonie - Kennzeichen der Gemeinde, a. a. O., 45.

[361] DETLEV DORMEYER weist darauf hin, daß auch in der Erzählung vom Besuch Jesu bei den Schwestern Maria und Martha (Lk 10,38-42) die Diakonie von der Verkündigung zurückgedrängt wird. "Maria hat mit dem Zuhören auf die Worte Jesu den 'besseren Teil' erwählt als Martha mit ihrer Mahlzubereitung in der Küche" (DERS., Jesus der Lehrer. Das Verhältnis von Verkündigung und Diakonie bei Jesus von Nazareth, in: Caritas '86 (1985), 9 - 22; 16). Diese Feststellung läßt jedoch den Kontext außer acht. Unmittelbar voraus geht das Gleichnis vom barmherzigen Samariter (Lk 10,25-37). Nimmt man die Gebetsparänese Lk 11,1-13 hinzu, legt sich die Vermutung nahe, daß Lukas mit diesen drei Perikopen eine Art (Gemeinde)katechismus vorlegt, der die Grundfunktionen christlichen Gemeindelebens oder die Grundhaltungen christlicher Existenz beschreibt. Demnach wäre aus heutiger Sicht das Gleichnis vom barmherzigen Samariter mit der Diakonia, der Besuch Jesu bei Maria und Martha mit der Martyria und die Gebetsparänese mit der Leiturgia gleichzusetzen. Beachtet man dann schließlich noch die Reihenfolge, dann ergibt sich eine andere Gewichtung als in der begrenzten Perspektive von Lk 10,38-42.

[362] WILHELM ZAUNER, Diakonie und Pastoral, a. a. O., 239.

Eine exegetische Betrachtung dieser Perikope zeigt indes, daß in ihr keine Abwertung der Diakonie intendiert ist. Zunächst ist zu sehen, daß die Erzählung von der Wahl der Sieben vor allem eine wichtige literarische Funktion im Rahmen des theologischen Konzepts der Apostelgeschichte erfüllt. Sie bereitet das Martyrium des Stephanus, die sich daran anschließende Verfolgung der Jerusalemer Gemeinde, den Beginn der Mission in Samarien durch Philippus und die Bekehrung des Christenverfolgers Saulus vor. In dieser Hinsicht markiert die Erzählung einen Wendepunkt in der Ausbreitung des christlichen Glaubens. Was nach menschlichem Ermessen das Ende der Kirche hätte bedeuten müssen, nämlich die Jerusalemer Verfolgung, wird zum Auslöser für die Erfüllung der Verheißung des Auferstandenen: "Ihr werdet meine Zeugen sein in Jerusalem und in ganz Judäa und Samarien und bis an die Grenzen der Erde" (Apg 1,8)[363].

Lukas nutzt diesen Rahmen jedoch auch, um sein Gemeindeverständnis weiter zu entfalten. Auf der Linie von Apg 2,44-46 zeigt er, wie das dort beschriebene Ideal der Gütergemeinschaft angesichts einer sich neu ergebenden Problemstellung durchzuhalten ist. Das Anwachsen der Gemeinde führt zu Benachteiligungen bei der täglichen Armenversorgung[364]. Die Apostel reagieren auf diesen Mißstand, sie berufen eine Gemeindeversammlung ein und führen dort die Lösung herbei. Die Schilderung dieses Verhaltens soll zeigen, wie mit Problemstellungen in der Gemeinde grundsätzlich

---

[363] Vgl. JÜRGEN ROLOFF, Die Apostelgeschichte (NTD 5), Göttingen ²1988, 106f.

[364] In historischer Hinsicht wird man davon auszugehen haben, daß sich hinter dem Konflikt um die Versorgung der hellenistischen Witwen die Entstehung einer eigenständigen hellenistisch-judenchristlichen Gemeinde in Jerusalem verbirgt. Bei den Hellenisten handelte es sich um griechisch sprechende Christen, die aus dem Diasporajudentum hervorgegangen sind. Die Sprachbarriere zwischen ihnen und den aus Palästina stammenden Christen aramäischer Muttersprache dürfte schon frühzeitig zu einer Spaltung des Gottesdienstes geführt haben. Eine Folge davon war wahrscheinlich, daß es zu Schwierigkeiten bei der Armenversorgung kam. Dies und auch eine unterschiedliche Auffassung über das mosaische Gesetz mußte kurz über lang zur Konstituierung einer zweiten, organisatorisch selbständigen Gemeinde in Jerusalem führen. Die sieben Armenpfleger dürften somit in Wirklichkeit das Leitungsgremium dieser hellenistischen Gemeinde gewesen sein, das in Analogie zur Leitungsstruktur einer jüdischen Synagogengemeinde gebildet wurde. Dafür spricht zum einen, daß die Namen der Sieben hellenistischer Herkunft sind. Zum anderen treten zwei von ihnen, nämlich Stephanus und Philippus, im Anschluß an Apg 6,1-7 ausschließlich als Wortverkündiger und Missionare auf (vgl. JÜRGEN ROLOFF, Die Apostelgeschichte, a. a. O., 107 - 109).

umzugehen ist. Sie artikuliert eine idealtypische Konfliktlösungsstrategie[365]. Zugleich stellt sie aber auch die sozial-caritative Verantwortung der Gemeinde heraus. Mißstände bei der Versorgung der Armen gehören auf die Tagesordnung der Gemeindeversammlung. Auch die Beschreibung der Problemlösung, die Einsetzung der sieben Armenpfleger, läßt keinen Rückschluß auf eine eventuelle Abqualifizierung der Diakonie zu. Vielmehr werden der Dienst am Wort und der Dienst an den Tischen in bewußter paralleler Formulierung als gleichwertig dargestellt. Daß Apg 6,1-7, trotz alledem, mit den von WILHELM ZAUNER beschriebenen Konnotationen verbunden worden ist, kann genausowenig dieser Perikope angelastet werden wie ihre Fehlinterpretation als Einsetzung des Diakonenamtes[366].

---

[365] Vgl. GOTTFRIED SCHILLE, Konfliktlösung durch Zuordnung. Der Tischdienst der Sieben nach Apg 6, in: GERHARD K. SCHÄFER/THEODOR STROHM, Diakonie - biblische Grundlagen und Orientierungen, a. a. O., 243 - 259; 254 - 258.

[366] So wird im Weihegebet der Diakonenweihe interpretiert: vgl. Die Feier der Diakonenweihe und der Priesterweihe nach dem Römischen Pontifikale (Volksausgabe), hrsg. von den Liturgischen Instituten Salzburg, Trier und Zürich, Einsiedeln - Zürich - Freiburg i. Br. - Wien 1971, 20. Lukas vermeidet vermutlich bewußt die Amtsbezeichnung "Diakone"; er versteht die Einsetzung der Sieben nicht als Begründung des späteren Diakonenamtes. Gleichwohl denkt er bei seiner Schilderung an das in seiner Zeit geläufige Diakonenamt. So erinnern die Kriterien für die Auswahl der Sieben, guter Leumund, Klugheit und Geistbesitz (vgl. Apg 6,3), nicht zufällig an die Episkopen- und Diakonenordnung von 1 Tim 3. Lukas nutzt die Gelegenheit, um seinen Lesern die Bedeutung des Diakonenamtes vor Augen zu führen (vgl. JÜRGEN ROLOFF, Die Apostelgeschichte, a. a. O., 110).

2.2 Option für die Armen - Orthopraktische Zuspitzung der diakonischen Verkündigung

Im vorherigen Abschnitt wurde gezeigt, daß nach dem Neuen Testament die Verkündigung nicht erst dadurch diakonisch wird, daß sie sich als das verkündigende Wort auf die christliche Tat bezieht. Vielmehr ist sie schon dadurch als diakonisch qualifiziert, daß sie in der Nachfolge des Diakons Jesus Christus die Botschaft von der Versöhnung ausrichtet. Davon lassen sich zwei Kriterien orthopraktischer Verkündigung ableiten. Zum einen darf die Verkündigung nicht "machtförmig" gestaltet werden. Der Verkünder der Frohbotschaft ist nicht Herr über den Glauben, sondern Diener der Freude (vgl. 2 Kor 1,24)[367]. Zum anderen hat die Verkündigung die "Erneuerung des Menschen", die durch das Versöhnungshandeln Gottes in Jesus Christus grundgelegt worden ist, zu bezeugen. Dieses Kriterium soll im folgenden durch die biblische Option für die Armen inhaltlich näher bestimmt werden.

2.2.1 Die Option für die Armen im Alten Testament

2.2.1.1 Die Exodustradition Israels - Jahwes bleibende Option für die Armen

Das Urdatum der Geschichte Israels ist der Exodus, die Befreiung aus der Sklaverei Ägyptens. Dieses Geschehen wird nicht nur einfach als ein denkwürdiges Ereignis der Vergangenheit betrachtet, sondern es wird in allen Generationen und Epochen als Grundlage der eigenen Existenz gegenwärtig gesetzt. "Israel gedachte immerfort in Psalmodie und Gebet (Ps 78,13; 114,3.5; 106,9.22; 136,13ff; Neh 9,9 u. a.) des 'Meereswunders'; die 'Herausführung aus dem Sklavenhaus' wurde zum Hauptthema der Verkündigung (vgl. den Vorspruch des Dekalogs in Ex 20,2; Dtn 5,6, ferner Dtn 6,12; 8,14; 11,4; 13,6.11 u. a.) und des Glaubensbekenntnisses (Dtn 6,21ff; 26,7ff). Auch die Propheten greifen immer wieder darauf zurück (vgl. Jes 10,26; 11,15f; 43,16f u. a.; Jer 2,6; 7,22.25; 11,4.7; 16,14; 23,7; Ez 20,5f.9f; Hos 11,1; 12,14; Am 3,1;

---

[367] Vgl. weiterführend WILHELM WEBER (Hrsg.), Macht - Dienst - Herrschaft in Kirche und Gesellschaft, Freiburg i. Br. - Basel - Wien 1974, darin besonders: ROLF ZERFAß, Herrschaftsfreie Kommunikation - eine Forderung an die kirchliche Verkündigung? 81 - 106.

9,7 u. a.)"[368]. Die Erinnerung an die Befreiung einer unterdrückten Außenseiter-gruppe der ägyptischen Gesellschaft brachte "einen deutlichen Zug zum Sozialen [hervor], der für die Religion und Gesellschaft Israels kennzeichnend bleiben sollte"[369]. Sie stiftete der Jahwereligion "ein kritisches Potential" ein, "das von späteren Oppositionsgruppen immer wieder gegen gesellschaftliche Herrschaftsstrukturen aktiviert werden konnte"[370].

Ihre eigentliche Stoßkraft erhielt diese Erinnerung dadurch, daß die Befreiung aus Ägypten als ein Werk Jahwes angesehen wurde und daß die daraus abgeleitete Forderung nach Solidarität mit den Armen und Schwachen als seine Parteinahme galt. In diesem Zusammenhang ist allerdings besonders hervorzuheben, daß die Eigentümlichkeit des Exodus-Motivs nicht allein darin zu sehen ist, daß Jahwe auf der Seite der Armen steht. Denn ein solches Verhalten wurde im Alten Orient auch dem babylonischen Sonnengott Schamasch oder dem ägyptischen Sonnengott Amun zugeschrieben[371]. Und ein ägyptischer Frommer "mußte so zu leben versuchen, daß er nach seinem Tod vor dem göttlichen Totenrichter erklären konnte, was ihm das ägyptische Totenbuch im berühmten 125. Kapitel vorformulierte, was sich aber auch auf zahlreichen Grabinschriften aus allen Epochen findet: 'Brot gab ich dem Hungrigen, Wasser dem Dürstenden, Kleider dem Nackten, ein Fährboot dem Schifflosen'"[372]. Aber diese Götter, die um die Armen besorgt waren, garantierten zugleich auch "die Ewigkeit der gesellschaftlichen Konstruktion. Sie war Schöpfungsordnung, die von den Göttern kam und die die Götter hüteten. Die voll bejahte Zuwendung der Reichen zu

---

[368] ALFONS DEISSLER, Die Grundbotschaft des Alten Testaments. Ein theologischer Durchblick, Freiburg i. Br. - Basel - Wien 1995, 85.

[369] RAINER ALBERTZ, Religionsgeschichte Israels in alttestamentlicher Zeit 1 (ATD.E 8/1), Göttingen 1992, 78. Vgl. auch JOSEF SCHREINER, Theologie des Alten Testaments (NEB.AT.E 1), Würzburg 1995, 189.

[370] RAINER ALBERTZ, Religionsgeschichte Israels in alttestamentlicher Zeit 1, a. a. O., 104. Vgl. auch JOSEF SCHREINER, Theologie des Alten Testaments, a. a. O., 188.

[371] Belege dazu vgl. NORBERT LOHFINK, Gott auf der Seite der Armen. Zur "Option für die Armen" im Alten Orient und in der Bibel, in: DERS., Das Jüdische am Christentum. Die verlorene Dimension, Freiburg i. Br. - Basel - Wien 1987, 122 - 143; 130.

[372] A. a. O., 129.

den Armen diente letztlich nur dazu, Extreme auszugleichen und Härten zu vermeiden. Tiefer besehen sicherte und festigte sie sogar die Strukturen, aus denen sich die Armut ergab"[373]. Betrachtet man auf diesem Hintergrund das Befreiungshandeln Jahwes, wie es das Credo Israels in seiner klassischen Formulierung Dtn 26,5-10 zum Ausdruck bringt, dann treten die gravierenden Unterschiede deutlich hervor: "Die Ägypter behandelten uns schlecht, machten uns rechtlos und legten uns harte Fronarbeit auf. Wir schrien zum Herrn, dem Gott unserer Väter, und der Herr hörte unser Schreien und sah unsere Rechtlosigkeit, unsere Arbeitslast und unsere Bedrängnis. Der Herr führte uns mit starker Hand und hoch erhobenem Arm, unter großem Schrecken, unter Zeichen und Wundern aus Ägypten, er brachte uns an diese Stätte und gab uns dieses Land, ein Land, in dem Milch und Honig fließen" (VV 6-9). Nach NORBERT LOHFINK läßt sich die Differenz der Exodus-Erfahrung zu jener "Option für die Armen", wie sie im Alten Orient üblich war, auf folgende Punkte bringen[374]:

1. Anders als in den Texten des Alten Orients richtet sich das helfende Handeln des Gottes nicht auf einzelne Arme oder kleinere Gruppen, sondern auf die Rettung einer Großgruppe.

2. Die ökonomische Ausbeutung und gesellschaftliche Diskriminierung der Armen, also die Systembedingtheit der Armut, wird aufgedeckt.

3. Gottes Eingreifen begnügt sich nicht mit der Milderung des Leidens, die letztlich das System des Unrechts affirmiert, sondern er führt die Armen aus den Strukturen der Unterdrückung heraus.

4. Dieses Handeln übersteigt den Vorstellungshorizont der Menschen, selbst den der Ausgebeuteten. Sie geben den Fleischtöpfen Agyptens den Vorzug vor dem Wagnis der Befreiung. Der Exodus ist deshalb Tat Jahwes; er kann von Menschen nicht gemacht werden. Folglich betont die biblische Schilderung den wunderhaften Charakter des Geschehens.

---

[373] A. a. O., 131.
[374] Vgl. a. a. O., 132 - 134.

5. Das Ziel des Exodus ist der Einzug in das gelobte Land, das im Bild paradiesischer Fülle als ein Land gezeichnet wird, "wo Milch und Honig fließen". Heil und Fülle können die aus ägyptischer Fron befreiten Israeliten deshalb erfahren, weil ihnen der Gott in ihrer Mitte am Sinai eine neue Sozialordnung geschenkt hat. Deutlich stellt dies die kürzere deuteronomische Fassung des Credos heraus (vgl. Dtn 6,20-25): "Der Herr hat uns verpflichtet, alle diese Gesetze zu halten und den Herrn, unseren Gott, zu fürchten, damit es uns das ganze Leben lang gut geht und er uns Leben schenkt, wie wir es heute haben" (V 24). Israel soll ein Volk von Brüdern sein, in dem es keine Armen mehr gibt (vgl. Dtn 15,4)[375].

2.2.1.2 *Die Umdeutung des Jahwe-Willens in eine Religion der Reichen*

Zieht man die realen sozialen Verhältnisse in Israel zum Vergleich heran, so zeigt sich schnell, daß diese Verpflichtung des Volkes auf das Befreiungshandeln Jahwes utopischen Charakter hat, der die konkreten Zustände transzendiert und zugleich auf den von Jahwe markierten Zielwert hin in Bewegung hält. So ist man in Israel nicht nur darum bemüht, Jahwes Option für eine gerechte und solidarische Gesellschaft ein-zulösen, sondern es gibt auch eine "Religion der Reichen"[376], die hinter diese Option zurückfällt. Sie findet sich in dem weisheitlichen Buch der Sprichwörter. Es zeichnet das Bild einer Gesellschaft, in der sich Reiche und Arme gegenüberstehen[377]. Die dort aufscheinende Lebensoption richtet sich am Reichtum aus. Zwar wird vor den Gefahren des Reichtums gewarnt; sie bestehen in der Versuchung, sich selbst zu überschätzen oder andere auszubeuten und zu unterdrücken. Doch geht es im Leben faktisch darum, große Schätze zu sammeln; denn Reichtum verleiht Ansehen und schafft Freunde. Diese Sicht wird insbesondere dann problematisch, wenn die in Arme und

---

[375] Zur deuteronomischen Konstruktion einer Welt, in der es keine Armen mehr gibt, vgl. NORBERT LOHFINK, Armut in den Gesetzen des Alten Orients und der Bibel, in: DERS., Studien zur biblischen Theologie (SBAB.AT 16), Stuttgart 1993, 239 - 259; 249 - 254.

[376] JOSEF SCHREINER, Theologie des Alten Testaments, a. a. O., 193.

[377] Vgl. zum folgenden a. a. O., 190 - 193.

Reiche gegliederte Gesellschaft als von Gott geschaffen[378] hingestellt und in Beziehung zum Tun-Ergehen-Zusammenhang gesetzt wird. Reichtum wird dann als Lohn für Demut und Gottesfurcht (vgl. Spr 22,4) oder als Segen des Herrn angesehen, der ohne eigenes Zutun zustandekommt (vgl. Spr 10,22). Auf derselben Linie liegt auch, daß Armut oft als Folge von "fehlender sachverständiger Tüchtigkeit (= Weisheit)"[379] verstanden, negativ bewertet und als selbstverschuldet angesehen wird[380]. Diese grundsätzlich gesellschaftstabilisierende Sicht wird auch nicht dadurch aufgewogen, daß die vom Reichen geforderte Unterstützung des Armen[381] mit dessen Recht auf Leben begründet wird. Denn der zentrale Impuls der Exodus-Erfahrung lag eigentlich darin, daß sich Jahwe als der Gott gezeigt hatte, der nicht nur für die Rechte der Benachteiligten eintrat, sondern diese aus der Unterdrückung befreite, indem er sie aus den Strukturen der Ungerechtigkeit herausführte[382].

Die sozialen Unterschiede und Gegensätze, die sich in dieser Theologie der Reichen zeigen, sind auf die gesellschaftlichen und wirtschaftlichen Umwälzungen zurückzuführen, die die Umwandlung Israels von einer akephalen segmentären Gesellschaft zu einem modernen monarchisch regierten Territorialstaat mit sich brachte[383]. Durch die Aufrichtung des Königtums gelang es Israel zwar, sich von der Vorherrschaft der Philister zu befreien und zu einem bedeutenden Machtfaktor im Kontext der vorderorientalischen Staaten zu werden. Der Preis für diese Entwicklung war jedoch, daß weite Teile der Gesellschaft zunehmend in wirtschaftliche Abhängigkeit gerieten und daß die Exodus-Tradition in den Hintergrund gedrückt wurde. Das Königtum zog beträchtliche Staatsausgaben und ein Lehenswesen nach sich, das die Ausdifferenzierung einer wohlhabenden Oberschicht begünstigte. Landgüter entstanden, die weiterverpachtet wurden, während ihre Besitzer nicht selten das angenehmere Leben in der Stadt

---

[378] Vgl. Spr 22,2; 29,13.

[379] DIETHELM MICHEL, Art. "Armut/II. Altes Testament", in: TRE 4 (1979), 72 - 76; 72.

[380] Vgl. Spr 6,10-11; 10,4; 13,8; 20,13; 23,21; 24,30-34; 28,19.

[381] Vgl. Spr 21,13; 28,27.

[382] Vgl. JOSEF SCHREINER, Theologie des Alten Testaments, a. a. O., 193.

[383] Vgl. dazu im einzelnen RAINER ALBERTZ, Religionsgeschichte Israels in alttestamentlicher Zeit 1, a. a. O., 160 - 172.

genossen. Diese Entwicklung spitzte sich im 8. Jahrhundert v. Chr. krisenhaft zu, "als viele Kleinbauern (...) - vielleicht aufgrund von Bevölkerungswachstum und fortlaufender Erbteilung ihrer Betriebe - unter den verschärften wirtschaftlichen Rahmenbedingungen an die Grenze ihrer Leistungskraft stießen. Immer weniger waren sie in der Lage, die normalen Risiken der landwirtschaftlichen Produktion aus eigener Kraft abzufangen, immer schwieriger wurde es für sie, die üblichen Belastungen durch staatliche Abgaben und Frondienste zu erfüllen, immer häufiger waren sie gezwungen, durch Aufnahme von Krediten über die Runden zu kommen. Damit gerieten aber weite Teile der kleinbäuerlichen Bevölkerung so unter den direkten finanziellen Druck der wirtschaftlich expandierenden Oberschicht, daß sie auf breiter Front in deren Abhängigkeit getrieben wurden und zusehends dauerhaft verarmten"[384]. Eine Triebfeder in diesem wirtschaftlichen Verdrängungsprozeß war die harte antike Kreditpraxis, die dem Krediteur maßlose Rechte einräumte und somit den Schuldner in die völlige Verfügungsgewalt seines Schuldherrn trieb[385]. Gravierend wirkte sich zudem aus, daß sich diese Praxis weitgehend legaler Mittel bedienen konnte und daß eine theologische Deutung parat war, die diese Praxis rechtfertigte; denn Reichtum galt, wie bereits dargelegt, als Segen Gottes[386]. Gleichwohl ist zu sehen, daß die Erfahrungen der sozialen Krise und des prophetischen Protestes zumindest in Teilen der Oberschicht einen Prozeß des Umdenkens ausgelöst haben, der sich an einer Umwertung von "arm" und "reich" in einigen Passagen des Buchs der Sprichwörter festmachen läßt. Dieser bewegte sich jedoch im Rahmen der Konfliktbegrenzung und der Reform zur Hilfe für die Armen[387].

Die Entwicklung während der Königszeit läßt sich auf folgende Punkte bringen:

1. Mit Hilfe des Tun-Ergehen-Zusammenhangs wird die gesellschaftliche Spaltung in Reiche und Arme legitimiert.

---

[384] A. a. O., 249.

[385] Vgl. a. a. O., 250f.

[386] Vgl. a. a. O., 252.

[387] Vgl. a. a. O., 253 (Anmerkung 33).

2. Die von den Reichen geforderte Unterstützung der Armen bleibt hinter dem kritisch-befreienden Impuls der Exoduserfahrung zurück.

2.2.1.3 Die Wiederaufnahme der Exodustradition in der prophetischen Sozialkritik

Als Propheten, die gegen diese krisenhafte Entwicklung in der Zeit von 760 bis 700 v. Chr. Stellung bezogen, sind vor allem Amos und Micha, aber auch Jesaja zu nennen. Sie gehörten vermutlich begüterten Schichten an; Jesaja sogar eindeutig der Oberschicht[388]. Diese gesellschaftliche Herkunft schuf wichtige Voraussetzungen für den prophetischen Dienst. Sie vermittelte das notwendige Maß an politischer Bildung und finanzieller Unabhängigkeit. Gleichzeitig wird im Blick auf die gesellschaftliche Herkunft dieser Propheten die Stärke ihrer religiösen Motivation deutlich. Sie versetzte sie in die Lage, sich von den Ansichten und Interessen ihrer eigenen Schichten trennen zu können[389]. Ihre soziale Anklage richtet sich vor allem gegen die Oberschicht: "Angegriffen wird die hemmungslose wirtschaftliche Expansion der Großgrundbesitzer, die Landgut an Landgut reihen, bis sie die alleinigen Grundbesitzer im Lande sind (Jes 5,8), ihre Gier nach immer mehr Landbesitz, welche die Kleinbauern und ihre Familien von ihrem angestammten Besitz verdrängt (Am 8,4; Mi 2,9f.) und den Grundsatz des altisraelitischen Bodenrechts: 'ein Mann und sein Haus, ein Mensch und sein Erbbesitz' außer Kraft setzt (Mi 2,1f.)"[390]. Scharfer Kritik wird auch das ganze System der Pfand- und Pachtabgaben unterzogen. Es ist nach den Propheten schlichtweg als Raub und Plünderei anzusehen (vgl. Jes 3,14; Mi 2,2). "Gegeißelt wird (...) das sorglose Luxusleben, das die Oberschicht aufgrund ihrer erpreßten Gewinne an den Tag legt: Sie baut sich feine Stadthäuser aus behauenen Steinen (Am 3,10.15; 5,11), feiert darin rauschende Feste (Am 6,1-7; Jes 5,11f.) und scheut sich nicht einmal, selbst bei Gottesdiensten, welche die Solidarität der Gemeinschaft stärken sollen, ihr eingezogenes

---

[388] Zur sozialen Herkunft von Amos, Micha und Jesaja vgl. a. a. O., 255f.

[389] Vgl. a. a. O., 256.

[390] A. a. O., 257.

Pfandgut zur Schau zu stellen (Am 2,8)"[391]. Darüber hinaus wird die Ungerechtigkeit der israelitischen Rechtssprechung entlarvt: "Das Ortsgericht ist in den Augen der Propheten nur noch ein parteiisches Unterdrückungsinstrument der herrschenden Klasse. Das gilt gleichfalls für die staatliche Rechtsprechung in Jerusalem, die sich nach Jesajas und Michas Ansicht zum bestechlichen und willfährigen Büttel der Reichen machen läßt, um neben den Kleinbauern sogar die Ärmsten der Armen, die Witwen und Waisen auszubeuten (Jes 1,23; 10,1f.; Mi 3,1-3.9.11)"[392]. Aus alledem wird ersichtlich, daß der soziale Protest der Propheten keine objektive und distanzierte Gesellschaftsanalyse, sondern vielmehr eine bewußte Parteinahme für die Armen darstellt. Armut wird von ihnen nicht auf der Linie der Weisheit als selbstverschuldet, sondern als Folge von Unterdrückung angesehen. "Negativ ist diese Sicht der Armut nur insofern, als sie nicht gottgewollt und also zu beseitigen ist"[393]. Im Namen Jahwes optieren die Propheten deshalb für das Lebensrecht der Armen, halten sie den Angehörigen der Oberschicht ihre Schuld vor Augen. Daß diese nur die legalen Möglichkeiten ihrer Zeit ausschöpfen, kann vor dem Urteil der Propheten nicht bestehen. Die Handhabung struktureller Ungerechtigkeit wird ihren Nutznießern als Schuld zugeschrieben. Zwar "rufen die Propheten die Kleinbauern nicht zum Aufstand auf; aber indem sie verkünden, daß Jahwe dieses himmelschreiende Unrecht an den Schwachen nicht hinnehmen wird, bahnt sich *ex negativo* wieder der alte Befreiungsimpuls den Weg, welcher die Jahwereligion einmal in Gang gesetzt hatte"[394]. Deutlich wird dies dadurch, daß die Propheten "Recht (מִשְׁפָּט) und Gerechtigkeit (צְדָקָה)", d.h. die solidarische Gemeinschaftsordnung, die in vorstaatlicher Zeit maßgeblich war, als Kriterium ihres sozialen Protestes heranziehen. "Es ist unsicher, ob die Propheten eine Restitution vorstaatlicher Verhältnisse erwarteten (Mi 2,4; Am 7,17), aber die Erinnerung an sie bot ihnen doch eine zumindest theoretische Basis, von der aus sie die wirtschaftlichen und rechtlichen Unterdrückungsmechanismen ihrer Zeit als schuldhafte Fehlentwicklungen aufdecken

---

[391] A. a. O., 258.

[392] Ebd.

[393] DIETHELM MICHEL, "Armut/II. Altes Testament", a. a. O., 73.

[394] RAINER ALBERTZ, Religionsgeschichte Israels in alttestamentlicher Zeit 1, a. a. O., 259.

konnten: Eine Wirtschafts- und Rechtsordnung, die sich nicht mehr an den Grundnormen von *mispat* und *sedaqa* orientiert und gerade die Lebensrechte der gesellschaftlichen Randgruppen schützt, so decken sie auf, ist Unrecht, so legal es auch darin zugehen mag"[395]. Zur angemessenen Beurteilung der prophetischen Gesellschaftskritik ist zu sehen, daß diese von den Propheten nicht isoliert vorgenommen wird, sondern in den Kontext der Geschichte Jahwes mit seinem Volk hineingestellt wird und von daher neben *mispat* und *sedaqa* ein weiteres entscheidendes Kriterium zur Beurteilung der gegenwärtigen Unrechtssituation empfängt. So stellt etwa Jesaja im "Lied vom Weinberg des Freundes" (Jes 5,1-7) heraus, wie viel Liebe und Mühe Jahwe auf die Pflege und Erhaltung seines Weinbergs Israel verwendet hat, so daß er mit Fug und Recht hätte erwarten können, daß dieser als Früchte seines Bemühens Recht und Gerechtigkeit hervorbringt. Das aber ist zur Zeit Jesajas gerade nicht der Fall: Statt Rechtsspruch erfolgt Rechtsbruch, statt daß Gerechtigkeit verwirklicht würde, hört man den Rechtlosen schreien (vgl. V 7). Die Geschichte Israels, so will es Jesaja seinen Zeitgenossen zu Gehör bringen, impliziert einen ethischen Anspruch Jahwes, dem Israel, wie die soziale Krise belegt, nicht gerecht geworden ist. Ungerechtigkeit ist deshalb nicht nur ein sozialer Mißstand, sondern vor allem auch Undankbarkeit gegenüber Jahwe. Mit ihr steht die Gottesbeziehung Israels insgesamt und auch die Zukunft des Volkes auf dem Spiel. Denn Jahwe wird sich in enttäuschter Liebe entschließen, seinen mißratenen Weinberg zu zerstören (vgl. V 5f.). Fazit:

1. Das befreiende Handeln Jahwes an seinem Volk Israel dient den Propheten als kritischer Maßstab zur Beurteilung der gesellschaftlichen Verhältnisse.
2. Daß das Handeln der Reichen sich im Rahmen der legalen Möglichkeiten bewegt, lassen die Propheten nicht als Entschuldigung gelten. Die von Jahwe gewollte solidarische Gemeinschaftsordnung stellt die bestehende Wirtschafts- und Rechtsordnung in Frage und formuliert das Ziel, auf das hin sie verändert werden muß.

---

[395] A. a. O., 259f.

2.2.1.4 Die Armenfrömmigkeit in exilischer und nachexilischer Zeit

Hinsichtlich der gesellschaftlichen Verteilung der Lebenschancen wendete sich das Blatt nach der Zerstörung Jerusalems und dem Untergang Judas (587 v. Chr.). Den Besitzlosen wurde das Land zugeteilt, das durch die Deportation der Oberschicht nach Babel frei geworden war[396]. Allem Anschein nach hatte die babylonische Besatzungsmacht selbst Interesse daran, daß sich die Lage in dem vom Krieg gezeichneten Land bald wieder konsolidierte; was, von gelegentlichen Aufständen einmal abgesehen, wohl auch gelang. Die Exilierung der Oberschicht fand unter den Daheimgebliebenen Zustimmung. Für sie bedeutete sie Jahwes Gericht über die ehemaligen Ausbeuter. Anders stellte sich die Lage der Exilierten dar. "Sie hatten nicht nur ihre Heimat, sondern auch ihren Grundbesitz und ihre meist einflußreiche soziale Stellung verloren; häufig waren ihre Sippen oder auch Familien zerrissen und sie dadurch ein Stück weit der verwandtschaftlichen Solidarität beraubt. Und verbittert mußten sie erleben, wie schnell sie vom Großteil der daheimgebliebenen Bevölkerung abgeschrieben und ihres Grundbesitzes beraubt wurden (Ez 11,15; 33,24)"[397]. Nach anfänglichen massiven Anpassungsschwierigkeiten gelang es ihnen, sich in die babylonische Gesellschaft zu integrieren, allerdings ohne die eigene ethnische und religiöse Identität aufzugeben. "Das Gefühl, zwangsweise verschleppt worden zu sein, hielt ihre Hoffnung auf Revision der geschichtlichen Fakten aufrecht"[398]. In dieser Situation wenden die Mitglieder der Deuterojesaja-Gruppe (Jes 40-55) den Armutsbegriff auf die Exilierten an und füllen ihn inhaltlich neu. Die Armen sind jetzt die "Armen Jahwes" (vgl. Jes 49,13), die um seinetwillen aber auch als Konsequenz ihrer eigenen Schuld verfolgt werden. Ihnen wird ein neuer Exodus verheißen (vgl. Jes 41,17; 52,12[399]). Weitere Belege für diese neugeschaffene Form der Armenfrömmigkeit finden sich in den Psalmen (vgl. Ps 138-

---

[396] Vgl. RAINER ALBERTZ, Religionsgeschichte Israels in alttestamentlicher Zeit 2 (ATD.E 8/2), Göttingen 1992, 378.

[397] A. a. O., 379.

[398] Ebd.

[399] Vgl. Ex 12,11; Dtn 16,3.

145)[400], die durchaus auch nachexilische Zustände reflektieren. Wieder geht es um das von den Völkern unterdrückte und erniedrigte Israel, das deshalb als arm anzusehen ist. Auch wenn in diesem Zusammenhang mit Armut in erster Linie die Bedrängnis durch Feinde gemeint ist, so schließt das doch die materielle Dimension nicht aus[401]. Hilfe kann Israel nur von Jahwe erwarten. Er wird sie durch sein endzeitliches Handeln an der Welt und ihren Herrschern gewiß herbeiführen (vgl. Ps 140). Die Gemeinde der Armen kann diesen Sieg Jahwes zwar nur erwarten, aber doch auch durch das in ihr erklingende Gotteslob auslösen (vgl. Ps 149). Dabei liegt der Akzent auf Gewaltverzicht. In ihm ist nach NORBERT LOHFINK der innerste Kern der biblischen Armenfrömmigkeit zu sehen[402].

Gleichwohl ist die Armenfrömmigkeit in exilischer und nachexilischer Zeit alles andere als ein kohärentes Phänomen[403]. Israel sieht sich nicht nur von den Völkern bedrängt und verfolgt; auch durch das nachexilische judäische Gemeinwesen geht ein tiefer Riß. Im 5. Jahrhundert kommt es neuerlich zu einer sozialen Krise, die - wenn auch unter anderen Vorzeichen - im wesentlichen mit der Krise des 8. Jahrhunderts zu vergleichen ist[404]. Auf diesem Hintergrund entstand in Unterschichtszirkeln eine Armenfrömmigkeit, deren Funktion es war, "den unterdrückten Opfern der sozialen Krise ihre Würde und Lebenshoffnung wiederzugeben. Dem dienten erstens die Bitten und Wünsche gegen ihre Unterdrücker, die in ihrer kompromißlosen Härte und mit ihren z.T. wilden Rachephantasien heute noch manch zartes bürgerlich-christliches Gemüt erschrecken. Hier machten sich die dumpfe Wut und das verzweifelte Ohnmachtsgefühl der Entrechteten und Getretenen Luft; hier fand ihr geballter Widerstandswille sprachlichen Ausdruck, sich nicht mit der hoffnungslosen Lage

---

[400] Vgl. NORBERT LOHFINK, Lobgesänge der Armen. Studien zum Magnifikat, den Hodajot von Qumran und einigen späten Psalmen (SBS 143), Stuttgart 1990, 101 - 125.

[401] Vgl. a. a. O., 104.

[402] Vgl. a. a. O., 125.

[403] Das spiegelt in gewisser Weise die recht verschlungene Forschungsgeschichte zu diesem Themenkomplex wider. Vgl. dazu NORBERT LOHFINK, Von der "Anawim-Partei" zur "Kirche der Armen". Die bibelwissenschaftliche Ahnentafel eines Hauptbegriffs der "Theologie der Befreiung", in: Bib 67 (1986), 153 - 175.

[404] Vgl. RAINER ALBERTZ, Religionsgeschichte Israels in alttestamentlicher Zeit 2, a. a. O., 538 - 541.

abzufinden"[405]. Dem dienten zweitens die Erwartungen auf Gottes Gericht, daß einerseits individuell, andererseits aber auch universal vorgestellt werden konnte, weil durchschaut wurde, daß die Ausbeutung durch die judäische Oberschicht mit der politischen Abhängigkeit von den Persern zusammenhing[406]. Und schließlich wurde drittens die eigene mißliche Lage durch das Bewußtsein kompensiert, die eigentlich Frommen zu sein. Die soziale Armutsterminologie bekommt somit einen religiösen Unterton, allerdings nicht im Sinne einer religiösen Verklärung der Armut, sondern als Ausdruck des Protests gegen die gängige theologische Vorstellung, daß der Arme von Gott verlassen und verachtet ist[407]. Zweifelsohne hat es in Israel durchaus Bestrebungen gegeben, die Armut religiös zu affirmieren. Demgegenüber zeigt jedoch die Tatsache, "daß sozial unterdrückte Gruppen ihre persönliche Frömmigkeit zum Mittel ihrer befreienden Selbstbehauptung machen konnten, (...) noch einmal im kleinen, welcher Befreiungsimpuls ihr innewohnte"[408]. Fazit:

1. Die Armenfrömmigkeit unterscheidet sich von dem Vorhergehenden vor allem dadurch, daß die Armen selbst Jahwe als ihren Helfer und Retter begreifen und anrufen.

2. Das ganze Volk Israel wird als die Gemeinschaft der Armen Jahwes gesehen.

3. In Betracht kommen nicht mehr nur soziale Gegensätze innerhalb des Volkes, sondern auch die Verfolgung und Erniedrigung Israels durch andere Völker. "Armut" wird jetzt verstanden als Angewiesensein auf Jahwe, als demütige und hoffnungsvolle Haltung ihm gegenüber.

4. Gleichwohl gilt Armut in materieller Hinsicht nicht als erstrebenswerter Zustand. Auch die Armenfrömmigkeit ist alles andere als "Opium für das Volk".

---

[405] A. a. O., 574. Ein Beispiel dafür ist der Fluchwunsch Ps 109,6-16.

[406] Vgl. a. a. O., 574f.

[407] Als Beleg dafür weist RAINER ALBERTZ auf "die auffälligen negativen Formulierungen der göttlichen Zuwendung [hin]: Er hat nicht vergessen (Ps 9,13.19), er hat nicht verachtet (Ps 69,34; vgl. 22,25), die einen bestreitenden Unterton haben" (a. a. O., 575, Anmerkung 91).

[408] A. a. O., 576.

2.2.2 Die Option für die Armen im Neuen Testament

Die folgenden Ausführungen zur Option für die Armen im Neuen Testament konzentrieren sich auf die Heilsverkündigung Jesu an die Armen, das lukanische Doppelwerk als Frohbotschaft für die Armen und die Theologie der Armut bei Paulus. Damit werden drei wesentliche Bereiche abgedeckt: die Reich-Gottes-Botschaft Jesu als Grundimpuls, die Verwirklichung der Option für die Armen unter den Bedingungen einer konkreten Gemeinde und die "systematische" Reflexion existentieller Armut im Horizont der Selbsterniedrigung Gottes. Als weitere Bezugspunkte der neutestamentlichen Option für die Armen sind wenigstens zu nennen: das Gleichnis vom Weltgericht Mt 25,31-46, in dem sich Christus mit den Armen identifiziert[409], und die Polemik des Jakobusbriefes gegen den Glauben ohne Werke (vgl. Jak 2,14-17) sowie gegen die Mißachtung der Armen in der Gemeinde (vgl. Jak 2,1-13; 5,1-6)[410].

2.2.2.1 Jesu Option für die Armen

Es steht außer Frage, daß sich Jesus mit seiner Botschaft von der Nähe der Gottesherrschaft vorrangig an die Armen Israels gewandt und damit die in seinem Volk lebendige Sehnsucht nach der Befreiung der Armen aufgegriffen hat. Auf die Frage der Johannesjünger, ob er der sei, der kommen soll, antwortet Jesus mit einem Wort aus Tritojesaja (61,1): "Den Armen wird das Evangelium verkündet" (Lk 7,22/Mt 11,5). Nach dem Lukasevangelium lautet so auch schon das Motto der Antrittspredigt Jesu in Nazaret (vgl. Lk 4,18). Mögen auch diese Stellen keine authentischen Jesusworte wiedergeben, so verbürgt doch die Seligpreisung der Armen deren zentrale Stellung in der Heilsbotschaft Jesu[411]. Nach fast einhelligem Konsens der exegetischen Forschung sind die drei ersten Seligpreisungen in der lukanischen Fassung als authentisch

---

[409] Vgl. weiterführend EGON BRANDENBURGER, Taten der Barmherzigkeit als Dienst gegenüber dem königlichen Herrn (Mt 25,31-34), in: GERHARD K. SCHÄFER/THEODOR STROHM (Hrsg.), Diakonie - biblische Grundlagen und Orientierungen, a. a. O., 297 - 326.

[410] Vgl. weiterführend FRANZ MUßNER, Der Jakobusbrief (HThK XIII/1), Freiburg i. Br. - Basel - Wien ³1975, bes. 76 - 84.

[411] HEINRICH SCHÜRMANN nennt die Makarismen die Urform der Basileia-Verkündigung Jesu und nimmt an, daß der dreifache Makarismus Lk 6,20f. die Eröffnungspredigt Jesu in der Öffentlichkeit gewesen ist (vgl. DERS., Das Lukasevangelium (HThK III./1), Freiburg i. Br. - Basel - Wien ²1982, 332).

anzusehen (vgl. Lk 6,20f.)[412]. Sie belegen, daß Jesus die konkrete Not der Armen thematisiert und ihnen Gottes Nähe zusagt[413]. "Vorausgesetzt ist aber, daß die angeredeten Armen zugleich die sittliche Haltung aufbringen, die zum Eintritt ins Gottesreich befähigt. Eine rein ökonomische Betrachtungsweise ist schon dem Judentum fremd; ein gottloser Armer wird nie - bloß um seiner Armut willen - am künftigen Äon Anteil haben"[414]. Matthäus hat diesen Sachverhalt präzisiert, indem er der Seligpreisung der Armen den Zusatz "im Geiste" hinzufügte (vgl. Mt 5,3).

Jesu Seligpreisung der Armen entspricht sein kritisches Verhältnis zum Reichtum. Deutlich wird dies durch den ebenfalls als authentisch einzustufenden Spruch Mk 10,25 par: "Eher geht ein Kamel durch ein Nadelöhr, als daß ein Reicher in das Reich Gottes gelangt". Diese Aussage läßt "keinen Zweifel daran, daß Jesus die Reichen als äußerst heilsgefährdete Menschen angesehen hat"[415]. Darin dürften sich konkrete Erfahrungen niederschlagen, die Jesus mit den Menschen seiner Zeit gemacht hat. Während sich die Reichen meistenteils seiner Botschaft von der nahe herbeigekommenen Herrschaft Gottes verschlossen, weil sie durch die Vergötzung des Reichtums gebunden waren, fand er unter den Armen seine bereitwilligsten Zuhörer[416]. Deshalb stellt er die Reichen vor die Entscheidung, sich von dem versklavenden Reichtum zu lösen: "Ihr könnt nicht beiden dienen, Gott und dem Mammon" (Mt 6,24; Lk 16,13). Dabei geht es nicht nur um die rechte innere Einstellung zum Reichtum, sondern um eine wirkliche Abkehr von der Macht des Reichtums. Diese hat jedoch nicht notwendigerweise die Aufgabe jedweden Besitzes zur Konsequenz, wie sie etwa in Qumran von der Gemeinschaft der Essener gefordert wurde, aber für Jesus nicht belegt ist. Gleichwohl ist zu sehen, daß Jesus selbst einen bedürfnis- und anspruchslosen Lebensstil pflegt und diesen auch von seinen engeren Jüngern verlangt[417], allerdings ohne Berührungsängste gegenüber den

---

[412] Vgl. a. a. O., 326 - 332.

[413] Vgl. JOACHIM GNILKA, Jesus von Nazaret, a. a. O., 181.

[414] RUDOLF SCHNACKENBURG, Die sittliche Botschaft des Neuen Testaments. Bd I: Von Jesus zur Urkirche (HThK.S 1), Freiburg i. Br. - Basel - Wien 1986, 141.

[415] A. a. O., 139f.

[416] Vgl. JOACHIM GNILKA, Jesus von Nazaret, a. a. O., 181.

[417] Vgl. a. a. O., 175 - 178.

Begüterten zu entwickeln. Er läßt sich von wohlhabenden Frauen unterstützen (vgl. Lk 8,2f.) und schlägt die Einladungen zu Gastmählern nicht aus (vgl. Mk 14,3 par; Lk 7,36; Mk 2,15 par).

Der Besitzverzicht Jesu und seiner Jünger ist als Zeichen für die von ihnen verkündete Herrschaft Gottes zu verstehen. Denn "sie bringt eine neue Ordnung, die nicht mehr die Ordnung von Besitz, Profit, Reichtum und Menschenverachtung sein soll"[418]. In ihr werden die gegenwärtigen sozialen Verhältnisse umgekehrt: Die jetzt die Ersten sind, werden dann die Letzten sein (vgl. Mk 10,31). "Das kommende Reich Gottes schafft einen Ausgleich der bisherigen sozialen Schicksale. Reiche gehen in ihm leer aus, Arme werden nicht mehr hungern und weinen"[419]. Dennoch können Reiche gerettet werden, sofern sie sich von der versklavenden Macht des Reichtums lösen. Rachegedanken, wie sie sich in der zeitgenössischen jüdischen Literatur zum Teil finden lassen, fehlen in der Predigt Jesu gänzlich[420]. Als Fazit der bisherigen Ausführungen läßt sich folgendes festhalten:

1. Sofern der Begriff "Option für die Armen" nicht exklusiv verstanden wird und den universalen Heilswillen Jesu einschränkt, kann er sich mit Fug und Recht nicht nur auf das Alte Testament, sondern auch auf die Botschaft Jesu berufen.
2. Jesus hat zwar keine unmittelbaren sozialen Reformen oder eine neue Wirtschafts-struktur gefordert. Seine Hoffnung richtete sich auf die eschatologische Umkehrung der Verhältnisse. Im Vorgriff darauf hat er in Wort und Tat unübersehbare Zeichen gesetzt. Deshalb kann sich eine von Christen angestrebte Neuordnung der wirtschaftlichen und sozialen Strukturen "zweifellos auf die Intention Jesu beru-fen"[421].

---

[418] A. a. O., 177.

[419] WOLFGANG STEGEMANN, Arm und reich in neutestamentlicher Zeit, in: GERHARD K. SCHÄFER/ THEODOR STROHM (Hrsg.), Diakonie - biblische Grundlagen und Orientierungen, a. a. O., 345 - 375; 361.

[420] Vgl. RUDOLF SCHNACKENBURG, Die sittliche Botschaft des Neuen Testaments, a. a. O., 143.

[421] Ebd.

3. Dabei muß Jesu Wille zur Gewaltlosigkeit stets gewahrt bleiben, denn "Klassen-kampf und blutige Revolution widersprechen seiner Botschaft"[422].

4. Die Option für die Armen ist nicht nur eine soziale Kategorie. Sie umfaßt nicht minder die Verkündigung der Nähe Gottes, aus der heraus die Bereitschaft zur Umkehr erwachsen muß.

2.2.2.2 Das Lukas-Evangelium - Frohbotschaft für die Armen

"In keinem anderen Evangelium spielen die Kritik und die Sorge gegenüber den Reichen (1,53; 6,24f.; 8,14; 12,13-21; 14,15-24; 16,14f.19-31), der Aufruf zu Besitz-verzicht (5,11.28; 12,33f.; 14,33; 18,18-30) und Wohltätigkeit (3,10f.; 6,33-36; 8,1-3; 16,9; 19,1-10; 21,1-4) sowie die Verheißungen für die Armen (1,53; 4,18f.; 6,20f.; 7,22) eine so bedeutsame Rolle wie bei Lukas"[423]. Dieses besondere Interesse ist mit einiger Wahrscheinlichkeit auf die soziale Zusammensetzung der lukanischen Gemeinde zurückzuführen. Denn ihr gehörten neben relativ Armen auch Reiche und gesellschaft-lich einflußreiche Personen an; eine Konstellation, die nach dem Urteil von WOLFGANG STEGEMANN für das 1. Jahrhundert als einzigartig anzusehen ist[424].

Daß Lukas von der exegetischen Forschung zu Recht das Attribut "Evangelist der Armen" verliehen worden ist, läßt sich besonders gut im Blick auf die Antrittspredigt Jesu in Nazaret (Lk 4,16-21) nachweisen. Lukas zeichnet, wie RAINER ALBERTZ gezeigt hat, an dieser für die theologische Gesamtkonzeption seines Evangeliums herausragen-den Stelle Jesus als den messianischen Heilsbringer, "der von Gott gerade zu den Menschen an der unteren Skala der menschlichen Gesellschaft gesandt wurde, zu den Armen, Gefangenen, chronisch Kranken und wirtschaftlich Runinierten, und zwar zu

---

[422] Ebd.

[423] WALTER RADL, Das Lukas-Evangelium (EdF 261), Darmstadt 1988, 122 (Lit.; vgl. ferner JOSEF ERNST, Lukas. Ein theologisches Portrait, Düsseldorf 1985, 74 - 104). Diese Einschätzung wird auch durch wortstatistische Beobachtungen gestützt: "Das Adjektiv *ptochos* (arm) steht bei Lk 10mal (Mt/Mk zusammen 10mal); das Wort *plousios* (reich) sowie die Wörter 'reich sein' und 'Reichtum' hat Lk 14mal (gegenüber 4 bzw. 3 Vorkommen in Mt und Mk). Besonders stark tritt *ta hyparchonta* ('das zur Verfügung Stehende', der Besitz, das Vermögen) mit 8 Belegen (ferner Apg 4,32) hervor (gegenüber 3 Stellen in Mt)" (GERHARD SCHNEIDER, Das Evangelium nach Lukas. Kapitel 11-24 (ÖKNT 3/2), Gütersloh - Würzburg 1977, 343).

[424] Vgl. WOLFGANG STEGEMANN, Arm und reich in neutestamentlicher Zeit, a. a. O., 370 - 372.

allen Armen, innerhalb und außerhalb des alten Gottesvolkes Israel ohne jede Beschränkung"[425].

Lukas bewerkstelligt dies durch die Aufnahme eines Mischzitats aus Tritojesaja, näherhin durch die Einfügung eines Satzstückes aus Jes 58,6 in Jes 61,1f. und durch die Auslassung von Jes 61,2b.c.3. Die Verheißung von Jes 61,1-3[426] richtete sich an die aus dem babylonischen Exil Heimgekehrten. Sie waren zwar zum Teil sogar wieder zu beträchtlichem Wohlstand gekommen, aber trotzdem enttäuscht, weil die großen göttlichen Verheißungen, besonders für den Zion, nicht eingelöst worden waren. Wenn Tritojesaja zu diesen Mutlosen als Freudenbote spricht und ihnen Heilung, Befreiung und Tröstung zusagt, dann bestärkt er sie darin, auf die Erfüllung der alten Verheißungen weiterhin zu hoffen. Dabei wird von Gottes Heilshandeln nicht in einer differenzierten, sondern in einer pleonastischen Weise gesprochen, die letztlich nur auf den einen Gedanken abzielt: Gott wird bald die große Wende herbeiführen. Heilung und Befreiung sind in diesem Zusammenhang vor allem bildhafte Ausdrücke, die sich nicht auf bestimmte Inhalte festlegen lassen. Dementsprechend sind auch die Adressatenbezeichnungen (Arme, Gefangene etc.) in einem übertragenen Sinn zu verstehen: "Es sind nicht mehr in realem Sinn arme, gefangene und versklavte Menschen angesprochen, sondern ganz allgemein Israel in seiner Not, das sich um seine Verheißungen betrogen fühlt und um sie trauert"[427]. Dieses Verständnis von Tritojesaja blieb auch bestehen, als nach dem Ausbleiben der von Tritojesaja angekündigten Wende die Aussage des Textes eschatologisch gedeutet wurde. Das für die Endzeit erwartete Heilshandeln Gottes wurde weiterhin vorrangig auf Israel und den Zion bezogen, und auch an dem bildhaften Verständnis der Adressatenbezeichnungen änderte sich nichts. Auf diesem Hintergrund ist bezeichnend, daß Lukas gerade jene Textteile übergeht, die sich in

---

[425] RAINER ALBERTZ, Die "Antrittspredigt" Jesu im Lukasevangelium auf ihrem alttestamentlichen Hintergrund, in: ZNW 74 (1983), 182 - 206. 198. Vgl. zu diesem Beitrag eines Alttestamentlers die zustimmende Äußerung des Neutestamentlers HANS-JOSEF KLAUCK: DERS., Die Armut der Jünger in der Sicht des Lukas, in: DERS., Gemeinde, Amt, Sakrament. Neutestamentliche Perspektiven, Würzburg 1989, 160 - 194; 173f.

[426] Vgl. RAINER ALBERTZ, Die "Antrittspredigt" Jesu im Lukasevangelium auf ihrem alttestamentlichen Hintergrund, a. a. O., 187 - 191.

[427] A. a. O., 189.

besonderer Weise auf Israel und den Zion beziehen[428]. Ganz offensichtlich soll dadurch - darauf weist auch der weitere Verlauf der Antrittsperikope hin (vgl. Lk 4,25-27) - die partikulare Sicht der alttestamentlichen Verheißung aufgebrochen werden.

Ebenso gravierend und absichtsvoll wie die Kürzung von Jes 61,1-3 ist die Einfügung des Satzstückes aus Jes 58,6 ("die Zerschlagenen in Freiheit setzen") in diesen Textzusammenhang. Denn Jes 58,6 gehört in einen Kontext, der eindeutig sozialethisch determiniert ist[429]. In Jes 58,1-9a wird den frommen Fastenübungen der Reichen deren expansive Nutzung des Schuldsklavenrechts gegenübergestellt und als Widerspruch entlarvt. Wer bei Gott Gehör finden will, muß sich demgegenüber um Gerechtigkeit bemühen. Denn das Fasten, das Gott gefällt, ist, die Stricke des Jochs zu lösen und die Zerschlagenen freizulassen. "Wenn nun Lukas sich bemüßigt fühlt, einen so klar auf Menschen in wirtschaftlicher Notlage hin ausgerichteten Textzusammenhang innerhalb der Antrittspredigt Jesu anklingen zu lassen, dann will er seinen Lesern, die ja ihre Bibel auch kennen, deutlich machen, daß die Sendung Jesu auch und gerade diesen sozialen Aspekt umgreift. Damit konkretisiert er aber die schwebende, übertragene Sprache von Jes 61,1f. in soziale Richtung: Das Bild von der 'Freilassung' und vom 'Gnadenjahr des Herrn' bekommt bei ihm eine klare soziale Ausrichtung im Sinne des alttestamentlichen Sabbat- und Jobeljahres; mit den Armen, Blinden und Gefangenen sind bei ihm Menschen in realer sozialer bzw. körperlicher Notlage gemeint"[430]. Dieser zentrale soziale Aspekt wird nicht dadurch abgeschwächt, daß sich Jesu befreiendes Handeln bei Lukas vor allem in den Krankenheilungen und in der

---

[428] "So sämtliche Bezüge auf die um den Zion Trauernden (19.14), zu denen ja auch die Trauernden (19.13) und die, die zerbrochenen Herzens sind (18.41), gehören. So den Tag der Rache (19.12), der ja mit der partikularen Heilshoffnung des Textes notwendig mitgegeben war: Israel konnte nur wieder zu seinem Recht kommen, indem seinen übermächtigen Feinden von Gott heimgezahlt würde" (a. a. O., 190). Die in den Klammern angegebenen Zahlen beziehen sich auf eine von RAINER ALBERTZ zusammengestellte Synopse: a. a. O., 205.

[429] Vgl. a. a. O., 191 - 197.

[430] A. a. O., 198.

Befreiung aus dämonischer Macht vollzieht. Denn die chronisch Kranken Palästinas waren zumeist auch bettelarm[431].

Lukas präzisiert jedoch nicht nur die Armutsterminologie in sozialer Hinsicht, sondern er leistet, wie HANS-JOSEF KLAUCK betont[432], auch einen Beitrag zur Subjektwerdung der Armen. Die Armen sind bei Lukas nicht nur die Objekte der kirchlichen und caritativen Betreuung; vielmehr sind sie als die bevorzugten Adressaten der Heilsbotschaft Jesu zugleich auch die Träger des Heilsgeschehens. Insofern ist Lk 6,20a beachtenswert, denn die dort seliggepriesenen Armen sind die Jünger Jesu, die ihm nachfolgen und sein armes Leben teilen. Darüberhinaus verleiht Lk 4,18f. der Subjektwerdung der Armen sogar eine christologische Dimension. Denn der vom Heiligen Geist gezeugte und bei seiner Taufe vom Heiligen Geist proklamierte Heilsbringer, der den Armen die Frohe Botschaft überbringt, führt selbst das Leben eines Armen: "Er kommt im Stall zur Welt (Lk 2,7). Seine Eltern bringen im Tempel das Opfer der Armen dar (2,24; vgl. Lev 12,8). Es begrüßen ihn dort ein Vertreter der jüdischen Armenfrömmigkeit und eine Witwe (Lk 2,25.37). Als umherziehender Wundertäter, der das Angebot von Macht und Reichtum abgelehnt hat (4,5-8), hat er nichts, wo er sein Haupt hinlegen kann (9,58). Er ist angewiesen auf Unterstützung (8,3) und Gastfreundschaft (4,38; 5,29; 7,36; 10,38; 11,37; 14,1; 19,5; 22,11f), die man ihm manchmal verweigert (9,52f)"[433].

Die Herausstellung der Dignität der Armen führt bei Lukas nicht zu einer Verherrlichung der Armut. Das zeigt zum einen die Kritik an den Reichen. Zum anderen entwirft Lukas eine Vision, wie die Armut zu beseitigen ist. Er setzt seine Hoffnung nicht allein auf eine Umkehrung der sozialen Geschicke im Gottesreich[434], sondern

---

[431] Vgl. a. a. O., 199. So ist Lazarus, ein typischer Vertreter der Armen im Lukasevangelium, arm und krank (vgl. Lk 16,19-31).

[432] Vgl. HANS-JOSEF KLAUCK, Die Armut der Jünger in der Sicht des Lukas, a. a. O., 172 - 175.

[433] A. a. O., 174.

[434] Vgl. die diesbezüglichen Aussagen des Magnifikat: "Die Hungernden beschenkt er mit seinen Gaben und läßt die Reichen leer ausgehen" (Lk 1,53), die Weherufe an die Adresse der Reichen in der Feldrede (Lk 6,24ff.) und die Illustrierung dieses Sachverhalts im Gleichnis vom reichen Mann und armen Lazarus (Lk 16,19-31): Der Reiche hat seinen Trost schon zu Lebzeiten gehabt. Als er stirbt, fällt er in die Namenlosigkeit, niemand erinnert sich mehr an ihn (so wird man den Umstand, daß der Reiche im Gleichnis ohne die Nennung seines Namens eingeführt wird, wohl deuten dürfen). Lazarus hingegen wird

er denkt wohl auch an einen zumindest innergemeindlichen Ausgleich des sozialen Gefälles. In dieser Hinsicht weist er im Evangelium immer wieder auf die Notwendigkeit des Almosengebens hin[435]. Dabei sind Almosen entgegen unserem heutigen Verständnis nicht die Brosamen, "die vom Tisch der Reichen - in leichter Modifikation von Lk 16,21 - doch noch für die Armen abfallen"[436]. Vielmehr sind sie eine Gabe für die Armen, die nach der Konzeption des Lukas im Unterschied zum zeitgenössischen Judentum - dort waren mindestens 3% und höchstens 20% des Einkommens gefordert - sogar 50% betragen soll (vgl. Lk 3,11; 19,8). Der leitende Gedanke ist dabei wohl, daß die Besitzenden mit den Armen teilen[437]. In die gleiche Richtung weist die von Lukas in der Apostelgeschichte, vor allem in den Summarien Apg 2,42-47 und 4,32-35 geschilderte Gütergemeinschaft der Jerusalemer Gemeinde. Dabei handelt es sich keineswegs um eine rückwärtsgewandte Geschichtsbetrachtung, sondern um ein kritisches Korrektiv hinsichtlich der aktuellen Gestalt christlichen Gemeindelebens. Zu diesem Schluß führt die Berücksichtigung der literarischen und theologischen Funktion der Summarien. Sie haben die gleiche Funktion wie die Bestimmung der kirchlichen Grundvollzüge oder Grundgesten in der derzeitigen praktisch-theologischen Reflexion. Was Lukas im Blick auf den Urtyp christlichen Gemeindelebens in der Anfangszeit der Kirche erzählt, das soll jederzeit für eine christliche Gemeinde gelten[438]. Sicherlich überzeichnet Lukas die Realität der Gütergemeinschaft in der Jerusalemer Gemein-

---

nach seinem Tod von den Engeln in Abrahams Schoß getragen.

[435] Vgl. dazu HANS-JOSEF KLAUCK, Die Armut der Jünger in der Sicht des Lukas, a. a. O., 170f.

[436] A. a. O., 170.

[437] Auf das Problem des Besitzverzichtes, der neben dem Almosengeben gefordert wird, kann im Rahmen der vorliegenden Arbeit nicht eingegangen werden. Welche der beiden Forderungen trifft, ist nach Lukas wohl von der jeweiligen Situation abhängig. "Jedenfalls ist nicht der Verzicht als solcher gefordert, als wäre die Armut an sich ein Ideal. Das Ideal ist vielmehr, entsprechend der gerade von Lukas betonten besonderen Zuwendung Gottes, die Sorge für die Armen, die Liebe (...). Der Besitzverzicht um der Armen willen entspringt freilich einem religiösen Motiv. Letztlich ist es das Ideal des vollkommenen Vertrauens auf Gott" (WALTER RADL, Das Lukas-Evangelium, a. a. O., 124f.). Vgl. auch HANS-JOSEF KLAUCK, Die Armut der Jünger in der Sicht des Lukas, a. a. O., 175 - 194.

[438] Vgl. ALFONS WEISER, Die Apostelgeschichte. Kapitel 1-12 (ÖTK 5/1), Gütersloh - Würzburg 1981, 102.

de[439], weil er die in ihr erfolgte Verwirklichung hellenistischer[440] und jüdischer[441] Ideale herausstellen möchte. Als historisch gesichert[442] kann jedoch angenommen werden, daß in dieser Gemeinde ein hohes soziales Verantwortungsbewußtsein lebendig war, das sich darin äußerte, daß Begüterte, die in Jerusalem ansässig waren, ihren Glaubensgenossen, die aus Galiläa stammten und mit ihrem Fortgang von dort ihre berufliche Existenzgrundlage als Bauern und Fischer verloren hatten, bereitwillig und freiwillig von ihrem Hab und Gut gaben, so wie es ihre Not erforderlich machte. Wie sich die Dinge dabei im einzelnen auch verhalten haben mögen, auf jeden Fall bleibt als Norm für jede christliche Gemeinde, was Lukas betont: Die Koinonia der Gemeinde (vgl. Apg 2,42), die aus der Gemeinschaft mit dem erhöhten Herrn erwächst, muß in der Einmütigkeit und in der gegenseitigen sozialen Verantwortung ihren Ausdruck finden. Ein Nachteil solcher koinonischer Diakonie ist sicher, daß sie vorrangig nach innen gerichtet ist. Doch ist nicht zu verkennen, daß sie als Zeichen über sich hinausweist. Darüber hinaus gibt Lukas zu verstehen, daß eine Öffnung nach außen notwendig ist, denn die Liebe Gottes zu den Armen, die in Jesus Christus Gestalt angenommen hat, kennt keine Grenzen. So erzählt Lukas von der Heilung eines Gelähmten durch Petrus (vgl. Apg 3,1-10), die wie die Krankenheilungen Jesu als befreiendes Handeln an einem Armen einzustufen ist. Noch deutlicher aber hat er diesen Sachverhalt bereits im Gleichnis vom barmherzigen Samariter (vgl. Lk 10,25-37) und in der Antrittspredigt Jesu zu Nazaret ins Wort gebracht. Als Fazit dieses Abschnittes läßt sich festhalten:

---

[439] Die generalisierenden Aussagen der Summarien (vgl. Apg 2,44; 4,32), die den Eindruck erwecken, als hätte es in der Jerusalemer Gemeinde kein Privateigentum gegeben, stehen in Spannung zu den Einzelberichten von Barnabas (Apg 4,36f.) und Hananias (Apg 5,1-11), da dort das Vorhandensein von Privateigentum vorausgesetzt wird. Das dürfte der historischen Realität näher sein als der von den Summarien evozierte Eindruck.

[440] Hellenistische Popularphilosophie hielt "die Utopie einer verlorenen, aber wieder herzustellenden heilen Urzeit" wach, in der es keine Schranken durch Privateigentum gibt. "Bis in den Wortlaut erinnern Apg 2,44 und 4,32 an die sprichwörtliche Formulierung des Aristoteles (eth Nic 1168b) 'gemeinsam ist der Besitz der Freunde'" (JÜRGEN ROLOFF, Die Apostelgeschichte, a. a. O., 89).

[441] Vgl. die mahnende Verheißung Dtn 15,4: "Doch eigentlich sollte es bei dir keine Armen geben; denn der Herr wird dich reich segnen in dem Land, das der Herr, dein Gott, dir als Erbbesitz gibt".

[442] Vgl. JÜRGEN ROLOFF, Die Apostelgeschichte, a. a. O., 89f.

1. Lukas behält die Wahrnehmung der konkreten Not, wie sie sich schon bei Jesus finden läßt, nicht nur bei, sondern er verstärkt sie noch.

2. Der Subjektcharakter der Armen wird christologisch fundiert: Christus, in dem die Verheißungen Tritojesajas erfüllt sind, führt selbst das Leben eines Armen. Die Armen sind nicht nur Objekte sozial-caritativen Handelns, sondern auch Träger des Heilsgeschehens.

3. Die Gemeinde ist der Ort, an dem die gesellschaftlichen Gegensätze von reich und arm durch das Teilen überwunden werden sollen.

4. Die Sorge für die Armen darf sich jedoch nicht auf den Radius einer christlichen Gemeinde beschränken. Vielmehr gilt die Frohbotschaft allen Armen, seien sie nun innerhalb oder außerhalb des neuen Gottesvolkes.

2.2.2.3   Die paulinische Theologie der Armut

Es ist unverkennbar, daß Paulus sehr wenig Interesse an der Thematisierung der Armut als einem sozialem Problem zeigt. Warnungen vor dem Reichtum und der Geldgier, die in der späteren christlichen Literatur regelmäßig erscheinen, lassen sich bei ihm nicht finden[443]. Und Armut ist in seiner Sicht in erster Linie ein wesentlicher Bestandteil der menschlichen Existenz, der "conditio humana", die bedroht wird von Sünde und Tod. Dies wird ersichtlich aus der Theologie der Armut, die Paulus im ersten Kollektenkapitel des 2. Korintherbriefs entwirft (vgl. oben 2.1.2.2). Paulus deutet dort die Menschwerdung Christi als Entäußerung, die darauf abzielt, die kreatürliche Armut der Menschheit zu überwinden. Dieses Armutsverständnis birgt die Gefahr in sich, daß von sozialen Gegensätzen abstrahiert wird, da nach diesem Verständnis jeder Mensch, gleich welcher sozialen Schicht er angehört, als arm einzustufen ist, weil jeder von Sünde und Tod betroffen wird. Bei Paulus führt das anthropologische Armutsver-

---

[443] Das ist möglicherweise auf die soziale Zusammensetzung der paulinischen Gemeinden zurückzuführen. Anders als zur Zeit des Lukas waren in diesen nicht Begüterte und höher gestellte Persönlichkeiten, sondern relativ Arme und relativ Reiche zu finden, die nach WOLFGANG STEGEMANN aber insgesamt der antiken Unterschicht zuzuschlagen sind (vgl. DERS., Arm und reich in neutestamentlicher Zeit, a. a. O., 367).

ständnis nicht dazu, daß er soziale Fragen übergeht. Das zeigt schon die Einführung seiner Armutstheologie in 2 Kor, geht es doch in diesem Zusammenhang darum, die Korinther dazu zu motivieren, durch die Kollekte den Mangel von den Armen in Jerusalem abzuwenden. Und das demonstriert vollends seine Reaktion auf die Mißstände beim Herrenmahl in der korinthischen Gemeinde (vgl. 1 Kor 11,17-22). Als historischen Hintergrund hat man sich folgendes vorzustellen[444]. Das Herrenmahl besteht zu dieser Zeit noch aus einem Sättigungsmahl und dem Sakramentsvollzug. Wohlhabendere Gemeindemitglieder treffen sich vorzeitig, weil sie freier als andere über die Zeit verfügen können, und beginnen mit dem Mahl, so daß beim Eintreffen der Sklaven und Lohnarbeiter nur noch kärgliche Reste vorhanden sind. Man vollzieht zwar dann die sakramentale Handlung noch gemeinsam, aber deren Intention wird durch das vorangehende Geschehen konterkariert. Paulus geht in seinem Mahnwort sogar soweit, daß er einem solchen Vorgang die Bezeichnung "Herrenmahl" rundweg abspricht (vgl. 1 Kor 11,20). Nach Paulus macht sich jeder schuldig, "der die Intention der Heilstat Christi, das 'für euch' und den Bundesgedanken der Deuteworte, nicht erkennt oder gar pervertiert, und das geschieht, wenn man die Mitfeiernden aus dem Blick verliert"[445]. Eine Gemeinde, in der das vorkommt, ist letztlich krank (vgl. 1 Kor 11,30); sie ist dies, weil sie sich dem Erlösungshandeln ihres Herrn, das in der Mahlfeier sakramental gegenwärtig gesetzt wird, verschließt. Besonders hervorzuheben ist, daß Paulus mit der Abendmahlsüberlieferung auf den Bundesgedanken zurückgreift und damit seine soziale Paränese begründet. Nach Paulus bringt das Befreiungshandeln Gottes im Neuen Bund etwas substantiell Neues hervor. Gottes Befreiungshandeln, das im Exodus und in seiner Parteinahme für die Armen offenbar geworden ist, kulminiert in seinem Befreiungshandeln in Jesus Christus, in der Befreiung von Sünde und Tod. Dabei ist aber das Alte nicht einfach passé. Vielmehr bildet es die Matrix, auf die hin sich das Neue, unbeschadet seines qualitativen Überschusses, bleibend bezieht. In der Theologie des Paulus ist die Exodustradition des Volkes Israel (in der Hegelschen

---

[444] Vgl. zum folgenden HANS-JOSEF KLAUCK, 1. Korintherbrief (NEB.NT 7), Würzburg 1984, 80 - 84.

[445] A. a. O., 83f.

Bedeutung des Wortes) "aufgehoben". Soteriologie und soziale Verantwortung des Glaubens sind bei ihm zu einer unauflösbaren Einheit verschmolzen.

Allerdings ist mit diesen Überlegungen der Beitrag der paulinischen Theologie zur Option für die Armen noch nicht ausreichend in den Blick gekommen. Üblicherweise wird die Einführung der Theologie der Armut in 2 Kor 8 paränetisch interpretiert, in dem Sinne nämlich, daß Paulus die Korinther mit dem Hinweis auf die Selbsterniedrigung Jesu Christi zum sozialen Handeln an den Armen der Gemeinde von Jerusalem motivieren will. Das ist sicher auch der Fall, wird aber der eigentlichen Aussage nicht ganz gerecht. Denn Paulus hebt in 2 Kor 8 darauf ab, daß das Vorbild Jesu Christi, seine Armut, die uns reich macht, und die Hilfe der Korinther für Jerusalem gleichermaßen der Gnade Gottes entspringen. Deshalb ist der Text in erster Linie nicht als ein Appell, sondern weit mehr als eine Einladung zu lesen, der Gnade Gottes zu trauen. Die Option für die Armen ist ein Akt der Gnade Gottes.

Paulus geht in zweifacher Hinsicht über den bei Jesus und Lukas beobachteten Ertrag hinaus:

1. Armut ist nach Paulus ein wesentlicher Bestandteil der menschlichen Natur, die bedroht ist von Sünde und Tod. Dementsprechend richtet sich Gottes befreiendes Handeln auf die Erlösung von Sünde und Tod. Diese Sicht zieht jedoch bei Paulus keine Abstraktion von sozialen Gegebenheiten nach sich.
2. Paulus akzentuiert die Gnade Gottes. Die Option für die Armen ist in erster Linie Gabe und Frucht der neuen Schöpfung und nicht das Werk menschlichen Bemühens. D.h. aber auch (in der "Perspektive eines Reichen" formuliert): Zur Option für die Armen wird man befreit; sie wird einem nicht als Last auf die Schultern gelegt.

2.2.3 Kriterien orthopraktischer Verkündigung

Von der Betrachtung der biblischen Option für die Armen lassen sich weitere Kriterien orthopraktischer Verkündigung ableiten:

1. Das Versöhnungshandeln Gottes kulminiert zwar in der Befreiung von Sünde und Tod. Dadurch wird aber die alttestamentlich grundgelegte Option für die Armen nicht hinfällig. Vielmehr bleibt sie auch im Neuen Testament bestehen. Orthopraktische Verkündigung muß deshalb den sozialen Gegensatz zwischen arm und reich aufgreifen und in der Perspektive der Armen thematisieren.

2. In der Option für die Armen findet die Freiheit in der Begegnung mit der biblischen Tradition ihre Grenze. "Dabei handelt es sich bei näherem Zusehen gar nicht um eine Begrenzung der Freiheit, sondern um eine Abwehr der Beliebigkeit, welche leicht in die Gefahr gerät, die Freiheit der anderen [d.h. der Armen] zu gefährden. Wer etwa biblische Geschichten nicht aus der Perspektive der Barmherzigkeit und Gerechtigkeit liest [und verkündigt], wird sie rasch ideologisch und (die bestehenden Widersprüche) stabilisierend verwenden und mißbrauchen"[446].

3. Orthopraktische Verkündigung ist ganzheitlich. Sie bezieht sich nicht nur auf die Seele des Einzelnen, sondern auf den ganzen Menschen in seinen sozialen Bezügen. Deshalb werden auch die strukturellen Bedingungen von Not und Armut in den Blick genommen.

4. Orthopraktische Verkündigung muß dazu beitragen, daß die Armen als Subjekte leben können. Das geschieht, wenn Unrecht aufgedeckt und auf die Verwirklichung von Gerechtigkeit gedrungen wird. Das geschieht aber auch dadurch, daß Gott als ein mit den Armen solidarischer Gott verkündigt wird.

5. Orthopraktische Verkündigung verkürzt Gott nicht zu einer "Chiffre für Mitmenschlichkeit"[447]. Vielmehr bezeugt sie Gott als den in der Geschichte der Menschen und darüber hinaus real Handelnden. Dadurch wird das befreiende Handeln von Menschen vor Selbstüberforderung in Schutz genommen.

6. Orthopraktische Verkündigung hat sich darum zu bemühen, daß wenigstens die Gemeinde zu einem Ort wird, an dem Reiche und Arme miteinander versöhnt leben.

---

[446] OTTMAR FUCHS, Heilen und befreien. Der Dienst am Nächsten als Ernstfall von Kirche und Pastoral, Düsseldorf 1990, 29.

[447] A. a. O., 38.

2.3   **Armut als Thema der Predigt im Verlauf der Geschichte**

Im folgenden sollen Predigten aus den wichtigsten Epochen der Predigtgeschichte dahingehend untersucht werden, wie sie die biblische Option für die Armen jeweils zu ihrer Zeit umgesetzt haben. Dabei richtet sich das Interesse in erster Linie nicht auf die Rezeption und Wirkungsgeschichte einzelner biblischer Texte, sondern auf die Thematisierung der Armut überhaupt.

2.3.1   **Väterzeit: Parteinahme für die Armen (4. und 5. Jahrhundert)**

Von allen großen Predigern während der sogenannten Blütezeit der griechischen und lateinischen Predigt[448] sind Predigten erhalten, die sich heftig gegen die Ausbeutung der Armen, den Luxus und die Habgier der Reichen wenden und die diese Kritik gleichzeitig mit der Forderung nach Almosen verbinden[449]. Für den Osten sind hier die drei Kappadozier, BASILIUS DER GROßE († 379), GREGOR VON NAZIANZ († 390) und GREGOR VON NYSSA († ca. 395) sowie JOHANNES CHRYSOSTOMOS († 407) zu nennen; für den Westen AMBROSIUS VON MAILAND († 397) und AURELIUS AUGUSTINUS († 430). Es ist die Zeit einer lange währenden sozialen Krise[450]. Breite Massen der Bevölkerung sind verelendet. Der Besitz liegt in den Händen von wenigen, die ihre Machtposition gegenüber den Armen ausnützen. Die sozialen Gegensätze dieser Epoche werden in den Predigten der Väter[451] deutlich beim Namen genannt. Während die Reichen im Luxus schwelgen, müssen die Armen ihre Kinder in die Schuldsklaverei verkaufen (vgl. BASILIUS hom 6,4). Dementsprechend hart fällt die Kritik gegenüber den Reichen aus. Ihre Seelen sind vom "Goldteufel" besessen (BASILIUS hom 6,4), ihre

---

[448] Vgl. WERNER SCHÜTZ, Geschichte der christlichen Predigt, Berlin - New York 1972, 14 - 23; 30 - 43.

[449] Eine Zusammenstellung der wichtigsten sozialkritischen Predigten aus der Väterzeit bieten ADALBERT HAMMAN/STEFAN RICHTER (Hrsg.), Arm und reich in der Urkirche, Paderborn 1964. Im folgenden werden die Väterpredigten nach diesem Werk zitiert.

[450] Vgl. DAVID FLOOD, Art. "Armut V. Alte Kirche", in: TRE 4 (1979), 85 - 87; 85f.

[451] Im folgenden werden bei generalisierenden Aussagen nur einzelne Belege angeführt. Das ist insofern berechtigt, als die verschiedenen Prediger bei aller Originalität voneinander abhängig sind; zum Teil sogar bis in den Wortlaut hinein.

Vorratskammern sind "Scheunen der Ungerechtigkeit", ein Werk der Bosheit (BASILIUS hom 6,6).

Um die Reichen zum Almosengeben zu bewegen, werden sie daran erinnert, daß sie ihre Güter Gott verdanken, der sie ihnen deshalb anvertraut hat, damit sie dementsprechend Gutes tun. Und zwar nicht nur den Armen, sondern auch sich selbst. Denn wenn ein Reicher teilt, dann macht er sich Gott zum Schuldner[452]; der gerechte Richter wird ihm nach dem Maß seiner Großzügigkeit vergelten. Deshalb können die habgierigen Reichen auch der Torheit gescholten werden (vgl. BASILIUS hom 6,6). Denn sie geben sich in ihrer Kurzsichtigkeit einem sinnlosen Treiben hin, daß in sträflicher Weise die Ewigkeit und die Bestimmung ihrer Seele außer acht läßt. Der Hinweis auf das Erwerben ewiger Verdienste[453] und die permanente Androhung des Gerichts (vgl. BASILIUS hom 7,6) sind sicher in mancher Hinsicht fragwürdig[454] und sind deshalb in der Geschichte nicht ohne Reaktion geblieben. Gleichwohl ist zu sehen, daß auf diese beiden Begründungen für das Almosengeben wohl auch deshalb zurückgegriffen wird, um angesichts der vielen von den Reichen ins Feld geführten Ausreden[455] die Dringlichkeit der Barmherzigkeit gegenüber den Armen zu betonen. Den Reichen soll gezeigt werden, daß sie auch in ihrem eigenen Interesse handeln, wenn sie sich der Bedürftigen annehmen (vgl. BASILIUS hom 6,6). Etwas plakativ formuliert: das Kalkül des Egoismus wird in den Dienst des Altruismus gestellt. Darüber hinaus rekurrieren die Kirchenväter auf das Liebesgebot. BASILIUS formuliert als Regel: "Je reicher du wirst, um so mehr fehlt dir die Liebe" (hom 7,1). Das klingt natürlich sehr

---

[452] Vgl. BASILIUS hom 2,5; GREGOR VON NAZIANZ hom 14,20, der dazu auffordert, sich durch das Geben von Almosen ein "Kapital der Liebe und Mildtätigkeit (...) für das ewige Leben" anzulegen.

[453] So ermahnt etwa BASILIUS die Reichen, ihr Geld als Lösegeld für die Seele zu verwenden (vgl. hom 7,7). Die Lehre von der Heilsbedeutsamkeit des Almosengebens haben die Kirchenväter des 4. und 5. Jahrhunderts der christlichen Tradition entnommen (vgl. RAINER KAMPLING, "Haben wir dann nicht aus der Erde einen Himmel gemacht?" Arm und Reich in der Alten Kirche, in Conc(D) 22 (1986), 257 - 363; 359.

[454] Die Väter präzisieren die Androhung des Gerichts auch selbst. So führt beispielsweise GREGOR VON NYSSA in seiner Predigt gegen die Wucherer aus, daß er vom Gericht nicht deshalb spricht, um Angst und Schrecken einzujagen, sondern "um dich von einer absoluten Wirklichkeit zu überzeugen, die das Gericht zu erkennen gibt, bevor es eintritt" (8).

[455] Als Einwände der Reichen werden in den Predigten vor allem die Sorge für die eigenen Kinder (vgl. BASILIUS hom 7,7) und der Hinweis auf den Tun-Ergehen-Zusammenhang aufgegriffen.

pauschal, ist aber dennoch nicht ohne einen gewissen sachlichen Anhaltspunkt gesagt. Denn die Beobachtung des Liebesgebots weist das Streben nach Besitz in die Schranken. Aber es bleibt nicht nur bei der Erinnerung an das Liebesgebot. GREGOR VON NYSSA preist die Liebe und Wohltätigkeit Gottes gegenüber allen seinen Geschöpfen und macht dadurch deutlich, daß Gottes Diakonie die menschliche Barmherzigkeit ermöglicht, so daß es letztlich er selbst ist, der (durch die Reichen) für die Armen sorgt[456]. Des weiteren weisen die Kirchenväter darauf hin, daß die Liebe zu den Armen letztlich jene Liebe zu Christus verkörpert, der nach Mt 25,40 in den Armen gegenwärtig ist. GREGOR VON NAZIANZ appelliert deshalb: "Wenn ihr, Diener und Brüder und Erben Christi, auf mich hören wollt, dann wollen wir, solange es noch Zeit ist, Christus besuchen, Christus Hilfe leisten, Christus ernähren, Christus bekleiden, Christus beherbergen, Christus ehren" (hom 14,40).

Der spätantiken Kirche wird gerne nachgesagt, daß sie - unbeschadet ihrer Parteinahme für die Armen - selbst mit dazu beigetragen hat, den gesellschaftlichen Status quo und damit die strukturelle Benachteiligung der Armen zu verfestigen[457]. Der Anhaltspunkt für diese Kritik ist die Theologie des Besitzes, die im Anschluß an CLEMENS VON ALEXANDRIEN († 215)[458] vertreten und oben bereits kurz gestreift wurde. Das Besondere an dieser Position ist, daß entgegen der ebionitischen und pauperistischen Abwertung des Besitzes dieser als sittlich indifferent aufgefaßt wird[459]. Der Besitz ist nicht in sich schlecht, sondern seine sittliche Beurteilung richtet sich nach der Art des Umgangs mit ihm. Dieser ist jedoch nicht in das Belieben des Christen gestellt. Der Besitz ist Gabe Gottes und mit ihm hat der Reiche von Gott das Mandat übertragen bekommen, das Gute zu tun. Mit anderen Worten: Seit CLE-MENS VON ALEXANDRIEN wird der Privatbesitz in der Kirche legitimiert und zugleich der Besitzende moralisch gebunden. Die bestehenden Verhältnisse werden zwar nicht

---

[456] Vgl. GREGOR VON NYSSA, Von der Liebe zu den Armen (1), 142f. (Seitenzahl).

[457] Vgl. DAVID FLOOD, Art. "Armut V. Alte Kirche", a. a. O., 86.

[458] Vgl. CLEMENS VON ALEXANDRIEN, Welcher Reiche wird gerettet werden? Dt. Übers. von OTTO STÄHLIN. Bearb. von MANFRED WACHT (SKV 1), München 1983.

[459] Vgl. RAINER KAMPLING, "Haben wir dann nicht aus der Erde einen Himmel gemacht?", a. a. O., 358f.

in Frage gestellt, aber es wird doch für einen Ausgleich zwischen den Armen und den Reichen gesorgt. Dieser Kompromiß legte sich nahe, als immer mehr Reiche den christlichen Glauben annahmen. Und er wurde beibehalten, als die Kirche nach der Konstantinischen Wende durch den Sachverstand und den Weitblick bestellter Ökonomen zu einem der größten Landbesitzer avancierte[460]. Das brachte die Gefahr mit sich, der man auch mancherorts tatsächlich erlag, daß die Kirche zur Interessenvertretung der Besitzenden wurde[461].

Gleichwohl ist zu konstatieren, daß die Kirchenväter die bestehenden Verhältnisse sehr wohl auch in Frage stellen. Dies gelingt ihnen im Rückgriff auf die Schöpfungsordnung. GREGOR VON NAZIANZ betont, daß es einen paradiesischen Idealzustand[462] gegeben hat, in dem Gott durch die Gleichheit der Gabe die Gleichheit der Geschöpfe geehrt hat. Die Ausdifferenzierung der Gesellschaft in Reiche und Arme, in Freie und Knechte sieht er dagegen als Folge der Sünde an (vgl. hom 14,25). Und er appelliert: "Achte auf die anfängliche Gleichheit, nicht auf die späteren Spaltungen! Halte dich an das Gesetz des Schöpfers, nicht an das der Starken!"(hom 14,26). Nicht anders argumentiert GREGOR VON NYSSA: "Alles gehört Gott, unserem gemeinsamen Vater. Wir alle sind Brüder eines Stammes, und gerechterweise hätten wir alle den gleichen Anteil am Erbe erhalten müssen. Aber in unserer unvollkommenen Ordnung gibt es immer solche, die sich den größeren Teil aneignen, dann sollen die übrigen nicht wenigstens ganz leer ausgehen"[463]. Äußerungen wie diese zeigen, daß sich die Kirchenväter der Fragwürdigkeit der gesellschaftlichen Ordnung sehr wohl bewußt sind, denn sie bleibt hinter dem Ideal der göttlichen Schöpfungsordnung zurück.

Auch die theologische Überhöhung der gesellschaftlichen Strukturen mit Hilfe des Tun-Ergehen-Zusammenhangs wird in der Väterpredigt energisch zurückgewiesen.

---

[460] Vgl. a. a. O., 361.

[461] Dagegen wendete sich SALVIAN VON MARSEILLE (+ um 480): vgl. SALVIAN VON MARSEILLE, Des Timotheus vier Bücher an die Kirche. Dt. Übers. von ANTON MAYER. Bearb. von NORBERT BROX (SKV 3), München 1983.

[462] Hier wird stoisches Gedankengut aufgenommen (vgl. ANNE-LENE FENGER, Art. "Armut A. Biblisch-historisch", in: NHthG 1 (1991), 66 - 77; 69.

[463] GREGOR VON NYSSA, Von der Liebe zu den Armen (1), 144.

GREGOR VON NAZIANZ insistiert gegenüber der Ansicht seiner Zeitgenossen, daß das irdische Unglück als Folge der Sünde und das irdische Wohlergehen als Folge der Tugend zu betrachten sei, darauf, daß Lohn und Strafe erst bei der Auferstehung der Toten zugeteilt werden. Wie die Verhältnisse hier auf Erden zu erklären sind, möchte er einerseits in der Schwebe lassen. Sie werden von einer geheimnisvoll anderen Ordnung als der des Jenseits bestimmt. Andererseits hält GREGOR an der Vorsehung Gottes fest, wenn er betont, daß "in der scheinbaren Unordnung dieser Welt (…) Gottes Ordnung verborgen" ist (hom 14,31). Mag man Gottes Pläne in dieser Welt letztlich nicht durchschauen, so hat man jedoch davon auszugehen, daß sich die Reichen nach Gottes Willen den Armen zuwenden müssen.

Des weiteren ist hervorzuheben, daß in der Väterpredigt die Armen nicht als Objekte kirchlicher Wohltätigkeit, sondern gegenüber den reichen Christen als gleichberechtigte Subjekte angesehen werden. Sie sind "unsere Brüder vor Gott" und haben "das göttliche Ebenbild erhalten". Sie haben bei der Taufe ebenso wie die Reichen Christus angezogen und das Unterpfand des Heiligen Geistes empfangen. Sie sind "Erben des himmlischen Lebens" und Gefährten des Leidens Christi (vgl. GREGOR VON NAZIANZ hom 14,14). Diese subjektorientierte Sicht der Armen ist den Kirchenvätern deshalb möglich, weil sie die empirische Wahrnehmungsweise mittels schöpfungstheologischer und soteriologischer Wahrnehmungsmuster durchbrechen. Doch damit nicht genug, denn durch die immer wieder herausgestellte Gegenwart Christi in den Armen wird den Bedürftigen sogar eine Vorrangstellung eingeräumt. Sie "sind die Verwalter der erwarteten Güter, die Pförtner des Himmelreiches, die den Guten die Tore öffnen und sie vor den Bösen und Selbstsüchtigen verschließen"[464].

Zu der subjektorientierten Sicht der Armen gehört aber auch, daß sie an ihre Eigenverantwortung erinnert und vor Hochmut gewarnt werden. So redet BASILIUS DER GROßE nicht nur den Geldverleihern ins Gewissen, sondern er warnt auch die weniger Bemittelten davor, sich leichtfertig der Ausbeutung durch die Wucherer auszuliefern (vgl. hom 2,3). Und AUGUSTINUS betont, daß die Heilsverheißung an die Armen diese nicht zu einer falschen Heilsgewißheit verleiten darf. Nicht die materielle Armut an sich

---

[464] GREGOR VON NYSSA, Von der Liebe zu den Armen (1), 141.

begründet die Aussicht auf die Güter des Jenseits, sondern die Demut vor Gott. In dieser Hinsicht sind nur wenige arm vor Gott, obwohl viele im Elend leben (vgl. hom 14).

Bemerkenswert ist auch, wie die Kirchenväter versuchen, eine veränderte Handlungsorientierung zu vermitteln. Sie begnügen sich nicht damit, das Fehlverhalten der Reichen zu geißeln, sondern sie bemühen sich auch darum, ihnen ihr Fehlverhalten einsichtig zu machen. Trotz des oft sehr scharfen Tonfalls können die Kirchenväter nicht als Beispiel einer selbstgerechten Totalkritik angesehen werden. Bei aller Entschiedenheit ihrer Verteidigung der Armen sind sie darauf bedacht, die Reichen unter ihren Zuhörern nicht zu entmutigen (vgl. JOHANNES CHRYSOSTOMOS hom 63,3). Dementsprechend versuchen sie, diese dazu zu motivieren, sich auf Gottes Güte einzulassen und die Sicherung ihrer Existenz einzig ihm anzuvertrauen. In dieser Hinsicht ist die sozialkritische Predigt der Kirchenväter, um ein geflügeltes Wort unserer Tage zu gebrauchen, nicht in erster Linie Droh- sondern Frohbotschaft. Und sie fordern von ihren Zuhörern nichts Unmögliches[465]. Jeder soll geben, was er geben kann[466], so wird das Unglück eines Menschen gewendet. Das mag aus heutiger Sicht, in der das Bewußtsein für die strukturellen Zusammenhänge von Armut und Verarmung gewachsen ist, als ungenügend erscheinen. Aber es ermöglicht immerhin doch, daß konkrete Schritte gegangen werden (können).

Mehr als ein rhetorischer Trick ist es, wenn die Prediger der Alten Kirche ihre Gefühle angesichts von Armut und Leiden zum Ausdruck bringen[467]. Vielmehr zeugt dies für das Bewußtsein, daß zur Motivierung von helfendem Handeln menschliche Emotionen mit Gebühr berücksichtigt werden müssen. Ersichtlich wird diese Notwendigkeit, wenn man die gemütsbedingte Verweigerung von Hilfe betrachtet. Der Ekel vor dem Aussatz und die Angst vor Ansteckung führen zur Segregation der Armen

---

[465] Vgl. JOHANNES CHRYSOSTOMOS hom 63,3: "Unternehmt es nicht, eurer ganzen Habe auf einmal zu entsagen, wenn dieser Verzicht euch zu schwer fallen sollte. Beginnt vielmehr mit dem, was ihr könnt, und steiget dann auf dieser Leiter, die euch zum Himmel führt, langsam Schritt für Schritt empor".

[466] Vgl. GREGOR VON NYSSA, Von der Liebe zu den Armen (1), 140.

[467] So sagt etwa GREGOR VON NAZIANZ angesichts des Leidens der Aussätzigen: "Ihre Not rührt mich zu Tränen, und schon die Erinnerung daran erschüttert mich" (hom 14,9).

und Kranken. Die Kirchenväter wissen um diese seelischen Vorgänge und lassen sie zu Wort kommen, um sie dann mit dem Gefühl des Mitleids zu konfrontieren, oder genauer noch, um den Hörer dazu einzuladen, wie der Prediger selbst Mitgefühl zu empfinden.

Damit ist ein Punkt berührt, der hier als letztes zu entfalten ist: das Vorbild des Predigers. Von AUGUSTINUS stammt der Hinweis, daß das Beispiel eines christlichen Lebens mitunter ein größeres Gewicht hat als die Predigt selbst[468]. Das ist nicht nur ein Trost für "schlechte" Prediger, sondern ein Grundsatz aller Verkündigung: Wort und Tat, davon wird noch zu handeln sein, legen sich gegenseitig aus. Das ist nun speziell hinsichtlich der Kirchenväter zu vermerken. Als Angehörige begüterter oder doch zumindest einflußreicher gesellschaftlicher Schichten und als Vertreter einer reichen Kirche haben sie die Situation der Armen nicht aus den Augen verloren. Daß es dabei nicht nur bei rhetorischen Interventionen blieb, belegt das Beispiel BASILIUS DES GROßEN[469]. Er gründete eine Siedlung für Kranke und Arme, für die er auch seinen persönlichen Besitz verwendete, und verlegte dorthin seine bischöfliche Residenz. Unbeschadet dessen, daß damit der Weg der späteren Anstaltspflege eingeschlagen wurde, war dies ein unübersehbares Zeichen der Solidarität, die dem Wort der Verkündigung Autorität verleiht.

2.3.2   Mittelalter: Armut als Fügung Gottes (6. bis 15. Jahrhundert)

Im Mittelalter wirkt vieles von dem fort, was in der Väterzeit grundgelegt worden ist. Unverkennbar sind die Elemente der Vätertradition, die in der Predigt von PETRUS ABAELARDUS († 1142) zum Gleichnis vom ungerechten Verwalter (Lk 16,1-13) aufscheinen: "Meine lieben Brüder, welch große Gefahr wird uns da klar, wenn unsere Habsucht so die Armen, die Glieder am Leibe Christi tötet, ja den Christus selbst in diesen seinen Gliedern erschlägt? (...) Christus hat sich wegen seiner Armen das eine

---

[468] Vgl. AURELIUS AUGUSTINUS, De doctrina christiana IV,27(59), in: Des Heiligen Kirchenvaters AURELIUS AUGUSTINUS ausgewählte praktische Schriften homiletischen und katechetischen Inhalts (BKV/Augustinus VIII.) übersetzt und mit Einleitungen versehen von SIGISBERT MITTERER, München 1925, 1 - 225.

[469] Vgl. RAINER KAMPLING, "Haben wir dann nicht aus der Erde einen Himmel gemacht?", a. a. O., 362.

Mal töten lassen, wir aber töten ihn bis heute Tag für Tag eben in den Armen. Der Tod, den er zuvor gestorben und durch den er uns erlöst hat, hat uns Frucht gebracht, aber der Tod, den wir ihn heute sterben lassen, bringt uns die Verdammnis"[470]. Wer einem Verhungernden die notwendige Hilfe verweigert, ist nach ABAELARD als Mörder anzusehen, der sich letztlich an Christus vergeht. Wer hingegen den Armen großzügig gibt, übt weniger Barmherzigkeit als Gerechtigkeit. Denn das, was er von seinem Überfluß abgibt, gehört ohnehin den Armen. All das sind Motive, die sich schon bei den Kirchenvätern finden lassen[471].

Neu gegenüber der Väterzeit ist jedoch, daß die Armut als gottgewollt hingestellt wird. Bei den Kirchenvätern wird zwar die Gottergebenheit des Lazarus gerühmt und mit der Ermahnung verbunden, in Zeiten der Not nicht mit Gott zu hadern. Und es findet sich auch vereinzelt die Überlegung, daß Armut eine Prüfung Gottes sein kann (vgl. JOHANNES CHRYSOSTOMOS hom 1,9.12). Aber die Aussage, daß Armut grundsätzlich von Gott stammt, wehren die Kirchenväter unisono ab. Diese Unterscheidung wird im Mittelalter so nicht mehr beibehalten. Vielmehr gilt die Armut als gottgewolltes Leiden, dem man sich zu ergeben hat[472]. Ausschlaggebend für diese Sicht scheinen das statische Verständnis der gesellschaftlichen Ordnung und die Vorstellung von der sündentilgenden Kraft der Almosen gewesen zu sein. So betont die *Vita Eligii*: "Gott hätte alle Menschen reich erschaffen können, aber er wollte, daß es auf dieser Welt Arme gibt, damit die Reichen Gelegenheit erhalten, sich von ihren Sünden freizukaufen"[473].

Als ein homiletisches Beispiel für diese Sicht ist JOHANN GEILER VON KAYSERSBERG († 1510) zu nennen, der als langjähriger Prediger am Straßburger Münster zu großer Berühmtheit gelangt ist[474]. Bei ihm findet sich noch ein weiteres Motiv für

---

[470] PETRUS ABAELARDUS, Predigt 30: Vom Almosen, in: ABAELARD. Die Leidensgeschichte und der Briefwechsel mit HELOISA, übertragen und hrsg. von EBERHARD BROST. Mit einem Nachwort von WALTER BERSCHIN, Frankfurt ⁴1979, 388 - 399; 394.

[471] Vgl. AMBROSIUS VON MAILAND, Naboth der Arme 54.

[472] Vgl. DAVID FLOOD, Art. "Armut VI. Mittelalter", in TRE 4 (1979), 88 - 98; 89.

[473] Zitiert nach MICHEL MOLLAT, Die Armen im Mittelalter, München ²1987, 47.

[474] Vgl. FRANCIS RAPP, Art. "Geiler von Kaysersberg, Johannes (1445 - 1510)", in: TRE 12 (1984), 159 - 162; 160f.; WERNER SCHÜTZ, Geschichte der christlichen Predigt, a. a. O., 83f.

die Auffassung, daß die Armut gottgewollt ist, nämlich die Christusähnlichkeit des Armen. In einer seiner Predigten zum "Narrenschiff" des SEBASTIAN BRANT[475] fordert er die Bedürftigen unter seinen Zuhörern auf, die Armut zu lieben und so dem Beispiel ihres armen Königs Christus nachzufolgen. So wie sie ihm auf Erden in Armut und Leiden gleich gewesen sind, so mögen sie ihm dann auch im Himmel gleich werden[476]. Zwei Aspekte sind hier kritisch hervorzuheben. Zum einen wird mit dem Hinweis auf die Entschädigung im Jenseits die Geduld im Diesseits gefordert. Zum anderen wird die Solidarisierung Gottes mit den Armen, wie sie etwa Mt 25,40 zum Ausdruck bringt, in einen ethischen Appell an die Armen umgebogen. Noch gründlicher kann man die Option Gottes für die Armen nicht mißverstehen! Allerdings würde man GEILER Unrecht tun, würde man seine Predigt nur unter diesem Gesichtspunkt beurteilen. Denn vom Gesamtduktus her ist diese Predigt sehr wohl auch als eine Parteinahme für die Armen zu begreifen, setzt sie sich doch dafür ein, die soziale Stellung und das Ansehen der Armen zu verbessern. Und auch den immer wiederkehrenden Aufruf, den Wert des Geldes und der materiellen Güter nicht zu überschätzen, kann man zumindest als eine indirekte Parteinahme für die Armen interpretieren. Gleichwohl ist auch zu sehen, daß die Predigt GEILERs in gewisser Weise von einer anachronistischen Vorstellung der Armut geleitet wird, denn ab dem 13. Jahrhundert setzt ein Bewußtseinswandel ein, "die Armut mit ihren Folgeerscheinungen als soziales Problem und nicht mehr als von der Vorsehung verhängtes Geschick zu betrachten"[477].

Von besonderer Bedeutung für die Wahrnehmung der Armut und die Behandlung der Armen im Mittelalter sind schließlich die Bettelorden. Ihre Originalität tritt anschaulich in der Begegnung des hl. FRANZISKUS († 1226) mit einem Aussätzigen hervor, bei der der junge Kaufmannssohn dem Leprosen nicht nur das obligatorische Almosen überreicht, sondern ihm auch wie einem Mann von Adel und Stand die Hand küßt. Nicht die herablassende Geste des Almosengebens oder die Instrumentalisierung

---

[475] Vgl. JOHANN GEILER VON KAYSERSBERG, Armut und Reichtum (übersetzt und mit einer Einleitung und Anmerkungen versehen von GERHARD BAUER), in: GERHARD K. SCHÄFER (Hrsg.), Die Menschenfreundlichkeit Gottes bezeugen, a. a. O., 148 - 155.

[476] Vgl. a. a. O., 155.

[477] DAVID FLOOD, Art. "Armut VI. Mittelalter", a. a. O., 92.

des Armen zur Sicherung des eigenen Seelenheils stehen hier im Vordergrund, sondern die Hochschätzung des Armen wegen seines eigenen religiösen und menschlichen Wertes[478]. Diese Sicht des Armen wirkt sich auf die Predigt der Bettelorden allerdings kaum aus. Obwohl ihre Volkstümlichkeit und ihr Beitrag zur Gewissensbildung breiter gesellschaftlicher Kreise nicht unterschätzt werden darf[479], bleibt festzuhalten, daß sie den Armen vor allem in der Perspektive der Hilfsbedürftigkeit darstellt: "Der Arme ist mager, blind, von Geschwüren bedeckt, oft hinkt er, ist er zerlumpt und zerzaust; er bettelt von Tür zu Tür, vor den Kirchen, auf den Straßen. Kaum einmal verfügt er über eine feste Unterkunft; seine Mittellosigkeit ist so groß, daß er noch nicht einmal ein anständiges Begräbnis erhalten wird"[480]. Diese stereotype Darstellung des Armen fungiert gewiß als ein Stilmittel, um die Reichen zu rühren, aber letztlich verkennt sie die tatsächliche Entwicklung der Armut und geht somit an der sozialen Wirklichkeit vorbei. Denn ab dem 13. Jahrhundert bilden nicht mehr die Kranken und Alten, sondern die sogenannten "fleißigen Armen" das Gros der Armut: Menschen, die trotz Arbeit nicht in ausreichendem Maße für ihren Lebensunterhalt aufkommen können[481]. Die Predigt kultivierte somit ein traditionelles Bild der Armut. Daß sie dennoch zustimmend aufgenommen wurde, erscheint dann nicht besonders verwunderlich, wenn man bedenkt, wie zögerlich gewohnte Denkschemata aufgegeben werden[482].

2.3.3 Reformation: Der Armut wird der "Heiligenschein" genommen (16. Jahrhundert)

Maßgeblich für die Neubestimmung der Armenfürsorge und für die Beurteilung der Armen wird im 16. Jahrhundert die Rechtfertigungslehre der Reformatoren. Sie predigen, daß der Mensch nicht aufgrund seiner Verdienste, sondern allein durch den

---

[478] Vgl. MICHEL MOLLAT, Die Armen im Mittelalter, a. a. O., 109.

[479] Vgl. a. a. O., 118.

[480] A. a. O., 117.

[481] Vgl. a. a. O., 142 - 161.

[482] Vgl. a. a. O., 166.

Glauben gerechtfertigt wird. Damit erteilen sie der Werkgerechtigkeit des Mittelalters, die am Vorabend der Reformation im Almosengeben, in Meßstipendien und im Ablaß-handel ihren Höhepunkt erreicht hatte, eine deutliche Absage. Der Mensch kann vor Gott nur im Glauben bestehen, den dieser ihm frei und ungeschuldet schenkt. Gleich-wohl machen die Reformatoren deutlich, daß sich der Glaube in den Werken der Liebe erweisen muß. "Ist der Mensch in der Rechtfertigung als *cooperator* Gottes ausge-schlossen, so ist er in den aus dem Glauben fließenden Werken berufen, Gottes *co-operator* (...) zu sein"[483]. So stellt JOHANNES BUGENHAGEN († 1558), der langjährige Stadtpfarrer in Wittenberg und "Reformator Nordeuropas", in einer Predigt zu Lk 6,36-42 heraus, daß der Christ zwar nicht durch seine guten Werke gerechtfertigt wird, aber daß er als Sohn des himmlischen Vaters nach dessen Willen doch Barmherzigkeit üben muß. Ein Christ lebt "nicht wie ein Schwein, sondern macht alles für die übrigen Menschen; um Gott zu gefallen, tut er die Werke, die folgen"[484]. Noch prägnanter findet sich der Zusammenhang von Rechtfertigung und ethischer Praxis bei JOHANNES BRENZ († 1570), einem der führenden Theologen und Kirchenreformer im Umfeld der lutherischen Reformation, in seinem Sermon "Kurzer Bericht und Anweisung vom wahren christlichen Wesen. Mit Aufweis, wie christliche Obrigkeit regieren und handeln soll": "Soll man aber nichts Gutes für die Sünde tun? Ist es genug zu glauben, Christus habe die Sünde hinweggenommen? Antwort: Ja, für die Sünde ist es schon genug. Aber dieweil nach der Verzeihung der Sünde nichts im Menschen bleibt als Lob, Ehre und Preis Gottes, so folgt aus dem Lob die stete Danksagung für solches kostbar erlangte Gut der Entledigung von Sünden"[485], nämlich in der Liebe zu dem Nächsten.

---

[483] KARL-HEINZ ZUR MÜHLEN, Art. "LUTHER II. Theologie", in: TRE 21 (1991), 530 - 567; 555.

[484] JOHANNES BUGENHAGEN, Lukas 6,36-42 (übersetzt und mit einer Einleitung versehen von WOLF-GANG WISCHMEYER), in: GERHARD K. SCHÄFER (Hrsg.), Die Menschenfreundlichkeit Gottes bezeugen, a. a. O., 156 - 163; 159.

[485] JOHANNES BRENZ, Kurzer Bericht und Anweisung vom wahren christlichen Wesen. Mit Aufweis, wie christliche Obrigkeit regieren und handeln soll (übertragen und mit einer Einleitung sowie mit Anmerkungen versehen von HEINRICH ASSEL), in: GERHARD K. SCHÄFER (Hrsg.), Die Menschen-freundlichkeit Gottes bezeugen, a. a. O., 164 - 179; 169.

Die Betonung des Zusammenhangs von Rechtfertigung und guten Werken erfolgt bei den Reformatoren nicht ohne Grund, denn ihre Botschaft von der Vorrangigkeit der Gnade Gottes scheint mancherorts zu der Ansicht geführt zu haben, daß gute Werke nebensächlich sind. Sehr kritisch wird diese Folgeerscheinung der Reformation von MARTIN LUTHER († 1546) in einer Homilie zu Mt 25,31-46 beleuchtet, die er zunächst als Vertreter des Wittenberger Stadtpfarrers JOHANNES BUGENHAGEN gehalten hat und deren spätere Veröffentlichung in einer Predigtpostille den Rückschluß zuläßt, daß die hier angesprochenen Mißstände nicht nur in Wittenberg, sondern fast überall auftraten. Auf die Frage, warum Christus in der Gleichnisrede Mt 25 die Bedeutung der Werke des 5. Gebots so stark betont, führt LUTHER aus, daß dies im Blick auf die Anhänger des wahren, d.h. durch die Reformation erneuerten Evangeliums geschieht: "Unter dem Papsttum und falschem Gottesdienst ist man bereit gewesen zu geben, weil im Papsttum gestiftet und gebaut werden mußte. Alle Fürsten in Deutschland haben da mehr getränkt, gespeist und gegeben. Heutzutage können sie nur schinden, schaben und kratzen, und jeder tut, als wäre er des anderen Feind, und dies nach der Predigt des Evangeliums"[486]. Solchem sittlichen Fehlverhalten begegnet LUTHER aber nicht nur auf der Kanzel; die Enttäuschung über Selbstsucht und Geiz veranlaßt ihn im Jahr 1530 sogar dazu, in einen Predigtstreik zu treten[487].

Neu gegenüber der Theologie des Mittelalters ist aber nicht nur die Infragestellung des Verdienstcharakters des Almosens, sondern auch die Bewertung der Armut[488]. Und auch dies geschieht auf der Grundlage der Rechtfertigungslehre. Das Mittelalter hatte die freiwillige Armut und auch die in Demut und Geduld ertragene aufgezwungene Armut als verdienstvoll aufgefaßt und hatte dadurch, unbeschadet des vielfältigen caritativen Bemühens, der Armut Dauer verliehen. Eine weitere Folge war jedoch auch,

---

[486] MARTIN LUTHER, Matthäus 25,31-46 (übertragen und mit einer Einleitung sowie mit Anmerkungen versehen von MARTIN SCHWARZ), in: GERHARD K. SCHÄFER (Hrsg.), Die Menschenfreundlichkeit Gottes bezeugen, a. a. O., 180 - 190; 184.

[487] Vgl. MARTIN BRECHT, Art. "LUTHER I. Leben", 514 - 530; 522.

[488] Vgl. zum folgenden GERHARD KRAUSE, Art. "Armut VII. 16.-20. Jahrhundert (ethisch) 1. LUTHER", in: TRE 4 (1979), 98 - 105. Auch wenn dies nicht eigens gekennzeichnet wird, so beziehen sich doch die nachstehenden Ausführungen durchgängig auf Predigten oder predigtähnliche Schriften von MARTIN LUTHER.

daß die Arbeit abgewertet wurde, denn sie entsprach nicht dem Ideal des armen geistlichen Lebens und war deshalb weniger verdienstvoll. Hier nun greift die Rechtfertigungslehre auf zweifache Weise ein. Zum einen verwirft sie das Armutsideal der Bettelorden, indem sie wie beim Almosen den Verdienstcharakter der freiwilligen Armut bestreitet. "Geistlich arm" ist in ihrem Sinne nur, wer auf Gott vertraut und aus diesem Vertrauen heraus Nächstenliebe übt; eine Verpflichtung, die für jeden Christen und nicht nur für die Orden und den Klerus gilt. Zum anderen ermöglicht die Rechtfertigungslehre eine Aufwertung der Arbeit. In ihr vollzieht sich nach der Auffassung der Reformatoren nicht ein "Christsein zweiter Wahl"; vielmehr wird sie jetzt als "Gottesdienst im Alltag im Dienste des Nächsten"[489] und als ein Mittel zur Bedarfsdeckung gesehen. Damit ist aber auch die theologische Begründung für eine Unterscheidung gefunden, mit der man schon seit dem Spätmittelalter begann, die massenhaft auftretende Armut zu differenzieren, nämlich in "wirkliche Arme", d.h. Arbeitsunfähige (Witwen, Waise, Greise, Krüppel und Aussätzige) und "Simulanten", die eine Notlage nur vortäuschen. Gegen letztere soll nach LUTHER die Obrigkeit vorgehen, was de facto bereits auch schon seit dem Spätmittelalter geschah. Eine individualethische Modifizierung, aber keinen Widerspruch dazu bedeutet es, wenn JOHANNES BUGENHAGEN seine Hörer auffordert, nicht darauf zu achten, ob ein Hilfebedürftiger auch rechtschaffen ist, ob er es verdient oder nicht verdient, daß man ihm beisteht. Das Augenmerk soll sich vielmehr allein auf die Notlage richten, in der sich jemand befindet. Denn in einem solchen vorbehaltlosen Zugehen spiegelt sich die Barmherzigkeit, die Gott dem Sünder gegenüber erweist[490].

Die Reformation hat der Armut gewissermaßen den "Heiligenschein" genommen und ihr im Unterschied zum Mittelalter den Kampf angesagt. Daß dies zunächst eine Kampfansage gegen die Simulanten und die freiwilligen Armen, vor allem die Bettelmöche, war, wurde eben schon vermerkt. Aber das war nur die eine Seite. Die Reformatoren plädierten nicht nur für restriktive Maßnahmen, sondern sie traten auch für den Rechtsschutz der Armen, für ihre Bildung und ihre Versorgung ein. Dabei

---

[489] KARL-HEINZ ZUR MÜHLEN, Art. "LUTHER II. Theologie", a. a. O., 558.

[490] Vgl. JOHANNES BUGENHAGEN, Lukas 6,36-42, a. a. O., 159f.

maßen sie der weltlichen Obrigkeit, dem städtischen Rat oder dem fürstlichen Landesherrn, eine besondere Bedeutung zu. Als Beleg dafür kann wiederum die Predigt von JOHANNES BRENZ herangezogen werden. Sie ist ein Beispiel dafür, wie in der Predigt der Reformationszeit konkrete Anregungen für eine aktive Sozial- und Bildungspolitik gegeben werden. Die Obrigkeit hat sich am Gemeinwohl zu orientieren und dafür Sorge zu tragen, daß durch die Besetzung von "gemeinen" Ämtern (Stadtmeister, Rat, Pfarrer, Prediger, Helfer, Schulmeister, Meßner, Büttel, Hebamme, Torwächter etc.) dem Volk gedient wird[491]. Zugleich verdeutlicht diese Predigt, was LUTHER generell als eine Aufgabe der Predigt fordert: Sie soll die Obrigkeit daran erinnern, die Rechte der Armen zu schützen[492].

Trotz ihres patriarchalen Ordnungsdenkens ist die Predigt der Reformationszeit als prophetische Rede einzustufen: Sie ist bewußt politisch - mit dem Bestreben, zu konkreten Lösungen beizutragen; sie ist parteiisch für die (wirklichen) Armen; sie ist sozialkritisch, wenn es darum geht, den Wucher und das Spekulantentum zu geißeln. Und sie deutet die Geschichte. So versteht LUTHER die sozialen Mißstände seiner Zeit als Anzeichen des nahe bevorstehenden Gerichts: "Wir haben in diesem Landstrich Frieden, aber es tut jedermann, was er will, es ist keine Zucht und kein Gehorsam, sie sehen den Tod vor Augen. In einer anderen Gegend morden die Feinde, hier hungern wir die Armen aus. So ist Deutschland in sodomitischen Sünden ersäuft, in Übermut und Reichtum, und Christus mit seinen geringsten Brüdern ist verachtet. Es wird ihnen nicht nur keine Speise gegeben, sondern auch noch genommen. Ich bin nicht gerne Prophet: Wenn nicht der Jüngste Tag kommt, dann kommt der Türke, und er wird so mit uns umgehen, daß wir sagen werden: Hier war einmal Deutschland, (es mag) auch ein anderer Tyrann das Gericht vollstrecken"[493]. Noch deutlicher wird man wohl kaum an die Gewissen der Mächtigen und Reichen appellieren können.

---

[491] Vgl. JOHANNES BRENZ, Kurzer Bericht und Anweisung vom wahren christlichen Wesen. Mit Aufweis, wie christliche Obrigkeit regieren und handeln soll, a. a. O., 176.

[492] Vgl. a. a. O., 173f.

[493] MARTIN LUTHER, Matthäus 25,31-46, a. a. O., 189.

2.3.4 **Katholische Barockpredigt: Lob des einfachen Bauernlebens (17. bis 18. Jahrhundert)**

Die Arbeitsfähigkeit als ein Kriterium zur Differenzierung der Armen ist jedoch nicht nur ein Spezifikum der protestantischen Verkündigung, sondern sie findet sich auch in der katholischen Barockpredigt. So heißt es bei IGNATIUS ERTL († 1713), dem Augustinereremiten und vielgefragten Kanzelredner, in einer Predigt über den Müßiggang: "Was sage ich von den Bettel-Leuten? was ziglet so viel Landfahrende Bettel-Leut an die Strassen hinaus/ als der verderbliche Müssiggang? Mancher Bettler ist starck und gesund an seinem Leib/ kunte wol arbeiten und sich ehrlich hinbringen/ aber er will nicht/ verlegt sich mit Fleiß auf das Bettl-Handwerck/ wolwissend/ was ihme sein Bettelstab eintraget. Und was seynd dergleichen Bettler für lose/ schlimme/ und falsch-betrügerische Leut? sie geben sich für schadhaffte Krippel aus/ stellen sich kranck/ krump/ lahm/ stumm und blind/ umbinden ihre Händ/ Köpff und Füß mit allerhand Hadern und Fetzen/ beklagen sich/ schreyen und ruffen/ als haben sie diesen oder jenen heimlichen Siechthum und Leibs-Schaden/ und wann man sie recht beym Liecht beschauet/ ihre Lumpen und Fetzen hinweg reisst/ so findet sich kein anderer Schaden und Zustand/ als ihr stinckende Faulkeit die sie drucket"[494]. Andere Prediger wissen davon zu erzählen, daß sich mancher Arme vormittags vor der Kirche das Geld zusammenbettelt, daß er nachmittags in einer Schänke wieder durchbringt. Und JOHANN LAURENZ HELBIG († 1721) - in einer Predigt zum Martinstag, in der er an seine Zuhörer eine geistliche Martinsgans verteilt, um ihnen so durch die Blume einen moralischen Wink zu erteilen - läßt den Bettlern die Gänseleber zukommen, da "diese (...) jene Werckstatt [ist], in welcher das Blut gereinigt wird; weilen nun offt die Bettler unreines Geblüt haben"[495], womit unverkennbar auf die unterstellte Faulheit und Durchtriebenheit der Bettler angespielt wird. Angesichts dieses Befunds klagt ELFRIEDE MOSER-RATH sicher nicht zu Unrecht darüber, daß die Prediger sich anscheinend nicht

---

[494] ELFRIEDE MOSER-RATH, Dem Kirchenvolk die Leviten gelesen. Alltag im Spiegel süddeutscher Barockpredigten, Stuttgart 1991, 97f.

[495] URS HERZOG, Geistliche Wohlredenheit. Die katholische Barockpredigt, München 1991, 134.

davor scheuten, "ungeachtet ihrer Kenntnis der sozialen Mißstände, der Bettler-verachtung das Wort zu reden"[496].

Allerdings darf diese Kritik nicht überzogen werden. Denn auch die Prediger des Barock verteidigen die Armen, und sie stehen darin in nichts ihren Amtsbründern vergangener Epochen nach. So gereicht es ihnen nach dem Urteil von URS HERZOG zur Ehre, daß sie häufig und ungeschminkt für den verachteten und zumeist am Rand des Existenzminimums lebenden Stand der Bauern Partei ergreifen[497], so daß sich heute noch mit Hilfe der Barockpredigten deren beschwerliches Leben rekonstruieren läßt. Daß die Bauern neben ihrer Arbeit zur Fron für die Herrschaft herangezogen, zusätzlich durch den besonders beschwerlichen Straßenbau belastet, durch vielfältige Steuern und Abgaben ausgepreßt und obendrein bei Hungersnöten nicht selten von ihrer Herrschaft im Stich gelassen werden, wird in den Predigten detailliert dokumentiert und selbstredend kritisiert[498]. Der Ton wird dabei nicht selten rüde und scharf. So tituliert FRANZ ANTON OBERLEITNER († 1741), der zeitlebens seinen Dienst als Dorfpfarrer versah, den Adel als "Bauern-Schinder". Mit dieser seit dem 16. Jahrhundert in sozialkritischen Diskursen üblich gewordenen Redensart für die Ausbeutung wird die Ächtung des Abdeckerberufs auf soziales Fehlverhalten gegenüber Untergebenen übertragen; sie ist demnach nicht nur als Kritik, sondern auch als Beschimpfung aufzufassen. Doch damit nicht genug. OBERLEITNER erinnert an die eschatologische Umkehrung des Sozialgefüges und an die Parteinahme Gottes für die Armen und Unter-drückten, wenn er betont: "Der arme Baursmann muß jetzt ein Hund seyn, ein Hund heissen, welcher Hund aber manchen Bauern-Schinder einmahl bey dem göttlichen Richter scharpff wird anbellen"[499].

Daß solche Kritik und das Bemühen der Prediger um sozialen Ausgleich oder zu-mindest um eine Verbesserung des Sozialprestiges der Bauern gemeinhin auf wenig Verständnis stieß, lag wohl auch in der Angst vor einem möglichen Umsturz begündet.

---

[496] ELFRIEDE MOSER-RATH, Dem Kirchenvolk die Leviten gelesen, a. a. O., 97.

[497] Vgl. URS HERZOG, Geistliche Wohlredenheit, a. a. O., 173f.

[498] Vgl. ELFRIEDE MOSER-RATH, Dem Kirchenvolk die Leviten gelesen, a. a. O., 50 - 54.

[499] Zitiert nach ELFRIEDE MOSER-RATH, Dem Kirchenvolk die Leviten gelesen, a. a. O., 50.

Denn der "grobe Bauer" galt als Träger revolutionären Gedankenguts, als Gefahr für die ständische Ordnung[500]. Man behandelte ihn deshalb mit aller Härte, um jeden Aufruhr im Keim zu ersticken. Eine Aufwiegelung der Bauern war jedoch von den Predigern nicht zu befürchten. Prediger wie CHRISTOPH SELHAMER († 1709) bestärkten die Bauern darin, ihren Stand als von Gott gegeben anzunehmen, und stellten dessen Würde vor allem mit dem Hinweis auf sein hohes Alter und auf seine besonders in kultureller Hinsicht bewahrenden Kräfte heraus: "Ins gemein halt man eben das/ was alt ist/ für das Best: Also wird vil 100 mal das alte herfürgestrichen/ das Neue verworffen. Alter Glaub ist der beste Glaub. Alte Bücher halt man für die beste Bücher. Alte Leuth seynd recht gescheide Leut. Alt Gelt ist das best Gelt. Alter Wein ist der beste Wein. Soll nun der Bauren-Stand under der Sonnen der älteste Stand seyn/ so muß er eben drum auch der beste Stand seyn. Wie alt ist dann der Bauren-Stand? L[iebe] Z[uhörer] sein eisgraues Alter erstreckt sich biß auf die Erschaffung der Welt. Der erst von GOtt erschaffene und in die neue Welt versetzte Mensch/ war Adam/ und der war ein Baur. Das erst von GOtt erschaffene und in die neue Welt versetzte Weib war Eva/ und diß war ein Bäurin: Also redt die H.Schrifft/ ... mit eim Wort: so Alt ist der Bauren-Stand/ das er nit wol Aelter seyn kan"[501]. Als weiterer Trost für die Bauern verweist CHRISTOPH SELHAMER auf die Vergeltung im Jenseits und er stellt heraus, daß die fleißig verrichtete Bauernarbeit ebenso verdienstvoll ist wie das Ordensleben. Im Himmel wiegt die in Demut und mit Geduld verrichtete Arbeit genauso schwer wie das Beten und Fasten der Karthäuser und Kapuziner[502]. Und ANDREAS STROBL († 1706) betont, daß der Bauernstand schon allein deshalb dem Bürgerstand vorzuziehen ist, weil es auf dem Land weniger Gelegenheit zu Sünde und Laster gibt als in der Stadt, so daß ein Landbewohner aufgrund seiner bescheidenen Lebensweise mit ruhigerem Gewissen sterben kann als der Städter[503].

---

[500] Vgl. a. a. O., 56.

[501] A. a. O., 56.

[502] Vgl. a. a. O., 57f.

[503] Vgl. a. a. O., 61.

Neben diesen theologischen Argumenten, die die Barockprediger zum Lob des Bauernstandes anführen, finden sich bukolische Elemente, die das Landleben aus der Sicht der Reichen als unbeschwerte Lebensart preisen, allerdings um den Preis, daß sie dieses verzeichnen[504]. So wird gerühmt, daß der Landmann fröhlicher, unbekümmerter und auch gesünder lebt als der von Melancholie und Sorgen geplagte Städter. Daß solche Ausführungen in einem krassen Widerspruch zu der medizinischen Unterversorgung, der schlechten Ernährung und den vielfältigen Belastungen durch Frondienste und Abgaben steht, um die die gleichen Prediger wissen, wurde allem Anschein nach nicht als ein Problem angesehen. Das mußte es in gewisser Weise auch nicht, denn bei dem Lob des Bauernstandes ging es den Predigern letztlich doch darum, den Wert und die Würde des Bauernlebens herauszustellen. Gleichwohl ist nicht zu verkennen, daß dies auch mit der Absicht geschah, soziale Spannungen abzubauen und den Status quo der Ständegesellschaft aufrechtzuerhalten. Aus heutiger Sicht mag man diesem Unterfangen das Attribut "vertröstend" verleihen. Bei solchen Urteilen darf jedoch nicht die Zeitbedingtheit dieser (wie jeder) Verkündigung außer acht bleiben. Zu predigen bedeutete damals eben auch, der von Gott gegebenen Ordnung Stabilität zu verleihen. Und in diesem Rahmen haben die Prediger des Barock ihre Möglichkeiten zur Verteidigung der Armen sehr wohl genutzt.

2.3.5 Pietismus: Beitrag zur Entwicklung der öffentlichen Wohlfahrtspflege (17. Jahrhundert)

Traten bereits die Reformatoren für die Notwendigkeit der öffentlichen Wohlfahrtspflege ein[505], so setzte sich diese Idee doch erst ab dem Ende des 17. Jahrhunderts

---

[504] Vgl. a. a. O., 55 - 60.

[505] Vgl. THEODOR STROHM, "Theologie der Diakonie" in der Perspektive der Reformation. Zur Wirkungsgeschichte des Diakonieverständnisses MARTIN LUTHERS, in: PAUL PHILIPPI/THEODOR STROHM (Hrsg.), Theologie der Diakonie. Lernprozesse im Spannungsfeld von lutherischer Überlieferung und gesellschaftlich-politischen Umbrüchen. Ein europäischer Forschungsaustausch (VDWI 1), Heidelberg 1989, 175 - 208; 181: "Obgleich es in vielen Städten bereits Ansätze einer geordneten Armenpflege gab, hat doch LUTHER in seiner 'diakonischen Theologie' den Durchbruch zu einer Wohlfahrtspflege erzielt, sofern dem Bedürftigen soziale Rechte zuwachsen, die die Rechtsgemeinschaft zu erfüllen hat".

unter dem maßgeblichen Einfluß pietistischer Theologen und Prediger endgültig durch[506]. Die Versorgung der Armen bleibt von da an nicht mehr allein dem christlichen Mitleid überlassen, sondern sie wird zu einer anerkannten Aufgabe der öffentlichen Hand. Armen- und Krankenpflege, Arbeits- und Ausbildungsförderung gehören fortan zu den kommunalen und staatlichen Pflichten[507].

Zu dieser Entwicklung trug wesentlich PHILIPP JAKOB SPENER († 1705) bei. Als Konsistorialrat, Propst und Inspektor an St. Nikolai in Berlin war er der Inspirator und Verfechter der Berliner Armenreform, die mit dem vom Kurfürst Friedrich III. von Preußen († 1713) am 16.08.1695 erlassenen Bettelverbot in Kraft trat[508]. In seiner Predigt über die "Christliche Verpflegung der Armen"[509] vertritt SPENER die Ansicht, daß die kurfürstliche Anordnung als göttliche Wohltat und als Gelegenheit zu viel Gutem aufzufassen und deshalb willig anzunehmen ist[510]. Die neue Armenordnung soll sowohl für die Wohlhabenden als auch für die Armen von Vorteil sein. Denn sie schließt zum einen den möglichen Betrug durch Berufsbettler aus; zum anderen garantiert sie den arbeitswilligen Armen Arbeit und Lohn und den Arbeitsunfähigen Unterstützung.

Im einzelnen führt SPENER aus, daß mutwilliger Bettel ein Zustand fortwährender Sünde ist[511]. Arbeitsfähige Bettler verstoßen gegen das in die Schöpfungsordnung eingestiftete und von Paulus bekräftigte Arbeitsgebot (vgl. Gen 3,19; 1 Thess 4,11.12; 2 Thess 3,10-12). Zudem sind sie notorische Diebe. Denn sie stehlen das Almosen

---

[506] Insofern ist das Urteil von WERNER SCHÜTZ (Geschichte der christlichen Predigt, a. a. O., 145f.) zu modifizieren, nach dem die pietistische Predigt ausgerechnet zu dem Zeitpunkt "individualistisch" und "weltflüchtig" wird, "wo die Vernunft sich anschickt, die Welt zu durchdringen und zu gestalten".

[507] Vgl. THEODOR STROHM, "Theologie der Diakonie" in der Perspektive der Reformation, a. a. O., 190f.

[508] Vgl. JUTTA SCHMIDT, Einleitung zu PHILIPP JACOB SPENER, Christliche Verpflegung der Armen, in: GERHARD K. SCHÄFER (Hrsg.), Die Menschenfreundlichkeit Gottes bezeugen, a. a. O., 205 - 207; 206.

[509] Vgl. PHILIPP JAKOB SPENER, Christliche Verpflegung der Armen (übertragen und mit einer Einleitung und mit Anmerkungen versehen von JUTTA SCHMIDT), in: GERHARD K. SCHÄFER (Hrsg.), Die Menschenfreundlichkeit Gottes bezeugen, a. a. O., 205 - 230.

[510] Vgl. a. a. O., 215.

[511] Vgl. a. a. O., 216ff.

sowohl denen, die es geben, als auch denen, die es nötig haben. Darüber hinaus stürzen sie die Geber in Gewissensnöte. Denn diese müssen ja befürchten, daß sie durch die nicht angebrachte Vergabe eines Almosens schwere Schuld auf sich laden, weil sie die sündhafte Lebensweise der "falschen" Armen unterstützen. Durch das vom Kurfürsten erlassene Bettelverbot wird dieser Zustand der Sünde abgewendet.

Die Zuständigkeit der Obrigkeit für die organisierte Versorgung der wirklichen Armen macht allerdings die Hilfsbereitschaft der Einzelnen nicht überflüssig. Die Sicherheit, daß ihr Almosen richtig verwendet wird, soll die Wohlhabenden vielmehr darin bestärken, großzügige Spenden für die Armenbüchse zu geben[512]. Außerdem ist jeder Christ zu tätiger Nächstenliebe verpflichtet und zwar gleichermaßen im Bereich der geistlichen wie der leiblichen Liebeswerke[513]. Alles in allem soll die kurfürstliche Anordnung dazu beitragen, daß die Situation der Armen verbessert wird, nämlich durch die Kooperation von öffentlicher und privater Hilfe.

SPENERS Ausführungen wird man somit als den ersten homiletischen Versuch betrachten dürfen, strukturelle und individuelle Hilfe aufeinander zu beziehen. Anders formuliert: Zum ersten Mal scheint in einer Predigt der Gedanke auf, daß "Liebe sich in und durch Strukturen verwirklicht"[514]. Gleichzeitig ist aber auch schon hier, wo "der soziale Rechtsstaat neuzeitlicher Prägung seine erste eindeutige Basis"[515] erhält, zu erkennen, daß die Verrechtlichung der Hilfe eine Begründung des individuellen Engagements erforderlich macht. Neben diesen in geschichtlicher Hinsicht voraus weisenden Momenten sind aber auch die Mängel der Predigt über die christliche Verpflegung der Armen zu konstatieren. Da ist erstens die wiederholte Unterstellung zu nennen, daß die "meisten" Bettler ihre Bedürftigkeit nur vortäuschen[516]. Zweitens offenbart die ethische Argumentation einen deutlichen Hang zum Skrupelhaften. Drittens fällt auf, daß der Einsicht in die Notwendigkeit struktureller Hilfe nicht die

---

[512] Vgl. a. a. O., 225.

[513] Vgl. a. a. O., 207f.

[514] THEODOR STROHM, "Theologie der Diakonie" in der Perspektive der Reformation, a. a. O., 191.

[515] Ebd.

[516] Vgl. PHILIPP JACOB SPENER, Christliche Verpflegung der Armen, a. a. O., 219 u.ö.

166

Analyse der strukturellen Ursachen der Armut vorausgeht. Stattdessen findet sich die traditionelle Vorstellung, daß die ungleiche Verteilung der Güter zwischen arm und reich auf Gott, den Schöpfer zurückgeht, freilich nicht ohne Zusatz, daß dies die Reichen zum Almosengeben verpflichtet[517].

Schließlich sei noch auf AUGUST HERMANN FRANCKE († 1727) verwiesen. Seine Predigt über "Die Pflicht gegen die Armen"[518], gehalten am 1. Sonntag nach Trinitatis 1697 in Glaucha, unterscheidet sich zunächst von der Predigt SPENERS darin, daß sie gegenüber den Armen weniger vorurteilsbeladen, dafür aber eine Mahnrede an die Adresse der Reichen ist. Desweiteren ist sie ein Beleg dafür, daß die Entwicklung der öffentlichen Armenpflege in den deutschen Staaten des 17. und 18. Jahrhunderts keineswegs überall zufriedenstellend verlief, so daß sich FRANCKE dazu veranlaßt sieht, die christliche Obrigkeit daran zu erinnern, daß es ihre Pflicht ist, die Armen zu versorgen. Anstatt sich darum zu bemühen, die Armen loszuwerden, sollte die Obrigkeit lieber darauf schauen, daß die Armen ihr Elend los werden und wie ihnen aus der Armut herausgeholfen werden kann[519].

2.3.6 Aufklärung: Ausschluß der Armen aus der Predigtkommunikation (18. Jahrhundert)

Es liegt auf der Hand, daß sich auch die Predigt der Aufklärung mit ihrer Betonung der Moral bzw. mit ihrem Bemühen, die Sittlichkeit der Menschen zu heben[520], immer wieder der Armenfrage zugewandt hat. Eines ihrer Kennzeichen ist, daß sie sich in erster Linie an die Einsicht der Hörer wendet[521]. So führt JOHANN LORENZ MOSHEIM († 1755) möglichst viele Gründe aus unterschiedlichen Bereichen an - aus der all-

---

[517] Vgl. a. a. O., 209.

[518] Vgl. AUGUST HERMANN FRANCKE, Die Pflicht gegen die Armem. Lukas 16,19-31 (übertragen und mit einer Einleitung und Anmerkungen versehen von GERHARD K. SCHÄFER), in: GERHARD K. SCHÄFER (Hrsg.), Die Menschenfreundlichkeit Gottes bezeugen, a. a. O., 231 - 261.

[519] Vgl. a. a. O., 243.

[520] Vgl. WERNER SCHÜTZ, Geschichte der christlichen Predigt, a. a. O., 159 - 171.

[521] Das geschieht nach dem Grundsatz, daß es die Erbauung des Willens, d.h. seine Besserung, nur geben kann, wenn der Verstand zuvor erleuchtet ist. Vgl. WERNER SCHÜTZ, Geschichte der christlichen Predigt, a. a. O., 161.

gemeinmenschlichen Erfahrung, der Natur und der Bibel -, um seine Hörer zum barmherzigen Handeln zu bewegen, allerdings mit der Konsequenz, daß diese "Heilige Rede" zu Lukas 6,36 "Seid barmherzig, wie es auch euer Vater ist" ausgesprochen weitschweifig ausfällt[522]. Durch Erkenntnis überzeugen möchte diese Predigt und nicht die Gemüter bewegen. Denn, so sagt MOSHEIM, "Glut und Hitze", "Wehmut und Tränen"[523] legen sich schnell, wenn die Rede vorüber ist. Der Prediger muß deshalb die Einwände seiner Hörer, die sich dann zu Wort melden, aufgreifen und entkräften[524]. Das war zwar den Homileten aller Zeiten bewußt, wird aber hier besonders akzentuiert.

Ebenfalls nicht ausschließlich für die Aufklärungspredigt geltend zu machen, aber doch eines ihrer Charakteristika ist ihre kritisch-aufdeckende Dimension. So konfrontiert MOSHEIM die landläufig als Barmherzigkeit verstandenen Verhaltensweisen, Rührung oder Ehrsucht, mit Gottes barmherzigem Verhalten, das sich zweckfrei und real, allein aus Liebe dem Menschen zuwendet[525]. Daran haben Christen Maß zu nehmen. In diesem Zusammenhang ist besonders hervorzuheben, daß MOSHEIM in erster Linie nicht auf den Vorbildcharakter des göttlichen Handelns abhebt, sondern auf dessen Barmherzigkeit gegenüber allen Menschen hinweist, die sich für den Christen im Glauben erschließt. Folglich ist nach MOSHEIM die Barmherzigkeit mit der Liebe gleichzusetzen, die aus dem Glauben erwächst. Die Diakonie geht somit aus dem Handeln Gottes an uns hervor. Sie wird deshalb vom Verkündiger zunächst zugesprochen, bevor sie als Maßstab christlichen Lebens geltend gemacht wird.

MOSHEIM beschränkt sich allerdings nicht darauf, individuelles Fehlverhalten aufzudecken, sondern er spricht die Obrigkeit auf ihr Versagen hinsichtlich der Versorgung der Armen an[526]. Das Besondere daran ist, daß dies direkt geschieht, denn die

---

[522] Vgl. JOHANN LORENZ MOSHEIM, Die Natur der wahren Barmherzigkeit. Lukas 6,36 (übertragen und mit einer Einleitung und Anmerkungen versehen von MICHAEL KLEIN), in: GERHARD K. SCHÄFER (Hrsg.), Die Menschenfreundlichkeit Gottes bezeugen, a. a. O., 262 - 295.

[523] JOHANN LORENZ MOSHEIM, Die Natur der wahren Barmherzigkeit, a. a. O., 287.

[524] Dies geschieht dann dementsprechend, vgl. a. a. O., 287 - 291.

[525] Vgl. a. a. O., 268 - 275.

[526] Angemahnt wird die Aufsichtspflicht gegenüber den Verwaltern der Armenkasse, da Gerüchte im Umlauf sind, daß Gelder veruntreut werden (vgl. a. a. O., 290f.) Darüber hinaus macht MOSHEIM

Predigt über "Die Natur der wahren Barmherzigkeit" hält MOSHEIM am 17.08.1731 in der Braunschweigischen Stiftskirche vor dem Herzoglichen Hof[527].

Deshalb kann MOSHEIM mit Recht den wenigen Armen, die zugegen sind, zurufen, daß er heute für sie das Wort geführt hat[528]. Dabei dürften sie allerdings kaum etwas verstanden haben, denn MOSHEIMS Predigt ist die Rede "eines Gebildeten vor Gebildeten"[529], die durch ihre Sprache die ungebildeten Armen von vornherein aus der gottesdienstlichen Gemeinschaft ausschließt. Dadurch aber werden die Armen zu Objekten des barmherzigen Handelns der vermögenden Gebildeten[530]. Bedenklich stimmt, daß diese Form der Predigtkommunikation in einem deutlichen Widerspruch zu ihrem inhaltlichen Schwerpunkt steht. Die Brüderlichkeit, von der die Predigt spricht[531], wird kommunikativ nur gegenüber den eigenen Standesgenossen eingelöst. Und Gottes vorbehaltlose Liebe wird nur den Gebildeten zugesprochen, für die ungebildeten Armen jedoch an eine Vorbedingung geknüpft. Sie müssen sich erst der Liebe würdig erweisen, die ihnen Gott durch die Hand ihrer Wohltäter zukommen läßt. Deutlich wird dies in der Ermahnung der Armen, die MOSHEIM auf die Feststellung, für die Armen eingetreten zu sein, folgen läßt: "Eure Unordnung, eure Laster, eure groben und hochmütigen Sitten, euer offenbarer Unglaube sind oft die entscheidenden Ursachen der Unbarmherzigkeit der heutigen Welt, worüber ihr euch beschwert. Sollen wir durch unseren Fleiß eure Faulheit, eure Verschwendung, eure Unmäßigkeit stützen und pflegen? Sollen wir das, was die Gnade des Herrn uns geschenkt hat, den Unsrigen entziehen, damit ihr es in Lastern und allerhand Sünden verzehrt? Redet ab jetzt selbst durch eure Demut, durch eure Arbeitsamkeit, durch eure Gottseligkeit für euch, und

---

Vorschläge zur Reform der Armenpflege, die letztlich auf die gleichen Ziele hinauslaufen wie die Berliner Armenreform von 1695 (vgl. a. a. O., 285).

[527] Vgl. MICHAEL KLEIN, Einleitung zu JOHANN LORENZ MOSHEIM, a. a. O., 262. Inwieweit MOSHEIMS Vorschläge etwas bewirkt haben, ist nicht sicher auszumachen. In Braunschweig ist es erst 1742 durch ein neues Armenreglement zu strukturellen Veränderungen gekommen (vgl. a. a. O., 263).

[528] Vgl. JOHANN LORENZ MOSHEIM, Die Natur der wahren Barmherzigkeit, a. a. O., 294.

[529] WERNER SCHÜTZ, Geschichte der christlichen Predigt, a. a. O., 160.

[530] Vgl. GERHARD K. SCHÄFER, Diakonische Predigt. Einführende Überlegungen, in: DERS. (Hrsg.), Die Menschenfreundlichkeit Gottes bezeugen, a. a. O., 34.

[531] Vgl. JOHANN LORENZ MOSHEIM, Die Natur der wahren Barmherzigkeit, a. a. O., 265.

macht euch der Liebe, die ihr von den Begüterten verlangt, würdig! Wir geben das, was wir euch reichen, nicht nur euch, sondern vielmehr dem Herrn und in der Meinung, daß ihr Brüder unseres Erlösers seid. Ja, der Herr gibt euch das, was ihr empfangt, durch die Hand eurer Wohltäter, denen er Barmherzigkeit und Liebe befohlen hat. Was meint ihr, was für ein Zorn euch am Tage des Zorns und des gerechten Gerichts treffen wird, wenn ihr das, was eurem Heiland in Einfalt des Herzens gegeben wird, zu seiner Unehre verwendet?"[532] Wohlgemerkt, das ist ein Auszug aus der einzigen Passage, die sich direkt an die Armen richtet. Sie beleuchtet, welch fragwürdige Bedingungen mit der Parteinahme für die Armen verbunden werden konnten und wie sehr dieser Prediger von der Perspektive der Reichen und Gebildeten eingenommen war.

Andere Akzente als bei MOSHEIM finden sich bei JOHANN JOACHIM SPALDING († 1804) in der Predigt "Über die Bereitwilligkeit zu helfen", die er 1767 in Berlin auf der gleichen Kanzel, die früher einmal SPENER versehen hatte, gehalten hat[533]. Diese Predigt ist zwar theologisch und rhetorisch nicht so anspruchsvoll wie die eben besprochene Predigt von MOSHEIM, aber dafür ist sie allgemeinverständlich und wesentlich stärker an der Not der Armen orientiert. Ausgehend von der Heilung eines Aussätzigen und der Heilung des Dieners eines Hauptmanns (Mt 8,1-13) möchte SPALDING den rechten Geist der Liebe und damit den wahren Sinn des Christentums wecken und fördern. Dazu stellt er seinen Zuhörern die Beispielhaftigkeit des Wirkens Jesu vor Augen. Wie er sollen sie unverzüglich und bereitwillig dem Hilfeersuchen von Notleidenden entgegenkommen. Obwohl auch SPALDING dazu rät, Hilfe möglichst zweckmäßig zu leisten, also darauf zu achten, wer am meisten hilfsbedürftig ist, warnt er doch davor, diese Überlegungen nicht zum Vorwand zu nehmen, sich der Verpflichtung zur Hilfeleistung zu entziehen, oder den Hilfsbedürftigen bei der Übergabe des Almosens zu demütigen. Zudem ist "es doch allemal weit besser (...), mit gutem und willigen Herzen lieber zehn Unwürdigen, die man nicht sicher genug dafür erkennet, Hilfe zu

---

[532] A. a. O., 294.

[533] Vgl. JOHANN JOACHIM SPALDING, Über die Bereitwilligkeit zu helfen. Matthäus 8,1-13 (mit einer Einleitung und Anmerkungen von GERHARD K. SCHÄFER), in: GERHARD K. SCHÄFER (Hrsg.), Die Menschenfreundlichkeit Gottes bezeugen, a. a. O., 296 - 304. Zu Ort und Datum der Predigt vgl. die Einleitung, a. a. O., 296f.

leisten, als einen einzigen Würdigen hilflos zu lassen"[534]. Diese Gesinnung wiegt bei Gott die Schuld, die man aufgrund dieser Haltung auf sich geladen hat, auf.

Nimmt man die Predigten von SPENER und FRANCKE, MOSHEIM und SPALDING zusammen, so entsteht leicht der Eindruck, daß jeweils die Stärken der einen die Schwächen der anderen aufwiegen. Weiterführend ist jedoch zu sehen, daß diese Unterschiede von unterschiedlichen Konzepten herrühren. Die Ausführungen nehmen jeweils eine andere Gestalt an, je nachdem ob nun stärker von individuellen oder strukturellen Fragestellungen ausgegangen wird. Und ebenso nachhaltig wirkt es sich aus, ob eher verantwortungsethisch oder gesinnungsethisch argumentiert wird.

2.3.7 Industrialisierung: Mangelnde Sensibilität für die soziale Frage (19. Jahrhundert)

Zu Beginn des 19. Jahrhunderts nimmt die Armut in einem bislang nicht gekannten Ausmaß zu[535]. Etwa ab 1830 wird die Armut zu einem Massenphänomen; durch das Anwachsen der Unterschichten wird die Not mehr denn je zu einem kollektiven Schicksal. Die Ursache dafür liegt nicht in der Industrialisierung, sondern in der Zunahme der Bevölkerung bei einer gleichzeitig stagnierenden Wirtschaft und einem unterproportionalen Arbeitskräftebedarf. "In den 40er Jahren ist gerade da, wo die Industrie fehlt, die Not am größten; und das schnelle Ende des krisenhaften Pauperismus nach 1850 ist gerade auf die Industrialisierung und die von ihr geschaffenen neuen Arbeitsplätze zurückzuführen"[536]. Gleichwohl ist nicht zu verkennen, daß die jetzt entstehende Klasse der Arbeiter trotz der Verbesserung der Lage noch immer am Rande der Not laboriert. Die Arbeiterexistenz ist bis in das letzte Drittel des 19. Jahrhunderts hinein im wesentlichen von Unsicherheit geprägt: "Krankheit, die eigene wie die von Frau oder Kindern, Invalidität, Alter, Tod des 'Ernährers', das waren kaum aufzufangende Einbrüche in Lebensplanung und 'Auskommen'. Und gewiß ebenso bedrohlich

---

[534] A. a. O., 300.

[535] Vgl. zum folgenden THOMAS NIPPERDEY, Deutsche Geschichte 1800 - 1866. Bürgerwelt und starker Staat, München ⁶1993, 219 - 248.

[536] A. a. O., 220f.

war der unfreiwillige kurz- oder längerfristige Verlust von Arbeit - bei konjunkturellen Schwankungen wie individuellem Leistungsabfall. Keine der Krücken der alten Zeit, keine größere Familie, keine ländlichen Ressourcen und kein - ausreichendes - Sparguthaben waren als Auffangnetz in solchen Notlagen verfügbar"[537]. Belastend ist aber auch die Erfahrung der mit der Industrialisierung heraufgekommenen neuen Arbeitswirklichkeit. Von dem vielen, was hier eigentlich auszuführen wäre - der Wechsel von der erlebten zur gemessenen Zeit, die Entfremdung durch Arbeitsteilung, die Anonymisierung der Beziehungen am Arbeitsplatz - sei nur der Umstand hervorgehoben, daß der Arbeiter in eindimensionaler Sicht zum Produktionsfaktor herabgewürdigt wird. Nicht mehr die Person steht im Vordergrund, sondern das wirtschaftliche Kalkül von Angebot und Nachfrage auf dem Arbeits- (und in Relation dazu) auf dem Warenmarkt. Die Löhne werden gedrückt. "Ausbeutung" und Verletzung der Menschenwürde werden zu einer weit verbreiteten Erfahrung der Arbeiter und sind deshalb oft Anlaß zu Protest und sozialer Unruhe. Hinzu kommt, daß die Arbeiterbewegung aufgrund des Koalitionsverbots bis 1869 und des Sozialistengesetzes (1878 - 1890) staatlicherseits darin behindert wird, sich für gerechte Löhne und eine angemessene soziale Absicherung einzusetzen. Erst ab den 80er Jahren beginnt der Auf- und Ausbau der staatlichen Sozialpolitik[538]: 1883 wird die Krankenversicherung, 1884 die Unfallversicherung und 1889 die Invaliditäts- und Altersversicherung gesetzlich eingeführt. Allerdings wird nicht erst zu dieser Zeit die Lösung der sogenannten sozialen Frage für die breite Öffentlichkeit virulent. Schon im Vormärz, als die Fabrikarbeiter in Deutschland "noch keine starke oder gar dominierende anschauliche Realität waren, war die Frage für alle Interessierten brennend; es gab ein waches antizipatorisches Bewußtsein für die kommenden Entwicklungen, in das sowohl das theoretisch-analytische Interesse an der Gesellschaft mündete, wie die Wahrnehmung dessen, was in England und Frankreich geschah und diskutiert wurde"[539]. Namen wie

---

[537] A. a. O., 240.

[538] Vgl. THOMAS NIPPERDEY, Deutsche Geschichte 1866 - 1918. Bd. I. Arbeitswelt und Bürgergeist, München ²1991, 335 - 373.

[539] THOMAS NIPPERDEY, Deutsche Geschichte 1800 - 1866, a. a. O., 242.

LORENZ STEIN († 1890) und FRIEDRICH ENGELS († 1895) sind hier zu nennen, aber auch der katholische Philosoph FRANZ VON BAADER († 1841), der als erster die Bezeichnung "Proletariat" in Deutschland verbreitet. Es kann nicht die Aufgabe eines predigtgeschichtlichen Überblicks sein, die Fülle der recht unterschiedlichen Lösungsvorschläge, wie sie von bürgerlichen Autoren oder Angehörigen der Arbeiterbewegung gemacht wurden, darzustellen. Aber es ist in diesem Zusammenhang wenigstens hervorzuheben, daß sich mit der neuen Zeit auch die Einstellung zur Armut noch einmal wandelt. Armut wird als Krankheit, als Gefährdung der Gesellschaft angesehen, die es abzuwenden gilt. Im Laufe der Jahre setzte sich diesbezüglich immer mehr die Auffassung durch, daß dies vornehmlich auf dem Weg der rechtlichen und versicherungsmäßigen Absicherung der Arbeiter zu geschehen hat, was dann ja auch tatsächlich ab dem letzten Drittel des 19. Jahrhunderts geschah.

Wie reagiert die Predigt auf diesen Prozeß der Proletarisierung der Massen? Allem Anschein nach verhält sich die Predigt vor allem in der ersten Hälfte des Jahrhunderts in diesem Punkt - gelinde gesagt - sehr zurückhaltend. Das mag man darauf zurückführen, daß sich erst in diesem Zeitraum die Industrialisierung durchzusetzen beginnt. Darüber darf man jedoch nicht außer acht lassen, daß es schon vor der Industrialisierung ein enormes Anwachsen der Unterschichten, der Unselbständigen und der Armut, den sogenannten Pauperismus, gab. Mag man noch einräumen, daß es für die Prediger schwer war, die Anzeichen des Neuen wahrzunehmen und homiletisch zu bearbeiten, so könnte man dennoch erwarten, daß zumindest der weit verbreitete Pauperismus der ersten Jahrhunderthälfte sich in den Predigten niederschlägt. Aber auch unter dieser modifizierten Fragestellung wird man nicht fündig.

JOHANN MICHAEL SAILER († 1832) führt in einer Predigt zu Mt 11,4-6 zwar aus, daß die Tatsache, daß Jesus gekommen ist, den Armen die Frohe Botschaft zu bringen, als Beweis für seine göttliche Sendung anzusehen ist[540], aber welche Auswirkungen das konkret für die Armen hat, wird nicht deutlich. Der entsprechende Passus endet lediglich mit einem Lob der Armen: Sie haben offene Herzen, in die Jesus "seine

---

[540] Vgl. JOHANN MICHAEL SAILER, Vierte Rede am zweyten Adventsonntage: Von den Beweisgründen für die göttliche Sendung Jesu, die in seiner Antwort an die Jünger Johannis liegen, in: DERS., Homilien auf alle Sonn- und Festtage des Kirchenjahres. I. Bd., Landshut 1819, 26 - 35; 31 - 34.

Schätze, seine Herrlichkeit, seine Weisheit hineinlegen kann"[541]. Pointiert formuliert: Die Armen werden durch Jesus selbst reich - das muß ihnen genügen. Hervorzuheben ist, daß sich in den beiden Predigtbänden aus dem Jahr 1819 kaum Bezüge zur wirtschaftlichen und sozialen Lage finden[542]. Man mag an den Predigten SAILERS vieles rühmen - ihre klare Gliederung, die Volkstümlichkeit ihrer Sprache, die Ausrichtung auf die Heilige Schrift -, aber das ist doch ein deutliches Manko. In gewisser Hinsicht ist das als ihr Motto anzusehen, wozu SAILER seine Hörer in der Predigt zum Gründonnerstag auffordert: "So wollen wir (…) uns alles aus dem Sinne schlagen, was auf unser *leibliches, irdisches, zeitliches* Daseyn einen Bezug hat, und nur *unseren göttlichen Erlöser, den Urheber unseres ewigen Heiles* in das Auge fassen und im Auge behalten"[543]. Zeit und Ewigkeit werden einander gegenübergestellt. Dabei wird der Akzent auf die Ewigkeit gesetzt. Sie ist das Eigentliche, das alles Weltliche relativiert.

In sozialer Hinsicht profilierter als JOHANN MICHAEL SAILER ist FRIEDRICH SCHLEIERMACHER († 1834). Wie von GERHARD K. SCHÄFER nachgewiesen wurde, hat SCHLEIERMACHER im Laufe seines Lebens zunehmend diakonisch-soziale Anliegen in sein theologisches Werk und in seine Predigten aufgenommen[544]. In seiner Predigt "Über die christliche Wohltätigkeit", die bezeichnenderweise Eph 4,28 zum Ausgangspunkt nimmt ("Der Dieb soll nicht mehr stehlen, sondern arbeiten und sich mit seinen

---

[541] A. a. O., 34.

[542] Vgl. neben dem bereits zitierten I. Band: JOHANN MICHAEL SAILER, Homilien auf alle Sonn- und Festtage des Kirchenjahres. II. Bd, Landshut 1819. In einer Predigt um Neujahr werden die Zuhörer pauschal aufgefordert, dem Götzen des Mammons abzusagen (Vgl. JOHANN MICHAEL SAILER, Zwölfte Rede, am ersten Sonntage im Neujahre: Was es heiße, dem Herrn dienen wollen, in: DERS., Homilien auf alle Sonn- und Festtage des Kirchenjahres. I. Bd., a. a. O., 99 - 108; 106). Und in einer Predigt zu Mt 8,26 (Kontext: die Stillung des Seesturms) wird verheißen, daß Gott auch in unseren zeitlichen Nöten und Angelegenheiten nicht "schlummert" und daß wir ihm deshalb vertrauen sollen. In der Liste der zeitlichen Nöte wird das Niedergedrücktsein von schweren Arbeiten genannt (Vgl. JOHANN MICHAEL SAILER, Siebzehnte Rede, am vierten Sonntage nach der Erscheinung des Herrn: Von dem Lehrgeiste, der in den Handlungen Jesu liegt, DERS., Homilien auf alle Sonn- und Festtage des Kirchenjahres. I. Bd., a. a. O., 142 - 147; 146.

[543] JOHANN MICHAEL SAILER, Zwey und dreißigste Rede, an dem heiligen Donnerstage: Von der Liebe Jesu, wie sie sich am Tage vor seinem Sterben kund gethan hatte, in: DERS., Homilien auf alle Sonn- und Festtage des Kirchenjahres. I. Bd., a. a. O., 281 - 290; 281. (Der kursiven Hervorhebung oben entspricht eine gesperrte Schreibweise im Original.)

[544] Vgl. GERHARD K. SCHÄFER, Gottes Bund entsprechen. Studien zur diakonischen Dimension christlicher Gemeindepraxis (VDWI 5), Heidelberg 1994, 62 - 76; 74.

Händen etwas verdienen, damit er den Notleidenden davon geben kann"), schärft
SCHLEIERMACHER seinen Hörern ein, daß Wohltätigkeit und Gerechtigkeit voneinander
geschieden werden müssen, sofern nicht die Wohltätigkeit zum Vorwand genommen
werden soll, um die Ungerechtigkeit zu kaschieren: "Aber das laßt uns zu Herzen
nehmen, daß der Apostel diese Ermahnung [zur Gerechtigkeit] vor die Aufforderung
zur Wohltätigkeit stellt, als ob er uns sagen wollte, ehe ihr daran denkt, wohltätig zu
sein, die Dürftigen zu unterstützen, seid zuvor gerecht, leget alle auch die geheimste
Ungerechtigkeit ab, welche am meisten Dürftige macht"[545]. Die Wohltätigkeit soll
nicht die "Höhle des Raubes" mit "heiligen Zeichen" verzieren[546]; sie soll nicht der
"Selbstbefriedigung"[547] des Gebers noch der Gerechtigkeit des Menschen vor Gott
dienen. Gegenüber solchen Fehlformen stellt SCHLEIERMACHER heraus, daß die Wohltätigkeit "ein Werk der Not und gewissermaßen der Scham [ist], wovon so wenig
Aufhebens gemacht werden soll als irgend die Sache gestattet"[548]. Um die falschen
Motive abzuwenden und eine geordnete, kontinuierliche und erwartbare Hilfe sicherzustellen, war es seit altersher die Aufgabe der ganzen Gemeinde (bzw. der dazu Beauftragten), Wohltätigkeit zu üben. Die derzeitige Wohltätigkeit der Gemeinde ist jedoch
nur noch ein "Schattenbild" der ursprünglichen Ordnung, so daß sie an vielen Orten nur
mehr zum Schein besteht[549]. Beklagenswerterweise ist die Wohltätigkeit vom Staat
übernommen worden. Dadurch werden zwar die Nachteile einer ausschließlich individuell ausgerichteten Wohltätigkeit vermieden, aber doch um den Preis, daß jetzt
Tendenzen zur Verrechtlichung und Bürokratisierung auftreten, denn alles, was im
Namen der Obrigkeit geschieht, muß den Kriterien "der strengsten Form" genügen[550]. Im Unterschied dazu könnte die christliche Gemeinde schneller und "herzli-

---

[545] FRIEDRICH SCHLEIERMACHER, Über die christliche Wohltätigkeit. Epheser 4,28 (mit einer Einleitung
und Anmerkungen von ULRICH BRATES) in: GERHARD K. SCHÄFER (Hrsg.), Gottes Menschenfreundlichkeit bezeugen, a. a. O., 313 - 329; 319.

[546] Ebd.

[547] A. a. O., 323.

[548] Ebd.

[549] Vgl. a. a. O., 325.

[550] Vgl. a. a. O., 327.

cher" Hilfe erbringen[551], weshalb SCHLEIERMACHER auch dafür plädiert, daß die Obrigkeit die Sorge für die Bedürftigen in die Hände zurückgibt, in denen sie sich ursprünglich befand[552]. SCHLEIERMACHERs Predigt "Über die christliche Wohltätigkeit" ist somit einer der ersten homiletischen Beiträge - wenn nicht sogar der erste -, der unter den Bedingungen der modernen, d.h. staatlich bzw. kommunal organisierten Wohlfahrtspflege die Notwendigkeit der Diakonisierung der Gemeinde thematisiert. Darüberhinaus ist seine Unterscheidung von Gerechtigkeit und Wohltätigkeit von besonderer Bedeutung. Sie ist ein unverzichtbares Instrument der kritisch-aufdeckenden Funktion der Predigt. Gleichwohl ist aber auch zu sehen, daß sein Votum für die diakonische Gemeinde die strukturellen Aspekte der Gerechtigkeit, wie gesetzliche Rahmenbedingungen, außer acht läßt. Zudem kann die gemeindliche Rückbindung der Wohltätigkeit in ihrer von SCHLEIERMACHER suggerierten Ausschließlichkeit leicht zu einer Überforderung der Gemeinde führen. SCHLEIERMACHER hat diese Perspektive dann auch selbst in späteren Predigten aufgegeben und stattdessen auf der Grundlage der Unterscheidung von öffentlicher Wohltätigkeit und christlicher Handreichung den exemplarischen Charakter der christlichen Diakonie herausgestellt. Darüberhinaus betonte er später die Notwendigkeit einer gerechten Rechtsordnung und die Ausbildung sozialer Sicherungssysteme, die je länger desto mehr die öffentliche Wohltätigkeit aufheben. Neben den schon angesprochenen Kritikpunkten an der Konzeption SCHLEIER-MACHERS sind nach GERHARD K. SCHÄFER noch die folgenden Tendenzen zu nennen: SCHLEIERMACHER scheint die "äußere Not in bezug auf das unmittelbare Gottesbewußtsein als letztlich indifferent" aufzufassen, "Individualität zugunsten des 'Ganzen' zu nivellieren und die Diakonie in Hinsicht auf die Mission zu instrumentalisieren. Vor allem die Tendenz, die leiblich materielle Not gegenüber der Gottesbeziehung als lediglich äußerlich anzusehen, weist zurück auf das theo-logische Grundproblem, daß im Denken SCHLEIERMACHERS Gott sich dem Leiden und der Negativität nicht aussetzen kann"[553]. Schleiermachers Konzeption muß deshalb einer kreuzestheologischen

---

[551] Vgl. ebd.

[552] Vgl. a. a. O., 328.

[553] GERHARD K. SCHÄFER, Gottes Bund entsprechen, a. a. O., 75.

Kritik unterzogen werden. Schließlich ist festzuhalten, daß sich auch bei SCHLEIERMA-CHER die Vorstellung von der Gott- bzw. Naturgegebenheit der Armut findet, unbeschadet des Bemühens, die Gegensätze zwischen arm und reich zu überwinden[554].

Eine Zäsur hinsichtlich der Wahrnehmung der sozialen Frage in der Predigt des 19. Jahrhunderts markiert der Mainzer Bischof WILHELM EMMANUEL VON KETTE-LER († 1877), der als "Sozial-" oder "Arbeiterbischof" in die Geschichte eingegangen ist[555]. KETTELER tritt in das Rampenlicht der Öffentlichkeit, als er am 18.09.1848 eine Begräbnisansprache für zwei Adelige hält, die von Aufständischen ermordet worden sind. Aufsehenerregend ist auch die Stegreifrede auf dem ersten deutschen Katholikentag in Mainz, in der KETTELER über die beiden großen Themen seines Lebens, die Freiheit der Kirche und die soziale Frage, spricht. Daraufhin wird er, der "Bauernpastor" aus Hopsten, in der Adventszeit zu einer Predigtreihe in den Mainzer Dom eingeladen, der er den Titel gibt "Die großen socialen Fragen der Gegenwart"[556]. KETTELER stellt in diesem Zusammenhang heraus, daß eigentlich nur die katholische Kirche in der Lage ist, die sozialen Mißstände abzuwenden, da nur sie es ist, die mit den ihr anvertrauten Lehren das Übel von der Wurzel her heilen kann. Ihm geht es vor allem um einen Wandel der Gesinnung und zwar nicht nur auf seiten der Reichen, sondern auch bei den Armen. Als Ausdruck ihrer geistigen Armut sieht KETTELER es an, daß sie allein in den Reichen die Ursache für ihre Not sehen und dementsprechend mit Haß reagieren, anstatt sich auf die wahren Ursachen und das eigene Verschulden zu besinnen. Solche Ermahnungen an die Adresse der Armen unterscheiden sich von der über Jahrhunderte in der Predigt geübten Armenschelte wesentlich dadurch, daß sie eingebunden sind in das Bemühen, die Armen zu verstehen und ihnen nach- bzw. entgegenzugehen: "Die Armen müssen erst wieder fühlen, daß

---

[554] Vgl. FRIEDRICH SCHLEIERMACHER, Über die christliche Wohltätigkeit, a. a. O., 317f.

[555] Vgl. ERWIN ISERLOH, WILHELM EMMANUEL V. KETTELER, in: MARTIN GRESCHAT (Hrsg.), Gestalten der Kirchengeschichte 9,2. Die neueste Zeit II, Stuttgart - Berlin - Köln - Mainz 1985, 87 - 101; LOTHAR ROOS, Kirche - Politik - soziale Frage: Bischof KETTELER als Wegbereiter des sozialen und politischen Katholizismus, in: ANTON RAUSCHER/LOTHAR ROOS, Die soziale Verantwortung der Kirche. Wege und Erfahrungen von KETTELER bis heute, Köln 1977, 21 - 62.

[556] Vgl. WILHELM EMMANUEL VON KETTELER, Die großen socialen Fragen der Gegenwart, in: J.M. RAICH (Hrsg.), Predigten des Hochwürdigsten Herrn WILHELM EMMANUEL FREIHERRN V. KETTELER, Bischof von Mainz. II. Bd., Mainz 1878, 115 - 221.

es eine Liebe gibt, die ihrer gedenkt, ehe sie der Lehre der Kirche Glauben schenken. Wir müssen die Armen und die Armuth aufsuchen bis in ihre verborgensten Schlupfwinkel, ihre Verhältnisse, die Quellen ihrer Armuth erforschen, ihre Leiden, ihre Thränen mit ihnen theilen; keine Verworfenheit, kein Elend darf unsere Schritte hemmen; wir müssen es ertragen können, verkannt, zurückgestoßen, mit Undank belohnt zu werden; wir müssen uns immer wieder durch Liebe aufdrängen, bis wir die Eisdecke, unter der das Herz des Armen oft vergraben, aufgethaut und in Liebe überwunden haben"[557]. Freilich spricht so nicht nur KETTELER, sondern auch ein JOHANN HINRICH WICHERN († 1881), der seit 1848 daran geht, die Innere Mission im großen Stil zu organisieren.

Liegt bei KETTELER anfangs der Schwerpunkt auf dem in allen gesellschaftlichen Schichten notwendigen Gesinnungswandel, so wird diese Engführung im Laufe der Jahre überwunden. KETTELER sieht deutlicher die ökonomischen Ursachen der sozialen Frage, und er wird sich immer mehr der Bedeutung struktureller Veränderungen bewußt: des Rechtes auf Selbstorganisation der Arbeiter und der Notwendigkeit einer staatlichen Sozialpolitik. Ein auch heute noch beeindruckendes Beispiel dafür ist die Ansprache, die KETTELER am 25.07.1869 auf der Liebfrauen-Heide bei Offenbach vor 10.000 Arbeitern hält. Den Angelpunkt der Gedanken bildet noch immer der Grundsatz: "Ohne Religion verfallen wir alle dem Egoismus, wir mögen reich oder arm, Kapitalisten oder Arbeiter sein, und beuten unsere Nebenmenschen aus, sobald wir die Macht dazu haben"[558]. Allerdings kommt jetzt die sozio-ökonomische Analyse hinzu: "Durch Auflösung aller alten Verbindungen wurde der Arbeiter gänzlich isolirt und lediglich auf sich selbst angewiesen. Jeder Arbeiter stand mit seiner Arbeitskraft, die sein ganzes Vermögen ausmacht, allein da. Ihm gegenüber aber stand die Geldmacht (...). Die Grundsätze der modernen Volkswirthschaft hatten die entgegengesetzte Wirkung bezüglich der Menschenkraft in dem Arbeiter und der Geldmacht des Kapita-

---

[557] WILHELM EMMANUEL VON KETTELER, Die Pflicht der christlichen Barmherzigkeit, in: J.M. RAICH (Hrsg.), Predigten des Hochwürdigsten Herrn WILHELM EMMANUEL FREIHERRN V. KETTELER, Bischof von Mainz, a. a. O., 131 - 154; 150.

[558] WILHELM EMMANUEL KETTELER, Die Arbeiterbewegung und ihr Streben im Verhältnis zu Religion und Sittlichkeit, in: J.M. RAICH (Hrsg.), Predigten des Hochwürdigsten Herrn WILHELM EMMANUEL FREIHERRN V. KETTELER, Bischof von Mainz, a. a. O., 256 - 284; 261.

listen. Der Arbeiter mit seiner Kraft wurde, wie ich vorher sagte, isolirt, die Geldmacht dagegen wurde centralisirt. Der Arbeiterstand wurde in lauter vereinzelte Arbeiter aufgelöst, wo jeder gänzlich ohnmächtig war; die Geldmacht vertheilte sich aber nicht in mäßige Kapitalantheile, sondern im Gegentheil sammelte sich zu immer größeren und übermäßigen Massen"[559]. Dieser Mißstand erfordert den Zusammenschluß der Arbeiter, damit sie sowohl gegenüber den Unternehmern als auch gegenüber dem Staat ihre berechtigten Forderungen durchsetzen können. In diesem Zusammenhang fällt besonders auf, daß KETTELER auch den Streik als ein probates Mittel begrüßt[560]; dies um so mehr, als zu sehen ist, daß der Streik zum damaligen Zeitpunkt noch nicht in dem Ruf stand, ein legitimes und angemessenes Mittel der Arbeiterbewegung zu sein. An die Stelle der Disziplinierung der Armen, wie sie über Jahrhunderte in der Predigt auch üblich war, tritt bei KETTELER die Solidarisierung mit den Arbeitern. Als besonders beachtenswert ist dabei zu vermerken, daß es KETTELER gelingt, sein Axiom von der Notwendigkeit der Religion zur Lösung der sozialen Frage mit den Forderungen der Arbeiter zu verbinden. So ist etwa nach KETTELER die Religion bei der Durchsetzung gerechter Löhne insofern von Bedeutung, als sie dazu beitragen kann, daß das rechte Maß nicht überschritten wird[561].

Es ist ein bekanntes Faktum, daß im 19. Jahrhundert innerhalb der katholischen Kirche die Bischofspredigt eine besondere Stellung eingenommen hat[562]. Sie wird gedruckt, oft in mehreren Auflagen, und von vielen gelesen. Sie hat eine Breitenwirkung, die weit über die Möglichkeiten der normalen Sonntagspredigt hinausgeht. Und man kann wohl auch unterstellen, daß sie für manchen Prediger als Vorbild diente. Gleichwohl stellt sich auch die Frage, wie der einfache Pfarrer über die Armut sprach. Aufschluß darüber gibt ein Blick in die Predigtliteratur, die vermutlich ebenfalls von vielen Predigern als Vorlage benutzt worden ist. Als ein Beispiel dafür, wie dort die Armut thematisiert wurde, soll nun eine Predigtskizze aus der "Bibliothek für Prediger"

---

[559] A. a. O., 259.

[560] Vgl. a. a. O., 262.

[561] Vgl. a. a. O., 265.

[562] Vgl. WERNER SCHÜTZ, Geschichte der christlichen Predigt, a. a. O., 205.

vorgestellt werden[563]. Sie bezieht sich auf Mt 11,5.6. Schon die Überschrift gibt einen Hinweis auf die Zielsetzung: Die Predigt soll den "Wert der Armut" herausstellen. Der allgemein verbreiteten Erfahrung, daß die Armut geringgeschätzt wird, wird im ersten Hauptteil entgegengehalten, daß Christen die Armut preisen, da sie wissen, daß die christliche Religion alles der Armut verdankt. Im einzelnen wird entfaltet: Die Religion ging aus dem Schoße der Armut hervor, denn Jesus, ihr Stifter, war selbst arm. Dadurch adelte er die Armut. Darum kann ein Armer den Reichen ruhig Tand und Gepränge überlassen, und er braucht sich seiner Stellung nicht zu schämen. Desweiteren wird zu bedenken gegeben, daß die Religion ihre Ausbreitung der Armut verdankt. Die ersten Verkünder des Evangeliums waren arm, und ebenso sind es noch viele Priester heute. Ferner waren auch die ersten Gläubigen arm. Die reichen Christen sind somit die geistigen Kinder der Armen; das nimmt sie ihnen gegenüber in die Pflicht. Und schließlich verdankt die Religion der Armut ihre Verklärung; denn Glaube und Zucht werden am treuesten in den niederen Ständen bewahrt: Sünde, Unglaube und Indifferentismus kommen gehäuft bei den Reichen vor. Nachdem der Prediger so die Verdienste der Armut um das Christentum aufgezeigt hat, soll er dann im zweiten Hauptteil den Wert herausstellen, den die Armut durch die Religion erlangt. Dabei werden noch einmal alle Vorzüge gepriesen, die die Armen gegenüber den Reichen vorzuweisen haben. Das wird schon durch ihre Lebensumstände begünstigt, denn im Unterschied zu den Reichen können sie nicht hoffärtig sein. Da Armut Buße ist, kann der Prediger den Armen auch gratulieren; überhaupt sind sie besser dran als die Reichen, für die die Gnade vor allem Lostrennung bedeutet. Hier wird einmal der Spieß umgedreht und den Reichen mit Hinweis auf die Tugendhaftigkeit der Armen eine Moralpredigt gehalten. Gleichwohl ist dies auch mit den entsprechenden Tugenderwartungen an die Adresse der Armen verbunden. All das geschieht unter Abstraktion von der sozialen Wirklichkeit, als würde es das Ringen um die gesellschaftliche Integration der Armen nicht geben. Der Blick ist - bildlich gesprochen - himmelwärts

---

[563] Vgl. AUGUSTIN SCHERER (Hrsg.), Bibliothek für Prediger, I. Bd.: Die Sonntage des Kirchenjahres. I. Der Weihnachts-Zyklus, vom ersten Adventssonntag bis Septuagesima, Freiburg i. Br. ⁶1906, 113 - 115.

gerichtet, und die Armut erscheint auch am Ende des 19. Jahrhunderts immer noch als gottgewollt[564].

2.3.8   Die Armutspredigt zwischen zeitverhafteter und biblischer Sicht (Resümee)

"Integration" und "Disziplinierung" sind die beiden Stichworte, unter denen sich die Intentionen der Predigt in gesellschaftlicher Hinsicht zusammenfassen lassen. Die Integration der Armen in die Gesellschaft bewältigte die Predigt vor allem durch die Kritik an den Reichen, durch die Theologie des Almosengebens und durch die Sorge um die öffentliche Wohlfahrtspflege. Mit der Integration einher ging die Disziplinierung der Armen. Sie sollten die Armut annehmen lernen und vor allem bemüht sein, sich von ihrer eigenen Hände Arbeit zu ernähren. Integration und Disziplinierung der Armen standen im Zusammenhang mit einer starken Jenseitsorientierung der Predigt. Almosen wurden als eine Möglichkeit gedeutet, sich Verdienste für die Ewigkeit zu erwerben. Umgekehrt wurde den Armen damit gedroht, daß unrechtmäßig erworbenes Almosen als Diebstahl anzusehen ist, und deshalb im jenseitigen Gericht schwer wiegt. Damit soll nicht gesagt werden, daß jedwede Jenseitsorientierung zu verwerfen ist. Denn die Hoffnung auf ein Leben nach dem Tod kann sehr wohl zu prosozialem Verhalten motivieren. Wer weiß, daß das Leben in dieser Welt nicht alles ist, der muß auch nicht alles haben, um hier nicht zu kurz zu kommen. Andererseits ist jedoch auch zu sehen, daß die in den Predigten zu Tage tretende Jenseitsorientierung in verschiedener Hinsicht problematisch war: Sie führte dazu, daß Armut erduldet werden mußte; die Armen wurden als Almosenempfänger für das Seelenheil der Reichen instrumentalisiert, und mit der Androhung des Gerichts wurde die Begegnung zwischen Reichen und Armen

---

[564] Diese Vorstellung findet sich auch noch in dem homiletischen Handbuch von ANTON KOCH (+ 1978): Durch die Armut bewahrt Gott die "Kleinen im Lande" vor Sünden und Lastern. Sie werden ihm dafür im Jenseits noch danken (vgl. ANTON KOCH, Homiletisches Handbuch VIII. Bd. Zweite Abteilung: Homiletisches Lehrwerk 5/6, Freiburg i. Br. - Basel - Wien 1960, 453). Von diesem Ansatz heben sich die Prediger eines religiösen Sozialismus ab: CHRISTOPH BLUMHARDT (+ 1919), HERMANN KUTTER (+ 1931) sowie LEONHARD RAGAZ (+ 1945). Sie fühlen sich von der Hoffnung auf das Kommen des Reiches Gottes herausgefordert zum Engagement für eine neue Gesellschaftsordnung (vgl. WERNER SCHÜTZ, Geschichte der christlichen Predigt, a. a. O., 216f.; zu LEONHARD RAGAZ vgl. MANFRED BÖHM, Gottes Reich und Gesellschaftsveränderung. Traditionen einer befreienden Theologie im Spätwerk von LEONHARD RAGAZ. Mit einem Vorwort von OTTMAR FUCHS, Münster 1988).

zwanghaft besetzt. So ist unbestreitbar, daß die Kehrseite der gesellschaftlichen Integration der Armen die Disziplinierung der Reichen war. Auch wenn nicht verkannt werden darf, daß Integration und Disziplinierung der Armen zwei notwendige Leistungen waren, die solange erbracht werden mußten, bis die Teilhabe aller am gesellschaftlichen Leben grundrechtlich festgeschrieben und sozialstaatlich verwirklicht wurde, so kann man doch nicht umhin, die in den Predigten aufscheinende Differenz zum biblischen Gottesbild und zur biblischen Option für die Armen kritisch zu konstatieren. Gleichwohl bleibt auch festzuhalten, daß sich in den Predigten vier Elemente finden lassen, die den beiden eben genannten Kriterien gerecht werden. In dieser Hinsicht sind zu nennen: Erstens der Aufweis, daß Gottes Diakonie der menschlichen Zuwendung zu den Armen vorausliegt und diese theologisch begründet; zweitens die Ablehnung der Vorstellung, daß Armut von Gott gewollt oder eine Folge des Tun-Ergehen-Zusammenhangs ist; drittens die Unterstützung des Ausbaus der öffentlichen Wohlfahrtspflege und schließlich viertens das Bemühen um eine subjektorientierte Sicht der Armen als unsere Schwestern und Brüder vor Gott.

2.4   **Homiletische Ansätze zur diakonischen Predigt in der Geschichte**

Im folgenden sollen homiletische Beiträge zur diakonischen Predigt vorgestellt und kritisch gewürdigt werden. Die Aufmerksamkeit richtet sich dabei zunächst auf zwei Autoren des 19. Jahrhunderts: Mit ALBAN STOLZ († 1883) kommt ein Vertreter des deutschen Katholizismus und der Homiletik in Betracht, mit THEODOR SCHÄFER († 1914) ein Vertreter der Inneren Mission und der Diakoniewissenschaft. Die Auswahl von SCHÄFER stellt den Umstand in Rechnung, daß bisher vor allem von diakoniewissenschaftlicher Seite aus versucht wurde, die Ausdifferenzierung von Diakonie und Verkündigung homiletisch zu bewältigen. Über diese engere Fragestellung hinausgehend wird im Zusammenhang mit THEODOR SCHÄFER die soziale Predigt innerhalb des deutschen Protestantismus am Ende des 19. Jahrhunderts erörtert.

2.4.1   **Die Predigtlehre von ALBAN ISIDOR STOLZ († 1883) als Beispiel einer homiletischen Option für die Armen: Den Armen muß das Evangelium gepredigt werden**

2.4.1.1   *Zur Person von ALBAN ISIDOR STOLZ: volkstümlich, mildtätig, streitbar*

In seiner Autobiographie "Nachtgebet meines Lebens"[565] erinnert sich ALBAN STOLZ an die Vorbereitung auf das Predigtamt während seiner Zeit im Freiburger Priesterseminar. Er erzählt von der Angst, die ihm die künftige Aufgabe einflößte, denn sein schlechtes Gedächtnis schien das Memorieren und den freien Vortrag der Predigt ernstlich zu gefährden[566]. Wenig ermutigend dürfte in diesem Zusammenhang die Bemerkung eines anderen Priesteramtskandidaten gewesen sein. Dieser prophezeite ALBAN STOLZ, daß er sich mit den Menschen auf einem Bauerndorf schwer tun werde. Er verstünde es nicht, mit ihnen zu reden[567], da er mit ihnen niemals in Verkehr gekommen sei. Wie nun ALBAN STOLZ weiter erzählt, blieb die Schwierigkeit des

---

[565] ALBAN STOLZ, Nachtgebet meines Lebens. Nach dem Tode des Verfassers herausgegeben und durch Erinnerungen an ALBAN STOLZ ergänzt von JAKOB SCHMITT, Freiburg i. Br. 1885.

[566] Vgl. a. a. O., 57f.

[567] Aus dem Zusammenhang ist zu ersehen, daß hiermit auch das Predigen gemeint ist.

Memorierens zeit seines Lebens, seine Predigten hingegen waren "gleich im Anfang sehr deutlich und populär, so daß das gemeine Volk viel Wohlgefallen daran fand"[568].

Diese Episode aus dem Priesterseminar lenkt sehr anschaulich das Interesse auf ein Thema, das den späteren Pastoraltheologen und Homileten, aber auch den Volksschriftsteller ALBAN STOLZ kontinuierlich beschäftigen wird. Es ist das Bestreben, gerade auch dem einfachen, ungebildeten Volk den christlichen Glauben zu vermitteln. Als Quintessenz dieses lebenslangen Bemühens ist das homiletische Lehrbuch "Homiletik als Anweisung, den Armen das Evangelium zu predigen"[569] anzusehen, das ALBAN STOLZ noch kurz vor seinem Tod erstellte.

Doch zurück zu jener Begebenheit im Freiburger Priesterseminar. Sie gewinnt durch den Fortgang der Ereignisse einen besonders delikaten Zug. ALBAN STOLZ weiß nämlich davon zu berichten, wie der nämliche Seminarist, mittlerweile selbst als Vikar auf einem Dorf tätig, sich immer wieder von ihm die bewährten Predigtmanuskripte zuschicken läßt, um sie ebenfalls vorzutragen[570]. Nur nebenbei sei bemerkt, daß sich die Rezeption der Arbeiten von ALBAN STOLZ in der Folgezeit selbstverständlich nicht nur auf diesem sehr persönlichen Hintergrund vollzogen hat, sie wurde auch von homiletisch kompetenter Seite weiten Kreisen nachdrücklich empfohlen[571].

Aber auch ALBAN STOLZ kann sich im Rückblick auf sein Leben seine besondere Fähigkeit, populär, d.h. für das einfache Volk verstehbar, zu schreiben und zu predigen, nicht anders als "eine gratia gratis data" erklären. In seinen jugendlichen Lebensverhältnissen und in seinen Studien findet er nicht das Geringste, was dieses Geschick hätte fördern können[572]. Nun wird man, bei allem Respekt vor einer gläubigen Lebensdeutung, diese kontrastierende Gegenüberstellung der Gnade Gottes und der eigenen Disposition als ein gängiges Stilmittel populärer Darstellungsweise deuten

---

[568] A. a. O., 58.

[569] ALBAN STOLZ, Homiletik als Anweisung, den Armen das Evangelium zu predigen. Nach dem Tode des Verfassers herausgegeben von JAKOB SCHMITT, Freiburg i. Br. 1885.

[570] Vgl. ALBAN STOLZ, Nachtgebet meines Lebens, a. a. O., 58.

[571] Vgl. JOSEPH JUNGMANN, Theorie der geistlichen Beredsamkeit, Freiburg i. Br. ²1883, 163.

[572] Vgl. ALBAN STOLZ, Nachtgebet meines Lebens, a. a. O., 58f.

dürfen[573], durch das zwar dankbar und vielleicht sogar in bewußt vorbildlicher Weise Gott die Ehre erwiesen, zugleich aber der Blick für signifikante und in dieser Hinsicht prägende Lebensereignisse verstellt wird. In diesem Sinne läßt sich etwa darauf verweisen, daß ALBAN STOLZ selbst erwähnt, daß er vom Freiburger Regens durch dessen Drängen auf "concrete Darstellung" beim Predigen einiges gelernt hat[574], wodurch dann die Frage entsteht, wie diese Feststellung mit der Beteuerung in Einklang zu bringen ist, er könne sich in seinen Studien an nichts erinnern, was seinem Talent förderlich gewesen wäre. Eingedenk der somit gebotenen Vorsicht, dürfte jedoch grundsätzlich zutreffen, daß ALBAN STOLZ die nachmalig an ihm gerühmte Volkstümlichkeit nicht gerade in die Wiege gelegt wurde. Sein Vater, der Apotheker BALTHASAR ALOIS STOLZ, gehört zu den Honoratioren des badischen Städtchens Bühl, wo ALBAN ISIDOR am 3.02.1808 geboren wird und seine Kinderzeit verlebt[575]. Das Familienleben wird vom Respekt gegenüber den Eltern und bürgerlicher Etikette geprägt. Es ist nicht daran zu denken, daß eines der Kinder den Vater oder die Mutter mit dem vertraulichen "Du" anspricht[576]. ALBAN wird von einem Privatlehrer unterrichtet[577]. Andererseits bringt die bedeutende gesellschaftliche Stellung der Eltern auch caritative Verpflichtungen und damit eine subtile Hinwendung zum einfachen Volk mit sich. So ist die Mutter "Taufpathin von einer ganzen Zahl Kinder armer Leute"[578] und im Hungerjahr 1817

---

[573] Vgl. ALBAN STOLZ, Homiletik als Anweisung, den Armen das Evangelium zu predigen, a. a. O., 196.

[574] Vgl. ALBAN STOLZ, Nachtgebet meines Lebens, a. a. O., 50f.

[575] Reichhaltiges biographisches Material findet sich bei: JOSEF MATTHIAS HÄGELE, ALBAN STOLZ nach authentischen Quellen. Mit Porträt und einem Handschreiben von ALBAN STOLZ in Autotypie, Freiburg im Br. 1884. In seinen "Erinnerungen an ALBAN STOLZ" in: ALBAN STOLZ, Nachtgebet meines Lebens, a. a. O., 123ff., äußert sich JAKOB SCHMITT zum Teil kontrovers zu der Darstellung von JOSEF MATTHIAS HÄGELE. Er selbst bietet neben der genannten Publikation einen knappen, aber doch sehr informativen Überblick über das Leben und Schaffen von ALBAN STOLZ in dem gleichnamigen Artikel in: WWKL 11 (²1899), 846 - 851. Vgl. ferner: HERMANN HERZ, ALBAN STOLZ (Eine Sammlung von Zeit- und Lebensbildern 16. Heft), Mönchengladbach 1916; JULIUS MAYER, ALBAN STOLZ, Freiburg i. Br. 1921.

[576] Vgl. ALBAN STOLZ, Nachtgebet meines Lebens, a. a. O., 6f.

[577] Vgl. a. a. O., 6.

[578] ALBAN STOLZ, Kalender für Zeit und Ewigkeit für das Jahr 1874, zitiert nach JOSEF MATTHIAS HÄGELE, ALBAN STOLZ, a. a. O., 15.

kocht sie "für die Armen kesselweise"[579]. Vermutlich wird durch dieses Beispiel der Mutter mit die Grundlage für jenes wohltätige Verhalten geschaffen, das ALBAN STOLZ bei JOSEF MATTHIAS HÄGELE den ehrenvollen Titel "Armenvater" einträgt. Prägen werden ihn aber auch die Jahre als Vikar, denn sie führen den Städter STOLZ in das für ihn fremde ländliche Milieu.

Nach seiner Priesterweihe am 16.08.1833 wird ALBAN STOLZ Vikar in Rothenfels im Murgtal. Zu der Pfarrei gehören die Filialen Gaggenau und Bischweier[580]. Als in Gaggenau im Jahr 1834 das Nervenfieber ausbricht, bittet sich ALBAN STOLZ aus, alleine die Krankenpastoration übernehmen zu dürfen. Er tut dies nicht nur, um den Mitkaplan zu schonen, vielmehr drängt ihn auch der Glaube, daß ihn die in der Priesterweihe verliehene Gnade vor Ansteckung bewahren wird, zu den Kranken[581].

Am 1.06.1835 tritt ALBAN STOLZ seine zweite Vikarsstelle an. Es ist die Pfarrei Neusatz mit der Filiale Waldmatt[582]. Der Pfarrer ist alt und energielos, so daß ALBAN STOLZ die pastorale Arbeit fast alleine verrichten muß. Da der Lehrer des Ortes "ein dem Branntwein nicht abholder Mann"[583] ist und überdies noch an verschiedenen Gebrechen leidet, übernimmt er auch noch dessen Aufgaben. Trotz dieser Arbeitsbelastung findet ALBAN STOLZ die Zeit, mit der Abfassung seines ersten Kalenders zu beginnen. Er besteht weitgehend aus Teilen von Predigten, die ALBAN STOLZ in Neusatz gehalten hatte[584]. Auf den Kirschwasserkonsum in dieser Gegend reagiert ALBAN STOLZ mit den von JOSEF MATTHIAS HÄGELE so titulierten "Schnapspredigten"[585]. Auch sie werden später in der Schrift "Das Vaterunser" literarisch verwer-

---

[579] JOSEF MATTHIAS HÄGELE, ALBAN STOLZ, a. a. O., 25.

[580] Laut JOSEF MATTHIAS HÄGELE, ALBAN STOLZ, a. a. O., 61, zählte Rothenfels "gegen 3000, Gaggenau fast 1200 und Bischweier über 500 Seelen".

[581] Vgl. ALBAN STOLZ, Nachtgebet meines Lebens, a. a. O., 60.

[582] Laut JOSEF MATTHIAS HÄGELE, ALBAN STOLZ, a. a. O., 67, umfaßt die Pfarrei Neusatz in den dreißiger Jahren des 19. Jahrhunderts 1400 Seelen; "sie besteht aus vielen Zinken und Gehöften, bis zu 1 1/2 Stunden von der Pfarrkirche entfernt." - Hinsichtlich der Katholikenzahl der Filiale Waldmatt bietet HÄGELE keine Informationen.

[583] ALBAN STOLZ, Nachtgebet meines Lebens, a. a. O., 69.

[584] Vgl. JAKOB SCHMITT, Art. "ALBAN STOLZ", a. a. O., 847.

[585] Vgl. JOSEF MATTHIAS HÄGELE, ALBAN STOLZ, a. a. O., 67.

tet[586]. Hinsichtlich des sittlichen Zustandes der Gemeinde muß ALBAN STOLZ überhaupt viel Verwilderung feststellen. Die Männer tragen Rebmesser als Waffe und machen davon auch Gebrauch[587]. Fälle von Selbstjustiz und Rache kommen vor, ungeachtet der Predigt des Kaplans über "Feindesliebe und Versöhnlichkeit" am selben Tag[588]. Schließlich sei noch eine Schießerei zwischen Wilderern und Jägern erwähnt, bei der ein Mann getötet wird[589]. STOLZ bringt diesen mißlichen sittlichen Zustand der Gemeinde in Zusammenhang mit der "Nebelhaftigkeit im christlichen Wissen"[590], die er allenthalben bei Krankenbesuchen und Versehgängen vorfindet.

Aber er kann auch "Beispiele von Tugenden"[591] nennen. Eines von ihnen ist in biographischer Perspektive aufschlußreich. Anläßlich eines Krankenbesuchs bei einer "nicht in guten Verhältnissen"[592] lebenden Familie bekommt ALBAN STOLZ zwölf Kreuzer überreicht, um sie dem kranken Maurer-Michel zu überreichen. Der Mann begründet es so: "Der arme alte Maurer sei gewöhnt zu schnupfen; in seinem elenden Zustand verdiene er aber gar nichts mehr, ich möchte ihm daher die zwölf Kreuzer geben, damit er sich Schnupftabak anschaffen könne"[593]. ALBAN STOLZ fährt fort: "Darin liegt wohl mehr edle Nächstenliebe, als wenn reiche Leute bei ihrem Almosen zuerst fragen, ob denn der Arme auch schon am Verhungern sei, und dann erst etwas geben"[594]. Es ist nicht auszuschließen, daß mit dieser Wertung ein gewisses Maß an

---

[586] Vgl. ebd.

[587] Vgl. ALBAN STOLZ, Nachtgebet meines Lebens, a. a. O., 71. A. a. O., 71 - 73, erzählt STOLZ von einem Versehgang bei einem Soldaten, dem man im Wirtshaus den Bauch aufgeschlitzt hatte.

[588] Vgl. a. a. O., 73.

[589] Vgl. a. a. O., 77. Im Unterschied zu ALBAN STOLZ, der in seiner Autobiographie nicht darauf eingeht, erwähnt JOSEF MATTHIAS HÄGELE, daß 1836 1/6 der Geburten in Neusatz unehelich sind. Was er jedoch nicht auf einen mangelnden Eifer des Neusatzer Vikars gegenüber den überhand nehmenden Tanzbelustigungen zurückführen möchte, sondern in den erschwerten Heiratsbedingungen der damaligen Zeit und in dem Umstand begründet sieht, "daß die meisten Mädchen in auswärtigen Diensten zu Fall kamen". Vgl. DERS., ALBAN STOLZ, a. a. O., 76.

[590] ALBAN STOLZ, Nachtgebet meines Lebens, a. a. O., 71.

[591] A. a. O., 77.

[592] Ebd.

[593] Ebd.

[594] A. a. O., 77f.

Selbstkritik verbunden ist, denn ALBAN STOLZ war nicht nur der großzügige Wohltä-ter[595], der das Geld verachtete und es nur als Mittel zur Deckung der eigenen Bedürfnisse und zur Ausübung von Werken der Barmherzigkeit gelten ließ[596]; er konnte in puncto Almosengeben "manchmal eine mehr als gewöhnliche Vorsicht"[597] walten lassen. Das mag allerdings auch damit zuzammenhängen, daß seine Freizügigkeit wiederholt ausgenützt wurde[598]. Was Neusatz betrifft, so behielt man dort, wie J. M. HÄGELE weiß, in dankbarer Erinnerung, daß der ehemalige Vikar armen Kranken den Arzt und die Medizin bezahlt und manchem jungen Paar "zu einem guten Anfang ihrer Haushaltung"[599] verholfen hatte.

Nach einigen Jahren als geistlicher Lehrer am Gymnasium von Bruchsal wird ALBAN STOLZ auf Empfehlung von JOHANN BAPTIST HIRSCHER († 1865)[600], den er während seines Pfarrkonkurses kennengelernt hatte, am 1.03.1843 Repetent im neuer-richteten Freiburger Theologenkonvikt. Als im Gefolge der Ausstellung des Heiligen Rocks in Trier JOHANNES RONGE († 1887)[601] die Bewegung des Deutschkatholizis-mus mitbegründet, veröffentlicht ALBAN STOLZ seine erste Flugschrift: "Der neue Kometstern mit seinem Schweif oder JOHANNES RONGE und seine Briefträger"[602].

---

[595] Nach JOSEF MATTHIAS HÄGELE, ALBAN STOLZ, a. a. O., 251, ließ ALBAN STOLZ seit 1859 von seinem Konto bei der HERDER'SCHEN Verlagsbuchhandlung 65.500 Mark für wohltätige Zwecke auszahlen. Dazu kamen 7000 Mark für Bücher an den Bonifatiusverein. HÄGELE betont ausdrücklich, daß diese Angaben nur einen Ausschnitt darstellen, da ALBAN STOLZ schon früher und auch auf anderen Wegen seine Wohltätigkeit erwiesen hat. HÄGELE sieht in diesem Verhalten einen Wegweiser für die Lösung der sozialen Frage seiner Zeit: ALBAN STOLZ "hat für seine Person das einzige Mittel werkthätig durchgeführt, womit die heutige Gesellschaft in der elften Stunde noch unsäglichem Jammer und Unglück vorzubeugen vermöchte; er hat nämlich f r e i w i l l i g g e t h e i l t , geteilt bis zur Grenze des eigenen Entbehrens".

[596] So urteilt JAKOB SCHMITT, Erinnerungen an ALBAN STOLZ, in: ALBAN STOLZ, Nachtgebet meines Lebens, a. a. O., 236. Eine Zusammenstellung verschiedener Äußerungen zur Deutung des Geldbesitzes durch ALBAN STOLZ bietet JOSEF MATTHIAS HÄGELE, ALBAN STOLZ, a. a. O., 238ff.

[597] JAKOB SCHMITT, Erinnerungen an ALBAN STOLZ, a. a. O., 238.

[598] Vgl. ebd. Ein Beispiel dafür ist zu finden bei: JOSEF MATTHIAS HÄGELE, ALBAN STOLZ, a. a. O., 243.

[599] JOSEF MATTHIAS HÄGELE, ALBAN STOLZ, a. a. O., 81.

[600] Siehe dazu: JOSEF RIEF, Art. "HIRSCHER, JOHANN BAPTIST", in: TRE 15 (1986), 396 - 398.

[601] Siehe dazu: FRIEDRICH WILHELM GRAF, JOHANNES RONGE, in: MARTIN GRESCHAT (Hrsg.), Gestalten der Kirchengeschichte 9,2, a. a. O., 153 - 164.

[602] JOSEF MATTHIAS HÄGELE, ALBAN STOLZ, a. a. O., 116.

Im Laufe der Jahre folgen weitere Schriften. In ihnen spiegeln sich die je aktuellen kirchenpolitischen Fragen. Sie richten sich gegen die "protestantische Proselytenmacherei (...), gegen das culturkämpferische Vergehen der badischen Regierung im ersten Kirchenkampf, gegen die Mischschule, gegen die Einführung der Civilehe, gegen den Concordatssturm, gegen den Altkatholicismus und gegen die Freimaurer"[603]. Aufgrund der polemischen Schärfe zieht sich ihr Verfasser aber auch immer wieder selbst Mißfallen und Anfeindungen zu. Als STOLZ 1847 in Freiburg Professor für Pastoraltheologie und Pädagogik werden soll, veröffentlicht die in Freiburg erscheinende OBERRHEINISCHE ZEITUNG am 23.08. einen Artikel, in dem eine etwaige Berufung von STOLZ "wie ein Attentat auf die Universität" hingestellt wird[604]. Aber auch innerhalb der Fakultät hat ALBAN STOLZ nicht nur Befürworter. So verdankt er die Anstellung schließlich vor allem dem Staatsminister, der ihn persönlich und durch seine Kalender kennt[605]. ALBAN STOLZ wird diese Stellung bis zu seinem Tod am 16.10.1883 innehaben und dies, obwohl er in den letzten Jahren fast erblindet ist und seine Kolleghefte anderen diktieren muß. Die anfänglichen Ressentiments mancher Kollegen werden bald abgebaut und die Studenten beginnen "ihren" ALBAN STOLZ zu verehren. STOLZ Engagement beschränkt sich aber nicht nur auf die Universität, die Schriftstellerei oder auf das schon erwähnte Eingreifen bei kirchenpolitischen Fragen, er gründet und leitet darüber hinaus auch den Freiburger Gesellenverein und ebenso den Männer-Vincenzverein.

Das Lehrbuch "Homiletik als Anweisung, den Armen das Evangelium zu predigen" gehört zu den nachgelassenen Schriften von ALBAN STOLZ[606]. Manches von den Eigentümlichkeiten dieser Schrift wie die zahlreichen Wiederholungen, das Fehlen einer stringenten Gliederung und Darstellungsweise und die Pointiertheit einiger Aussagen wird auf die besonderen Umstände, unter denen ALBAN STOLZ in den letzten Lebens-

---

[603] JAKOB SCHMITT, Art. "ALBAN STOLZ", a. a. O., 849.

[604] Vgl. JOSEF MATTHIAS HÄGELE, ALBAN STOLZ, a. a. O., 144.

[605] So sieht es JAKOB SCHMITT, Art. "ALBAN STOLZ", a. a. O., 848.

[606] JAKOB SCHMITT, der Herausgeber, beschränkt sich auf stilistische Verbesserungen und das Einfügen von zum Teil sehr umfangreichen Kauteln.

jahren aufgrund seiner weitgehenden Erblindung arbeiten mußte, zurückzuführen sein[607]. Des weiteren dürfte sich hier aber auch die Persönlichkeit des Verfassers auswirken, sein von den Zeitgenossen gerühmter Habitus als Original. Den somit gegebenen methodischen Schwierigkeiten soll im folgenden dadurch begegnet werden, daß nach einer ersten Zusammenfassung der Inhalt unter verschiedenen Gesichtspunkten erneut durchgesehen und gebündelt wird. Dadurch gehen die wegen der fehlenden systematischen Darstellungsweise auf das gesamte Buch verstreuten, aber doch sehr aufschlußreichen Aussagen nicht verloren. Weil diese Methode mehrere Längsschnitte erfordert und überdies zum Ziel hat, den Charakter der Homiletik von ALBAN STOLZ zu erschließen, werden die einzelnen Abschnitte jeweils als "Profil" bezeichnet.

2.4.1.2   Der homiletische Entwurf von ALBAN ISIDOR STOLZ in seinen Anforderungen an die Person des Predigers

In der "Einleitung und Ausrede"[608] nennt ALBAN STOLZ den Anlaß und das Ziel seines Buches. Er möchte unter Verzicht auf unnötige Wissenschaftlichkeit[609] eine "Special-Homiletik"[610] vorlegen, die zeigt, "wie man dem eigentlichen Volk predigen soll"[611]. STOLZ denkt hierbei an Menschen, die über wenig Schulbildung verfügen, so wie man sie vornehmlich auf dem Land, aber auch in den Städten als das Gros der Predigthörer antreffen kann[612]. Für sie sind viele Predigten unverständlich. Das hat zur Konsequenz, daß diese wiederum nicht nachhaltig auf die Gesinnung und den Wandel des Volkes einwirken können[613]. Angesichts dieses Defizits betont STOLZ, daß das Wort Gottes aber auch den gering Begabten und nicht genügend Unterrichteten "so zubereitet und zugetheilt" werden muß, daß es diesen "armen Seelen zur gedeihli-

---

[607] So JAKOB SCHMITT in seinem Vorwort zu ALBAN STOLZ, Homiletik als Anweisung, den Armen das Evangelium zu predigen, a. a. O., VI.

[608] A. a. O., 1.

[609] Vgl. a. a. O., 4f.

[610] A. a. O., 6.

[611] Ebd.

[612] Vgl. a. a. O., 2 und 5.

[613] Vgl. a. a. O., 1.

chen Nahrung gereiche"[614]. Der Königsweg dazu ist die populäre Predigtweise mit ihrem zentralen formalen Kriterium, der Anschaulichkeit[615].

Beachtenswert ist der hier verwendete Armutsbegriff. ALBAN STOLZ versteht unter den Armen "das geringe Volk (...) im Gegensatz zu sogenannten Gebildeten"[616]. Arm ist, wer nicht über genügend Bildung verfügt.

2.4.1.2.1   *Sich intellektueller und persönlicher Eitelkeiten enthalten*

STOLZ konstatiert, daß viele Geistliche entgegen ihrer Herkunft anscheinend "mit ihrem geistlichen Stande alles Bewußtsein verloren (...) haben, wie man mit dem gemeinen Mann reden müsse"[617]. Worin liegen die Ursachen für dieses Defizit? STOLZ sieht sie erstens in der Ausrichtung der meisten homiletischen Lehrbücher. Sie leiten eher zu einer "vornehmen" denn zu einer populären Predigtweise an[618]. Selbst wenn in ihnen etwas über die Popularität der Predigt gesagt wird, so geschieht es doch nicht mit der eigentlich notwendigen Nachdrücklichkeit[619]. Zweitens erblickt STOLZ Mängel in der Ausbildung der zukünftigen Prediger. "In Folge unserer Gymnasialbildung, wo die Studirenden viel aus dem Lateinischen und Griechischen übersetzen müssen, hängt sich ihnen oft die Schreibart der alten Schriftsteller an, so daß sie in weitläufig zusammengesetzten Sätzen ihre Gedanken gleichsam verwickeln"[620]. Und: "Wer nur speculative Theologie sich angeeignet hat, wird weniger im Stande sein, populär zu predigen"[621]. Drittens nennt STOLZ Fehlhaltungen des Geistlichen. Ein Prediger, der "nicht frei ist von Eitelkeit", orientiert sich eher an "einige[n] herrisch gekleidete[n] Leute[n]", als daß er "sich bemühen wird, auch für geistig geringe Leute

---

[614] A. a. O., 1.
[615] Vgl. a. a. O., 183f.
[616] A. a. O., 182.
[617] A. a. O., 5.
[618] Vgl. ebd.
[619] Vgl. a. a. O., 6.
[620] A. a. O., 203.
[621] A. a. O., 209.

seine Predigt durch Popularität verständlich zu machen"[622]. Solchem notwendigen Bemühen können auch die "Trägheit und Gleichgültigkeit eines Predigers"[623] im Wege stehen. Diesem ist es "nicht der Mühe werth, seine Darstellungsweise zu accomodiren nach Begabung und Verständnis seiner Zuhörer"[624].

Die von ALBAN STOLZ genannten Gründe für die mangelnde Berücksichtigung der populären Predigtweise fokussieren tendenziell in der Person des Predigers. Strukturelle Fragen, wie die Ausrichtung der Ausbildung, werden gestreift, aber ihre Relevanz für die Konstituierung des Problems wird vergleichsweise wenig berücksichtigt. Die entscheidende Frage, die aus der Sicht von ALBAN STOLZ zu stellen ist, richtet sich an das Gewissen des Predigers: "Wie steht es mit meinen Predigten, sind sie recht vor Gott und den Menschen, oder was soll anders sein?"[625] Der Deutung des Problems entspricht die eingeschlagene Lösungsstrategie. Nach der Einschärfung der Predigtpflicht[626] und der Rückbindung der populären Predigtweise an das Ziel des Predigtamtes folgt eine umfängliche Erörterung zur Person des Predigers.

2.4.1.2.2   *Unter dem Anspruch Jesu Christi predigen*

Gemäß dem Wort Christi "Wie mich der Vater gesandt hat, so sende ich euch" ist es "die Aufgabe des Predigers so und solches vorzutragen, wie er sich vorstellen mag, daß Christus in seiner Gemeinde und in seinen Verhältnissen gepredigt hätte. Denn der Prediger soll eben der Stellvertreter, gleichsam die Auszweigung Christi in der Gemeinde sein, welche ihm von der kirchlichen Behörde zugewiesen ist"[627]. Dementsprechend legt ALBAN STOLZ den Predigern vor allem das Gebet des Herrn, das Vaterunser, an's Herz. Dieses eignet sich nicht nur zur Einstimmung auf die Predigt-

---

[622] A. a. O., 211. Vgl. auch a. a. O., 5.

[623] A. a. O., 211.

[624] Ebd.

[625] A. a. O, 3.

[626] Vgl a. a. O., 7 - 9. Die Pflicht zu predigen begründet STOLZ mit dem Beispiel und Auftrag Christi, der Lehre der Apostel, dem Gebot der Kirche und der Notwendigkeit der Predigt für das Heil der Seelen.

[627] A. a. O., 10.

vorbereitung[628], sondern es zeigt auch, was durch das Predigen bewirkt werden soll, nämlich, "daß das Reich Gottes mehr Eingang auf Erden und in unseren Herzen finde"[629].

Die Ausrichtung des Predigtamtes an Christus schließt Nebenmotive des Predigers aus. Als solche nennt STOLZ das Predigen zum Gefallen der gebildeten Zuhörer[630] und das Auslösen von Rührung, die nicht auf den Willen wirkt[631]. Statt dessen hat die Predigt das Gewissen der Hörer zu wecken[632]. Außerdem ist Christus "als vollendetes Muster der populären Predigtweise"[633] anzusehen. Von ihm kann man "am besten die Methode lernen, wie die höchsten Wahrheiten auf populäre Art zu behandeln sind"[634].

2.4.1.2.3 *Überzeugende Lebensführung und ganzheitliche Weiterbildung*

Da Inhalt, Gestalt und Glaubwürdigkeit der Predigt nach der Auffassung von ALBAN STOLZ "großentheils von Geist und Seelenzustand"[635] und vom Lebenswandel des Geistlichen beeinflußt werden, geht er "mit einer mehr als gewöhnlichen Umständlichkeit"[636] auf die Person des Predigers ein.

Ein Prediger, der nicht selbst ernst macht mit der Tugend, über die er predigt, läuft nicht nur Gefahr, daß er aufgrund der eigenen Unkenntnis entweder zu lax oder zu rigoros predigt[637], sondern er gibt seinen Hörern auch Anlaß, das von ihm Gesagte in Zweifel zu ziehen[638]. Das kann dazu führen, daß er bestimmte Fragen ausklam-

---

[628] Vgl. a. a. O., 49.

[629] A. a. O., 11.

[630] Vgl. a. a. O., 11f.

[631] Vgl. a. a. O., 13f.

[632] Vgl. a. a. O., 12.

[633] A. a. O., 182.

[634] Ebd.

[635] A. a. O., 47. Unter "Geist" versteht ALBAN STOLZ das intellektuelle Vermögen des Predigers, den Predigtstoff begrifflich klar zu durchdringen und darzustellen. Vgl. ebd., 45f.

[636] A. a. O., 46.

[637] Vgl. a. a. O., 18f.

[638] Vgl. a. a. O., 19.

mert[639]. Dadurch aber wird er seiner Aufgabe, "das öffentliche Gewissen in der Gemeinde"[640] zu sein, nicht gerecht. Der Prediger muß sich deshalb "selbst evangelisire(n)", d.h. er muß "den Forderungen des Evangeliums nachkomme(n)"[641].

Besonders in Dorfgemeinden ist es wichtig, daß der Prediger das Vertrauen seiner Zuhörer genießt. Das "hat den Vortheil, daß eine klar und fest ausgesprochene Behauptung aus seinem Munde bei den Zuhörern das Gewicht hat, wie ein eigentlicher Be weis"[642]. Ferner hat der Prediger darauf zu achten, daß nicht durch manche seiner Lebensumstände, die "an sich keine Sünde sein mögen"[643], das Gewicht seiner Worte geschmälert wird. STOLZ zählt auf: "Sowohl großer Luxus als Unreinlichkeit im Pfarrhaus wird Anstoß verursachen; desgleichen wenn die Haushälterin nicht als Magd, sondern als ebenbürtigen Standes mit dem Pfarrer sich kleidet und gebahrt, oder wenn Hunden und Katzen des Pfarrhofes elterliche Zärtlichkeit zugewandt wird, oder wenn der Pfarrer der wohlbeleibteste Mann der ganzen Pfarrei ist"[644]. Außerdem soll sich der Prediger bei Wahlen, "so lange die Rücksichten, weshalb die Wähler verschiedener Ansicht sind, nur politischer oder weltlicher Natur sind", einer Parteinahme enthalten, damit er sich nicht einem Teil seiner Gemeinde entfremdet[645].

Um der Anforderung des Predigtamtes gerecht werden zu können, bedarf es der beständigen Weiterbildung. Als ersten Gegenstand in dieser Hinsicht nennt ALBAN STOLZ die Heilige Schrift. Der Prediger soll diese unermüdlich studieren, "jedoch nicht nach willkürlicher, sondern nach katholischer Auslegung, d.h. nach dem Begriff der katholischen Kirche, wie derselbe officiell in den Concilien und Erklärungen der Päpste, in der Tradition, in den Auslegungen der Kirchenväter und approbirter exegetischer Schriften zu finden ist"[646]. Gleich nach der Heiligen Schrift empfiehlt ALBAN STOLZ

---

[639] Vgl. a. a. O., 20.

[640] A. a. O., 20.

[641] A. a. O., 23.

[642] A. a. O., 24.

[643] A. a. O., 26.

[644] Ebd.

[645] Vgl. a. a. O., 27.

[646] A. a. O., 33.

die Kirchenväter zum eifrigen Studium. Ihre Lektüre bietet "einen festen theologischen Untergrund" und bewahrt vor den "Gefahren der Unstetigkeit, welche so leicht durch die Ueberschwemmung der modernen Tagesliteratur in manchem Kopfe entsteht"[647]. Die Verwendung von Väterzitaten in der Predigt ist nicht nur wegen deren treffender und einprägsamer Schriftauslegung zu bevorzugen, sondern ebenso, "weil bei dem gläubigen Volk der Ausspruch eines Kirchenvaters eine der heiligen Schrift nahe kommende Autorität hat"[648]. In den homiletischen Bücherschrank des Predigers gehören des weiteren die Summa des THOMAS V. AQUIN († 1274) und der Catechismus Romanus (1566). Letzterer "hat den Vortheil, daß er gleichsam officielle Lehre der Kirche enthält, insofern er auf Anordnung der obersten kirchlichen Behörde verfaßt wurde"[649].

Gewissermaßen als Faustregel für die Auswahl der weiterbildenden Lektüre legt ALBAN STOLZ dem Prediger die Konzentration auf Bewährtes[650] und kirchlich Approbiertes nahe. Unbedingt zu berücksichtigen ist aber auch eine ausgiebige Beschäftigung mit dem Leben. Es ist "eine der allernothwendigsten Quellen, aus welcher der Prediger für sein Amt sehr viel und sehr Wesentliches entnehmen muß"[651], denn viele Vorkommnisse haben "sittlich-religiösen Charakter"[652] und die in ihnen "liegenden Wahrheiten"[653] müssen erforscht werden. Dem Prediger bieten sich diesbezüglich genügend Gelegenheiten an. Da ist zunächst die eigene Lebensgeschichte. Aber auch die verschiedenen Bereiche der Pastoration, wie der Beichtstuhl, der Krankenbesuch, die Schule und das seelsorgliche Gespräch sind geeignet, um den Seelsorger "an Menschenkenntniß reich"[654] werden zu lassen. Bei ihren Zusammenkünften sollten Geistliche ihre Erfahrungen im seelsorglichen Leben austauschen. Das ist den

---

[647] A. a. O., 36.

[648] Ebd.

[649] A. a. O., 37.

[650] Vgl. dazu auch: a. a. O., 37f.

[651] A. a. O., 38.

[652] A. a. O., 39.

[653] Ebd.

[654] A. a. O., 39.

mancherorts stattfindenden politischen Diskussionen vorzuziehen[655]. Zum Studium des Lebens gehören ferner die Kenntnis der Geschichte und vor allem die Erschließung der Naturerscheinungen. "Der gewöhnliche Arbeitsmann ist zu wenig geistig ausgebildet, um selbständig aufmerksam und nachforschend das zu entdecken, was in den Naturerscheinungen von Gott zu schauen ist (...). Gerade der Prediger ist es, der neben höherer Religiösität so viele Geistesbildung, Kenntnisse und Beschaulichkeit haben soll, um Anderen die Augen zu öffnen (...)"[656].

Zusammenfassend ist festzuhalten, daß ALBAN STOLZ die Person des Predigers ausschließlich in der Perspektive des Predigtamtes betrachtet. Die dogmatische Qualifizierung "Stellvertreter Christi" stellt die Würde, aber vor allem auch die Inanspruchnahme durch das Amt heraus. Der Prediger hat die vorgegebene Norm, daß er das "öffentliche Gewissen der Gemeinde" ist, auf zweifache Weise plausibel zu machen. Zum einen durch seine Lebensführung. Diese ist im Idealfall ausgewogen und vermeidet das Extrem. Zum anderen hat er sich mit der ihn tragenden Autorität, das ist die Dreiheit von Schrift, Tradition und kirchlicher Lehre, ausgiebig zu beschäftigen. Sie bietet auch den hermeneutischen Schlüssel für das Studium des Lebens. Auf diesem Weg sollen Irritationen vermieden werden, die beispielsweise durch das Lesen moderner Tagesliteratur oder durch eine anderweitige Interpretation naturwissenschaftlicher Erkenntnisse ausgelöst werden können. Wie im folgenden zu sehen ist, wird die christologische Fundierung des Predigtamtes eng mit dem Motiv der Rechenschaft verknüpft. Außerdem findet sich dort eine Präzisierung der bislang wiederholt angeklungenen ekklesialen Beanspruchung des Predigers.

---

[655] Vgl. a. a. O., 40.
[656] A. a. O., 43.

2.4.1.3 Der homiletische Entwurf von ALBAN ISIDOR STOLZ in seinen theologisch-rhetorischen Grundvorstellungen

2.4.1.3.1 Perikopenordnung, Grundwahrheiten des Glaubens und Gemeindebedürfnisse als Kriterien zur Auswahl des Predigtgegenstands

STOLZ möchte dem Prediger feste Grundsätze zur Auswahl der Predigtgegenstände an die Hand geben. Was er verkündigt, darf nicht willkürlich, "nach Rücksichten der Leichtigkeit (...) oder dem nächsten besten Einfall"[657] entschieden werden, denn "der Prediger soll auch darüber vor seinem Herrn, der ihn gesandt hat, sich verantworten können, warum er gerade diesen Gegenstand bei dieser Gemeinde auf diesen Sonntag gewählt habe, und keinen anderen"[658].

Als erstes muß sich die Auswahl des Predigtgegenstands nach der Perikopenordnung der Kirche richten, d.h. der Prediger hat ein Thema aufzugreifen, das in der Perikope, sei es als "Grundgedanke" oder wenigstens als "Nebenumstand"[659], selbst enthalten ist. Die Notwendigkeit der Bindung an die Perikopenordnung begründet STOLZ mit dem Hinweis, daß diese ein "Theil der einheitlichen Organisation der Kirche" ist und "mit der Weisheit, womit die Kirche von Oben geleitet wird, ausgewählt"[660] wurde. Da der Prediger "Organ der Kirche und nicht selbständiger Lehrer ist"[661], hat er nach ihrem Willen gemäß dieser Ordnung "die wichtigsten Ereignisse und Wahrheiten der gesamten Offenbarung nacheinander jedes Jahr vorzuführen"[662]. Das geschieht insbesondere an den Festen oder während der geprägten Zeiten des Kirchenjahrs. Außerdem entspricht der Grundsatz der Perikopenbindung "der Idee einer katholischen Predigt"[663], nach der die "Predigt gleichsam nur die Explikation oder

---

[657] A. a. O., 55.

[658] Ebd.

[659] Ebd.

[660] Ebd.

[661] A. a. O., 58.

[662] A. a. O., 57.

[663] A. a. O., 55.

Auslegung der Perikope ist"[664]. Wie aus den von STOLZ gegebenen Anregungen zu den Festen und geprägten Zeiten des Kirchenjahrs[665] jedoch zu ersehen ist, vollzieht sich die von ihm postulierte Schriftgemäßheit der Predigt eher stichwortartig und vor allen Dingen aus der Perspektive der kirchlichen Lehre.

Die zweite Regel, die bei der Auswahl des Gegenstands der Predigt maßgebend sein soll, ist die Konzentration auf die "Grundwahrheiten der Religion"[666]. Darunter versteht STOLZ die Inhalte des Glaubens, "welche gehörig erkannt, am kraftvollsten auf Geist, Gemüth und Willen des Menschen einwirken und in welchen die übrigen Wahrheiten der Religion ihren Grund und Halt haben"[667].

Als dritten Grundsatz, den der Prediger bei der Festlegung[668] des Predigtgegenstands zu beachten hat, behandelt STOLZ die "Rücksicht auf die eigenthümlichen Bedürfnisse der Gemeinde"[669]. Gemeint ist hier die Situationsgemäßheit der Predigt. Vermutlich führt der Umstand, daß STOLZ die geistliche Bestimmung des Menschen als sein Bedürfnis voraussetzt, zu der Konsequenz, daß die Verkündigung der oben genannten "Grundwahrheiten" ausdrücklich von dem Grundsatz der Situationsgemäßheit ausgenommen wird. Sie "sind von der Art, daß sie allzeit und überall nützlich sein mögen"[670].

2.4.1.3.2 Rhetorische Stilmittel unter den Aspekten der Verständlichkeit und der Anschaulichkeit

Zentrales Anliegen der populären Predigtweise ist es, so zu predigen, daß auch das einfache Volk es verstehen kann, oder, aus der Perspektive des Predigers formuliert, so zu predigen, daß auch bei den wenig Gebildeten nachhaltige Wirkung erzielt wird. Um dieses Ziel erreichen zu können, muß der Prediger wissen, wie er seinen Stoff verständlich und interessant vortragen kann. Dazu gibt STOLZ folgende Hinweise.

---

[664] A. a. O., 56.

[665] Vgl. a. a. O., 58 - 71.

[666] A. a. O., 72. Die Darstellung des zweiten Auswahlkriteriums umfaßt insgesamt a. a. O., 71 - 91.

[667] A. a. O., 72.

[668] A. a. O., 185.

[669] A. a. O., 91.

[670] A. a. O., 91.

Der Prediger muß sich um eine "concrete, detaillirende (und) individualisirende Darstellungsweise"[671] bemühen. Auf die Verwendung von Allgemeinplätzen hat er zu verzichten. Übersinnliche Wahrheiten sind durch "Erscheinungen der Natur und des Menschenlebens, welche eine symbolische Bedeutung haben, anschaulich" zu machen. Solche Gleichnisse zeichnen sich nicht nur durch ihre Anschaulichkeit, sondern auch durch ihre Einprägsamkeit aus[672]. Dazu müssen sie jedoch auf die eigene Anschauung der Zuhörer zurückgreifen[673]. Ein besonderes Mittel, um in der Predigt eine Wahrheit "klar, lebendig und eindringlich"[674] darzustellen, ist die Erzählung, besonders dann, wenn sie neueren Datums ist und sich die Zuhörer mit den in ihr vorkommenden Personen identifizieren können[675]. Auch das Einflechten von Ereignissen aus dem Leben hilft, "religiöse Wahrheiten und Mahnungen"[676] zu illustrieren. Das Aufgreifen und Besprechen von Sprichwörtern ist einer volkstümlichen Predigt angemessen[677]. Das trifft für die Verwendung von Fabeln nicht zu[678]. Die Darstellung von Gegensätzen ermöglicht den Zuhörern, sich das Gesagte leichter einzuprägen[679]. Einwände, die der Prediger bei seinen Hörern vermuten kann, sollte er aufgreifen. Dadurch wird seine Predigt nicht nur lebendig, sondern er gewinnt "bei ihnen [auch] bedeutend an Autorität und Zutrauen"[680]. Allerdings muß der Prediger darauf achten, daß er nicht künstlich "Zweifel in die Köpfe der Zuhörer"[681] sät. Durch Fragen kann der Prediger Zustimmung oder Nachdenklichkeit hervorrufen[682]. Wiederholungen ein

---

671) A. a. O., 181. Im einzelnen s. 183f.

672) Vgl. a. a. O., 185. Dort auch der Hinweis auf a. a. O., 139.

673) Vgl. a. a. O., 185f.

674) A. a. O., 188.

675) Vgl. a. a. O., 189.

676) A. a. O., 190f.

677) Vgl. a. a. O., 192f.

678) Vgl. a. a. O., 194f.

679) Vgl. a. a. O., 196.

680) A. a. O., 197. Dort auch der Hinweis auf a. a. O., 142.

681) Ebd.

682) Vgl. a. a. O., 198.

und derselben Aussage in je modifizierter Form tragen dazu bei, "eine Wahrheit recht eindringlich einzuprägen"[683].

Neben den genannten Hinweisen gibt ALBAN STOLZ noch "weitere Winke für eine populäre Diction"[684]. Sie beziehen sich u.a. auf die Verständlichkeit der Sprache. Das bislang Angeführte dürfte den Gesamttenor deutlich gemacht haben: Die von STOLZ favorisierte populäre Predigtweise will um jeden Preis "auf die Religiosität und Sittlichkeit des Menschen Wirkung"[685] ausüben. Dazu eignet sich nach der Auffassung von STOLZ jede geoffenbarte Wahrheit[686], vorausgesetzt, daß ihre Darstellung nicht nur leicht verständlich ist, sondern auch alle übrigen Seelenkräfte des Menschen einbezieht[687].

2.4.1.4 Der homiletische Entwurf von ALBAN ISIDOR STOLZ in seinen thematisch-zeitbedingten Profilen

2.4.1.4.1 Kirchengeschichtliches Profil: Ultramontanisierung und Auseinandersetzung mit der weltlichen Obrigkeit

Schon die Betonung des verpflichtenden Charakters des Predigtamtes, die Reglementierung der Lebensführung des Predigers, die exponierte Stellung, die der Prediger als Vermittler zwischen Christus und der Gemeinde und als Amtsträger der Kirche einnimmt, und nicht zuletzt auch die Empfehlung der scholastischen Theologie, von denen eben schon die Rede war, lassen erkennen, daß das homiletische Lehrbuch von ALBAN STOLZ im Kontext mit der ultramontanen Umgestaltung der katholischen Kirche steht[688]. Neben der Klerikalisierung und der Favorisierung der Scholastik als einem

---

[683] A. a. O., 199. Zum Mittel der Wiederholung insgesamt vgl. a. a. O., 199 - 202.

[684] A. a. O., 202. Insgesamt a. a. O., 202 - 211. Ferner: "Einige andere Eigenschaften der Predigt und ihrer Sprache", a. a. O., 211 - 227.

[685] A. a. O., 216.

[686] Vgl. ebd.

[687] Vgl. dazu die Kapitel, "Belehrung des Verstandes", a. a. O., 131 - 143, "Erwärmung des Gemüthes", a. a. O., 143 - 153, "Bestimmung des Willens", a. a. O., 153 - 168.

[688] Zur ultramontanen Umgestaltung der katholischen Kirche wie zum folgenden vgl.: THOMAS NIPPERDEY, Deutsche Geschichte 1800 - 1866, a. a. O., 409 - 423; KARL GABRIEL, Christentum

einheitlichen und geschlossenen Deutungssystem, das alle Lebensbereiche umfaßt, finden sich in der Predigtlehre von STOLZ aber noch weitere Elemente der ultramontanen Weltanschauung. Zu nennen sind hier vor allem die Abwehrhaltung gegenüber allem, von dem sich Glaube und Kirche bedroht fühlen, und die Betonung der Heilsnotwendigkeit der Zugehörigkeit zur katholischen Kirche.

So formuliert ALBAN STOLZ als ein Ziel der Predigt am Fest der Apostel Peter und Paul: "Das Volk soll hierbei angeleitet werden, das unermeßliche Glück schätzen zu lernen, der katholischen Kirche anzugehören, und gewarnt werden, mit dem Glauben zu spielen durch Lesen kirchenfeindlicher Zeitungen und Schriften"[689]. Vor allem in Gemeinden, in denen es Altkatholiken gibt, und auch in paritätischen Gemeinden, in denen sich der evangelische Pfarrer gegen die katholische Kirche wendet, soll dem Volk überzeugend dargelegt werden, daß es nur eine wahre Kirche gibt "und andere Confessionen nur noch ungenügende Reste besitzen"[690]. Auch das Kirchweihfest bietet nach ALBAN STOLZ die Gelegenheit, die Zuhörer zur Dankbarkeit anzuleiten für die Gnadengaben, die sie in ihrer Pfarrkirche empfangen haben. Zur Ausführung dieses Predigtziels empfiehlt STOLZ dem Prediger die Verwendung einer frühchristlichen Petrusdarstellung aus einer römischen Katakombe: Sie zeigt Petrus, wie er mit einem Stab an einen Felsen schlägt, woraufhin Wasser hervorströmt. "Es soll dies ein Sinnbild sein, daß durch Petrus und das Priesterthum aus dem Felsen, welcher Christus ist, die Wahrheit und Gnade dem Volke zu Theil wird (1 Cor. 10, 4). So kann auch die einzelne Kirche dem Volk als ein solcher Fels dargestellt werden, aus welchem durch den vermittelnden Priester den Gläubigen alles zufließt, was Christus uns gebracht hat"[691]. Auch im Kapitel über die Auswahl des Predigtgegenstands verweist STOLZ auf die Bedeutung der in der Predigt dargelegten Lehre von der Kirche. Denn es ist nicht möglich, jede Offenbarungswahrheit in allen Einzelheiten gegenüber den vielfälti-

---

zwischen Tradition und Postmoderne, a. a. O., 80 - 104; IRMTRAUD GÖTZ VON OLENHUSEN, Die Ultramontanisierung des Klerus. Das Beispiel der Erzdiözese Freiburg, in: WILFRIED LOTH (Hrsg.), Deutscher Katholizismus im Umbruch zur Moderne (KoGe 3), Stuttgart - Berlin - Köln 1991, 46 - 75.

[689] ALBAN STOLZ, Homiletik als Anweisung, den Armen das Evangelium zu predigen, a. a. O., 68.

[690] Ebd.

[691] A. a. O., 69.

gen Angriffen zu verteidigen. Sofern aber die Gläubigen von der Unfehlbarkeit der Kirche und ihrer Notwendigkeit zur Erlangung der ewigen Seligkeit überzeugt sind, "so genügt es manchmal schon bei einzelnen Glaubenswahrheiten, bestimmt zu erklären und zu zeigen, daß dieselben Lehre der Kirche seien und somit geglaubt werden müssen"[692]. Die Darlegung der Autorität der Kirche ist jedoch nicht nur im Blick auf die Annahme einer in Frage gestellten Glaubenswahrheit, sondern auch im Blick auf die Lebensführung der Hörer von Bedeutung. Wenn das Volk weiß, welches Glück es ist, zur katholischen Kirche zu gehören, dann ist es auch eher bereit, die Anordnungen und Gebote der Kirche zu befolgen. Die Bereitschaft etwa, eine konfessionsverschiedene Ehe einzugehen und der protestantischen Kindererziehung zuzustimmen, würde dann abnehmen. Bemerkenswert ist, daß hier zwei Ebenen miteinander verschmolzen werden: Die Heilsvermittlung durch die Kirche begründet ihre Autorität in Fragen der Kirchendisziplin. Die angefochtene Kirche überhöht ihre Strukturen; sie bedient sich dazu eines geschlossenen theologischen Systems, der Neuscholastik. Sie sakralisiert das Priesterbild und hält ihre Prediger an, "bei den Zuhörern die Unterwürfigkeit gegen die Anordnungen und Gebote der Kirche zu befestigen"[693]. Solche Vorstellungen finden sich jedoch nicht nur bei ALBAN STOLZ, sondern sie sind im letzten Drittel des 19. Jahrhunderts Allgemeingut der katholischen Kirche: Es "steht der lehrenden die hörende Kirche, der befehlenden die gehorchende gegenüber"[694].

Wodurch wird die Kirche angefochten, deren Priester ALBAN STOLZ im Predigen unterweist? Es ist der Liberalismus, der in Gestalt von Zeitungen und Broschüren selbst bis in die Wohnzimmer von Pfarrern hinein Verbreitung findet und dieserart verheerende Wirkungen auf die Predigt ausübt. Denn selbstredend kann ein Prediger, der solche Elaborate liest, nur "magere" Predigten produzieren[695]. Mit dem Liberalismus einher geht "das Gewürm der Zweifel"[696]. "Zweifelsucht" und Unglaube herrschen

---

[692] A. a. O., 81.

[693] Ebd.

[694] R. v. SCHERER, Artikel "Clerus", in: WWKL 3 (²1884), 537 - 547; 540.

[695] Vgl. ALBAN STOLZ, Homiletik als Anweisung, den Armen das Evangelium zu predigen, a. a. O., 31.

[696] A. a. O., 63.

jedoch nicht nur in den Städten vor, in denen Genußsucht, Dünkelhaftigkeit und das Lesen von liberalen Zeitungen dem Glauben entfremden[697], sondern sie dringen auch in die Dörfer ein. So haben sich selbst schon Bauern "Das Leben Jesu" von ERNEST RENAN († 1892) angeschafft[698], um sich - wie ALBAN STOLZ mutmaßt - Ruhe zu verschaffen vor der Aussicht, gerichtet und verdammt zu werden[699]. Zudem hat sich in manchen Dörfern "der Wahn und die Behauptung" verbreitet, daß mit dem Tod alles aus ist[700]. Für solche Fälle rät ALBAN STOLZ dem Prediger, die Vernunftgemäßheit des Glaubens herauszustellen. Er soll zeigen, daß "die Glaubenswahrheiten niemals der Vernunft widersprechen, sondern das redliche Suchen derselben nach Wahrheit vollständig befriedigen"[701]. Dieser Aufweis der Vernunftgemäßheit des Glaubens ist selbst dann notwendig, wenn Zweifler und Ungläubige nicht die Predigt besuchen. Denn durch apologetische Predigten wird der Glaube der Anwesenden gestärkt und sie werden in die Lage versetzt, gegenüber anderen argumentativ Rechenschaft über ihren Glauben abzulegen. Hier zeigt sich am Beispiel von ALBAN STOLZ sehr deutlich, daß die ultramontan ausgerichtete Kirche keineswegs gewillt war, sich ausschließlich auf ein Ghetto zurückzuziehen, sondern daß sie durchaus bereit war, offensiv für ihre Position zu werben. Die Moderne wird nicht einfachhin abgelehnt, sondern man versucht, ihr mit dem ihr eigenen Mittel, nämlich der Vernunft, zu begegnen. In Beziehung zu dieser Strategie dürfte auch das Bemühen stehen, naturwissenschaftliche Erkenntnisse und moderne Technik in den Dienst der Predigt zu stellen. Wenn nach dem Vorschlag von ALBAN STOLZ in den Predigten von Dampfschiffen, Lokomotiven[702] und von Mikroskopen[703] die Rede sein soll, dann dürfte es sich dabei nicht nur um ein

---

[697] Vgl. a. a. O., 96.

[698] ERNEST RENAN, französischer Religionswissenschaftler und Schriftsteller, versuchte das Leben Jesu aus seiner Zeit, seinem Land und seinem Volk zu erklären. Vgl. JOSEF SCHMID, Art. "RENAN", in: LThK VIII (²1963), 1234 - 1235.

[699] Vgl. ALBAN STOLZ, Homiletik als Anweisung, den Armen das Evangelium zu predigen, a. a. O., 87.

[700] Vgl. a. a. O., 75.

[701] A. a. O., 96.

[702] Vgl. a. a. O., 66.

[703] Vgl. a. a. O., 43.

Stilmittel der Anschaulichkeit handeln, sondern auch um den Versuch, die Symbole der neuen Zeit und ihres Geistes in das Gebäude des Glaubens einzubinden, um so eine populäre Synthese zwischen dem Glauben und der naturwissenschaftlich-technischen Weltsicht herzustellen. Daß dabei die personale Wirklichkeit des Glaubens ausgeblendet wird, kommt allerdings nicht in Betracht.

Neben Liberalismus und Unglauben, sind als eine weitere Bedrohung der katholischen Kirche, die im Predigthandbuch von ALBAN STOLZ aufscheint, die Angriffe nicht-katholischer Christen zu nennen. Pietisten betreiben unter Katholiken Mission und manchmal gelingt es ihnen, Katholiken zu sich "hinüberzuziehen"[704]. Auch durch konfessionsverschiedene Ehen gehen Katholiken verloren. Zudem gibt es die Polemik der Protestanten und vor allem der Altkatholiken. Hier ist allerdings hervorzuheben, daß ALBAN STOLZ den katholischen Prediger zur Mäßigung ermahnt: "Er zeige seinen treuen Zuhörern, wie sie wohl den Irrthum verabscheuen sollen, aber für die abgefallenen Personen [d.h. die Altkatholiken] beten und die Wahrheit ihres Glaubens durch wahre, keinen Menschen ausschließende Charitas bethätigen sollen"[705]. Und: "Es versteht sich von selbst, daß auf der katholischen Kanzel bei allem Eifer, die Wahrheit zu verteidigen, doch keine Gehässigkeit und verächtlichen Ausdrücke gegen die Gegner vorkommen dürfen. Die ausnahmslose Liebe gehört zum Charakter des wahren Christenthums"[706].

Schließlich das Verhältnis von Kirche und Staat. Die Religionspolitik der badischen Regierung war staatskirchlich ausgerichtet. Dadurch trug sie wesentlich dazu bei, daß die Ultramontanisierung im Erzbistum Freiburg voranschreiten und sich letztlich durchsetzen konnte. Das in den Jahren 1803 bis 1806 errichtete Großherzogtum war ein äußerst heterogenes Gebilde; es galt, die mehrheitlich katholische Bevölkerung unter einem protestantischen Staatsoberhaupt einzubinden[707]. Deshalb betrieb die badische

---

[704] Vgl. a. a. O., 78.

[705] A. a. O., 98.

[706] A. a. O., 100.

[707] Vgl. KARL-HEINZ BRAUN, Freiburg, in: ERWIN GATZ (Hrsg.), Geschichte des kirchlichen Lebens in den deutschsprachigen Ländern seit dem Ende des 18. Jahrhunderts. Bd. I: Die Bistümer und ihre Pfarreien, Freiburg i. Br. - Basel - Wien 1991, 312 - 322; 314.

Regierung die Errichtung eines eigenen Landesbistums und beanspruchte, als dieses Ziel 1821 erreicht war[708], auch ein Mitspracherecht in geistlichen Dingen. So wurde 1830 in Absprache mit den übrigen Regierungen Südwestdeutschlands (Württemberg, Hessen-Darmstadt, Kurhessen und Nassau) eine Verordnung erlassen, die der katholischen Kirche "ein geschlossenes System staatlicher Aufsicht" auferlegte[709]. Diese Auflagen wurden zunächst in Freiburg hingenommen. Zu ersten schwereren Konflikten zwischen der Staatsregierung und der katholischen Kirche kam es, als Erzbischof HERMANN VON VICARI (1843-1868) nach langer und erfolgloser Eingabenpolitik begann, sich über staatliche Anordnungen hinwegzusetzen. In den darauffolgenden Jahren beruhigte sich die Situation wieder etwas, nicht zuletzt deshalb, weil das 1860 erlassene Kirchengesetz der Kirche in manchen Punkten entgegenkam. Die Situation spitzte sich allerdings ab 1864 erneut zu, um dann schließlich ab 1868 in den eigentlichen Kulturkampf ein-zumünden[710]. Durch die Schulgesetze von 1868 und 1876 wurde die obligatorische Simultanschule eingeführt, 1869 erging das Zivilehegesetz und 1870 das Stiftungsgesetz, das jeden finanziellen Freiraum der Kirche aufhob. Einschneidender noch waren die staatlichen Eingriffe der Jahre 1872 und 1874. 1872 wurde den Angehörigen der Orden jede Lehrtätigkeit untersagt; Angehörigen von Orden, die in Baden nicht zugelassen waren, darüber hinaus auch noch jede Seelsorgstätigkeit. Das Altkatholikengesetz von 1874 begünstigte diese Protestbewegung und konnte von ultramontan gesinnten

---

[708] Zu den Interessen der römischen Kurie an der kirchlichen Neuordnung in Deutschland vgl. auch HDK(J) VI/1 (1971/1985), 170: "Die Aufteilung der Kirche Deutschlands in kleine, in der Vereinzelung schwache Landeskirchen entsprach vorzüglich staatlichen, aber auch römischen Wünschen. Die alten Zwischeninstanzen waren nicht wiederhergestellt worden: Fortan standen zwischen Pfarrern und Bischöfen keine Pröpste und Archidiakone, zwischen Bischöfen und Papst keine mächtigen Metropoliten mehr, aus politischen Rücksichten waren gerade die Rechte der Erzbischöfe geschmälert und etliche Bistümer eximiert worden. Die neue 'römischere' Kirchenorganisation gab der Kurie vielfache Ein-wirkungsmöglichkeiten. Das Staatskirchentum hat diese zunächst noch gehemmt, langfristig aber eine zusätzlich zentralisierende Bewegung angeregt und die Entstehung des Bündnisses zwischen Papsttum und Volkskirche begünstigt. Als abhängig gewordene Minderheiten mußten die Katholiken Deutschlands engeren Anschluß an die römische Zentrale suchen."

[709] HKG(J) VI/1 (1971/1985), 169. Die staatskirchlichen Maßnahmen umfaßten: "Plazet, Recursus ab abusu bei gleichzeitigem Ausschluß römischer Tribunale, Treueid der Bischöfe und Geistlichen, staatliche Mitkontrolle über kirchliche Ausbildung und Vermögensverwaltung, Anpassung der kirchlichen an die staatliche Verwaltung, staatliche Dienstinstruktion für die Dekane, landesherrlicher Patronat für die meisten Pfarreien. Synoden wurden von staatlicher Genehmigung abhängig gemacht" (a. a. O., 169f.).

[710] Vgl. HKG(J) VI/1 (1971/1985), 732ff.

Katholiken als ein bewußter Affront gegen ihre Kirche aufgefaßt werden: Geistliche, die altkatholisch geworden waren, behielten ihre Einkünfte, altkatholische Gemeinden erhielten ein Nutzungsrecht für katholische Kirchen und bekamen zudem einen Anteil am katholischen Kirchenvermögen zugewiesen. Den Höhepunkt der Kulturkampfgesetzgebung bildete im selben Jahr das Gesetz über die rechtliche Stellung der Kirchen im Staate. Es machte die Zulassung zu einem geistlichen Amt vom Nachweis des Abiturs, eines dreijährigen Studiums an einer deutschen Universität "sowie von einer diskriminierenden öffentlichen Staatsprüfung in Philosophie, Geschichte, deutscher und klassischer Literatur abhängig"[711]. Konvikte wurden geschlossen, um die Abkapselung der Zöglinge und Kandidaten von der nationalen Erziehung der deutschen Jugend zu verhindern. Wahlbeeinflussung durch Geistliche wurde verboten. Für Verstöße gegen diese Verordnungen sah das Gesetz Geld- und Gefängnisstrafen vor. Das Kirchengesetz von 1874 zog Verurteilungen von Geistlichen, zahlreiche Vakanzen und einen spürbaren seelsorglichen Notstand nach sich. Dieser Umstand, aber auch die Tatsache, daß die Katholiken begannen, sich politisch zu formieren, führte ab 1880 zu einer teilweisen Zurücknahme der Kulturkampfgesetzgebung, so daß über 400 vakante Pfarrstellen wieder besetzt werden konnten[712]. In den folgenden Jahren wurde der weitere Abbau der Kulturkampfgesetzgebung vollzogen; gänzlich aufgehoben wurde die staatliche Kirchenhoheit aber erst mit der Weimarer Verfassung.

Die Abfassung des homiletischen Lehrbuchs "Homiletik als Anweisung, den Armen das Evangelium zu predigen" fällt somit in die Phase der relativen Entspannung im Verhältnis zwischen Kirche und Staat. Gleichwohl finden sich immer noch deutliche Hinweise auf die "kirchenfeindliche" Politik der badischen Regierung. So vermerkt ALBAN STOLZ, daß es durch die Vertreibung der Ordensangehörigen schwierig geworden ist, Volksmissionen abzuhalten[713]. Und er weiß um die Bitterkeit, die das Altkatholikengesetz von 1874 unter Katholiken ausgelöst hat[714]. Trotzdem schlägt auch er

---

[711] A. a. O., 734.

[712] Vgl. KARL-HEINZ BRAUN, Freiburg, a. a. O., 317f.

[713] Vgl. ALBAN STOLZ, Homiletik als Anweisung, den Armen das Evangelium zu predigen, a. a. O., 121.

[714] Vgl. a. a. O., 99.

in puncto Politik einen moderaten Ton an. Der Prediger soll sich bei Wahlen einer Parteinahme enthalten, vorausgesetzt, daß keiner der Kandidaten ein ausgesprochener Kirchenfeind ist[715]. Aber diese Einschränkung zeigt doch auch, daß die Kanzel sehr wohl zu einem Ort werden kann, an dem politische Fragen behandelt werden, sofern die Umstände, d.h. eine etwaige Bedrohung der Kirche, dies erforderlich machen.

2.4.1.4.2 Sozialgeschichtliches Profil: Distanz zur Lebenswirklichkeit der Armen

Die sozialgeschichtliche Betrachtung des homiletischen Handbuchs von ALBAN STOLZ hat auszugehen von dem Armutsbegriff, der diesem Werk zugrunde liegt. STOLZ versteht Armut vorwiegend sozio-kulturell: Arm ist, wer nicht über genügend Bildung verfügt. Unter dem Aspekt der Bildung gibt es ab der Mitte des 19. Jahrhunderts mehrheitlich nur mehr relativ Arme. Während um 1850 noch rund 20 % der deutschen Bevölkerung von über zehn Jahren Analphabeten sind, sind es im Jahr 1871 lediglich 12 - 13 %. Analphabeten sind vor allem die Alten, etwas mehr Frauen als Männer, mehr Menschen auf dem Land als Bewohner der Stadt, häufiger im Osten als im Westen[716]. Das Gros der Bevölkerung verfügt über eine Volksschulbildung, deren Niveau man sich freilich nicht zu hoch vorstellen darf; sie ist noch weit vom Standard der heutigen Hauptschulbildung entfernt[717].

Den von ALBAN STOLZ in seiner Predigtlehre verwendeten sozio-kulturellen Armutsbegriff kann man als "modern" bezeichnen: Das 19. Jahrhundert ist in Deutschland das Jahrhundert der Volksbildung; Deutschland wird zu einem Land der Schulen. Die Schulpflicht wird zu einer der Grundpflichten des Bürgers. Damit greift der Staat wie nie zuvor in das Leben und den Lebensweg des Einzelnen ein. Mit der "Verschulung" Deutschlands beginnt der Kampf um die Schule. Von seiten des Staates ist man bemüht, den Einfluß der Kirchen auf die Schule zu kontrollieren. Das führt

---

[715] Vgl. a. a. O., 27.

[716] Vgl. THOMAS NIPPERDEY, Deutsche Geschichte 1800 - 1866, a. a. O., 463. Die Zahlen beziehen sich auf Preußen, sie treffen aber in etwa auch für die anderen deutschen Länder zu. Zum Vergleich: In England sind 1861 ca. 30 % der Bevölkerung, in Frankreich 1866 24 % der Rekruten Analphabeten.

[717] Zur Entwicklung der Volksschule vgl. a. a. O., 463 - 470; THOMAS NIPPERDEY, Deutsche Geschichte 1866 - 1918. Band I: Arbeitswelt und Bürgergeist, a. a. O., 531 - 547.

während des sogenannten Kulturkampfes zu den entsprechenden Gesetzen. Analog zur Verstaatlichung der Schulen beginnt die Bildungsarbeit der katholischen Kirche. Dem vom Staat beanspruchten Bildungsmonopol, zu dessen Verwirklichung er sich allerdings noch über einen langen Zeitraum der Kirche und ihrer Amtsträger bedienen muß, begegnet die Kirche nicht nur mit einem zähen Ringen um die Gestaltung der Schule, sondern sie setzt ihm außerhalb der Schule die Möglichkeit zur Bildung des Volkes entgegen, die zu ihren ureigensten Mitteln gehört, nämlich die Predigt. All das wird zwar in der Predigtlehre von ALBAN STOLZ nicht expressis verbis gesagt, aber es fügt sich in das Bild der ultramontanen Umgestaltung der Kirche und der Formierung des modernen Katholizismus als Antwort auf den Souveränitätsanspruch des modernen Staates.

Nach IRMTRAUD GÖTZ VON OLENHUSEN ist als ein zentrales Ergebnis des badischen Kulturkampfes und der parallel dazu verlaufenden Ultramontanisierung des Freiburger Klerus zu sehen, daß "der katholische Klerus zum natürlichen Verbündeten der unterbürgerlichen ländlichen Schichten geworden"[718] ist. Er stammte zumeist selbst aus dieser Schicht, kannte die Nöte des Volkes aus eigener Anschauung und konnte deshalb darauf angemessen reagieren. Zur Stützung ihrer These verweist die Historikerin auf einen Brief des badischen Großherzogs Friedrich vom 9. Juli 1898, in dem sich dieser empört darüber äußert, daß der Pfarrer von St. Blasien den ortsansässigen Leiter der Baumwollspinnerei einen gemeinen Blutsauger und Ausbeuter genannt hat. Zudem predige der Pfarrer KARL FRIEDRICH FRITZ[719] sozialistische Tendenzen, betreibe die gesamte Geistlichkeit des Südschwarzwalds "gemeinste Wühlerei gegen die Regierung"[720]. Zieht man zum Vergleich zu der These von IRMTRAUD GÖTZ VON OLENHUSEN die Predigtlehre von ALBAN STOLZ heran, so ist hervorzuheben, daß sich dort nur sehr wenig Bezüge auf die sozio-ökonomische Lage der Armen finden. Folglich wird man die These von dem natürlichen Bündnis zwischen

---

[718] IRMTRAUD GÖTZ VON OLENHUSEN, Die Ultramontanisierung des Klerus, a. a. O., 68.

[719] KARL FRIEDRICH FRITZ (+ 1931) war von 1920 bis 1931 Erzbischof von Freiburg (vgl. a. a. O., 75, Anmerkung 69).

[720] Vgl. a. a. O., 67f.

dem Klerus und dem armen Volk relativieren und präzisieren müssen. Sicherlich, es gab ein Bündnis zwischen dem Klerus und der Landbevölkerung, das auf der Traditionsverbundenheit beider Gruppen basierte, die sich wiederum in das Konzept der Ultramontanisierung einfügen ließ, aber dieses Bündnis mußte nicht zwangsläufig zu einer Solidarisierung des Klerus mit den Unterschichten oder zu einer Parteinahme auf der Kanzel führen. Andererseits zeigt der von IRMTRAUD GÖTZ VON OLENHUSEN angeführte Beleg, daß der Rekurs auf ALBAN STOLZ nicht zur Ausschließlichkeit hochstilisiert werden darf. Selbst die ultramontane Kirche war nicht so geschlossen und uniform, wie man es oft darstellt.

Wie schon gesagt, in der Predigtlehre von ALBAN STOLZ finden sich kaum Bezüge zur wirtschaftlichen und sozialen Lage der Armen, geschweige denn eine über das eingangs genannte Maß hinausgehende Erörterung des Armutsbegriffs. Als Ursache der Armut werden einzig und allein Naturereignisse genannt: Hagel, Mißernten, ein strenger Winter. Sie treffen die ärmeren Klassen besonders hart. Angesichts solcher Notlagen würde sich der Prediger einer Pflichtvergessenheit schuldig machen, wenn er in der Predigt nicht darauf eingänge. Denn solche Umstände geben zu vielfältigen Predigtthemen Anlaß. Der Prediger kann darlegen "unsere gänzliche Abhängigkeit von Gott; wie notwendig das Gebet zu ihm sei; wie wir uns unter die mächtige Hand Gottes beugen müssen; wie Undankbarkeit und Mißbrauch seiner Gaben die Strafen verschuldet haben können; wie Gott durch solche Schickungen die Wohlhabenden auffordert, wohlthätig zu sein gegen ihre dürftigeren Mitbrüder"[721]. Auch wenn solche Deutungen menschlicher Not sehr wohl einen Beitrag zur Krisenbewältigung leisten können, so darf doch nicht die theologische Fragwürdigkeit solcher Deutungsmuster außer acht bleiben. Darüber hinaus stellt sich auch die Frage, ob hier menschliche Not wirklich ernstgenommen wird. Sie erscheint eher als ein "Aufhänger", der die Gelegenheit dazu bietet, eine eindrucksvolle Predigt zu halten. Dabei wird die menschliche Ohnmachtserfahrung zu dem Zweck instrumentalisiert, die Größe Gottes zu demonstrieren.

Ebenfalls von oben und nicht aus der Perspektive der Betroffenen von unten her formuliert, findet sich in der Predigtlehre ein einziger knapper Hinweis auf das Fabrik-

---

[721] ALBAN STOLZ, Homiletik als Anweisung, den Armen das Evangelium zu predigen, a. a. O., 109.

wesen. Doch kommt dieses nur insofern in Betracht, als mit ihm Gefahren für das religiöse und moralische Leben verbunden sind[722]. Nicht sonderlich überraschend ist es, wenn in dieser Perspektive der Prediger dazu ermuntert wird, die Armen zu disziplinieren. Hinsichtlich der Predigt gegen ein in der Gemeinde vorherrschendes Laster führt ALBAN STOLZ das Beispiel eines Pfarrers an, der gegen den in seiner Gemeinde üblichen Holzfrevel auf der Kanzel Stellung bezog. Nach anfänglichem Spott klagten sich nach einiger Zeit die ersten in der Beichte wegen dieser Sünde an, und als der Pfarrer schließlich die Gemeinde verließ, da sagte ihm ein Waldbesitzer, daß ihm im Vergleich zu früher nur noch der zehnte Teil des Holzes gestohlen wird[723]. Tatsächlich war es jedoch so, daß in manchen Orten der Gemeinde oder den Armen der Wald bzw. das Nutzungsrecht genommen wurde[724]. Trotz dieses Beispiels wird man ALBAN STOLZ nicht nachsagen können, daß er die Position der Besitzenden vertritt. Das ist eher der Nebeneffekt seines Bemühens, mit großer Akribie gegen jede nur denkbare sündhafte Regung vorzugehen.

Damit ist der Punkt berührt, der wohl als die Ursache für die Distanz dieses Lehrbuchs zur sozialen Wirklichkeit anzusehen ist. Die Predigtlehre von ALBAN STOLZ ist grundlegend von einem dualistischen Denken geprägt. Gott und der Kirche steht die Welt der bösen Mächte gegenüber. Das Erdenleben des Menschen ist eine einzige Bewährungsprobe, bei der es gilt, die ewige Bestimmung der Seele nicht aus dem Auge zu verlieren. Denn Gott ist ein strenger Richter, der am Ende die Seele einer genauen Prüfung unterziehen und ihr den verdienten Lohn zuweisen wird, den Himmel, die Hölle oder das Fegefeuer[725]. Angesichts dieser als bedrohlich dargestellten Ewigkeit steht die Kirche dem Menschen hilfreich zur Seite. In den Heiligen bietet sie ihm Vorbilder und Fürsprecher an[726]; sie hält die "Gnadenmittel" bereit, die die Seele in ihrem Kampf stärken und die sie reinigen. Und schließlich die Predigt: Sie stillt das

---

[722] Vgl. a. a. O., 107.

[723] Vgl. a. a. O., 140f.

[724] Vgl. dazu die Kautele von JAKOB SCHMITT a. a. O., 141.

[725] Vgl. a. a. O., 85ff.; 153ff.

[726] Vgl. a. a. O., 70f.

Nahrungsbedürfnis der Seele[727]; kehrt sie ab von der Welt und der Sünde und richtet sie aus auf ihre ewige Bestimmung[728]. Als Auswirkung dieser dualistischen Grundstruktur findet sich auch wiederholt die Feststellung, daß die Predigt gegenüber der Armenpflege als das Höhere anzusehen ist[729] und daß die Werke der geistlichen Barmherzigkeit denen der leiblichen vorzuziehen sind. Die einen sind Gold, die anderen nur Silber[730].

Leiden und Not des Menschen werden nach dieser Konzeption sakralisiert. Sie sind eine Bewährungsprobe für die Ewigkeit, die geduldig angenommen werden muß[731]. Im Blick auf ihr leibliches Wohl können die Armen nur auf die Barmherzigkeit der Reichen hoffen. Resümierend ist zu sagen, daß die Predigtlehre von ALBAN STOLZ dazu anleitet, die soziale und wirtschaftliche Lage der Armen auszublenden. Sie wird homiletisch negiert.

2.4.1.4.3   Homiletisches Profil: Volkstümlichkeit und Treue zur Kirche

Die Berücksichtigung der unteren Bildungsschichten, des einfachen und weniger gebildeten Volkes in der Predigt, die von einem Gebildeten gehalten wird, tritt nicht erst mit ALBAN STOLZ in das Problembewußtsein der Homiletik. Im Laufe der Geschichte sind vier Modelle entwickelt worden, wie dieses Problem zu lösen ist. HORST ALBRECHT unterscheidet hier[732]:

1. Die Hinwendung zum untersten Bildungsniveau, so wie sie vor allem von MARTIN LUTHER gefordert worden ist. Er möchte so predigen, daß es nicht nur die Gelehr-

---

[727] Vgl. a. a. O., 8.

[728] Vgl. a. a. O., 3.

[729] Vgl. a. a. O., 7; 48; 277.

[730] Vgl. a. a. O., 106.

[731] Revolutionäre Umtriebe sind nach ALBAN STOLZ ein Anlaß zu einer Strafpredigt (vgl. a. a. O., 110).

[732] Vgl. zum folgenden: HORST ALBRECHT, Predigen. Anregungen zur geistlichen Praxis, Stuttgart - Berlin - Köln - Mainz 1985, 17 - 29.

ten und der fürstliche Hof verstehen, sondern auch das einfache Volk, die Knechte und Mägde. Dieses homiletische Programm ist nicht nur Ausdruck sozialer Anpassung, vielmehr ist es christologisch begründet. Der verkündigten Selbsterniedrigung Christi muß in der Praxis der Verkündigung die Hinwendung zum einfachen Volk entsprechen.

2. Die Abweisung der Unterschichten. Dies geschieht vor allem während der Zeit der Aufklärung im Gefolge von JOHANN LORENZ MOSHEIM (vgl. oben 2.3.6). Maßgebend sind ästhetische Gründe. Die göttliche Wahrheit soll unter den Gebildeten nicht durch eine zu einfache Sprache verächtlich gemacht werden.

3. Die biblisch-volkstümliche Predigtweise. Sie wird von FRIEDRICH SCHLEIERMACHER vertreten. Nach ihm soll der Prediger auf der Kanzel alles Plebeje und Gelehrte unterlassen und sich auf die Sprache der Bibel besinnen, die Gebildete und weniger Gebildete zusammenführt. Auf dieser Basis soll sich der Prediger den Hörern der unteren Bildungsschichten zuwenden und sie zu sich emporziehen. Das wirkt, wie HORST ALBRECHT bemerkt, recht künstlich[733]. Das eigentliche Problem aber ist, daß die Sprache der Bibel nicht mehr der zeitgenössischen Sprache entspricht und daß sie deshalb erklärt werden muß.

4. Die Erkundung der Unterschicht. Gegen Ende des 19. Jahrhunderts wird die evangelische Homiletik gewahr, daß die evangelische Kirche in der Masse des Industrieproletariats an Basis verliert. Das führt zu Erkundungen in der Lebenswelt der Arbeit, die aber letztlich nicht für die Predigt fruchtbar gemacht werden.

Nach diesem Schema ist die Predigtlehre von ALBAN STOLZ dem ersten Modell zuzuordnen[734]. Bemerkenswert ist, wodurch sich "seine" Homiletik von dem dritten

---

[733] Vgl. a. a. O., 23.

[734] In der katholischen Homiletik gibt es vor und neben ALBAN STOLZ weitere Vertreter der volkstümlichen Predigt. Zu nennen ist hier JOHANN MICHAEL SAILER. Er macht den Prediger darauf aufmerksam, daß das Volk auf dem Land wenig Übung im abstrakten Denken, aber dafür ein Gefühl für das Wahre besitzt, auf das hin es auch angesprochen werden kann. Zudem rät er, daß der Prediger versucht, das Volk kennenzulernen (Vgl. JOSEPH JUNGMANN, Theorie der geistlichen Beredtsamkeit, Freiburg i. Br. ²1883, 171ff.). Und JOSEPH JUNGMANN, ein Zeitgenosse von ALBAN STOLZ, stellt fest: "Jeder geistliche Vortrag (besondere Fälle abgerechnet) wird für die Gesamtheit der christlichen Gemeinde, d.h. für das 'Volk' gehalten"; er hat seinen Zweck nur dann erfüllt, "wenn er für das Volk

und vierten Modell unterscheidet. Im Unterschied zu FRIEDRICH SCHLEIERMACHER akzentuiert ALBAN STOLZ die Lehre der Kirche weitaus stärker als die Heilige Schrift. Dies setzt ähnlich wie bei SCHLEIERMACHER voraus, daß von den Hörern diese Basis der Verständigung geteilt wird. Das ist zur Zeit von ALBAN STOLZ deshalb der Fall, weil die Predigt eingebunden ist in das System des modernen Katholizismus, das seine Plausibilität aus der erlebten Frontstellung gegenüber der modernen Welt bezieht. Hinsichtlich des vierten Modells ist festzustellen, daß auch ALBAN STOLZ Erkundungen in der Welt seiner Hörer unternimmt. Diese lassen sich allerdings leichter in die Predigtarbeit einbinden, weil sie von vornherein in dieser Perspektive wahrgenommen werden. Ermöglicht wird dies durch die dualistische Denkweise. Mit ihrer Hilfe gelingt es, komplexe Sachverhalte zu reduzieren. Die Verbindung von der Verkündigung mit der Lebenswelt der Unterschichtsangehörigen wird deshalb nicht zu einem Problem, weil diese gar nicht erst in Betracht kommt.

2.4.1.5 *"Dualismus" - das Charakteristikum der Predigtlehre von ALBAN ISIDOR STOLZ*

Die Predigtlehre von ALBAN STOLZ ist ein Zeugnis für die ultramontane Umgestaltung der katholischen Kirche des 19. Jahrhunderts. Sie ist eine Mischung aus modernen und traditionellen Elementen. Technische Neuerungen werden in ein geschlossenes Weltbild einbezogen, der Anspruch des Glaubens wird sowohl mit dem Hinweis auf die Autorität der Kirche als auch argumentativ begründet. Die dualistische Grundkonzeption führt zu einer Abwertung der Welt und zu einer einseitigen Betonung der ewigen Bestimmung des Menschen. Leiden und Not sind gegenüber dem Seelenheil zweitrangig. Die Konzentration auf das Seelenheil des Menschen in der Predigt kann als Binnendifferenzierung innerhalb des Katholizismus verstanden werden. So wie die Predigt für die Seele des Menschen zuständig ist, so sorgen die individuelle Wohltätigkeit und der politische Katholizismus für sein Wohl. Diese Konstruktion war nur

---

sehr leicht verständlich ist"(A. a. O., 160.). Zur Untermauerung dieser Auffassung führt JUNGMANN eine ganze Reihe von Autoritäten an, von AUGUSTINUS über das Konzil von Trient bis hin zu PIUS IX. (JUNGMANN widmet der populären Predigtweise ein eigenes Kapitel seiner Homiletik; vgl. a. a. O., 156 - 189.).

so lange tragfähig, als der Katholizismus als eine Sozialform existierte, die alle Lebensbereiche umfaßt. Die für den Katholizismus als Sozialform plausible Aufteilung der Zuständigkeit für das Heil und das Wohl ist wahrscheinlich eine Ursache dafür, daß auch heute noch ein individualistisches Heils- und Predigtverständnis vorherrscht.

Weder die dualistische Grundstruktur noch die quietistische Behandlung der Armen können in eine heutige homiletische Konzeption übernommen werden. Nicht nur die Auflösung des Katholizismus als Sozialform, sondern auch die Rückbesinnung auf die biblische Begründung der Option für die Armen schließen das aus. Gleichwohl ist aus der homiletischen Konzeption von ALBAN STOLZ ein Ertrag für die gegenwärtige homiletische Reflexion und Praxis zu sichern. Er liegt in der Betonung der Volkstümlichkeit der Predigt. An ihr zeigt sich, ob die Armen als Adressaten der Predigt wirklich ernstgenommen werden.

2.4.2 Die Predigtlehre von THEODOR SCHÄFER († 1914) als Paradigma einer diakoniewissenschaftlichen Auseinandersetzung mit der Predigt

2.4.2.1 *Zur Person von THEODOR SCHÄFER: Theoretiker der Inneren Mission*

THEODOR SCHÄFER (1846 - 1914)[735] war der erste, der versuchte, den Zusammenhang von Diakonie bzw. Innerer Mission und Predigt homiletisch zu erschließen. Nach dem Urteil von PAUL PHILIPPI war SCHÄFER "einer der bedeutendsten Männer aus der Diakonie des 19. Jahrhunderts und wahrscheinlich ihr wichtigster damaliger Theoretiker"[736]. Er gilt als der Begründer der Diakonik[737], obschon sich seine

---

[735] Vgl. K. DIENST, Artikel "THEODOR SCHÄFER", in: RGG 5 (³1961), 1381 - 1382.

[736] PAUL PHILIPPI, Christozentrische Diakonie. Ein theologischer Entwurf, Stuttgart 1963, 5. Eine ähnliche Einschätzung findet sich bereits bei WILHELM LIESE, Geschichte der Caritas. Jubiläumswerk des Deutschen Caritasverbandes 1897 - 1922 Bd. 2, Freiburg i. Br. 1922, 231: "Der mit Vorzug als 'Theoretiker der Inneren Mission' bezeichnete Pastor TH. SCHÄFER".

[737] Vgl. GERHARD K. SCHÄFER, Die Menschenfreundlichkeit Gottes bezeugen, a. a. O., 21.

Hoffnung auf eine baldige Durchsetzung dieser neuen theologischen Disziplin[738] bis heute nicht erfüllt hat[739].

Trotz seiner Bedeutung für die Entwicklung der Diakonik kann man THEODOR SCHÄFER doch nur sehr vorläufig im Anschluß an MARTIN GERHARDT als den "erste[n] Systematiker der Inneren Mission"[740] bezeichnen. Tatsächlich war Pastor SCHÄFER vor allem ein Mann der Praxis. Sie kannte er als Vorsteher der Diakonissenanstalt und Gründer des Krüppelheims in Altona aus eigener Anschauung[741] und ihr galten seine zahlreichen Publikationen[742] in erster Linie. Dabei empfand er wie die meisten Autoren seiner Zeit, die sich zu Fragen der Diakonie äußerten, nicht "die Notwendigkeit einer theologisch umfassenden und eindringenden Begründung der Diakonie (...). *Was* Diakonie war, sagte ihnen die Praxis. *Daß* sie sein sollte, bestätigte ihnen das idealistisch-humanitäre Lebensgefühl ihrer Zeit, das sich zudem für christlich hielt - und es sicher auch weithin war"[743]. Andererseits läßt sich in den Arbeiten von SCHÄFER das Bemühen erkennen, das jeweilige Thema möglichst umfassend und in diesem Sinne "systematisch" zu erörtern: ausgehend von der historischen Entwicklung bis hin zur Auseinandersetzung mit aktuellen Diskussionsbeiträgen und angrenzenden Fragestellungen.

---

[738] Vgl. THEODOR SCHÄFER, Diakonik oder Theorie und Geschichte der inneren Mission, in: OTTO ZÖCKLER, Handbuch der theologischen Wissenschaften in encyklopädischer Darstellung, Bd. IV. Praktische Theologie, München ³1890, 511 - 600; 511. Nach eigenem Bekunden ist dieser Beitrag der erste Versuch einer wissenschaftlichen Gesamtdarstellung der Inneren Mission; vgl. THEODOR SCHÄFER, Die Innere Mission auf der Kanzel, München 1897, 35.

[739] Vgl. PAUL PHILIPPI, Christozentrische Diakonie, a. a. O., 6 - 17. Ferner die verschiedenen Beiträge unter der Überschrift "Unterwegs zu einem Curriculum 'Diakonik' im Ausbildungsgang pastoraler Berufe" in: PthI 10 (1990), 77 - 134.

[740] MARTIN GERHARDT, Ein Jahrhundert Innere Mission. Die Geschichte des Central-Ausschusses für die Innere Mission der Deutschen Evangelischen Kirche. 2. Teil: Hüter und Mehrer des Erbes, Gütersloh 1948, 17.

[741] Vgl. a. a. O., 17; 160.

[742] Die umfassendste Zusammenstellung der Veröffentlichungen von THEODOR SCHÄFER findet sich in: DERS., Die Innere Mission auf der Kanzel, a. a. O., 386.

[743] PAUL PHILIPPI, Christozentrische Diakonie, a. a. O., 22.

Der homiletisch originäre Beitrag THEODOR SCHÄFERS: Die Innere

Mission gehört auf die Kanzel und dient "der Seelen Seligkeit"

SCHÄFERs Buch "Die Innere Mission auf der Kanzel" (1897) ist im wesentlichen eine Sammlung ausgeführter Predigten, Ansprachen und homiletischer Skizzen aus der Feder verschiedener Autoren. Es gliedert sich in drei Abteilungen: "Kasualreden", "Missionsstunden für Innere Mission" und "Die Innere Mission in den gewöhnlichen Predigten des Kirchenjahres". Ihnen voraus geht eine Einleitung, in der SCHÄFER zum einen die Begründung für die Berücksichtigung der Inneren Mission in der Predigt und zum anderen praktische Ratschläge für die Behandlung der Inneren Mission auf der Kanzel gibt[744].

Wenn Predigt und Innere Mission aufeinander bezogen werden sollen, dann ist es angebracht, ihre Bedeutung offenzulegen. SCHÄFER versteht die Innere Mission als ein Notwerk gläubiger Liebe, das innerkirchlich aber außeramtlich vollzogen wird. Sie versucht mittels Wort und Werk massenhafte und außerordentliche Notstände abzuwenden[745]. Für die Predigt sind ebenfalls vier Momente konstitutiv: "das Wort Gottes, die Persönlichkeit des Predigers, die Gemeinde [und] die Darbietung in Redeform"[746]. Anhand dieser vier Kennzeichen der Predigt weist SCHÄFER nach, welche Bedeutung die Innere Mission für die Predigt hat. Der Tenor ist dabei immer gleich: Wenn die Innere Mission zur Erfüllung der Predigtaufgabe einen unverzichtbaren Beitrag leistet, dann folgt daraus zwangsläufig, daß der Prediger für sie auch eintritt[747].

Im Einzelnen. Die Innere Mission dient der Auslegung und Anwendung, dem Verständnis und der Aneignung des Gottesworts[748]. Sie "exegesiert" die Heilige Schrift von der Praxis her und auf diese hin[749]. So hat beispielsweise erst die Innere Mission

---

[744] Vgl. THEODOR SCHÄFER, Die Innere Mission auf der Kanzel, a. a. O., VI - VIII.

[745] Vgl. a.. a. O., 2.

[746] Ebd.

[747] Vgl. a. a. O., 7.

[748] Vgl. a. a. O., 2 - 7; 3.

[749] Vgl. a. a. O., 7.

die Tragweite des Missionsbefehls von Mt 28 erschlossen. Mission vollzieht sich nicht nur in Übersee, sondern sie ist auch im eigenen Land eine bleibende Aufgabe. Denn die Kenntnis der sittlichen Verwilderung in breiten Kreisen des Volkes, wie sie durch die Innere Mission aufgedeckt wurde, ruft nach der Befolgung des Auftrags: "Lehret sie halten alles, was ich euch befohlen habe"[750]. Als hermeneutischer Schlüssel für das Verständnis der Schrift bewahrt die Arbeit der Inneren Mission vor Pauschalisierung. Sie hilft, vermeintliche Nebenzüge einer Schriftstelle in ihrer eigenständigen Bedeutung zu erkennen. Auf dem Hintergrund diakonischer Anstaltserfahrung findet etwa nicht nur der erste Teil eines Wortes wie Lk 15,2 "Dieser nimmt die Sünder an", sondern auch der zweite Teil "und ißet mit ihnen"[751] gebührende Beachtung. Denn dort ist die Erfahrung lebendig, daß sich das Ausmaß der Annahme eines Menschen erst in der Bereitschaft zeigt, mit ihm zu essen[752]. Deshalb ist man imstande, die Besonderheit von Lk 15,2 wahrzunehmen: "Die Sünderliebe Jesu wird oft in der Schrift gepriesen, hier nur die Liebe, die auch mit den Sündern ißt"[753]. Schließlich kann die Innere Mission hinsichtlich der im Neuen Testament nur schmal bezeugten "Diakonissensache" aufgrund ihrer Praxis "eine Menge Veranschaulichungsmaterial" beisteuern[754]. Dadurch gewinnen diese wenigen Schriftstellen im Unterschied zu den Zeiten, in denen man "von einem Dienst der Frau in der Kirche nichts wußte", an Bedeutung[755].

Die Innere Mission verhilft nicht nur dazu, die Schrift von der Praxis her auszulegen, sondern sie ermöglicht es dem Prediger auch, "frisch, erwecklich, seelsorglich und praktisch" zu predigen[756]. Dies setzt jedoch voraus, daß er selbst "ein Mann der I[nneren] M[ission]" geworden ist, in ihrem Dienst seine Persönlichkeit gebildet hat,

---

[750] A. a. O., 4 (vgl. Mt 28, 20/Lutherübersetzung).

[751] Ebd.

[752] Vgl. a. a. O., 6.

[753] A. a. O., 5.

[754] Vgl. a. a. O., 6.

[755] Vgl. ebd.

[756] Vgl. a. a. O., 10.

um so aus eigener Erfahrung glaubwürdig sprechen zu können[757]. Für das Erste benötigt der Prediger dazu nicht viel mehr als eine Wolldecke und ein Bücherbord: Die Decke wird ihm bei der Krankenpflege nützliche Dienste erweisen und auf dem Bücherregal verstaut er sein Depot an Bibeln und christlichen Volksschriften, die er bei Bedarf verteilt. Mit diesen sehr handfesten Hinweisen verquickt, findet sich eine Art Kosten-Nutzen-Rechnung für Geistliche. Das Vertrauen, das der Prediger durch sein außeramtliches Engagement bei seiner Gemeinde gewinnt, wird ihm bei der Ausübung seines Amtes zugute kommen[758]. Zudem hat er einen Einblick in die wirklichen Notlagen der Gemeinde gewonnen[759].

Auch die Gemeinde profitiert von der Berücksichtigung der Inneren Mission in der Predigt. Es ist schließlich ihre "allereigenste Angelegenheit", die Not in der eigenen Mitte wahrzunehmen und abzuwenden[760]. Allerdings hat der Pfarrer von der Kanzel aus keine technischen Hinweise zu geben; dafür gibt es die Missionsstunden. Vielmehr geht es an diesem Ort darum, die "Beter, Helfer [und] Geber" zu werben und zu motivieren[761].

Die Wesensverwandtschaft von Predigt und Innerer Mission zeigt sich letztendlich aufgrund ihrer gemeinsamen Zielsetzung. Beide dienen nämlich je auf ihre Weise - die eine amtlich und die andere außeramtlich - dem einen Zweck: "der Seelen Seligkeit"[762].

Summa summarum: Durch die Berücksichtigung der Inneren Mission in der Predigt werden die Wahrnehmung geistlicher, sittlicher und äußerer Notstände sowie das praktische Schriftverständnis und ein lebensnaher Predigtstil gefördert. Die Predigt trägt so dazu bei, daß die Diakonie von der Gemeinde aufgegriffen wird.

---

[757] Vgl. a. a. O., 8.

[758] Vgl. a. a. O., 9f.

[759] Vgl. a. a. O., 11.

[760] Vgl. a. a. O., 12.

[761] Vgl. a. a. O., 14.

[762] A. a. O., 16.

2.4.2.3 Zu THEODOR SCHÄFERS gespaltenem diakonischen Homiletikverständnis - thematische Längsschnitte

2.4.2.3.1 Kirchengeschichtliches Profil: Die Option für das gemeinsame Priestertum als Konfliktpotential

THEODOR SCHÄFER gehörte zur zweiten Generation der Inneren Mission. Ihre Kennzeichen sind nicht nur ein beeindruckendes organisatorisches Leistungspensum und ein bedeutender Einfluß auf die staatliche Sozialpolitik[763], sondern auch eine gewisse Ernüchterung und Zurückhaltung gegenüber den Idealen der Gründungszeit[764]. Die Innere Mission wurde 1848, zwei Jahre nach SCHÄFERS Geburt, während des ersten Evangelischen Kirchentags in Wittenberg ins Leben gerufen. Auf Vorschlag von JOHANN HINRICH WICHERN († 1881)[765] wurde die Errichtung eines "Central-Ausschusses" für Innere Mission beschlossen. Zu seiner Aufgabe wurde bestimmt, die Vielfalt der evangelischen Liebestätigkeit, die sich der jüngsten Erweckungsbewegung verdankte[766], aufzufangen und zu koordinieren[767]. WICHERN war beseelt von der Idee, daß die Kirche durch die Innere Mission wieder zur Volkskirche werden müßte und werden könnte. Ihr oberstes Ziel sollte die sittliche Erneuerung des Volkes durch die Verkündigung des Evangeliums sein[768]. Wort und Tat galten dabei für WICHERN gleichviel: "Wie der ganze Christus im lebendigen Gottes*worte* sich offenbart, so muß er auch in den Gottes*taten* sich predigen, und die höchste, reinste, kirchlichste dieser

---

[763] Vgl. MANFRED SCHICK, Innere Mission und soziale Bewegung in der evangelischen Kirche von 1870 - 1914, in: DERS./HORST SEIBERT/YORICK SPIEGEL (Hrsg.), Diakonie und Sozialstaat. Kirchliches Hilfehandeln und staatliche Sozial- und Familienpolitik, Gütersloh 1986, 29 - 50.

[764] Vgl. ERICH BEYREUTHER, Geschichte der Diakonie und Inneren Mission in der Neuzeit, Berlin ²1962, 127.

[765] Zur Biographie von JOHANN HINRICH WICHERN vgl. a. a. O., 88 - 125. Zur theologischen Konzeption WICHERNs vgl. GERHARD K. SCHÄFER, Gottes Bund entsprechen, a. a. O., 77 - 121.

[766] Vgl. MARTIN GRESCHAT, Christliche Erneuerung im Europa des 19. Jahrhunderts. Historische Voraussetzungen der Institutionalisierung der Diakonie, in: MICHAEL SCHIBILSKY (Hrsg.), Kursbuch Diakonie (FS ULRICH BACH) Neukirchen-Vluyn 1991, 185 - 196.

[767] So WICHERN in seinem Vortrag am 23.09.1848; vgl. PETER MEINHOLD (Hrsg.), JOHANN HINRICH WICHERN. Sämtliche Werke Bd. I.: Die Kirche und ihr soziales Handeln (Grundsätzliches und Allgemeines), Berlin - Hamburg 1962, 165 - 171.

[768] Vgl. JOHANN HINRICH WICHERN in seiner Erklärung vom 21.09.1848, a. a. O., 155.

Taten ist die rettende Liebe"[769]. Allerdings war es nicht für jeden Vertreter der verfaßten Kirche selbstverständlich, daß es sich bei der rettenden Liebe der Inneren Mission auch wirklich um ein kirchliches Werk und nicht vielmehr wie im Pietismus um eine Polemik gegen das Amt handelte. Denn in den Vereinen der Inneren Mission wurde die Lehre vom allgemeinen Priestertum viel entschiedener akzentuiert, als dies amtlicherseits zugelassen wurde. Dadurch geriet man in Konflikt mit dem Amt[770]. War dieses bisher als Wort-Amt konzipiert worden und nur relativ wenigen zugänglich, so wurde es jetzt im umfassenden Sinne als die dienende Liebe verstanden, zu der jeder durch den Glauben Gerechtfertigte berufen und beauftragt ist. Strenge Lutheraner vermißten in der Inneren Mission zudem die feste Grundlage des Bekenntnisses und befürchteten, daß sich in ihren Vereinen, die sich ja zu allermeist außerhalb der Kirche konstituiert hatten, freikirchliche Bestrebungen durchsetzen könnten[771]. Zu solcher Besorgnis gab es durchaus Anhaltspunkte, denn mit den religiösen Motiven meldeten sich auch unübersehbar gesellschaftliche Emanzipationsprozesse. Indem die Innere Mission ihren Mitgliedern einen weitaus größeren Handlungsspielraum ermöglichte als die verfaßte Kirche, kam sie so dem Autonomiebestreben des Bürgertums entgegen. Auf der gleichen Linie liegt die Beobachtung, daß die Innere Mission die erste Sozialform innerhalb des Protestantismus war, die frei gewählt werden konnte und die nicht mehr biographisch-schicksalhaft vorgegeben war. Schließlich ermöglichte die Favorisierung der "Liebesreligiosität" eine Ablösung von der Konfessionskirche und machte die Innere Mission zu einer ersten Adresse für das sozial- und institutionskritische Bewußtsein des Protestantismus[772]. Auf diesem Hintergrund sah sich JOHANN HINRICH WICHERN vor die Aufgabe gestellt, die Kirchlichkeit der Inneren Mission aufzuweisen und für deren amtliche Anerkennung zu werben. Dieses Bemühen zeitigte zwar einige nicht unwesent-

---

[769] JOHANN HINRICH WICHERN in seiner berühmt gewordenen Stegreifrede vom Wittenberger Kirchentag am 22.09.1848, a. a. O., 155 - 165; 165.

[770] Vgl. JÜRGEN ALBERT, Artikel "Innere Mission", in: TRE 16 (1987), 166 - 175.

[771] Vgl. ERICH BEYREUTHER, Geschichte der Diakonie und Inneren Mission in der Neuzeit, a. a. O., 117.

[772] Vgl. JÜRGEN ALBERT, Artikel "Innere Mission", a. a. O., 168.

220

liche Erfolge[773]; trotzdem blieb der Konflikt für die zweite Generation der Inneren Mission bestehen, so daß auch noch THEODOR SCHÄFER seine Arbeit als Dienst an der Integration der Inneren Mission in das Leben der verfaßten Kirche verstehen konnte[774].

So ist die Inanspruchnahme der sogenannten Laienhilfe auch zu seiner Zeit immer noch umstritten. Der Umfang der Argumentation zeigt, daß SCHÄFER dieser Frage besonderes Gewicht beimißt[775]. Seiner Ansicht nach ist das Ausmaß der Notstände so groß, daß sie durch die offiziellen Stellen der Kirche und des Staates nicht bewältigt werden können. Diese sind zudem in der Wahrnehmung der Not nicht flexibel genug. Die Geschichte zeigt, daß wichtige Einrichtungen wie die Diasporapflege, die Auswanderer-, Seemanns- und Stadtmission etc. ohne die freie Initiative Einzelner nicht zustande gekommen wäre. Es ist Aufgabe der offiziellen Kräfte, diese Initiativen aufzugreifen und weiterzuführen. SCHÄFER argumentiert jedoch nicht nur pragmatisch, sondern auch theologisch. Allerdings verrät die Sprache gerade an dieser Stelle ein beträchtliches Konfliktpotential: Die Gemeindeglieder haben nicht deshalb von Gott Gaben geschenkt bekommen, "damit die Pastoren sie versumpfen und versauern lassen, sie unterdrücken und kalt stellen"[776]. Vielmehr sollen sie herangezogen und verwertet werden. Darin wird göttlichem Recht entsprochen. Wahrscheinlich um seiner Argumentation besonderen Nachdruck zu verleihen, fügt SCHÄFER eine Drohung hinzu: Wenn vorhandene Gaben nicht in rechter Weise herangezogen und geleitet werden, geraten sie leicht auf Irrwege, die "mehr schaden als nützen und mehr Not machen als Hilfe gewähren"[777].

Wie zur Anfangszeit der Inneren Mission ist es immer noch die Option für das gemeinsame Priestertum, die ihrer angemessenen Berücksichtigung auf der Kanzel im Wege steht. Vermutlich wurde jedoch die Kritik an diesem zentralen Schwerpunkt der

---

[773] Vgl. ERICH BEYREUTHER, Geschichte der Diakonie und der Inneren Mission in der Neuzeit, a. a. O., 114 - 117.

[774] Vgl. THEODOR SCHÄFER, Die Innere Mission auf der Kanzel, a. a. O., III.

[775] Vgl. a. a. O., 12 - 14.

[776] A. a. O., 14.

[777] Ebd.

Inneren Mission nicht immer offen ausgesprochen, sondern gelegentlich auch mit dem Hinweis auf ihr ausuferndes Vereinswesen kaschiert[778]. Das war bei aller Vordergründigkeit der Kritik insofern nicht abwegig, als der Glaube an das allgemeine Priestertum in den Vereinen der Inneren Mission seine typische Sozialgestalt gefunden hatte. Allerdings dürften die Linien zwischen den Positionen nicht so trennscharf verlaufen sein, wie es bei THEODOR SCHÄFER den Anschein hat. Tatsächlich hatte die Innere Mission auch von seiten der Kirchenleitung Befürworter. So wurden am 17.04.1890 die Geistlichen per Erlaß vom Evangelischen Oberkirchenrat Preußens dazu aufgefordert, die Innere Mission zu unterstützen und im Kampf gegen die sozialen Nöte des Arbeiterstandes mitzuwirken[779]. So begannen auch die Pfarrer, einzelne Initiativen der Inneren Mission wie die Bibelstunden, die Kindergottesdienste und die Jugendarbeit in eigener Regie durchzuführen. Außerdem waren nach und nach immer mehr von ihnen bereit, als sogenannte Sachbearbeiter Verantwortung für Aufgaben der Inneren Mission zu übernehmen[780]. Umgekehrt lassen sich auch auf seiten der Inneren Mission, zumindest in der von THEODOR SCHÄFER favorisierten Gestalt, Entwicklungen feststellen, die eine Einschränkung der ursprünglichen Position und eine Verlagerung des herkömmlichen Konflikts bedeuten, so daß am Ende des 19. Jahrhunderts nicht von der simplen Gegenüberstellung "die Innere Mission hüben und die Amtskirche drüben" ausgegangen werden kann.

Während WICHERN das allgemeine Priestertum noch visionär als den zentralen Angelpunkt der Inneren Mission und der Erneuerung des Volkes aus der Kraft des Evangeliums verstand, ist dieses bei SCHÄFER zur "Laienhilfe" verkümmert. WICHERN forderte die Laienpredigt, bei SCHÄFER hingegen wird sie nur nebenbei erwähnt.

---

[778] Nach THEODOR SCHÄFER schreckt mancher junge Theologe davor zurück, selbst ein Mann der Inneren Mission zu werden, weil er befürchtet, es dann mit dem Betrieb ihrer Vereine zu tun zu bekommen und womöglich nicht mehr genügend Zeit für die Erfüllung der pfarramtlichen Pflichten zur Verfügung zu haben (vgl. a. a. O., 8f.). Zur theologischen Auseinandersetzung mit dem Vereinswesen vgl. MARTIN CORDES, Freie christliche Aktion als Herausforderung für Kirche und Theologie in der ersten Hälfte des 19. Jahrhunderts. Ein Beitrag zum evangelischen Vereinswesen in Göttingen und zur Theologie FRIEDRICH LÜCKES (SKGNS 24), Göttingen 1982.

[779] Vgl. MANFRED SCHICK, Innere Mission und soziale Bewegung, a. a. O., 40.

[780] Vgl. ERICH BEYREUTHER, Geschichte der Diakonie und Inneren Mission in der Neuzeit, a. a. O., 127f.

Schließlich: Zur Zeit WICHERNs war die Innere Mission ein Sammelbecken für alle nur denkbaren Gruppierungen und Vereine, die aus der Erweckungsbewegung hervorgegangen waren. Zur Zeit SCHÄFERs und nicht zuletzt auch wegen ihm sieht man sich nicht in der Lage, die Evangelisationsbewegung eines ELIAS SCHRENK († 1913) aufzunehmen[781]. Es macht sich nach ERICH BEYREUTHER bei allen berechtigten theologischen Anfragen gegenüber dieser neuen Bewegung eine Enge breit, die nur noch das anerkennen kann, was sich bereits im Schoß der Inneren Mission befindet oder in ihr entstanden ist[782]. So streitbar sich SCHÄFER auch für die sogenannte Laienhilfe einsetzt, es ist nicht zu verkennen, daß er einen Standpunkt vertritt, der sich dem der verfaßten Kirche in wichtigen Punkten angeglichen hat. Integration der Inneren Mission in die verfaßte Kirche scheint nach der Auffassung von THEODOR SCHÄFER nicht in der Aussöhnung unterschiedlicher Standpunkte, sondern in der Verkirchlichung der Inneren Mission zu bestehen. Diese Einstellung führt nicht nur nach innen zu einer Kanalisierung des allgemeinen Priestertums, sondern auch nach außen in der Begegnung mit neu entstehenden Bewegungen zu deutlichen Grenzmakierungen. War in den Anfängen der Inneren Mission die Erfahrung des Außeramtlichseins und eine von Offenheit gegenüber neuen Initiativen geprägte Haltung für die Definition der eigenen Identität konstitutiv, so gewinnt jetzt die Abgrenzung entscheidend an Bedeutung. Diese Haltung von - SCHÄFER ist auf seine geistige Beheimatung im Neuluthertum[783] zurückzuführen, das

---

[781] Nach ERICH BEYREUTHER ließ THEODOR SCHÄFER selbst bei einem Festvortrag zum 50jährigen Bestehen der Inneren Mission die Gelegenheit nicht aus, gegen die Befürworter der Evangelisationsbewegung zu Felde zu ziehen (vgl. a. a. O., 134f.).

[782] Vgl. a. a. O., 135.

[783] Vgl. a. a. O., 128: BEYREUTHER sieht in THEODOR SCHÄFER den Exponenten des Neuluthertums auf dem Gebiet der Inneren Mission. A. a. O., 134 findet sich deshalb auch für THEODOR SCHÄFER das Attribut "der Konfessionalist". Zum Konfessionalismus vgl. HERMANN FISCHER, Art. "Konfessionalismus", in: TRE 19 (1990), 426 - 431.

für ihn während seines Studiums in Erlangen und Leipzig[784] und als Schüler von WILHELM LÖHE († 1872) prägend geworden war[785].

ERICH BEYREUTHER zufolge war diese konfessionell-lutherische Richtung nicht nur beständig versucht, sich nach außen abzukapseln, sondern auch in Gefahr, aus dem Gefühl überlegener Sicherheit heraus an der Zeit vorbeizureden. Zudem neigte man zu ängstlich-konservativem Verhalten und begnügte sich damit, nur bessern zu wollen[786].

2.4.2.3.2 *Sozialgeschichtliches Profil: Restaurative Behandlung der Arbeiterfrage*

Diese Einschätzung gewinnt im Blick auf die von THEODOR SCHÄFER vorgelegte Predigtsammlung an Profil, wenn man nach der Berücksichtigung der "Sozialen Frage" fragt, worunter man im allgemeinen die Lage der Arbeiter verstand. Sie war das Zeichen der Zeit, das zur Stellungnahme herausforderte und an deren Behandlung sich ablesen läßt, ob an der Zeit vorbeigeredet wurde oder nicht. Tatsächlich finden sich bei SCHÄFER von insgesamt 188 Predigten nur zwei (das ist ein Prozent des Gesamtumfangs), die ausführlicher auf die Situation der Arbeiter eingehen und direkt an sie gerichtet sind[787].

In seiner Predigt zum Jahresfest des evangelischen Arbeitervereins in Frankfurt am Main erklärt der Güstrower Domprediger WILHELMI, daß der Kampf gegen "Proletarisierung, Überarbeitung, Arbeitslosigkeit, gegen ungerechte Gesetze, Entfremdung

---

[784] In Erlangen studierte SCHÄFER bei JOHANN CHRISTIAN KONRAD VON HOFMANN (+ 1877) und GOTTFRIED THOMASIUS (+ 1875) und in Leipzig bei CHRISTOPH ERNST LUTHARDT (+ 1902) und KARL FRIEDRICH AUGUST KAHNIS (+ 1888) (vgl. MARTIN GEBHARDT, Ein Jahrhundert Innere Mission. 2. Teil: Hüter und Mehrer des Erbes, a. a. O., 17).

[785] Vgl. ERICH BEYREUTHER, Geschichte der Diakonie und Inneren Mission in der Neuzeit, a. a. O., 128. THEODOR SCHÄFER hat seinem Lehrer ein literarisches Denkmal gesetzt in: DERS., WILHELM LÖHE. Vier Vorträge über ihn nebst Lichtstrahlen aus seinen Werken. Ein Wegweiser, Gütersloh 1909.

[786] Vgl. a. a. O., 128f.

[787] Darüber hinaus empfiehlt SCHÄFER zwei Publikationen, die sich mit der homiletischen Berücksichtigung mit der sozialen Frage befassen: L. CLASEN, Die soziale Frage auf der Kanzel, Halle a. Saale 1892; PAUL WALTHER, Soziale Gedanken in Anlehnung an die Sonn- und Festtags-Evangelien mit Einleitung und Nachwort, Göttingen 1893 (vgl. THEODOR SCHÄFER, Die Innere Mission auf der Kanzel, a. a. O., 35).

zwischen den Ständen, Auflösung des Familienlebens durch Wohnungsnot und Frauen-arbeit" insofern gerechtfertigt ist und auf Gottes Segen vertrauen darf, als er den "in-nere[n] Kampf für das persönliche ewige Leben"[788] nicht vernachlässigt. Denn dieser ist als der wichtigere anzusehen: "Was haben wir von allen irdischen Kämpfen und wären sie an sich noch so 'gut', wenn wir hier nicht siegen?"[789]. Und er erscheint als das eigentliche Motiv für den Kampf gegen die sozialen Übel; diese machen es nämlich "vielen Brüdern 'sehr schwer', Gottesmenschen zu werden"[790]. Die soziale Frage wird somit vornehmlich in der Perspektive des Glaubens gesehen und als eines seiner Hindernisse eingestuft, wobei unklar bleibt, inwiefern sie den Glauben behindert. Hat die bedrückende Erfahrung der eigenen Lage die Arbeiter dazu gebracht, die Theodizeefrage zu stellen, Gottes Zuwarten als Argument gegen seine Existenz zu richten? Oder fühlen sie sich weit mehr von der Kirche unverstanden und im Stich gelassen? Besteht von seiten der Arbeiter überhaupt eine Erwartungshaltung im Sinne des traditionellen Glaubens? Alle diese Fragen bleiben unberührt. Statt dessen geht WILHELMI davon aus, daß der Glaube an das ewige Leben von seinen Hörern geteilt wird und insofern als Grundlage der Verständigung über den Kampf gegen das soziale Übel dienen kann. Das mag zwar für den Kontext eines evangelischen Arbeitervereins eine zutreffende Annahme gewesen sein, aber über diesen Adressatenkreis hinaus dürfte sie jedoch nur sehr beschränkt gegolten haben[791]. Immerhin findet sich bei WILHELMI eine klare Absage sowohl an eine Vertröstungsstrategie als auch an eine Beschränkung auf eine Einzelfallhilfe: "Wir können uns nicht damit trösten, daß Gott die Seele retten kann, wenn der Leib zugrunde geht, und nicht damit begnügen, einzelnen hie und da zu helfen"[792]. Allerdings werden diese Aussagen nicht weiter mit dem Topos dieser

---

[788] Zitiert nach: THEODOR SCHÄFER, Die Innere Mission auf der Kanzel, a. a. O., 207 - 209; 208.

[789] Ebd. Darüber hinaus wirkt sich der Kampf des Glaubens auf die Gestalt des Einsatzes für die Gerechtigkeit aus. WILHELMI begnügt sich hier jedoch nur mit dem allgemeinen Hinweis und fordert den Prediger auf, "das Versuchliche des Kämpfens" für die Gerechtigkeit nachzuweisen.

[790] Ebd.

[791] Vgl. THOMAS NIPPERDEY, Deutsche Geschichte 1866 - 1918. Bd. I Arbeitswelt und Bürgergeist, a. a. O., 503 - 507; 515.

[792] Zitiert nach: THEODOR SCHÄFER, Die Innere Mission auf der Kanzel, a. a. O., 208.

Predigt, das ewige Leben, verbunden, so daß der Eindruck entsteht, daß es sich bei ihnen um etwas Zweitrangiges handelt.

Noch weniger differenziert ist die Predigt des Trebnitzer Konsistorialrats SCHU-BART zur Reformationsfeier eines evangelischen Arbeitervereins. Er zeigt Verständnis dafür, daß es einem Menschen in abhängiger Stellung nicht immer leicht fällt, Gott die Ehre zu geben. Im Lobpreis Gottes liegt indes die Kraft, sich von aller Verknechtung zu befreien und ein Leben voll "Demut und Geduld", "Langmut und Verträglichkeit" und "Zucht und Sitte" in der Nachfolge Jesu zu führen. Solchen Lebenswandel wird die Umwelt wahrnehmen und belohnen[793]. Bei allem Verständnis für die besondere Lage der Arbeiter herrscht in diesem Predigtbeispiel die Tendenz zum sozialen Quietismus vor. Demut und Geduld werden als die Haupttugenden apostrophiert und bar jeder inhaltlichen Position als probate Mittel der Gesellschaftsveränderung hingestellt. Das war Wasser auf die Mühlen Marxscher Religionskritik wie sie (trotz der in ihrem Programm bekundeten religiösen Neutralität) in den Reihen der Sozialdemokratie lebendig war[794].

Fazit: Sowohl hinsichtlich der quantitativen Berücksichtigung der Arbeiterfrage als auch hinsichtlich der inhaltlichen Aussagen in den wenigen betreffenden Predigten erhärtet sich die von ERICH BEYREUTHER geäußerte Einschätzung, daß der von THEODOR SCHÄFER vertretene Kurs der Inneren Mission Gefahr lief, an den gravierenden Fragen der Zeit vorbeizusteuern.

Gleichwohl ist zu sehen, daß nicht erst bei THEODOR SCHÄFER sekundäre Motive und eine eingeschränkte Wahrnehmung der sozialen Wirklichkeit das Verhältnis der Inneren Mission zu den Armen und speziell zu den Arbeitern belasten. Schon bei WICHERN scheinen solche Züge auf. Bei ihm finden sich zwar die Achtung vor der Subjektwürde der Armen[795] und das Bemühen, die der normalen Sonntagspredigt

---

[793] Zitiert nach: a. a. O. 209 - 210; 210.

[794] Vgl. THOMAS NIPPERDEY, Deutsche Geschichte 1866 - 1918 Bd. I Arbeitswelt und Bürgergeist, a. a. O., 515.

[795] WICHERN spricht sich für die Errichtung genossenschaftlicher Selbsthilfeorganisationen der Arbeiter aus. Vgl. GERHARD K. SCHÄFER, Gottes Bund entsprechen, a. a. O., 115f.

weitenteils entfremdeten Proletarier mit neuen Formen der Verkündigung zu erreichen[796]. Aber diese innovativen Ansätze werden durch den restaurativen Charakter seines Gesamtkonzeptes konterkariert[797]. So werden die Ursachen für das Anwachsen des sozialen Elends hauptsächlich im Unglauben und im Verfall der Sitten gesucht, dient die Hilfe gegenüber den Armen als Mittel der Abwehr von politischen und sozialen Emanzipationsbestrebungen, treten Rechtsansprüche gegenüber Fürsorge und Dankbarkeit in den Hintergrund.

2.4.2.3.3 Homiletisches Profil: Glaubenspredigt, die die sozialen Mißstände tadelt

Gegen Ende des 19. Jahrhunderts wird in der evangelischen Homiletik die sogenannte "soziale Predigt" viel diskutiert[798]. Die Schulhomiletik um 1900 kennt sie als einen eigenen Predigttyp. Dieser Umstand darf jedoch nicht zu dem Schluß führen, daß es sich bei der sozialen Predigt um ein einheitliches Predigtkonzept gehandelt hätte. Eher schon ist die Bezeichnung "soziale Predigt" als ein Sammelbegriff anzusehen, der für ganz unterschiedliche Entwürfe in Anspruch genommen wurde[799]. Ihr gemeinsamer Nenner war die Erkenntnis, daß die Predigt an der sozialen Frage nicht vorübergehen darf. "Das durch die herkömmliche Art der kirchlichen Verkündigung mit geförderte Mißverständnis, das Christentum sei eine reine 'Jenseitsreligion', sollte

---

[796] WICHERN plädiert deshalb für die Aufstellung von sogenannten Straßen- Armen- und Proletarierpredigern, für die Anmietung von Wohnungen in den Arbeiterquartieren als Versammlungs- und Gottesdiensträume, für den Besuch in Wohnungen und an Arbeitsstätten und schließlich für die Förderung der Arbeitervereine (vgl. JOHANN HINRICH WICHERN, Die Proletarier und die Kirche, in: PETER MEINHOLD (Hrsg.), JOHANN HINRICH WICHERN. Sämtliche Werke Bd. I., a. a. O., 137 - 151, 148 - 150).

[797] Vgl. GERHARD K. SCHÄFER, Gottes Bund entsprechen, a. a. O., 119f.

[798] Vgl. FRIEDRICH WINTZER, Die Homiletik seit SCHLEIERMACHER bis in die Anfänge der 'dialektischen Theologie' in Grundzügen (APTh 6), Göttingen 1969, 149 - 153.

[799] Nach ihrer theologischen Begründung sind zwei Strömungen der sozialen Predigt zu unterscheiden. Die erste "setzt bei dem dogmatischen locus der Heiligung ein und verbindet die soziale Predigt eng mit der Glaubens- und Bußpredigt. Der einzelne wird in der Predigt angesprochen und aufgerufen, in seinem Lebensbereich Liebe zu üben und an der Beseitigung unsozialer Verhältnisse mitzuarbeiten" (a. a. O., 152). Ein Vertreter dieser Richtung war der Greifswalder Professor HERMANN CREMER (+ 1903). Die zweite Strömung der sozialen Predigt "setzt bei dem ethischen Begriff des Reiches Gottes ein". Sie ist dogmatisch nicht so fest fixiert und wendet sich deshalb stärker sozialethischen Problemen zu (vgl. ebd.). Ein Vertreter dieser Richtung ist der ehemalige Hofprediger und Stadtmissionar ADOLF STOECKER (+ 1909).

beseitigt werden"[800]. Übereinstimmend wurde auch die Auffassung geteilt, daß die soziale Frage nicht allein auf wirtschaftlicher Basis zu lösen ist. Vielmehr bedarf es auch der Schärfung der Gewissen und der Mahnung zum Frieden; beides Aufgaben, die man zu den genuinen Leistungen der Predigt zählte. Schließlich war man sich auch darin einig, daß sich die Predigt bei der Thematisierung der sozialen Frage nicht auf den Boden parteipolitischer Agitation begeben darf. Dieser Konsens findet sich in einer Resolution des 5. Evangelisch-sozialen Kongresses (1894): "Die evangelische Predigt ist und bleibt in erster Linie G l a u b e n s p r e d i g t, hat aber auf dem Grenzgebiet zwischen der christlichen Sittenlehre und den sozialen Zuständen zur Zeit offenbar das Recht, Volksschäden zu tadeln, selbst nach bestem Wissen Wege zur Besserung aufzuzeigen, ohne jedoch (...) in den wirtschaftlich-technischen und organisatorischen Streitfragen Parteistellung zu nehmen. Vielmehr wird die Predigt immer hervorheben müssen, daß eine wirtschaftliche Besserung, soweit sie überhaupt unter menschlichen Verhältnissen möglich ist, immer an die Voraussetzung der Verbreitung und Stärkung christlicher Anschauung in allen Volkskreisen, nach oben und nach unten hin, gebunden bleibt. Was der evangelische Prediger außerhalb des Gottesdienstes in sozialer Hinsicht thun darf und mit christlichem Taktgefühl tun muß, liegt außerhalb des Themas"[801].

Mit anderen Worten: Die Gemeindepredigt sollte nur unter ihren eigenen Voraussetzungen Stellung zu sozialen Fragen beziehen[802]. Unter den gegebenen Umständen konnte das Resultat dieser Prämisse nur eine individualisierende Bearbeitung sozialer Probleme sein. Daneben wurden jedoch auch Stimmen laut, die diese Ausrichtung kritisierten und eine stärker prophetisch ausgerichtete Predigtweise forderten[803]. Über

---

[800] A. a. O., 150.

[801] Bericht über die Verhandlungen des fünften Evangelisch-sozialen Kongresses, abgehalten zu Frankfurt am Main am 16. und 17. Mai 1894. Nach den stenographischen Protokollen, Berlin 1894, 42f.

[802] Vgl. FRIEDRICH WINTZER, Die Homiletik seit SCHLEIERMACHER bis in die Anfänge der 'dialektischen Theologie' in Grundzügen, a. a. O., 153. WINTZER bemerkt dazu: "Dahinter stand z.T. unausgesprochen die auf einem Mißbrauch der Zwei-Reiche-Lehre beruhende Vorstellung von der Eigenständigkeit des politischen, gesellschaftlichen und wirtschaftlichen Bereichs" (ebd.).

[803] Stellvertretend sei hier auf das Votum von ADOLF STOECKER auf dem 5. Evangelisch-sozialen Kongreß verwiesen: "Es gibt Gebetswunder. Ich habe es erlebt, daß ein armer Mensch, der exmittiert werden sollte, um die 10 Mark betete, die er brauchte, und er fand sie 'Unter den Linden'. Eine arme

die Kontroverse "strukturelle oder individuelle Thematisierung sozialer Fragen" hinausgehend, findet sich auf dem 5. Evangelisch-sozialen Kongreß auch die Überlegung, daß die Kirche, um dem ihr aufgetragenen Zeugnis gerecht werden zu können, sich nicht auf die Gemeindepredigt fixieren darf. In diesem Sinne forderte ADOLF HARNACK († 1930): "Heute hat die Kirche nur e i n e n Mund, und dieser Mund ist der Prediger. Die Kirche braucht aber noch ganz andere Ausdrucksformen im öffentlichen Leben, um das zu sein, was sie sein soll"[804]. Solange diese Ausdrucksformen noch nicht bestehen, sollen nach HARNACK in der Gemeindepredigt nur dann soziale Fragen angesprochen werden, wenn äußerste Mißstände dies erforderlich machen. Ansonsten soll sich der Prediger vor Augen halten: Die beste soziale Predigt ist es, wenn der Prediger die Menschen aus ihrem gewöhnlichen Leben zu Gott erhoben hat[805]. Dieses letzte Votum zeigt, daß die "sozialpolitische Abstinenz", die für das homiletische Handbuch von THEODOR SCHÄFER kennzeichnend ist, keineswegs als Sonderfall zu betrachten ist. Selbst zu der Zeit, als in der evangelischen Kirche die soziale Predigt forciert diskutiert wurde, scheint sie doch eher als ein Appendix und nicht als eine wesentliche Aufgabe der Predigt betrachtet worden zu sein. Hinzu kommt, daß sich auch in dieser Hinsicht die Kirchenpolitik wandelte. Wurden die Pfarrer 1890 per Erlaß des preußischen Oberkirchenrats noch dezidiert dazu aufgefordert, sich an der Lösung der sozialen Frage zu beteiligen, so wurde 1895 von gleicher Stelle aus dieser Kurs

---

Wittwe betete in ihrem Hunger um ein Fünfgroschenbrot, und sie fand es in der Müllerstraße. Das sind göttliche Realitäten; die müssen wir gelten lassen. Aber das allein genügt nicht. Denn wir haben es nicht mit einzelner Armut zu thun, sondern mit sozialen Verhältnissen, welche die Armut gleichsam notwendig machen. Nehmen sie die Not der Handweber im Glatzer Gebirgskessel, wo die auskömmlichsten Familien den Tag 74, die am schlechtesten bezahlten 35 Pfennige verdienen! Da genügt es nicht, den einzelnen freundlich zuzureden, sondern die Kirche muß, wenn sie der Anwalt des kleinen Mannes sein will, hintreten und dawider predigen, daß es gehört wird vom Königsthron bis in die letzte Hütte (lebhafter Beifall). Wir haben diese Dinge oft zu individuell angesehen und uns nicht das Recht zugetraut, sie in der Predigt in prophetischem Geiste zu behandeln. Das bloße Schriftauslegen genügt nicht, wir müssen den Herrn bitten, daß wir etwas empfangen von dem prophetischen Geiste eines Jesaja und Jeremia, wenn wir auch immer Kinder bleiben gegenüber diesen Männern" (Bericht über die Verhandlungen des fünften Evangelisch-sozialen Kongresses, abgehalten zu Frankfurt am Main am 16. und 17. Mai 1894, a. a. O., 24).

[804] A. a. O., 36.

[805] Vgl. a. a. O., 36f.

revidiert. Fortan war es Geistlichen untersagt, öffentlich für die Verbesserung und Veränderung der sozialen Verhältnisse einzutreten[806].

2.4.2.4 Verkündigen aus der Perspektive diakonischer Praxis: zur Tragweite des homiletischen Entwurfs von THEODOR SCHÄFER

Das homiletische Arbeitsbuch "Die Innere Mission auf der Kanzel" zeugt für das Bemühen, die Ausdifferenzierung von Diakonie und Pastoral zu überwinden. Ihr Hintergrund ist noch nicht die Einbindung der Inneren Mission in das staatliche System sozialer Sicherung, sondern deren Funktion als Emanzipationsbewegung gegenüber der Staatskirche. Angesichts dieser Lage scheint der Versuch, die Innere Mission durch ein stärkeres Engagement der Pfarrer und Prediger an die institutionell verfaßte Kirche zurückzubinden, von vornherein zum Scheitern verurteilt gewesen zu sein. Die Pfarrer wußten um das kirchenkritische Potential innerhalb der Inneren Mission, und umgekehrt dürfte man sich auch in den Reihen der Inneren Mission gegenüber Versuchen einer kirchlichen Vereinnahmung zur Wehr gesetzt haben. Wie sich das im einzelnen verhalten hat, läßt sich nicht mit letzter Sicherheit sagen. Die Innere Mission des 19. Jahrhunderts war ein vielgestaltiges Phänomen, so daß gegenüber generalisierenden Aussagen Vorsicht geboten ist. Fest steht allerdings, daß die Reformulierung des allgemeinen Priestertums, wie sie in der Inneren Mission seit WICHERN geschah, ein beträchtliches Konfliktpotential mit sich brachte.

Keineswegs einheitlich war innerhalb des sozialen Protestantismus auch die Behandlung der sozialen Frage. Wie die Diskussion auf dem 5. Evangelisch-sozialen Kongreß zeigt, standen sich stärker individuell und stärker strukturell ausgerichtete Lösungsversuche gegenüber. Letztere hatten angesichts der kirchenpolitisch vorgegebenen Rahmenbedingungen das Nachsehen. Es dominierte die Auffassung, daß eine Verbesserung der sozialen Lage im wesentlichen von der Bekehrung des Einzelnen (gleich welcher gesellschaftlichen Schicht) abhängig ist. Diese Position konnte auch von kritischeren Geistern als Minimalkonsens geteilt werden. In seiner sozialpolitischen

---

[806] Vgl. KLAUS ERICH POLLMANN, Landesherrliches Kirchenregiment und soziale Frage (VHKB 44), Berlin - New York 1973, 189ff.

Ausrichtung wird man das homiletische Arbeitsbuch von THEODOR SCHÄFER der vorherrschenden Richtung zuweisen müssen. Darüber hinaus scheint die sozialpolitische Zurückhaltung, die "Die Innere Mission auf der Kanzel" kennzeichnet, durch die konfessionalistische Denkweise von THEODOR SCHÄFER begünstigt worden zu sein. Ohne ihr caritatives Engagement schmälern zu wollen, für Männer wie THEODOR SCHÄFER war die Durchsetzung der wahren kirchlichen Lehre wichtiger als die differenzierte Wahrnehmung der wirtschaftlichen und sozialen Lage.

Zu den Schwächen des homiletischen Arbeitsbuches von THEODOR SCHÄFER gehört auch, daß er von einer theologischen Grundlegung absieht. Der Nachweis der Beziehung zwischen Innerer Mission und Predigt geschieht rein formal durch die Verknüpfung ihrer Funktionen. Ebenso fehlt eine Begründung dafür, warum die Innere Mission zu den ureigensten Angelegenheiten einer Gemeinde zählt.

Als weiterführend hervorzuheben ist die von SCHÄFER vertretene Auffassung, daß die Praxis der Diakonie für die Schriftauslegung der Predigt von großer Bedeutung ist. Die Praxis des Glaubens bekäme hier für die Erkenntnis und Verkündigung des Glaubens eine fundamentale Rolle zugewiesen, wenn ihre Wahrnehmung nicht bereits in nicht weiter hinterfragten Bahnen festgelegt wäre. So aber fungieren der Text der Bibel und der "Text" der Diakonie nur zum wechselseitigen Aufweis ihrer Richtigkeit.

Alles in allem fällt das Resümee hinsichtlich des homiletischen Arbeitsbuches von THEODOR SCHÄFER überwiegend kritisch aus. Gleichwohl ist zu sehen, daß die Wahrnehmung der hier aufscheinenden Aporien, unbeschadet ihrer Zeitbedingtheit, für die Konstruktion einer diakonischen Theorie nach wie vor relevant ist. So feiert etwa der Konfessionalismus eines THEODOR SCHÄFER, wenn auch jetzt garniert mit Begriffen wie "Corporate Identity", in der Leitbild-Diskussion der Caritas fröhliche Urständ.

2.4.3 Neuere, theologisch weiterführende homiletische Beiträge zur diakonischen Dimension der Predigt

Im folgenden sollen homiletische Beiträge zur diakonischen Predigt aus dem 20. Jahrhundert vorgestellt werden. Sie unterscheiden sich vom Vorhergehenden dadurch, daß sie nicht Einzelfragen, wie die Ausdifferenzierung von Diakonie und Verkündigung sowie die Volkstümlichkeit der Predigt, sondern die Reflexion auf das Wesen der christlichen Sendung bzw. der Predigt in den Vordergrund stellen. Insofern führen sie das Anliegen der diakonischen Predigt theologisch weiter.

2.4.3.1 Diakonie und Verkündigung als gleichwertige Bestandteile des einen kirchlichen Zeugnisses (HELMUTH SCHREINER † 1962)

Die Beschäftigung mit der diakonischen Predigt innerhalb der deutschsprachigen Homiletik beginnt mit einer Reflexion des Verhältnisses von Diakonie und Verkündigung. Dabei verleiht HELMUTH SCHREINER, von dem eines der ersten Predigtlehrbücher nach dem Aufbruch der dialektischen Theologie stammt[807], seinen Ausführungen programmatischen Charakter. Nach seiner Auffassung "ist es undurchführbar, eine Lehre von der Verkündigung auf so etwas wie den Vorrang des Wortes (= Rede) vor der Tat aufzubauen, oder die Homiletik völlig ohne Beziehung zur Diakonik zu entwickeln"[808]. Daß in der protestantischen Predigt tatsächlich jedoch das Handeln nur gering geschätzt wird, hat schwerwiegende geschichtliche Wurzeln. Der notwendige Kampf gegen die Werkgerechtigkeit führte "zur Mißachtung des Werkes überhaupt, sogar des Wirkens aus Glauben"[809]. In Theorie und Praxis hatte dies weitreichende Folgen: Das Verständnis der kirchlichen Sendung wurde "verdunkelt und die kirchliche Verkündigung weithin in die Unfruchtbarkeit gedrängt"[810].

---

[807] HELMUTH SCHREINER, Die Verkündigung des Wortes Gottes, Schwerin 1936, im folgenden Hamburg ⁵1949.

[808] A. a. O., 90. SCHREINER kritisiert in diesem Zusammenhang die von Vertretern der lutherischen Tradition wie FRIEDRICH SCHUMANN verfochtene These vom Primat der Wortverkündigung; vgl. a. a. O., 93. Der Bezug zur Diakonie kommt bei HELMUTH SCHREINER nicht von ungefähr: SCHREINER war von 1926 bis zu seiner Berufung auf den Lehrstuhl für Praktische Theologie an der Universität Rostock (1931) der Vorsteher des evangelischen Johannesstiftes der Inneren Mission in Berlin-Spandau; nach seiner Versetzung in den zwangsweisen Ruhestand (1937) versah er bis 1955 den Dienst als Vorsteher des Diakonissenmutterhauses der Inneren Mission in Münster. Durch EUGEN GERSTENMAIER, einen seiner Studenten, hatte er Kontakt zur Widerstandsbewegung des 20. Juli. Nach dem Krieg erhielt SCHREINER den Auftrag, einen Aufruf für das Evangelische Hilfswerk auszuarbeiten. Von 1945 bis zu seiner Emeritierung (1957) war SCHREINER Inhaber des Lehrstuhls für Praktische Theologie an der evangelischen Fakultät der Universität Münster (vgl. PETER NOSS, Art. "SCHREINER, HELMUTH MORITZ, in: BBKL 9 (1995), 959 - 973.

[809] A. a. O., 92. Vgl. ferner a. a. O., 298. Vgl. dazu auch: KARL-FRITZ DAIBER, Diakonie und kirchliche Identität, a. a. O., 18ff.

[810] HELMUTH SCHREINER, Die Verkündigung des Wortes Gottes, a. a. O., 92.

Um diese Entwicklung konzeptionell überwinden zu können, greift SCHREINER auf den neutestamentlichen Leitbegriff kirchlicher Sendung, das μαρτυρεῖν, zurück. Die besondere Qualität dieses Begriffs liegt darin, daß er christologisch fundiert ist und gleichermaßen Reden und Handeln umfaßt. "Jesus, der 'wahrhaftige und treue Zeuge' schlechthin, zeugt von dem Vater in untrennbarer Einheit von Wort und Tat"[811]. Diese Einheit verdankt sich dem vollkommenen Gehorsam gegenüber dem Vater. Dem eigenen Ursprung gemäß muß sich kirchliches Handeln an Jesus ausrichten. Es erweist sich deshalb nur dann als echt, wenn Wort und Tat sich gegenseitig unterstützen und bestätigen. Das ist einzig im Gehorsam gegen Gott möglich.

Um sich ergänzen zu können, müssen sich Wort und Tat unterscheiden. Während der Weg des Geistes in die Sprache dem Gesetz des geringsten Widerstandes folgt, ist sein Weg in die Tat "in viel stärkerem Maße vom Kampf um die Überwindung von Widerständen"[812] geprägt. Das macht allerdings auch die besondere Zeugniskraft der Tat aus. Die Bereitschaft, den Glauben entschieden zu leben und im Extremfall für ihn zu leiden, führt zu Glaubwürdigkeit, eben weil hier große Schwierigkeiten überwunden werden müssen[813]. Die spezifische Bedeutung der Rede als Gestaltungsmittel des Zeugnisses sieht SCHREINER hingegen darin, daß die Sprache "Gehalte der Vergangenheit in die Gegenwart hineinzuholen" vermag, während dies "im Zeugnis der Tat nur in ganz geringem Maße möglich" ist[814]. Außerdem ist die Tat darauf angewiesen, durch das Wort gedeutet und geklärt zu werden. Die wechselseitige Verwiesenheit von Wort und Tat im einen Zeugnis der Kirche bringt SCHREINER auf die Formel: "Eine Rede ohne jeden Tatcharakter ist leer, eine Tat ohne Wort dunkel. Die Rede klärt, die Tat bewegt. Die Bezeugung in der Rede zündet Licht an, die Bezeugung durch die Tat erschließt Kräfte"[815].

---

[811] A. a. O., 90.

[812] A. a. O., 95.

[813] Vgl. ebd.

[814] Vgl. a. a. O., 94.

[815] A. a. O., 91.

Das Verhältnis von Wort und Tat ist nur dann angemessen bestimmt, wenn nicht bloß ihr Unterschied, sondern auch ihre Überschneidung gesehen wird. Wie eine Rede mit großer Wagnistiefe Tatcharakter hat, so gilt auch für manche Taten, daß sie "erhellen, erläutern und beweisen"[816] und somit "sprechend" sind. In diesen Übergängen von einer Funktion in die je andere bewahrheitet sich nach SCHREINER noch einmal die Annahme, "daß Rede und Tat (...) zwei verschiedene Seiten ein und derselben Sache sind"[817].

Wort und Tat lassen sich nur dann in der ihrem Wesen entsprechenden Einheit erhalten, wenn das Zeugnis der Kirche vom Glaubensgehorsam getragen wird. Dieser ermöglicht durchaus eine zeitweilige Bevorzugung der einen Gestalt des Zeugnisses vor der anderen, sofern dies als "Gottes Führungsweisung in der konkreten Aufgabe der Stunde"[818] erkannt worden ist. Geht diese grundlegende Orientierung aus dem Glauben verloren, so zerfällt nicht nur die Einheit von Wort und Tat, sondern es kommt auch zur Verwahrlosung der Verkündigung und der Diakonie[819].

Diese prinzipiellen Ausführungen zur differenzierten Einheit des kirchlichen Zeugnisses bleiben ohne Auswirkungen auf den materialen und formalen Teil der Predigtlehre. Gleichwohl ist das Bemühen, Reden und Handeln miteinander zu verbinden, als ein besonderes Verdienst dieser Homiletik anzusehen[820].

---

[816] A. a. O., 96.

[817] Ebd.

[818] A. a. O., 97.

[819] Vgl. ebd. Die Beispiele für die Verwahrlosung der Verkündigung sind von zeitgeschichtlichem Kolorit geprägt. SCHREINER nennt u.a. den Mißbrauch der Predigt für propagandistische Zwecke und ihre polemische Ausrichtung "gegen Kirchenaustritte und heranstürmendes Heidentum"(ebd.). Die Diakonie sieht er durch Rentabilitätsdenken, Expansionsbestrebungen und durch eine Instrumentalisierung im Dienste der Evangelisation gefährdet.

[820] Vgl. ALFRED NIEBERGALL, Homiletik heute. Bericht über die homiletische Literatur seit 1945, in: ThR 34 (1969), 49 - 67.

2.4.3.2   Jede christliche Predigt kennzeichnet eine diakonische Dimension (MARTIN DOERNE † 1970)

Ebenfalls prinzipieller Art, jedoch verbunden mit praktischen Schlußfolgerungen, sind die Überlegungen, die MARTIN DOERNE zum Komplex der diakonischen Predigt beigesteuert hat[821]. Sein Verdienst ist es, die Frage nach der diakonischen Predigt aus einer naheliegenden kasuellen Verengung herausgeführt und die diakonische Dimension jeder christlichen Predigt von ihrem Wesen her aufgezeigt zu haben[822]. Nach DOERNE geht die Vollmacht und Befähigung zum Predigtamt von der Liebe Christi aus (vgl. 2 Kor 5,14). Als "Gottes Diakon"[823] hat dieser nicht nur durch seinen Tod und seine Auferstehung, sondern auch zuvor schon durch sein Leben und seine Predigt Gottes Barmherzigkeit kundgetan (vgl. Mk 6,34; Mt 9,36). Von daher leiten sich die beiden Axiome eines diakonischen Predigtverständnisses ab: "Predigt ist Ausrufen und Austeilen des Evangeliums von der in Christus persönlich uns zugewand-ten Heilsgegenwart Gottes"[824]. Diesem zentralen Inhalt christlicher Predigt muß als zweites Axiom die Grundhaltung des Predigers entsprechen. Gemäß der göttlichen Zuwendung zur Menschheit, die er zu verkündigen hat, muß der Prediger selbst seinen Hörern zugetan sein. Diese Haltung des Predigers wird dadurch konkret, daß er wie Christus "darauf bedacht ist, den Menschen zu *finden* - den wirklichen Menschen, da wo er ist"[825]. In der Terminologie DOERNES formuliert: Die diakonische Bewegungs-kraft aller Predigt, die Liebe Christi, muß Gestalt annehmen im diakonischen Bewe-gungsgesetz, dem Suchen und Finden des wirklichen Menschen.

---

[821] MARTIN DOERNE, Das Liebeswerk der Predigt. Ein Beitrag zur Predigtlehre, in: GOTTFRIED FUß (Hrsg.), Verantwortung. Untersuchung über Fragen aus Theologie und Geschichte (FS GOTTFRIED NOTH), Berlin (DDR) 1964, 40 - 51, hier zitiert nach: FRIEDRICH WINTZER (Hrsg.), Predigt. Texte zum Verständnis und zur Praxis der Predigt in der Neuzeit (TB 80), München 1989, 162 - 173.

[822] Insofern ist FRIEDRICH WINTZER zu widersprechen, der meint, daß DOERNE eine "Detailfrage der Homiletik" aufgreift (vgl. DERS., Einführung in die Wissenschafts- und Problemgeschichte der Homiletik seit dem Beginn des 19. Jahrunderts, in: DERS. (Hrsg.), Predigt, a. a. O., 11 - 46; 35.

[823] A. a. O., 162.

[824] A. a. O., 163.

[825] Ebd.

Allgemeines Ziel der diakonisch ausgerichteten Predigt ist das Seelsorgsgespräch, das dem Dialog zwischen dem vom Predigtwort getroffenen Menschen und Gott Gestalt verleiht. In diesem Sinne versteht DOERNE die Predigt unbeschadet ihres Gemeindebezugs "als *Prolog eines Dialogs* mit dem einzelnen"[826]. Das diakonische Bewegungsgesetz der Predigt orientiert sich somit grundsätzlich an der Person. Der wirkliche Mensch ist der Einzelne mit seiner einmaligen Lebenslage. Entsprechend dieser Ausrichtung muß sich der Prediger in formaler Hinsicht "um *Individualisierung* und *Differenzierung*"[827] der Anrede bemühen. Auf die landläufige Art der Gesetzespredigt kritisch angewendet, bedeutet das: "Ein statisch-verallgemeinerndes Reden vom Menschen als Sünder *(homo peccator)*, ein abstrakter Schein-Radikalismus der Gerichts- und Bußpredigt redet am wirklichen, insbesondere am einzelnen Menschen vorbei"[828]. Ebenso wichtig wie die Vermeidung von Allgemeinplätzen und Übertreibungen ist für das Erreichen einer individualisierten und differenzierten Anrede "der Mut zu *spezieller Weisung*"[829] und das Anführen von Beispielen.

Darüber hinaus erfordert das diakonische Bewegungsgesetz "*Konzentration* und *Zielstrebigkeit*"[830]. Dabei ist für den Skopus (das Ziel) der Predigt nicht nur der exegetisch eruierte Textsinn, sondern auch die Situation der Gemeinde maßgebend: Der Skopus "ist die vom Prediger in diakonischer Zuwendung zu dieser Gemeinde heute zu wagende Akzentuierung, Zuspitzung, perspektivische Zielung des exegetisch erfragten Textsinnes"[831]. Diese Bestimmung des Predigtziels ist DOERNE deshalb möglich, weil er im Unterschied zu einer theologischen Totalkritik, von der er sich abgrenzt[832], den sogenannten Anknüpfungspunkt der Predigt, d.h. die "Bezugnahme auf die humane Wirklichkeit des Hörers, in ihren allgemeinen wie besonderen Faktoren", für "ein

---

[826] A. a. O., 169.

[827] Ebd.

[828] Ebd.

[829] Ebd.

[830] A. a. O., 164.

[831] Ebd.

[832] Vgl. a. a. O., 165 - 168.

selbstverständliches und notwendiges Tun" hält[833]. Umgekehrt warnt er davor, das Anknüpfen als eine durch den Prediger selbständig vorgenommene "Verwaltung, Zubereitung [und] Dosierung des Wortes Gottes"[834] zu verstehen, da sich diese Auffassung gegen den grundlegenden Begriff der Predigt als "Nachvollzug des *Weges Gottes* zum Menschen"[835] wendet.

Die Predigt wird aber nicht nur geprägt von der Ehrfurcht gegenüber Gott, sondern auch von der Ehrfurcht gegenüber den Menschen, weil sie Gottes Eigentum sind[836]. Deshalb ist die Predigt nicht nur ein Weg zum Hörer, sondern zugleich auch ein Weg mit dem Hörer, der "jede Art von seelischer Überwältigung und Suggestion"[837] ausschließt und vom Prediger eine brüderliche Haltung erfordert[838]. Überdies erleichtert der menschliche und seelsorgliche Umgang des Predigers mit seinen Hörern die Erfüllung des diakonischen Predigtauftrags[839].

2.4.3.3   Die Armen als eine Art Evangelium für Prediger und Hörer (RUDOLF BOHREN)

Auch in der Predigtlehre von RUDOLF BOHREN wird die Diakonie verschiedentlich thematisiert[840]. Mit einiger Ausführlichkeit geschieht dies an zwei Stellen: zum einen im Kontext der "Predigt des Gegenwärtigen"[841], zum anderen innerhalb der Beschreibung des Weges zum Hörer[842].

---

[833] Vgl. a. a. O., 165.

[834] A. a. O., 167.

[835] A. a. O., 164.

[836] Vgl. a. a. O., 167: Bei der Predigtvorbereitung soll sich der Prediger jedes Mal in Erinnerung rufen: "Diese Menschen sind in Gottes Augen sein Eigentum, das er für sich zurückfordert und darum nicht losläßt".

[837] A. a. O., 165.

[838] Vgl. a. a. O., 170.

[839] Vgl. a. a. O., 169.

[840] RUDOLF BOHREN, Predigtlehre, München ⁵1986. Eine Übersicht aller Stellen findet sich im Sachregister (a. a. O., 577) unter den Stichwörtern "Arme", "Armut" und "Diakonie".

[841] Vgl. a. a. O., 280ff.

[842] Vgl. a. a. O., 474ff.

MARTIN DOERNE vergleichbar, insistiert RUDOLF BOHREN darauf, daß sich die Predigt tatsächlich auf ihre Adressaten bezieht. Deshalb schärft er dem Prediger ein, daß sich die Predigt als Diakonie, als ein "Dienst-Weg" zum Hörer zu vollziehen hat. Gemeint ist damit, daß der Prediger "den Hörer wirklich - und nicht bloß zum Schein - gefragt, gehört und zu Herzen genommen"[843] hat. Von großer Bedeutung für die Predigt ist die Diakonie jedoch nicht nur in Gestalt des Ernstnehmens des Hörers, sondern auch in ihren verschiedenen Ausformungen, angefangen bei der individuellen Hilfeleistung bis hin zur Kritik der ungerechten Strukturen[844]. Indem sie das in der Predigt Gesagte bestätigt und veranschaulicht, schafft die Diakonie das Klima dafür, daß die Predigt überhaupt erst gelingen kann, und sie schafft die Voraussetzungen dafür, wie die Predigt verstanden wird. Diakonie ist deshalb "Hörhilfe"[845], Dienst am Hören.

BOHREN konkretisiert diesen Gedanken ansatzweise im Blick auf den Prediger und die Gemeinde einerseits und im Blick auf die Armen andererseits. Zwar ist der Prediger in erster Linie Diener am Wort und "nicht aller Welt Diakon"[846], weshalb er dem Vorbild der Apostel folgend (vgl. Apg 6,1-7) die Diakonie weitenteils delegiert. Trotzdem darf er sich nach BOHREN nicht von jeder Diakonie dispensiert fühlen, da sich das diakonische Engagement positiv auf die Sprache der Predigt auswirkt, sofern sich der Prediger in seinem Engagement wirklich betreffen läßt und insofern selbst zu einem Betroffenen wird[847]. Die Armen als "die eigentlichen Adressaten aller Evangeliumspredigt"[848] können dann erkennen, daß der Prediger ihre Sprache spricht und ihre Sache vertritt. Auch die Gemeinde redet beim Predigen durch ihre diakonische Existenz mit: "Ihr gelebtes Leben im Dienst am Nächsten oder an der Gesellschaft bildet eine

---

[843] A. a. O., 493.

[844] Vgl. a. a. O., 495.

[845] A. a. O., 494.

[846] A. a. O., 496.

[847] Vgl. a. a. O., 497. Die Betroffenheit des Predigers aufgrund der Parteinahme für die Armen bezeichnet BOHREN als Stellvertretung und führt dazu aus: "Ohne Stellvertretung kann der Prediger die Sprache der Elenden aber nur nachahmen und nicht als eigene sprechen. Daraus resultiert ein Jargon, die Sprache des Elends auf Stelzen".

[848] A. a. O., 496.

Hörhilfe für die Predigt, wie ihr ungelebtes Dienen dem Predigen die Kraft nimmt"[849]. Die Predigt ist nicht nur auf die dem Prediger übertragene Vollmacht, sondern auch auf die Resonanz, die das Wort in den Diensten der Gemeinde findet, angewiesen.

Nach BOHREN sind die Armen nicht nur die bevorzugten Adressaten des Evangeliums, vielmehr bilden sie selbst "für die Gemeinde eine Art Evangelium"[850]. Begründet wird dies mit dem Hinweis auf zwei nicht weiter aufeinander bezogene Gedanken: Zum einen sind die Armen bis zu seiner Wiederkunft die "Stellvertreter" und "Statthalter Christi auf Erden"; in ihnen lebt der Karfreitag Jesu fort[851]. Zum anderen gehört den Armen das Reich Gottes (vgl. Lk 6,20), so daß sie mehr zu schenken haben als ihnen alle Hilfe zu geben vermag[852]. Wie ist die Gegenwart Christi in den Armen näher zu bestimmen? BOHREN grenzt sich gegen ein soteriologisches Mißverständnis der Präsenz Christi ab: "Die Armen sind nicht das Heil", aber sie sind so sehr des Heiles bedürftig, daß Jesus ihre Bedürftigkeit zu seiner Sache macht und sich mit ihnen identifiziert[853]. Christi Gegenwart in den Armen ist somit im Anschluß an THEO PREIß als "juridische Identifikation"[854] zu verstehen, wobei offen bleibt, wie diese Präzisierung im Detail gemeint ist. BOHREN indes hebt vor allem darauf ab, daß die Rede von der Präsenz Christi in den Armen nicht zu einer Mystifikation verkommt und dadurch den Kampf gegen die Armut untergräbt. "Jesus Christus macht die Armut der Welt nicht zu seiner Sache, um sie zu stabilisieren, sondern um sie aufzuheben"[855]. Deshalb darf von seiner Gegenwart in den Armen nicht ohne Paränese gesprochen werden. Ihr Vorzeichen ist jedoch das große Erbarmen, das sich auch in den Armen als 'eine Art Evangelium' zeigt und insofern "unsere kleine

---

[849] A. a. O., 496.

[850] A. a. O., 287.

[851] Vgl. ebd.

[852] Vgl. a. a. O., 289.

[853] Vgl. a. a. O., 287.

[854] Ebd.

[855] Ebd.

Barmherzigkeit weckt und trägt"[856]. Ferner muß die Predigt von der Gegenwart Christi in den Armen dazu anleiten, versteckte Armut wahrzunehmen. Schließlich hat sie sich vor ihrer Gefährdung durch die Verwendung von Gemeinplätzen zu hüten[857].

Alles in allem stellt RUDOLF BOHREN die Diakonie in den Dienst der Verkündigung. Als Hörhilfe bereitet sie dem gepredigten Wort den Weg. Allerdings warnt er davor, die Diakonie als Mittel der Werbung und der Einflußnahme zu gebrauchen. Denn dadurch wird die für die Verkündigung konstitutive Freiheit des Hörers beeinträchtigt[858]. Die Diakonie ist vielmehr der der Verkündigung vorausgehende zweckfreie Erweis der Liebe gegenüber den Bedürftigen. So veranschaulicht sie den Gnadencharakter der Botschaft[859] und ist selber schon Verkündigung[860].

2.4.3.4   "Christus totus" - theologischer Grund für die Einheit von Verkündigung und Diakonie (Resümee)

HELMUTH SCHREINER betont angesichts der Geringschätzung der Diakonie den für das christliche Zeugnis konstitutiven Zusammenhang von Wort und Tat. Die Unterschiede wie die Überschneidungen in den Funktionen von Wort und Tat sind ein Hinweis auf ihre wesensgemäße Einheit. SCHREINERS Ausführungen bleiben jedoch allgemein und werden homiletisch nicht konkretisiert.

Erst MARTIN DOERNE und RUDOLF BOHREN thematisieren die Predigt unter diakonischer Hinsicht. Dabei verstehen beide die Hinwendung zum (bzw. die Orientierung am) Hörer als die dem Prediger aufgetragene Diakonie. Diakonie meint in diesem Zusammenhang die Predigt als Dienst, was allerdings auch an der Einstellung und am Verhalten des Predigers zu seinen Hörern ablesbar sein muß. Darüber hinaus verstehen beide, dabei BOHREN deutlicher als DOERNE, die Diakonie an notleidenden Menschen als Ermöglichungsgrund der Predigt.

---

[856] A. a. O., 289.

[857] Vgl. ebd.

[858] Vgl. a. a. O., 497.

[859] Vgl. a. a. O., 495.

[860] Vgl. a. a. O., 289: "Tritt der Arme als Adressat des Evangeliums auf den Plan, wird auf krasse Weise deutlich, daß die Predigt des Evangeliums nicht auf einen verbalen Akt einzugrenzen ist!"

SCHREINER und DOERNE fundieren ihre Überlegungen christologisch. SCHREINERS Rekurs auf den Zeugen Jesus Christus geht jedoch nicht über den Hinweis auf das Exemplarische dieser Gestalt hinaus. DOERNE hingegen deutet die beispielhafte Predigt des Diakons Christus als die in ihm offenbar gewordene Liebe Gottes, die auch jetzt zur Verkündigung drängt. Somit wird im eigentlichen Sinn erst von DOERNE die Predigt auf christologischer Basis diakonisch definiert. Das geschieht nicht mit Blick auf einen speziellen Predigttyp, sondern als Aussage über das Wesen der Predigt.

Während DOERNE die Diakonie personal auffaßt und auf den seelsorglichen Bereich einschränkt, betont BOHREN ihre strukturelle Seite. Offen bleibt dabei jedoch, inwiefern dieser strukturelle Aspekt in der Predigt thematisiert werden soll.

Die Überlegungen von BOHREN heben sich insofern ab, als sie erste Ansätze einer "Option für die Armen" aufweisen. Nach BOHREN ist ein wesentliches Problem der Predigt über die Armen und zu den Armen darin zu sehen, daß die Betonung ihrer Würde als Statthalter Christi nicht unter der Hand zur Affirmation ihrer benachteiligten Stellung verkommt.

2.5 Von der Kirche für die Armen zur Kirche der Armen

Es steht außer Frage, daß sich die Kirche im Laufe ihrer Geschichte immer in besonderer Weise der Armen angenommen hat. Aber ihre Sorge um die Armen war weitenteils individualistisch ausgerichtet und nicht selten auch stärker an ihrem Seelenheil als an ihrem leiblichen Wohl interessiert. Zwar forderten hellsichtige Männer wie Bischof KETTELER und die Päpste seit der Enzyklika "Rerum novarum" (1891) soziale Gerechtigkeit sowie eine Veränderung der gesellschaftlichen Strukturen, aber die alte, individualistisch verengte Sicht der Armut blieb dennoch weiterhin bestehen. Zu einem wirklichen Bewußtseinswandel und einer veränderten Praxis kam es erst im Anschluß an das 2. Vatikanische Konzil. Dieser Prozeß soll im folgenden nachgezeichnet werden.

2.5.1 Die "arme Kirche" auf dem Vaticanum II (1962 - 1965)

Am 11.09.1962, genau einen Monat vor der Eröffnung des Konzils, sprach Papst JOHANNES XXIII. in einer Rundfunkbotschaft an die Katholiken der Welt die Frage nach der "Kirche der Armen" an[861]. Das Thema wurde auch vom Konzil aufgegriffen[862], aber nicht in derselben Breite behandelt[863] wie die Öffnung der Kirche zur Welt und der ökumenische Dialog. Darin liegt jedoch keine Wertung begründet. Vielmehr wird man die vergleichsweise geringfügige Behandlung der "Kirche der Armen" darauf zurückführen müssen, daß hinsichtlich dieses Themas im Unterschied zu den eben genannten Schwerpunkten des Konzils das Terrain noch nicht vorbereitet war[864].

---

[861] Vgl. JOHANNES XXIII., Rundfunkbotschaft an die Katholiken der Welt, in: HerKorr 17 (1962/63), 43 - 46.

[862] So etwa von Kardinal IACOBUS LERCARO in der 35. Generalkongregation am 6.12.1962; vgl. Acta Conc. Vaticani II - Periodus I, 327 - 330. Vgl. MARIE-DOMINIQUE CHENU, "Kirche der Armen" auf dem Zweiten Vatikanischen Konzil, in: Conc(D) 13 (1977), 232 - 235.

[863] Vgl. beispielsweise GS 1, 21, 31, 69, 72, 88; AG 5 und LG 8.

[864] Vgl. GUSTAVO GUTIÉRREZ, Die Kirche und die Armen in lateinamerikanischer Sicht, in: HERMANN J. POTTMEYER/GIUSEPPE ALBERIGO/JEAN-PIERRE JOSSUA (Hrsg.), Die Rezeption des Zweiten Vatikanischen Konzils, Düsseldorf 1986, 221 - 247; 228.

Eingedenk dieser Hypothek ist jedoch um so mehr zu beachten, daß die "Kirche der Armen" in einem der ekklesiologisch bedeutsamsten Texte des Konzils aufgenommen wurde. In *Lumen gentium* 8 heißt es im unmittelbaren Anschluß an die Aussage, daß die universale Kirche (vgl. LG 8,1) in der institutionell verfaßten katholischen Kirche subsistiert (vgl. LG 8,2): "Wie aber Christus das Werk der Erlösung in Armut und Verfolgung vollbrachte, so ist auch die Kirche berufen, den gleichen Weg einzuschlagen, um die Heilsfrucht den Menschen mitzuteilen. Christus Jesus hat, 'obwohl er doch in Gottesgestalt war, ... sich selbst entäußert und Knechtsgestalt angenommen' (Phil 2,6); um unseretwillen 'ist er arm geworden, obgleich er doch reich war' (2 Kor 8,9). So ist die Kirche, auch wenn sie zur Erfüllung ihrer Sendung menschlicher Mittel bedarf, nicht gegründet, um irdische Herrlichkeit zu suchen, sondern um Demut und Selbstverleugnung auch durch ihr Beispiel auszubreiten. Christus wurde vom Vater gesandt, 'den Armen frohe Botschaft zu bringen, zu heilen, die bedrückten Herzens sind' (Lk 4,18), 'zu suchen und zu retten, was verloren war' (Lk 19,10). In ähnlicher Weise umgibt die Kirche alle mit ihrer Liebe, die von menschlicher Schwachheit angefochten sind, ja in den Armen und Leidenden erkennt sie das Bild dessen, der sie gegründet hat und selbst ein Armer und Leidender war. Sie müht sich, deren Not zu erleichtern, und sucht Christus in ihnen zu dienen" (LG 8,3). Nach MEDARD KEHL ist dieser Text nicht paränetisch, sondern dogmatisch zu verstehen; nicht als das Bemühen, einen in den beiden ersten Abschnitten von LG 8 angelegten Triumphalismus abzuwehren, sondern als Ausdruck des dogmatischen Selbstverständnisses der Kirche. "Das heißt: Die im 2. Abschnitt dieser Nummer angesprochene *institutionelle* Konkretisierung der ecclesia universalis in der katholischen Kirche bleibt unvollständig, wenn sie nicht zugleich *inhaltlich-christologisch* im Sinn des 3. Abschnitts der Nr. 8 aufgefüllt wird, eben durch die Präsenz dieser Kirche unter den Armen, den Leidenden und den Sündern. Nur wo die Konkretheit der Strukturen sich mit der Konkretheit der Armen verbindet, wo die Eucharistie und die mit ihr verknüpften Ämter unter denen zu Hause sind, denen Jesus das Reich Gottes zu allererst verheißen hat, da erst kommt die Kirche Christi zu ihrer vollen 'Subsistenz'"[865].

Für die spätere Formulierung der Option für die Armen, sind jedoch nicht nur diese Aussagen zur Armut der Kirche von Bedeutung, sondern auch die Grundausrichtung des Konzils[866]. Schon in der Ansprache zur Eröffnung des Konzils hatte JOHANNES XXIII. davon gesprochen, daß es erforderlich ist, das überlieferte Glaubensgut nicht einfach nur zu wiederholen, sondern in Auseinandersetzung mit den "Zeichen der Zeit" (Lk 12,56) neu darzulegen. Von diesem Vorgehen erwartete er sich einen Fortschritt in der Lehre. Das Konzil machte sich die Auffassung des Papstes zu eigen und formulierte den Glauben und das Selbstverständnis der Kirche unter ständiger Bezugnahme auf das Leben. Nicht die Lehre an sich stand im Vordergrund, sondern das Bemühen, die Lehre in der Vermittlung von Glaube und Leben neu auszusagen. Dies hatte zur Konsequenz, daß auch bei der Rezeption des Konzils die Wahrnehmung der gesellschaftlichen und pastoralen Situation als Herausforderung für die Verkündigung des Glauben begriffen wurde.

2.5.2   Die lateinamerikanische Option für die Armen

In den sechziger Jahren war in Lateinamerika das Bewußtsein dafür gewachsen[867], daß die soziale Realität vom Gegensatz zwischen arm und reich geprägt ist. Die Hoffnung, daß sich die Massenarmut durch die Entwicklungsprogramme der westlichen Länder beseitigen ließe, hatte sich nicht erfüllt. Vielmehr stieg die Armut weiterhin an. Das führte dazu, daß der Ruf nach tiefgreifenden gesellschaftlichen und

---

[865] MEDARD KEHL, Die Kirche, a. a. O., 242.

[866] Vgl. zum folgenden ELMAR KLINGER, Armut: Eine Herausforderung Gottes. Der Glaube des Konzils und die Befreiung des Menschen, Zürich 1990.

[867] Vgl. zum folgenden SEGUNDO GALILEA, Lateinamerika in den Konferenzen von Medellín und Puebla: Beispiel für eine selektive und kreative Rezeption des Konzils, in: HERMANN J. POTTMEYER/-GIUSEPPE ALBERIGO/JEAN-PIERRE JOSSUA (Hrsg.), Die Rezeption des Zweiten Vatikanischen Konzils, a. a. O., 85 - 103; 85 - 87. Zur wirtschaftlichen Entwicklung Lateinamerikas und der zweifelhaften Rolle, die ausländische Unternehmen dabei spielten vgl. RUDOLF H. STRAHM, Überentwicklung - Unterentwicklung. Ein Werkbuch mit Schaubildern und Kommentaren über die wirtschaftlichen Mechanismen der Armut, Gelnhausen - Berlin - Stein [4]1980.

wirtschaftlichen Veränderungen immer lauter wurde. Als dringlich wurden aber auch kirchliche Veränderungen angesehen, denn der rasante soziale Wandel, die Urbanisierung und der allgemeine Zugang zu den Kommunikationsmitteln, brachen die traditionelle Geschlossenheit der katholischen Kirche auf. Die Dringlichkeit kirchlicher und die Notwendigkeit sozialer Veränderungen fielen somit zusammen. Auf diesem Hintergrund war das Konzil gemäß seiner eigenen Intention der Anstoß, beide Aufgabenstellungen miteinander zu verknüpfen und einen umfassenden, ganzheitlichen Erneuerungsprozeß zu beginnen, für den man den Begriff der *befreienden Evangelisierung* prägte. Ihr Herzstück ist die vorrangige Option für die Armen. Sie wurde auf der 2. Generalversammlung des lateinamerikanischen Episkopats im kolumbianischen Medellín (1968) vorbereitet[868], auf der 3. Generalversammlung im mexikanischen Puebla (1979) ausdrücklich formuliert[869] und auf der 4. Generalversammlung in Santo Domingo (1992) bestätigt[870].

2.5.2.1 *Strukturelle Gewalt und freiwillige Armut*

Während die traditionelle Sicht der Armut die strukturellen Bedingungen der Armut weitgehend unberücksichtigt ließ und dementsprechend vor allem die caritative Hilfe zur Lösung des Problems favorisierte, kommt auf den lateinamerikanischen Bischofs-

---

[868] Vgl. vor allem das Dokument 14 "Armut der Kirche" in: Die Kirche in der gegenwärtigen Umwandlung Lateinamerikas im Lichte des Konzils. Sämtliche Beschlüsse der II. Generalversammlung des Lateinamerikanischen Episkopates Medellin 24.8. - 6.9.1968, in: Die Kirche Lateinamerikas. Dokumente der II. und III. Generalversammlung des Lateinamerikanischen Episkopates in Medellin und Puebla (SWK 8), Bonn 1979, 14 - 133. Da die Dokumente der Bischofsversammlung von Medellín nicht fortlaufend durchnumeriert sind, werden im folgenden bei Zitaten die Überschriften der Kapitel angegeben. Die Zahlenangaben beziehen sich auf die Nummern des jeweiligen Dokuments.

[869] Vgl. Die Evangelisierung Lateinamerikas in Gegenwart und Zukunft. Dokument der III. Generalkonferenz des Lateinamerikanischen Episkopates Puebla 26.1. -13.2.1979, in: Die Kirche Lateinamerikas. Dokumente der II. und III. Generalversammlung des lateinamerikanischen Episkopates in Medellin und Puebla (SWK 8) Bonn 1979, 137 - 356; Nr. 1134 - 1165. Die Option für die Armen wird jedoch nicht nur an dieser Stelle thematisiert, vielmehr ist sie der hermeneutische Schlüssel des Gesamtdokuments (vgl. JON SOBRINO, Der zentrale Kern von Puebla und sein Interpretationsprinzip, in: Orien. 43 (1979), 213 - 216).

[870] Vgl. Neue Evangelisierung - Förderung des Menschen - Christliche Kultur. Schlußdokument der 4. Generalversammlung der lateinamerikanischen Bischöfe in Santo Domingo 12. - 28. Oktober 1992 (SWK 34), Bonn 1993, Nr. 296: "Wir übernehmen mit erneuertem Elan die vorrangige Option für die Armen im Sinne des Evangeliums in Fortsetzung von Medellín und Puebla".

versammlungen ausdrücklich neben der personalen auch die strukturelle Dimension der Armut in den Blick. Die Bischöfe stellen fest, daß die "Armut nicht Zufall, sondern das Ergebnis wirtschaftlicher, sozialer, politischer und anderer Gegebenheiten und Strukturen ist. (...) Diese Realität erfordert daher die Umkehr des einzelnen sowie tiefgreifende Strukturwandlungen, die den gerechten Bestrebungen des Volkes nach einer in Wahrheit sozialen Gerechtigkeit Genüge tut"[871] und die Ursachen der Übel beseitigt[872]. Die strukturelle Ungerechtigkeit verstehen die Bischöfe näherhin als eine Ursache und als eine Auswirkung des Unfriedens, sie ist institutionelle Gewalt[873].

Neben der Armut als Übel, die es im eben beschriebenen Sinn zu bekämpfen gilt, umfaßt der Armutsbegriff, den die lateinamerikanischen Bischöfe ihren Ausführungen zugrunde legen, noch zwei weitere Bedeutungsebenen[874]. Das ist zum einen die geistliche Armut. Sie ist die Haltung der Offenheit gegenüber Gott, die von Gott alles erwartet und deshalb die Bedeutung der Güter dieser Welt relativiert. Zum anderen die Armut als Engagement. Sie nimmt die Lebensbedingungen der Armen freiwillig und aus Liebe an, "um Zeugnis zu geben von dem Übel, das sie darstellt"[875]. Ausgehend von diesen beiden Bedeutungsebenen des Armutsbegriffs, fordern die Bischöfe den gesellschaftlichen Standortwechsel der Kirche, den sie vor allem durch ihr persönliches Beispiel initiieren wollen. Aus einer Kirche, die mit den Reichen verbündet ist und selber reich wirkt, soll eine Kirche werden, die mit den Armen solidarisch ist, die der Verkündigung unter den Armen Priorität beimißt und aus dem Geist der biblischen Armut lebt. Anders formuliert: *Aus dem Geist spiritueller Armut vor Gott soll in solidarischer Armut mit den Armen der Kampf gegen die materielle Armut aufgenommen werden*[876].

---

[871] Puebla 30.

[872] Vgl. Puebla 1146 (vgl. AA 8).

[873] Vgl. Medellín, Frieden 14; 16; Puebla 46.

[874] Vgl. Medellín, Armut der Kirche, 4.

[875] Ebd.

[876] Vgl. MICHAEL SIEVERNICH, "Theologie der Befreiung" im interkulturellen Gespräch. Ein historischer und systematischer Blick auf das Grundanliegen, in: DERS. (Hrsg.), Impulse der Befreiungstheologie für Europa. Ein Lesebuch (GT.FPT 6), München - Mainz 1988, 15 - 43; 33f.

Die so verstandene Option für die Armen ist kein Arbeitsfeld neben anderen, sondern sie prägt alle kirchlichen Grundvollzüge. Zudem bildet sie den Maßstab, nach dem die konkrete Gestalt der Kirche beurteilt wird. So formulieren die lateinamerikanischen Bischöfe im Rückblick auf die Entwicklung seit Medellín ein Bußbekenntnis: "Nicht alle haben wir uns in der Kirche Lateinamerikas in ausreichendem Maße für die Armen engagiert; nicht immer sorgen wir uns um sie und nicht immer sind wir solidarisch mit ihnen. Der Dienst an den Armen erfordert in der Tat eine ständige Umkehr und Läuterung aller Christen, damit eine immer vollständigere Identifizierung mit Christus, der arm war, und mit den Armen verwirklicht wird"[877].

2.5.2.2   *Spirituelle Wurzeln und Unbedingtheit der Option*

Die Option für die Armen verdankt sich nicht allein der soziologischen Analyse, sondern für sie können auch schwerwiegende theologische Gründe in Anschlag gebracht werden. Vor allem ist es die Annahme der menschlichen Armut durch die Geburt, das Leben und das Leiden des Gottessohnes, die der Option für die Armen ihren in theologischer Hinsicht verpflichtenden Charakter verleiht (vgl. Phil 2,2-5; LG 8)[878]. Wenn die Kirche die Option für die Armen trifft, dann vollzieht sie nur nach, was Gott selbst in der Menschwerdung seines Sohnes getan hat. Die Option für die Armen wird somit in die Mitte des Erlösungsgeschehens gerückt und mit einer Bedeutung ausgestattet, die ihr eine Ethik der Gebote nicht verleihen kann[879]. Darüber hinaus leiten die lateinamerikanischen Bischöfe von dieser theologischen Begründung die Bedingungslosigkeit der Option für die Armen ab. Nicht weil die Armen bestimmte Vorbedingungen erfüllen, etwa weil sie in besonderer Weise für Gott offen sind, hat sich die Kirche auf ihre Seite zu stellen, sondern allein deswegen, weil Gott die menschliche Armut in Jesus Christus angenommen hat[880]. GUSTAVO GUTIÉRREZ er-

---

[877] Puebla 1140.

[878] Vgl. Puebla 1141.

[879] Vgl. HEINRICH BEDFORD-STROHM, Vorrang für die Armen. Auf dem Weg zu einer theologischen Theorie der Gerechtigkeit (Öffentliche Theologie 4), Gütersloh 1993, 162.

[880] Vgl. Puebla 1142: "Allein aus diesem Grunde haben die Armen ein Anrecht auf besondere Fürsorge, ungeachtet ihrer moralischen und persönlichen Situation".

blickt darin eine Hinwendung zur konkreten Situation der Armen[881]. Die lateinamerikanische Kirche will ihren Einsatz für die Armen nicht an die Bedingung von Tugenderwartungen knüpfen und sie ist kritisch gegenüber einer Romantisierung der Armut.

2.5.2.3 Ganzheitliche Befreiung

Der Begriff "Erlösung"[882] war lange Zeit durch eine dualistisch denkende Theologie korrumpiert. Er bezog sich als Vergebung der Sünden auf die Seele des einzelnen
Menschen und war letztendlich jenseitsorientiert. Die mit ihm verbundene Spiritualität
war eine Spiritualität der Weltflucht; das Diesseits galt als Jammertal. Gegenüber dem
ewigen Heil des Menschen nahm sein irdisches Wohl eine marginale Stellung ein. Die
Werke der geistlichen Barmherzigkeit galten als Gold, die der leiblichen hingegen als
Silber. Die Option für die Armen will dieses dualistische Denken überwinden und
versteht deshalb Erlösung als Befreiung. Ihr Ausgangspunkt ist nicht die ewige
Bestimmung des Menschen, sondern dessen Befreiung zur Gemeinschaft mit Gott und
den Menschen unter und entgegen den Bedingungen der Ungerechtigkeit. Die Sünde
wird dabei nicht nur individuell, sondern auch unter ihrem sozialen Aspekt betrach-
tet[883]. Und der Gemeinschaftsbildung und Solidarisierung wird eschatologische
Relevanz beigemessen. In diesem Sinne will die Option für die Armen: "Die Befreiung
von jeglicher Art von Knechtschaft der Sünde des einzelnen und der Gesellschaft, die
Befreiung von all dem, was den Menschen und die Gesellschaft zerreißt und seinen
Ursprung im Egoismus, im Geheimnis des Bösen hat, und die Befreiung für das
fortschreitende Wachstum im Hinblick auf die Gemeinschaft mit Gott und den
Menschen, deren Höhepunkt die vollkommene Gemeinschaft des Himmels ist, wo Gott
alles in allem ist und es keine Tränen mehr gibt"[884]. Die Befreiung umfaßt alle
Dimensionen der menschlichen Existenz: das Gesellschaftliche, das Politische, das
Wirtschaftliche, das Kulturelle und das Gefüge der Beziehungen. Sie darf jedoch nicht

---

[881] Vgl. GUSTAVO GUTIÉRREZ, Die historische Macht der Armen (FThS 11), München - Mainz 1984,
95 - 98.

[882] Vgl. weiterführend GUSTAVO GUTIERREZ, Theologie der Befreiung, Mainz [10]1992, 205 - 243.

[883] Vgl. Puebla 28.

[884] Puebla 482.

die evangeliumsgemäße Sicht der Erlösung durch Jesus Christus, der Kirche und des Menschen aufgeben. Denn so würde sie ihre Originalität verlieren und "von ideologischen Systemen und politischen Parteien in Beschlag genommen und manipuliert"[885]. Zudem betonen die Bischöfe, daß sich die christliche Befreiung nicht auf die zeitliche Existenz beschränkt[886]. Aber dieser eschatologische Vorbehalt wirkt deshalb nicht kontraproduktiv zum Anliegen der ganzheitlichen Befreiung, weil gleichrangig die Notwendigkeit des christlichen Handelns im Heute aufgewiesen und seine bleibende Gültigkeit betont wird.

2.5.2.4   Realisierung des universalen Heilswillens Gottes

Die Option für die Armen ist eine Parteinahme der Kirche zugunsten der Armen. Aber sie schließt die Reichen nicht aus. Das würde nicht nur dem universalen Charakter der Heilsbotschaft Gottes zuwiderlaufen, sondern es würde auch dieser Option ihre verwandelnde Kraft nehmen. Denn schließlich geht es ihr ja auch darum, die Reichen zur Solidarität mit den Armen zu befreien. Gerade deshalb muß sich die Verkündigung auch an die Reichen wenden. Sie tut dies allerdings aus der Perspektive der Armen. Um das Mißverständnis der Exklusivität abzuwenden, betonen die lateinamerikanischen Bischöfe, daß die Option für die Armen eine vorrangige ist[887]. Allerdings muß man hier angesichts des immer wieder vorgebrachten Vorwurfs der Exklusivität mit HEINRICH BEDFORD-STROHM zwischen einer subjektiven und einer objektiven Sichtweise unterscheiden: "*Subjektiv* werden sich Menschen dann ausgeschlossen fühlen, wenn sie ungerechte Privilegien nicht aufgeben wollen, die die Option für die Armen in Frage stellt. Sie erfahren diese Option dann als bedrohlich und *gegen* sie gerichtet. *Objektiv* lädt die Parteinahme für die Armen sie aber zu einem Prozeß ein, der eine Form des Zusammenlebens anstrebt, der Gerechtigkeit für *alle* zum Ziel hat und im Lichte des christlichen Glaubens auch für sie Heil bedeutet. Der objektiv inklusive Charakter der

---

[885] Puebla 483. Vgl. ferner 489; 558 - 561.

[886] Vgl. Puebla 141.

[887] Vgl. Puebla 1145; Santo Domingo 296: "Diese Option, die weder ausschließlich gilt, noch jemanden ausschließt…".

Option für die Armen wird (...) auch dadurch nicht in Frage gestellt, daß Menschen sich selbst von dem damit verbundenen Prozeß ausschließen"[888].

2.5.2.5   *Evangelisatorisches Potential der Armen*

Die Option für die Armen ist eine Option für das Subjektsein aller, inbesondere für das der Armen. Sie grenzt sich von den verschiedenen Formen des Paternalismus ab: dem konservativen, der die Armen als Objekte der Wohltätigkeit behandelt und von den strukturellen Bedingungen der Armut abstrahiert und damit den gesellschaftlichen Status quo letztlich stabilisiert, und dem progressiven Paternalismus, der die Strategien zur Veränderung ohne die Partizipation der Armen entwickelt[889].

Das Subjektsein der Armen vertreten die lateinamerikanischen Bischöfe sowohl in gesellschaftlicher als auch in kirchlicher Hinsicht. Die Armen haben das Recht, sich gegen die Strukturen der Ungerechtigkeit zu wehren[890]; alle Hilfe ihnen gegenüber muß den Charakter der Hilfe zur Selbsthilfe haben[891]. Im Blick auf die Kirche begrüßen die Bischöfe das evangelisatorische Potential der Armen: "Das Engagement für die Armen und Unterdrückten und das Entstehen der Basisgemeinden haben der Kirche dazu verholfen, das evangelisatorische Potential der Armen zu entdecken, da sie die Kirche ständig vor Fragen stellen, indem sie sie zur Umkehr aufrufen, und da viele von ihnen in ihrem Leben die Werte des Evangeliums verwirklichen, die in der Solidarität, im Dienst, in der Einfachheit und in der Aufnahmebereitschaft für das Geschenk Gottes bestehen"[892]. Evangelisatorisches Potential der Armen meint hier zweierlei: Zum einen wird die Kirche durch die Armen evangelisiert. Denn die Armen sind für sie ein beständiger Aufruf, sich selbst zum Einsatz für die Gerechtigkeit und zur Offenheit gegenüber Gott zu bekehren. Dafür genügt schon die bloße Existenz der Armen als Arme: "Aus dem Entsprechungsverhältnis von Armut und Schwachheit Christi und

---

888) Heinrich Bedford-Strohm, Vorrang für die Armen, a. a. O., 193f.

889) Vgl. Heinrich Bedfort-Strohm, Vorrang für die Armen, a. a. O., 196f.

890) Vgl. Puebla 1162.

891) Vgl. Puebla 1146.

892) Puebla 1147.

Armut und Schwachheit der von Gott erwählten Menschen ergibt sich auch deren evangelisatorische Bedeutung. In dem stummen oder lauten Hinweis der Armen auf ihre Situation spricht Christus selbst. Er ruft durch sie zur Umkehr und sucht die menschliche Verweigerung gegenüber dem durch ihn eröffneten Reich der Freiheit aufzubrechen"[893]. Zum anderen haben die Armen in den Basisgemeinden begonnen, ihr Subjektsein in der Kirche zu leben. Viele von ihnen sind zu Trägern der Evangelisierung geworden[894].

Die Rede vom evangelisatorischen Potential der Armen, darauf weisen lateinamerikanische Befreiungstheologen hin, darf nicht "populistisch" mißverstanden werden. Gemeint ist damit eine Haltung, die das Volk sakralisiert: "Das Volk ist heilig; es ist in der Lage, sich selbst zu retten, ohne Vermittlung von außen. Es ist fähig, sich selbst zu befreien. Man mißtraut jeder Idee und jedem Vorschlag, der nicht direkt aus dem Volk kommt. Bei den Versammlungen darf nur das Volk reden. Personen von außen - wie auch der Priester - dürfen nur lernend zuhören und sich die Weisheit des Volkes zu eigen machen. Die Volksreligiosität muß in Originalform akzeptiert werden. Um das Volk zu verstehen, soll der Priester wie das Volk leben und arbeiten"[895]. Bezeichnenderweise trifft man diese Haltung häufig bei Priestern an, die ihren Dienst bislang in bürgerlichen Gemeinden versehen haben und ohne genügende Vorbereitung in der Volkspastoral tätig werden. Ihr liegt häufig das Mißverständnis zugrunde, daß die Armen eo ipso einen Erkenntnisvorsprung (epistemologisches Privileg) gegenüber den Reichen besitzen. "Auch wenn die Erfahrung des Leidens möglicherweise ein besonders direktes und intuitiv treffendes Verständnis zahlreicher biblischer Texte zur Folge hat, so besteht (...) hier kein Automatismus. Die Armen bleiben ebenso wie die Nichtarmen in theologischen und in politischen Fragen auf einen Prozeß des Erkennens angewiesen,

---

[893] HEINRICH BEDFORD-STROHM, Vorrang für die Armen, a. a. O., 188.

[894] Beispiele für die von den Armen in den brasilianischen Basisgemeinden getragene Verkündigung finden sich bei: GODFRIED DEELEN, Basisgemeinden: ein Pastoralmodell der brasilianischen Kirche, in: LUDWIG BERTSCH/FELIX SCHLÖSSER (Hrsg.), Evangelisation in der Dritten Welt. Anstöße für Europa (TDW 2), Freiburg i. Br. - Basel - Wien ²1987, 62 - 83.

[895] A. a. O., 79.

der sich im Austausch verschiedener Sichtweisen vollzieht"[896]. Oder noch grundlegender formuliert: Die Armen bedürfen genauso wie die Reichen der Umkehr. Die Option für die Armen ist keine erkenntnistheoretische Option.

2.5.2.6 *Prophetische Verkündigung und ihr Preis*

Eine unabdingbare Konsequenz der Option für die Armen ist die Wahrnehmung der prophetischen Aufgabe[897]. Die lateinamerikanischen Bischöfe nennen deshalb eine Verkündigung, die sich nicht gegen die Strukturen der Ungerechtigkeit wendet, eine "Verstümmelung" des Evangeliums[898]. Ferner dringen sie darauf, daß die Anklage der Ungerechtigkeit und der Unterdrückung eine genuine Aufgabe der Evangeliumsverkündigung ist[899]. Freilich soll sich mit der *denuncia* des Unrechts die *anuncio* der mit Jesus Christus schon nahegekommenen Gottesherrschaft verbinden[900]. Denn gerade in den Zusammenhängen von Unrecht und Aufschrei, im Kampf gegen Ungerechtigkeit und Unterdrückung gilt es, den Anbruch der Gottesherrschaft als Hoffnung für die Armen zu bezeugen[901]. Nicht übersehen werden darf, daß der Preis für diesen prophetischen Protest hoch ist: "Die prophetische Anklage der Kirche und ihre konkreten Verpflichtungen gegenüber den Armen haben ihr in nicht wenigen Fällen Verfolgungen und Bedrängnisse verschiedener Art eingetragen. Die Armen selbst waren die ersten Opfer dieser Bedrängnisse"[902]. Und oft hat man die lateinamerikanische

---

[896] HEINRICH BEDFORD-STROHM, Vorrang für die Armen, a. a. O., 188f. Vgl. auch CLODOVIS BOFF/JORGE PIXLEY, Die Option für die Armen (BThB), Düsseldorf 1987, 159; 252.

[897] Vgl. MICHAEL SIEVERNICH, "Theologie der Befreiung" im interkulturellen Gespräch, a. a. O., 36.

[898] Vgl. Puebla 558.

[899] Vgl. Medellín, Armut der Kirche 10.

[900] Vgl. MICHAEL SIEVERNICH, "Theologie der Befreiung" im interkulturellen Gespräch, a. a. O., 36.

[901] Vgl. HERMANN STEINKAMP, Sozialpastoral, Freiburg i. Br. 1991, 140.

[902] Puebla 1138. Mit Verfolgungen und Bedrängnissen umschreibt das Dokument Folterung, Ausweisung und Mord (Vgl. JUAN HERMÁNDEZ PICO, Das Martyrium heute in Lateinamerika. Ärgernis, Wahnsinn und Kraft Gottes, in: Conc(D) 19 (1983), 199 - 204).

Kirche beschuldigt, "sich auf den gefährlichen Irrweg der marxistischen Ideologie zu begeben"[903].

2.5.3 Bestätigung der Option für die Armen, aber kein universalkirchlicher Paradigmenwechsel

Die Option für die Armen ist eine kreative Rezeption des Vaticanum II durch die lateinamerikanische Kirche. Was auf dem Konzil grundgelegt wurde, sich aber noch nicht mit der entsprechenden Deutlichkeit durchsetzen konnte, wurde in Lateinamerika entfaltet und vertieft. Angesichts der Behandlung der Armen und der Thematisierung der Armut im Laufe der Kirchengeschichte ist die lateinamerikanische Option für die Armen als das Ergebnis eines Paradigmenwechsels anzusehen. Wurde die Sorge um die Armen bislang von einem assistentialistischen Konzept geleitet, das von den Strukturen der Ungerechtigkeit absah und sich vorrangig um das Seelenheil der Armen mühte, so ist jetzt das Konzept der befreienden Evangelisierung maßgebend. Ihm zufolge dürfen Heil und Wohl des Menschen nicht voneinander getrennt werden, sind die Armen in ihrem Subjektsein zu fördern und die prophetische Tradition des jüdisch-christlichen Glaubens zur Sprache zu bringen.

Dieser Fortschritt ist nicht ohne Auswirkungen auf die lehramtliche Entwicklung innerhalb der Universalkirche geblieben. Die Päpste haben die lateinamerikanische Option aufgegriffen und bestätigt[904]. Auch andere Römische Verlautbarungen heben

---

[903] Puebla 1139. Das Dokument hält in diesem Zusammenhang auch fest, daß die durch die prophetische Parteinahme für die Armen hervorgerufenen Spannungen und Konflikte auch mitten durch die Kirche gingen. Zu den Konflikten im Vorfeld von Puebla vgl. HORST GOLDSTEIN, Immer ist sie befehdet worden, in: HERMANN-JOSEF VENETZ/HERBERT VORGRIMLER (Hrsg.), Das Lehramt der Kirche und der Schrei der Armen. Analysen zur Instruktion der Kongregation für die Glaubenslehre über einige Aspekte der "Theologie der Befreiung", Freiburg (CH) - Münster 1985, 29 - 59; 32 - 40.

[904] Vgl. Apostolisches Schreiben *Evangelii nuntiandi* Seiner Heiligkeit Papst PAULS VI. an den Episkopat, den Klerus und alle Gläubigen der Katholischen Kirche über die Evangelisierung in der Welt von heute (8. Dezember 1975), in: Nachkonziliare Texte zu Katechese und Religionsunterricht (Arbeitshilfen 5), Bonn 1989, 122 - 191, Nr. 29 - 39; Apostolisches Schreiben *Catechesi Tradendae* Seiner Heiligkeit Papst JOHANNES PAUL II. über die Katechese in unserer Zeit (16. Oktober 1979), in: Nachkonziliare Texte zu Katechese und Religionsunterricht, Bonn 1989, 197 - 261, Nr. 29; 39; Enzyklika *Sollicitudo rei socialis* von Papst JOHANNES PAUL II. Zwanzig Jahre nach der Enzyklika *Populorum progressio* (30. Dezember 1987) (VAS 82), Bonn 1987, Nr. 42; Nachsynodales Apostolisches Schreiben *Christifideles laici* von Papst JOHANNES PAUL II. über die Berufung und Sendung der Laien in Kirche und Welt (30. Dezember 1988) (VAS 87), Bonn 1989, Nr. 16; Enzyklika *Redemptoris missio* Seiner

die Bedeutung der Option für die Armen hervor[905]. So formuliert die Außerordentliche Römische Bischofssynode zum zwanzigsten Jahrestag des Konzilsendes (1985): "Im Anschluß an das Zweite Vatikanische Konzil wurde sich die Kirche ihrer Sendung im Dienst der Armen, Unterdrückten und an den Rand Gedrückten stärker bewußt. In dieser Option, die allerdings nicht ausschließlich zu verstehen ist, leuchtet wahrer Geist des Evangeliums. (...) Die Kirche muß in prophetischer Weise jede Form der Armut und der Unterdrückung anklagen und die grundlegenden wie unveräußerlichen Rechte der menschlichen Person überall verteidigen und fördern. (...) Wir müssen die Heilssendung der Kirche in bezug auf die Welt ganzheitlich sehen. Obgleich die Sendung der Kirche geistlicher Art ist, schließt sie doch auch die menschliche Entwicklung im säkularen Bereich ein. Aus diesem Grund kann man die kirchliche Sendung nicht auf einen Monismus, wie immer man ihn auch verstehen will, reduzieren"[906]. Und auch die Instruktion der Glaubenskongregation (1984), die sich sehr kritisch mit einigen Aspekten der Befreiungstheologie auseinandersetzt, betont, daß die Kirche auf der ganzen Welt die Kirche der Armen sein will[907].

Trotz dieses Befunds, der für die universalkirchliche Rezeption der Option für die Armen spricht, kann jedoch nicht von einem Paradigmenwechsel auf der Ebene der Weltkirche gesprochen werden. In dieser Hinsicht ist der Rückblick von Kardinal

---

Heiligkeit Papst JOHANNES PAUL II. über die fortdauernde Gültigkeit des missionarischen Auftrages (7. Dezember 1990) (VAS 100) Bonn 1990, Nr. 14; 58 - 60; Enzyklika *Centesimus annus* Seiner Heiligkeit Papst JOHANNES PAUL II. an die verehrten Mitbrüder im Bischofsamt, den Klerus, die Ordensleute, die Gläubigen der katholischen Kirche und alle Menschen guten Willens zum hundertsten Jahrestag von *Rerum novarum* (1. Mai 1991) (VAS 101), Bonn 1991, Nr. 11.

[905] Vgl. Instruktion der Kongregation für die Glaubenslehre über einige Aspekte der "Theologie der Befreiung" (6. August 1984) (VAS 57), Bonn 1984, 20; 25 (Seitenzahl); Instruktion der Kongregation für die Glaubenslehre über die christliche Freiheit und Befreiung (22. März 1986) (VAS 70), Bonn 1986, Nr. 66 - 70: (Kapitel IV) "II. Die Liebe, die den Armen den Vorzug gibt". Vgl. dazu: ELMAR KLINGER, Armut: Eine Herausforderung Gottes, a. a. O., 245 - 264; JOHANN BAPTIST METZ (Hrsg.), Die Theologie der Befreiung: Hoffnung oder Gefahr für die Kirche? (SKAB 122), Düsseldorf 1986; HERMANN-JOSEF VENETZ/HERBERT VORGRIMMLER (Hrsg.), Das Lehramt der Kirche und der Schrei der Armen, a. a. O.

[906] Schlußdokument der Außerordentlichen Bischofssynode 1985 (VAS 68), Bonn 1985, 3 - 22, 20f. (Seitenzahl).

[907] Vgl. Instruktion der Kongregation für die Glaubenslehre über einige Aspekte der "Theologie der Befreiung", a. a. O., 25.

ALOISIO LORSCHEIDER auf die Römische Bischofssynode von 1985 aufschlußreich: "Insgesamt hinterließ die Synode bei mir den Eindruck, das große Problem unserer Zeit sei die *Entsakralisierung* oder der *Säkularismus*. (...) Die Versuche, die Aufmerksamkeit auf das *institutionalisierte Unrecht* und das zunehmende Phänomen der *Herrschaft* zu lenken, waren vergeblich. Im Schlußbericht und in der Botschaft der Synode an die Welt kamen sie im Zusammenhang mit den veränderten Zeichen der Zeit kurz zur Sprache. Sogar von der vorrangigen Option für die Armen war nur sehr schematisch die Rede, und zudem fehlte der nötige Biß. Wir waren von einem wirklichen Interesse für eine *Kirche der Armen* und für eine *arme Kirche*, also für eine Kirche, in der die Armen Sitz und Stimme haben, sowie für eine Kirche der ersten Seligpreisung sehr weit entfernt. Daß die Kirche sich in der Gesellschaft auf die Seite der Armen gestellt haben soll, ist auf der Ebene der Universalkirche kaum zu merken. Es wurde sogar das Wort 'Befreiung' gemieden, das nur einmal im Schlußbericht vorkommt. Statt dessen wurde 'salus integralis' vorgezogen. Ich vermag tatsächlich keinen großen Unterschied zwischen einer 'integralen Befreiung' des Menschen in Jesus Christus und seinem 'integralem Heil' in Jesus Christus zu sehen"[908].

Die von Kardinal LORSCHEIDER geäußerte Kritik läßt sich noch zuspitzen. Ist für die lateinamerikanische Option für die Armen der vom Konzil hervorgehobene Zusammenhang zwischen Glaube und Leben, Pastoral und sozialer Wirklichkeit, Theologie und Soziologie grundlegend, so wird dieser in den Römischen Dokumenten zugunsten des sogenannten Mysteriumscharakters der Kirche und der Betonung der Glaubenslehre aufgelöst[909]. Dies geschieht in Gegenreaktion auf die vermeintlich einseitige, soziologische Betrachtung der Kirche im Anschluß an das Konzil und ebenso im Blick auf die Tradierungskrise des Glaubens. Die Folge davon ist, daß die Lehre des Glaubens und die Option für die Armen unvermittelt nebeneinander stehen.

---

[908] ALOISIO LORSCHEIDER, Die Außerordentliche Synode im Licht des Zweiten Vatikanums zwanzig Jahre nach dessen Ende - ein Zeugnis, in: Conc(D) 22 (1986), 461 - 464, 464.

[909] Vgl. Schlußdokument der Außerordentlichen Bischofssynode 1985, 7 - 9. Daß dies von Vertretern der Römischen Kurie auch den Teilkirchen aufoktroyiert wird, zeigt die 4. Generalversammlung des lateinamerikanischen Episkopats in Santo Domingo (vgl. NORBERT ARNTZ (Hrsg.), Retten, was zu retten ist? Die Bischofskonferenz in Santo Domingo zwischen prophetischem Freimut und ideologischem Zwang, Luzern 1993).

Als ein Beispiel dafür ist das Apostolische Schreiben *Tertio millennio adveniente* (1994) zu nennen, das zur Vorbereitung auf die 2000-Jahrfeier der Geburt Christi veröffentlicht wurde[910]. Nach sehr eindrucksvollen Ausführungen, die das "Jubeljahr 2000" vom alttestamentlichen Gnadenjahr her zu verstehen geben und damit die soziale Dimension des jüdisch-christlichen Glaubens offenlegen (vgl. Nr. 12), folgt unvermittelt der Plan der engeren Vorbereitung des Jubiläums, die im wesentlichen lehrhaft ausgerichtet ist (vgl. 40 - 54)[911]. Darin taucht die Erinnerung an den Schuldenerlaß des Gnadenjahres erst wieder im Abschnitt über "Gottvater" auf: "Muß man aus dieser Sicht [daß Gott die Liebe ist] und eingedenk dessen, daß Jesus gekommen ist, um 'den Armen das Evangelium zu verkünden' die *Vorzugsoption der Kirche für die Armen und die Randgruppen* nicht entschiedener betonen? Ja, man muß sagen, daß in einer Welt wie der unseren, die von so vielen Konflikten und unerträglichen sozialen und wirtschaftlichen Ungleichheiten gezeichnet ist, der Einsatz für Gerechtigkeit und Frieden ein tauglicher Gesichtspunkt der Vorbereitung und Feier des Jubeljahres ist. So werden sich, im Geist des Buches Levitikus (25,8-28), die Christen zur Stimme aller Armen der Welt machen müssen, indem sie das Jubeljahr als eine passende Zeit hinstellen, um unter anderem an eine Überprüfung, wenn nicht überhaupt an einen erheblichen Erlaß der internationalen Schulden zu denken, die auf dem Geschick vieler Nationen lasten" (Nr. 51). Es ist zwar beachtenswert, daß anläßlich des 2000jährigen Jubiläums der Geburt Christi an die notwendige Überprüfung der internationalen Schulden erinnert wird, aber von einer Option für die Armen im strengen Sinn des Wortes kann man hier dennoch nicht sprechen. Denn die Frage nach der Option für die Armen taucht in einem Sammelsurium von anderen aktuellen Problemstellungen auf. Zudem handelt es sich dabei eben nur um eine Frage und nicht um eine optionale Entscheidung, die die begrenzten menschlichen Mittel und Kräfte auf das im wahrsten Sinne des Wortes Not-wendige hin konzentriert und verausgabt. Neben dem Ausein-

---

[910] Vgl. Apostolisches Schreiben *Tertio millennio adveniente* von Papst JOHANNES PAUL II. an die Bischöfe, Priester und Gläubigen zur Vorbereitung auf das Jubeljahr 2000 (10. November 1994) (VAS 119), Bonn 1994.

[911] Dies zeigt sich vor allem an dem trinitarischen Gliederungsraster "Jesus Christus, Heiliger Geist, Gottvater".

anderfallen von Glaube und sozialer Realität, ist das das eigentlich Problematische an der römischen Rezeption der Option für die Armen: Sie beschwört sie zwar immer wieder - einmal mehr, einmal weniger - aber sie trifft sie nicht. Statt dessen beschränkt man sich in Rom auf die ständige Wiederholung der katholischen Soziallehre[912] und auf den Appell an das Gewissen des Einzelnen.

2.5.4 Die "neue Armut" in Deutschland als zentrale Herausforderung für die deutsche Kirche

Andererseits stellt sich die Frage, ob die Option für die Armen überhaupt außerhalb des Kontextes der sogenannten Dritte-Welt-Kirchen getroffen werden kann. Denn die gesellschaftlichen, politischen, wirtschaftlichen und kulturellen Unterschiede zwischen den Staaten des Nordens und denen des Südens sind evident und gravierend. Das läßt sich speziell im Blick auf die Bundesrepublik Deutschland wie folgt verdeutlichen:

1. Die Bundesrepublik Deutschland definiert sich verfassungsrechtlich als sozialer Rechtsstaat, der den Schutz der Menschenwürde als Verpflichtung aller staatlichen Gewalt ansieht und deshalb jedem Bürger die Teilhabe am gesellschaftlichen Leben garantiert[913]. Dieses Staatsziel wird u.a. durch eine komplexe Sozialgesetzgebung verwirklicht. Wer nicht über genügend Einkünfte verfügt, um ein menschenwürdiges Leben führen zu können, hat einen Anspruch auf staatliche Unterstützung (Sozialhilfe). Darüber hinaus sind die Rechte der Arbeitnehmer gesetzlich gesichert (Arbeitsverbandsrecht, Tarifvertragsrecht, Arbeitskampfrecht, Betriebsverfassungsrecht, Arbeitsschutzrecht)[914]. Die Bundesrepublik Deutschland verfügt somit über bewährte Strukturen der Gerechtigkeit.

---

[912] Kritisch dazu: vgl. PETER EICHER, Die Anerkennung der Anderen und die Option für die Armen, in: DERS./NORBERT METTE (Hrsg.), Auf der Seite der Unterdrückten. Theologie der Befreiung im Kontext Europas (TzZ 6), Düsseldorf 1989, 10 - 53; 20 - 26. Zur Übersetzung des Personalitäts-, Solidaritäts- und Subsidiaritätsprinzips in Gerechtigkeitsmaximen vgl. THOMAS HAUSMANNINGER, "Neue Armut" - Die Rückseite der Wohlstandsgesellschaft. Sozialethische Überlegungen am Beispiel der Stadt München, in: MThZ 45 (1994), 543 - 561.

[913] Vgl. Art. 1 (1) GG; Art 20 (1) GG; Art. 28 (1) GG.

[914] Vgl. THEO MAYER-MALY, Art. "Arbeitsrecht", in: StL[7] 1 (1985/1995), 297 - 307; WILHELM DÜTZ, Art. "Arbeitsschutz, Arbeitssicherheit", in: StL[7] 1 (1985/1995), 307 - 312.

2. Die Rate der relativen Armut ist zwar in den letzten Jahren - bedingt durch die wachsende Arbeitslosigkeit - ständig gewachsen, aber von einer Aufspaltung der Gesellschaft (Stichwort: "Zwei-Drittel-Gesellschaft") kann deshalb noch nicht gesprochen werden (s.u.). In Deutschland gibt es nicht so krasse soziale Gegensätze wie in Lateinamerika.

3. In Lateinamerika können die bewußtseinbildende Bibellektüre in den Basisgemeinden und das politische Engagement auf dem Fundament der Volksfrömmigkeit aufbauen. Ist diese erst von den Elementen gereinigt, die das unterdrückte Volk von seinen eigenen Interessen entfremden und es in Abhängigkeit und Ohnmacht halten[915], so bildet sie die eigentliche Triebfeder im Kampf gegen die Ungerechtigkeit[916]. Die Armen Lateinamerikas können in einer Unbefangenheit Gott als den Anwalt der Ohnmächtigen anrufen, die in dem von der Aufklärung geprägten Westeuropa so nicht mehr möglich ist. Zudem sind viele Gesellschaften Lateinamerikas trotz der fortschreitenden Industrialisierung noch sehr stark agrarisch geprägt. Nun zeichnet sich eine Agrargesellschaft gegenüber einer modernen Gesellschaft dadurch aus, daß sie insgesamt weniger differenziert und damit überschaubarer, weniger individualisiert und damit stärker gemeinschaftsbezogen und schließlich weltanschaulich homogener ist. Unter solchen Voraussetzungen ist es in gewisser Weise leichter, Ursachenketten zu durchschauen, bilden traditionelle Formen des Zusammenlebens die Matrix solidarischen Handelns, ist auch der Zusammenhang zwischen Glaube und Leben viel plausibler, weil die Segmentierung des Lebens in eine Vielzahl von Rollen so noch nicht gegeben ist. Die Option für die Armen erweist sich somit als ein "kulturelles Phänomen, das als Ganzes einer Gesellschaft zugehört, die von der Moderne und der Aufklärung noch nicht eingeholt worden ist, während eben diese Moderne unsere Gesellschaft und unsere Men-

---

[915] Vgl. JOSEF SAYER/ALBERT BIESINGER, Von lateinamerikanischen Gemeinden lernen, München 1988, 19ff.

[916] Vgl. ROLF ZERFAß, Unterwegs zu einer evangelisatorischen Diakonie, in: DEUTSCHER CARITASVERBAND (Hrsg.), Diakonische Praxis und Praktische Theologie - Zur gesellschaftlichen Wirksamkeit der Diakonie, Freiburg i. Br. 1987, 111- 126; 111 - 114.

talität bis in das letzte Wartezimmer einer Caritasberatungsstelle [und bis in das letzte Amtszimmer eines Pfarrers] hinein prägt"[917].

Die genannten Unterschiede machen deutlich, daß die Option für die Armen nicht "beliebig implantiert"[918] werden kann. Da die Wahrnehmung solcher Unterschiede jedoch nicht selten dazu führt, daß die Option für die Armen als für die Kirche in der Bundesrepublik Deutschland irrelevant hingestellt wird, nach dem Motto "Hier ist doch sowieso alles ganz anders und noch lange nicht so schlimm!", sei zunächst noch einmal grundsätzlich festgestellt, daß die Option für die Armen nicht von einem bestimmten Ausmaß der Armut, sondern allein von der jüdisch-christlichen Tradition abhängig ist. Die Option für die Armen gehört zum normativen Kern des Christlichen, weil sie mit der Selbstoffenbarung Gottes gegenüber seinem Volk Israel und in Jesus Christus auf das Engste verbunden ist: Sie ist das geschichtliche Realsymbol der Selbstoffenbarung Gottes. Durch die Option für die Armen und an ihr bildet sich die Identität des Christlichen aus. Die Option für die Armen ist der Maßstab christlicher Orthopraxie. Pointiert formuliert: Nicht das Daß der Option für die Armen steht in Frage, sondern das Wie.

Allerdings hat auch die jüngste gesellschaftliche und wirtschaftliche Entwicklung in der Bundesrepublik dazu geführt, daß sich die deutsche Kirche der Herausforderung durch die Armut stellen muß. Diese Herausforderung soll im folgenden unter Rückgriff auf Ergebnisse der sozialwissenschaftlichen Armutsforschung beschrieben werden. Dabei erscheint Armut weitaus komplexer als es die diesbezügliche Diskussion in der politischen und gesellschaftlichen Öffentlichkeit vermuten läßt[919].

---

[917] A. a. O., 113.

[918] Ebd.

[919] Die Armut spielt in der öffentlichen Diskussion eine immer größere Rolle. Auffallend ist, daß sie von extremen Standpunkten aus diskutiert wird. Während die einen mit immer neuen Hochrechnungen über das Heer der Armen aufwarten und von einer drohenden Zerreißprobe für Staat und Gesellschaft sprechen, insistieren die anderen darauf, daß in diesem Land keiner arm sein muß, der nicht arm sein will.

2.5.4.1 Kennzeichen der "neuen Armut": verzeitlicht, individualisiert, sozial entgrenzt

Den Ergebnissen der dynamischen Armutsforschung zufolge ist die Dauer der Armut wesentlich kürzer, als allgemein angenommen wird. "Einmal arm" ist nicht mit "immer arm" gleichzusetzen[920]. So zeigte sich etwa in einer Bremer Langzeitstudie zum Sozialhilfebezug, daß nur 8% der untersuchten Fälle eine Verweildauer von über fünf Jahren aufweisen[921]. Die meisten Bezieher verlassen die Sozialhilfe jedoch nach relativ kurzer Zeit, rund 50% sogar innerhalb eines Jahres[922]. In der Gruppe der Langzeitbezieher von Sozialhilfe finden sich am ehesten Menschen, die der gängigen Vorstellung "des" Armen entsprechen: resigniert und alternativenlos. Aber selbst unter den Langzeitbeziehern gibt es solche, die die Zeit des Sozialhilfebezugs konstruktiv bewältigen. Ein Beispiel hierfür sind etwa alleinerziehende Mütter, die die Abhängigkeit von Sozialhilfe bewußt in Kauf nehmen, um sich der Erziehung ihrer Kinder zu widmen, und die diese Zeit subjektiv als eine Übergangsphase und nicht als Abstieg betrachten[923].

Solche Fakten korrigieren zwar das dramatisierte Armutsbild, dem zufolge die von Armut Betroffenen passive, ressourcen-, ziel- und planlose Spielbälle einer ab- und ausgrenzenden Sozialstruktur sind, aber sie sind kein Anlaß zu sozialpolitischer Entwarnung. Denn die eigentliche Brisanz der gegenwärtigen Armutsentwicklung erweist sich darin, daß, wie die steigenden Zahlen der Sozialhilfeempfänger dokumentieren[924], immer mehr Menschen zeitweilig von Armut betroffen sind. Armut ist dabei in einem erheblichen Maße sozial entgrenzt. Arbeitslosigkeit und Wohnungsnot treffen zunehmend auch Bessergestellte und ehedem gesicherte Familien. Lebensphasengebundene Armut, etwa während eines Hochschulstudiums oder zwischen Ausbildung und erstem Berufsantritt, wird auch von Angehörigen der Mittelschicht

---

[920] Vgl. MICHAEL M. ZWICK (Hrsg.), Einmal arm, immer arm? Neue Befunde zur Armut in Deutschland, Frankfurt a. M. - New York, 1994.

[921] Vgl. STEPHAN LEIBFRIED/LUTZ LEISERING U. A., Zeit der Armut, a. a. O., 104.

[922] Vgl. a. a. O., 83.

[923] Vgl. a. a. O., 110.

[924] Vgl. a. a. O., 261.

erlebt. Typisch für die sozial entgrenzte Armut ist, daß sie verstreuter und schlechter wahrnehmbar ist. "Dies mag einer der Gründe dafür sein, daß die liberal-konservative Regierung bis in die neunziger Jahre hinein das hohe und wachsende Maß von Armut und Arbeitslosigkeit so 'erfolgreich' ignorieren konnte"[925]. Andererseits können die Betroffenen räumlich und sozial nur schwer zusammenfinden und sich deshalb auch kaum organisieren. Insofern schränkt sozial entgrenzte Armut die Möglichkeit sozialen Protestes von seiten der Betroffenen merklich ein. Begünstigt wird dies durch die Individualisierung der Gesellschaft: "Die Betroffenen müssen mit sich selbst austragen, wofür armutserfahrene, klassengeprägte Lebenszusammenhänge entlastende Gegendeutungen, Abwehr- und Unterstützungsformen bereithielten und tradierten. Das Kollektivschicksal ist in den klassenzusammenhanglosen, individualisierten Lebenslagen zunächst zum *persönlichen* Schicksal, zum *Einzel*schicksal mit nur noch statistisch vernommener, aber nicht mehr (er)lebbarer Sozietät geworden und müßte aus dieser Zerschlagung ins Persönliche erst wieder zum Kollektivschicksal zusammengesetzt werden"[926].

Armut stellt sich somit derzeit als äußerst vielfältig oder sogar als amorph dar. Gleichwohl lassen sich vier "Gruppen"[927] nennen, die besonders von Armut betroffen sind: Arbeitslose, Alleinerziehende sowie vor allem Kinder[928] und Ausländer[929]. "*Alle vier Gruppen stehen für Erschütterungen grundlegender Ordnungen unserer Gesellschaft* und für die Aufforderung, über neue Ordnungsvorstellungen nachzudenken: über die Organisation der Arbeit, über die Formen von Familie und Partnerschaft, über kulturelle Orientierungen und Lebensentwürfe besonders von Frauen und über Formen nationaler und multiethnischer Staatlichkeit"[930]. In dieser Perspektive wird zweierlei

---

[925] A. a. O., 301.

[926] ULRICH BECK, Risikogesellschaft, a. a. O., 144.

[927] "Gruppen" wird hier deshalb in Anführungszeichen gesetzt, um deutlich zu machen, daß die einzelnen Gruppen in sich sehr heterogen sind. Hinsichtlich der Gruppe der Arbeitslosen vgl. STEPHAN LEIBFRIED/LUTZ LEISERING U. A., Zeit der Armut, a. a. O., 302f.

[928] Vgl. WALTER HANESCH U. A., Armut in Deutschland. Der Armutsbericht des DGB und des Paritätischen Wohlfahrtsverbands, 1994, 143 - 145.

[929] Vgl. a. a. O., 172 - 174.

[930] STEPHAN LEIBFRIED/LUTZ LEISERING U. A., Zeit der Armut, a. a. O., 301.

deutlich: Zum einen, daß die gegenwärtige Erscheinungsform von Armut "nur aus dem Zusammenwirken von ökonomischem und soziokulturellem Wandel zu verstehen ist. Zwei Stränge gesellschaftlicher Entwicklung kommen historisch zusammen, ohne daß sie aufeinander rückführbar wären"[931]. Zum anderen ist zu sehen, daß Armut nicht mehr länger als ein Randproblem der Gesellschaft zu betrachten ist.

Auch wenn Armut im wesentlichen "verzeitlicht", also "nur" eine Phase im Lebensverlauf ist, lassen sich dennoch Strukturen sozialer Ungleichheit ausmachen: "Spaltungen am Arbeitsmarkt, etwa zwischen Arbeitslosen und In-Arbeit-Stehenden, zwischen 'guten' und 'schlechten Jobs', zwischen Kern- und Randbelegschaften; am Wohnungsmarkt zwischen einem Hochpreissektor und einem billigeren Sektor, zwischen 'guten' und 'schlechten' Wohnvierteln; und möglicherweise auch Polarisierungen der Einkommensverteilung zwischen Armen und Wohlhabenderen, zwischen Sozialhilfebe-ziehern und Nichtbeziehern"[932]. Aber entgegen der in der gesellschaftspolitischen Diskussion geläufigen Rede von der Zwei-Drittel-Gesellschaft, die von einer zeitlich stabilen Marginalisierung des unteren Bevölkerungsteils (eines Drittels) ausgeht, betont die dynamische Armutsforschung den strukturellen Charakter dieser Spaltungen. Denn die Personen, die die niedrige oder höhere Position innehaben, können wechseln: "So ist der Abstand zwischen oberen Einkommensgruppen, etwa den oberen 16%, zu den unteren 16% in den achtziger Jahren (...) gestiegen. Aber (...) gegen Ende der acht-ziger Jahre befanden sich nicht mehr dieselben Personen im unteren Bereich wie zu Beginn der achtziger Jahre"[933]. Armut läßt sich in dieser Hinsicht begreifen als ein "steigender Sockel von Arbeitslosigkeit, Armut und Wohnungsnot. Innerhalb dieses Sockels gibt es beweglichere und weniger bewegliche Teile, auch einen verfestigten 'personellen' Teilsockel von begrenztem Umfang"[934]. Um diese Struktur der gesell-schaftlichen Ungleichheit zu veranschaulichen, verwendet die dynamische Armutsfor-schung das Bild von der "70-20-10-Gesellschaft": 70% sind nie, 20% gelegentlich und

---

[931] A. a. O., 302.

[932] A. a. O., 337.

[933] A. a. O., 338.

[934] Ebd.

10% häufiger arm[935]. Wenn das neue Bild der Armut derzeit alles andere als statisch ist, so darf dennoch nicht unterstellt werden, daß es den von Armut betroffenen Menschen auch in Zukunft gelingen wird, nach relativ kurzer Zeit die Armutsphasen zu überwinden. Denn dies ist nicht zuletzt auch davon abhängig, ob es gelingen wird, eine grundlegende Reform der Sozialpolitik durchzuführen, die der Arbeitslosigkeit, der Individualisierung und der damit verbundenen Pluralisierung der Lebensstile gerecht wird[936].

2.5.4.2 Verdrängung der Armut in der Erlebnisgesellschaft

1993 brachte eine Essener Firma einen Autoaufkleber auf den Markt mit der Aufschrift: "*Eure Armut kotzt mich an*". HARDARIK BLÜHDORN und WIEBKE HENNIG haben diesen Spruch einer linguistischen Analyse unterzogen[937]. Sie interpretieren ihn als eine verdeckte Aufforderung, "sich von der Armut abzusetzen und die traditionellen ethischen Grundsätze im Umgang mit der Armut nicht mehr zu respektieren. Das auf die Gesamtgesellschaft bezogene Solidaritätsprinzip wird aufgegeben, und diejenigen, die in seinem Sinne handeln, werden verhöhnt"[938]. BLÜHDORN und HENNIG geben diesen aggressiven Spruch jedoch auch als Ausdruck der Gegenwehr zu verstehen, denn Armut wird von denen, die nicht arm sind, als indirekte Drohung erlebt: Die Armut anderer macht die Gefahr bewußt, selbst arm zu werden[939]. Das wiegt umso schwerer, als Armut der Ideologie der Erlebnisgesellschaft[940] zuwiderläuft.

---

[935] Vgl. a. a. O., 306. In der Bremer Langzeitstudie waren während des Untersuchungszeitraums "nur" 1,3 % der Bevölkerung dauerhaft arm.

[936] Vgl. a. a. O., 315 - 331. Vgl. auch die im Anschluß an die Caritas-Armutsuntersuchung erhobenen sozialpolitischen Forderungen: vgl. RICHARD HAUSER/WERNER HÜBINGER, Arme unter uns. Teil 1, a. a. O., 417 - 424.

[937] Vgl. HARDARIK BLÜHDORN/WIEBKE HENNIG, Neue Armut und organisiertes Erbrechen. Zur Linguistik der Dreiviertelgesellschaft, in: Sprachreport 4/1990, 1 - 8.

[938] A. a. O., 6.

[939] Vgl. a. a. O., 8.

[940] Vgl. GERHARD SCHULZE, Entgrenzung und Innenorientierung. Eine Einführung in die Theorie der Erlebnisgesellschaft, in: Gegenwartskunde 42 (1993), 405 - 419; DERS., Armut in der Kultur des Reichtums, in: FRIEDHELM HENGSBACH/MATTHIAS MÖHRING-HESSE (Hrsg.), Eure Armut kotzt uns an! Solidarität in der Krise, Frankfurt a. M. 1995, 52 - 66.

Die Erlebnisgesellschaft ist das derzeitige Ergebnis des nach Kriegsende in der Bundesrepublik Deutschland einsetzenden Entgrenzungsprozesses. Durch die Freisetzung des Einzelnen aus traditionellen Bindungen und Verhaltensnormen, durch die Steigerung der Realeinkommen und durch die Reduzierung der jährlichen Arbeitszeit sind die Handlungsspielräume immens gewachsen: "Was beim Gang durch einen Supermarkt sinnlich erfahrbar wird, die tausendfache Auffächerung der Möglichkeiten, (...) ist kennzeichnend für das Alltagsleben in unserer Gesellschaft schlechthin"[941]. Dementsprechend ist der Wählende die paradigmatische Gestalt der Gegenwart. Er muß nicht mehr durch ein einwirkendes Handeln die Umwelt zu seinen Gunsten bearbeiten, sondern er hat die Möglichkeit, aus einem vielfältigen Angebot auszuwählen. Handlungsleitend ist dabei das mit der Auswahl bezweckte innere Erleben (Erlebnisrationalität). Die Vielfalt der Möglichkeiten erlaubt es, die äußeren Umstände so zu arrangieren, daß möglichst gute innere Wirkungen erzielt werden[942]. Dieses "Projekt des schönen Lebens" ist an die Steigerungsvernunft gebunden: "Je mehr Wahlmöglichkeiten man hat, desto schöner kann man sich das Leben machen (...). Also arbeitet man ständig daran, die Wahlmöglichkeiten zu steigern"[943]. Es liegt gewissermaßen auf der Hand, daß in der Erlebnisgesellschaft Armut verdrängt werden muß. Denn Armut bedeutet Knappheit, Einschränkung der Wahlmöglichkeit, Mangel an Selbstbestimmtheit, ja sogar Exkommunikation: "Ausschluß von der Massenreligion des schönen, interessanten und deshalb sinnvollen Lebens"[944]. Deshalb wird der wirtschafts- und sozialpolitische Slogan aus den Gründerjahren der Bundesrepublik Deutschland "Wohlstand für alle" derzeit bewußtseinsmäßig umgewandelt in: "Wohlstand für mich - und die Armut für die anderen".

Andererseits ist zu sehen, daß selbst unter den Bedingungen der Erlebnisgesellschaft das Solidaritätsprinzip nicht völlig aufgegeben wird. Es gibt in der Bundesrepublik Deutschland eine ungebrochene Bereitschaft zum Spenden, zu nachbarschaftlicher Hilfe

---

[941] GERHARD SCHULZE, Entgrenzung und Innenorientierung, a. a. O., 407.

[942] Vgl. a. a. O., 409.

[943] GERHARD SCHULZE, Armut in der Kultur des Reichtums, a. a. O., 54.

[944] A. a. O., 57.

und zu sozialpolitischem Engagement. Wenn hier auf die Theorie der Erlebnisgesellschaft zurückgegriffen wird, dann geschieht das nicht, um die Bedeutung dieser Formen prosozialen Handelns zu schmälern, sondern um zu zeigen, welche Mentalität der Verwirklichung gesellschaftlicher Solidarität im Wege steht. Dabei handelt es sich in erster Linie nicht um ein moralisches Versagen, sondern um die Auswirkungen der zunehmenden Individualisierung. Zudem ist zu sehen, daß die Ideologie der Erlebnisgesellschaft nicht nur vom anderen, sondern auch von sich selbst entfremdet. Denn die ihr zugrundeliegende Erlebnisrationalität "ist ein technisch-instrumenteller Bezug zu sich selbst. Das Innenleben wird mit äußeren Mitteln bearbeitet. Man geht an sich selbst heran wie ein Ingenieur an die Verbesserung eines Produkts"[945]. Überbetont werden dabei die äußeren Umstände; unberücksichtigt bleibt hingegen die Subjektbestimmtheit von Erlebnissen. Die Arbeit an sich selbst kann nur in dem je neuen Arrangement des Äußeren bestehen. Die Folge davon ist ein habitualisierter Hunger nach Erlebnissen, der keine Befriedigung mehr zuläßt: "Im Moment der Erfüllung entsteht bereits die Frage, was denn nun als nächstes kommen soll, so daß sich Befriedigung gerade deshalb nicht mehr einstellt, weil die Suche nach Befriedigung zur Gewohnheit geworden ist"[946]. Die Theorie der Erlebnisgesellschaft gibt somit nicht nur zu verstehen, warum Armut in der Erlebnisgesellschaft verdrängt wird, sondern sie richtet zugleich auch den Blick auf die Lebensverarmung der Wohlhabenden. Diese kann nur überwunden werden, wenn es den Menschen in der Bundesrepublik wieder vermehrt gelingt, Ziele zu entdecken und zu verfolgen, die außerhalb ihrer selbst liegen[947].

Alles in allem erweist sich Armut in der Bundesrepublik Deutschland als ein komplexes Syndrom. Sie entsteht infolge des ökonomischen und des soziokulturellen Wandels. Ihr Vorkommen beschränkt sich deshalb längst nicht mehr auf die Randgruppen der Gesellschaft. Armut wird auf verschiedene Weise bewältigt, von den von Armut betroffenen Menschen nicht selten konstruktiv im Rahmen ihrer weiteren Lebensplanung. Daneben wird Armut verdrängt, weil sie die Ideologie der Erlebnis-

---

[945] GERHARD SCHULZE, Entgrenzung und Innenorientierung, a. a. O., 409.

[946] A. a. O., 413.

[947] Vgl. a. a. O., 419.

gesellschaft in Frage stellt. In der Erlebnisrationalität tritt die Lebensverarmung der Wohlhabenden zutage.

2.5.4.3 Das Eintreten der beiden Kirchen für die Armen im Konsultationsprozeß

Die beiden großen Kirchen in der Bundesrepublik haben sich entschlossen, auf diese Entwicklung zu reagieren. Neu daran ist, daß sie es nicht mit der Veröffentlichung einer kirchlichen Denkschrift bzw. eines Hirtenbriefes der Bischöfe bewenden lassen wollen. Die gemeinsame Erklärung soll vielmehr aus einem breit angelegten Konsultationsprozeß heraus erwachsen. Neu ist aber auch, daß sich in dem Diskussionspapier, das die beiden Kirchen als Grundlage für die gemeinsame Beratung veröffentlicht haben, erste Ansätze zu einer Option für die Armen finden.

Das Dokument "Zur wirtschaftlichen und sozialen Lage in Deutschland"[948] stellt der Gegenwartsanalyse und den Handlungsperspektiven drei Optionen voraus, die den Auftrag und die Verantwortung der Christen benennen und demzufolge auch offenlegen sollen, von welcher Warte aus Sachaussagen getroffen werden. Es sind die Option für die Armen und Schwachen (Textziffer 9 - 11), die Option für eine soziale Friedensordnung (12 - 14) und die Option für eine soziale Gestaltung der Zukunft in der einen Welt (15 - 16). Die folgenden Ausführungen konzentrieren sich auf die erste der genannten Optionen und die diesbezüglichen Ausführungen des Dokuments. Allerdings läßt schon die Dreizahl der Optionen erkennen, daß der Optionsbegriff verwässert wird, erweckt diese doch den Eindruck, bei den Optionen handele es sich nur um Möglichkeiten, die noch erweitert werden könnten und keinen verpflichtenden Charakter haben[949].

---

[948] Vgl. KIRCHENAMT DER EVANGELISCHEN KIRCHE IN DEUTSCHLAND/SEKRETARIAT DER DEUTSCHEN BISCHOFSKONFERENZ (Hrsg.), Zur wirtschaftlichen und sozialen Lage in Deutschland. Diskussionsgrundlage für den Konsultationsprozeß über ein gemeinsames Wort der Kirchen (Gemeinsame Texte 3), Hannover - Bonn 1994.

[949] Vgl. FRIEDHELM HENGSBACH/BERNHARD EMUNDS/MATTHIAS MÖHRING-HESSE, Eine Ortsbeschreibung, kein Wegweiser. Eine Kritik der Diskussionsgrundlage für den Konsultationsprozeß zum Sozialwort der Kirchen (Frankfurter Arbeitspapiere zur gesellschaftlichen und sozialwissenschaftlichen Forschung 14), Frankfurt a. M. o. J., 34.

Hinsichtlich der expliziten Formulierung der Option für die Armen im ersten Kapitel des Dokuments ist festzuhalten, daß diese in eine Option für die Schwachen umgedeutet wird. Das geschieht entgegen der als Beleg angeführten Bibelstelle aus dem Buch des Propheten Jesaja (Jes 58,7), die ausdrücklich von den Armen spricht. Diese Umdeutung irritiert und hat deshalb zu verschiedenen Vermutungen Anlaß gegeben[950]. Des weiteren fällt auf, daß die übrigen Schriftstellen, die zur biblischen Begründung der Option für die Armen zitiert werden (Mt 11,28; Jak 1,22), nur entfernt oder gar nicht damit zu tun haben. Gleichwohl werden Aussagen getroffen, die durchaus der theologischen Tragweite der biblischen Option für die Armen gerecht werden. So heißt es etwa im Blick auf das soziale Handeln der Christen, daß dieses "in einem unauflöslichen Zusammenhang mit dem Weg des Heils" steht (vgl. 9). Denn es ist die Antwort auf "die Selbstmitteilung und Selbstoffenbarung Gottes" als Fürsprecher der Armen und Ausdruck des Bemühens, die "Selbstbezogenheit und Ichbezogenheit des Menschen" zu überwinden (vgl. 10). Dadurch aber, daß diese wichtigen Aussagen ohne biblischen Bezug bleiben, fehlt nicht nur eine Begründung, sondern es werden auch nicht die spirituellen Ressourcen erschlossen, die sich von der biblischen Option für die Armen her anbieten.

Die Option für die Armen bzw. Schwachen wird an verschiedenen Stellen des Dokuments eingelöst. Dies geschieht zunächst dadurch, daß die Folgen, die die Arbeitslosigkeit und die Armut für die Betroffenen haben, einfühlsam beschrieben werden (vgl. 37). Allerdings ist in diesem Zusammenhang eine deutliche Tendenz zur Dramatisierung zu verzeichnen. So wird etwa Armut nach dem Erleben der von ihr Betroffenen als "Lebenskatastrophe" (81) beschrieben. Solche Dramatisierung kann zwar bewußt als ein Stilmittel der Bewußtseinsbildung eingesetzt werden. Umgekehrt kann sie aber Polemik auslösen und abgrenzendes Verhalten verstärken. Zudem stellt sich angesichts der Ergebnisse der dynamischen Armutsforschung die Frage, ob diese

---

[950] Vgl. ebd.: "War innerhalb der ökumenischen Arbeitsgruppe umstritten, ob es in Deutschland überhaupt Armut gibt? Oder meint das Redaktionsteam, in der Sozialen Marktwirtschaft seien Einkommensnachteile und Beteiligungsdefizite Folge verminderter Leistungsfähigkeit oder Leistungsbereitschaft und nicht etwa strukturell verursacht?"

Beschreibung dem tatsächlichen Erleben der Betroffenen und ihrem Selbsthilfepotential gerecht wird.

Als Einlösung der Option für die Armen sind auch die Passagen des Konsultationsdokuments anzusehen, die sich gegen eine Diffamierung der von Armut Betroffenen in der gesellschaftlichen und politischen Öffentlichkeit wenden: "In Not geratene Menschen dürfen weder ausgegrenzt noch stigmatisiert noch pauschal verdächtigt (Mißbrauchsdiskussion) werden" (84). Des weiteren wird Armut als ein strukturelles Problem gesehen und eine gezielte Politik der Armutsbekämpfung gefordert (vgl. 79; 85). Schließlich findet sich auch der Ansatz zu einer der sozialpolitischen Wirklichkeit in der Bundesrepublik Deutschland adäquaten Formulierung der Option für die Armen: Nach dem Konsultationsdokument erfordert soziale Gerechtigkeit, "daß alle Bürger an den Lebens- und Entfaltungsmöglichkeiten der Gesellschaft teilhaben können" (121).

Wenig hilfreich hinsichtlich der Verwirklichung der Option für die Armen dürfte sein, daß sich das Dokument recht fragwürdige Argumente aus der sogenannten "Standortdebatte" zu eigen macht. Es übernimmt "die wenig überzeugende Sichtweise (...), das Lohnniveau sei in Deutschland zu hoch und die Lohnstruktur biete zu wenig Leistungsanreize (40). Abgesehen von wirtschaftswissenschaftlichen Argumenten gegen diese Sicht werden damit zwei Gruppen Benachteiligter, die Arbeitslosen und die unteren Lohngruppen, gegeneinander ausgespielt"[951]. In gleicher Hinsicht fragwürdig ist die Vorstellung, daß die deutsche Wirtschaft durch Lohnzurückhaltung wieder den Wettbewerb mit den Niedriglohnländern aufnehmen könnte (vgl. 42).

Schließlich die Frage nach den Subjekten der Option für die Armen. In dieser Hinsicht lassen sich sechs Ebenen unterscheiden: (1.) die Kirchenleitungen, (2.) die kirchlichen Wohlfahrtsverbände, (3.) die kirchlichen Sozialverbände (z.B. KAB, Kolping, CAJ), (4.) die Gemeinden, (5.) einzelne Christen, (6.) die von Armut Betroffenen. Über den kirchlichen Rahmen hinausgehend sind zu nennen: Parteien und Gewerkschaften, Interessenvertretungen (z.B. VdK) und Selbsthilfegruppen. Im Vorwort

---

[951] SUSANNE DEGEN/BERNHARD EMUNDS, Optionen, die verdampfen? Anmerkungen zum Entwurf für ein Wort der Kirchen zur sozialen Lage, in: HerKorr (1995), 80 - 85; 83.

des Dokuments werden diese verschiedenen kirchlichen und gesellschaftlichen Kräfte zwar angesprochen und zur Teilnahme am Konsultationsprozeß eingeladen (vgl. Seite 6), aber im Dokument selbst wird darauf kaum noch Bezug genommen[952]. Das Dokument ist somit von einer gewissen Ortlosigkeit geprägt. An die Stelle der Frage nach den Subjekten der Option für die Armen tritt im Blick auf die Kirche ein verallgemeinerndes Wir, das auf die einzelnen Christen hin modifiziert wird: Sie sollen "die christliche Option für die Schwachen (...) im politischen Leben gestaltend und verändernd geltend machen" (11). Dadurch aber wird die Option für die Armen in gewisser Weise individualisiert. Zudem übergeht der Text die Verantwortung der Kirchen bzw. die der kirchlichen Einrichtungen und Verwaltungen. "Er mahnt konkrete Maßnahmen - vor allem von staatlichen Organen, aber auch von den Tarifparteien und von der Gesellschaft im Ganzen [an]. Nur den Kirchen selbst gibt der Text keinerlei Verpflichtungen auf! Die Kirchen sind mit die größten Arbeitgeberinnen in der Bundesrepublik; sie halten Vermögen an Boden, Immobilien und Wertpapieren, tragen eine Vielzahl von sozialen Diensten, sind also für die 'wirtschaftliche und soziale Lage in Deutschland' wesentlich mitverantwortlich. Gleichwohl tauchen sie als einzelwirtschaftliche Akteure in dem Papier nicht auf, scheinen also beschäftigungs-, sozial- und wirtschaftspolitisch 'unschuldig'"[953]. Ferner kommt das Dokument im Blick auf die von Armut Betroffenen nicht über die Haltung der Fürsprache hinaus. Darüber, wie die Teilnahme der Armen an gesellschaftlichen, politischen und kirchlichen (!) Entscheidungsprozessen gefördert werden könnte, schweigt sich das Dokument aus. Überdies erweckt der Text den Eindruck, daß die Christen in der Bundesrepublik Deutschland mehrheitlich nicht zu den Benachteiligten der Gesellschaft gehören. Armut erscheint als ein Problem der Gesellschaft - außerhalb der Kirchen (vgl. 11)[954].

---

[952] Speziell im Blick auf die Caritas muß das überraschen, da diese die Option für die Armen getroffen hat.

[953] FRIEDHELM HENGSBACH U.A., Eine Ortsbeschreibung, kein Wegweiser, a. a. O., 28. Nur im Blick auf die Wohnungsnot spricht das Konsultationsdokument die "besondere Mitverantwortung der kirchlichen Wohnungsbaugesellschaften und Wohnungsunternehmen" (93) an.

[954] Vgl. a. a. O., 27.

Fazit: Das Dokument "Zur wirtschaftlichen und sozialen Lage in Deutschland" zeigt in Ansätzen, wie die Option für die Armen unter den Bedingungen der Bundesrepublik Deutschland verstanden und gestaltet werden kann: als ein Votum für die gesellschaftliche Teilhabe aller. Dieses Votum umfaßt konkrete sozialpolitische Interventionen und die Bereitschaft, für die besonders Benachteiligten anwaltschaftlich die Stimme zu erheben. Allerdings werden auch Defizite sichtbar: Die spirituellen Ressourcen der biblischen Option für die Armen werden nicht erschlossen; die kirchlichen Wohlfahrtsverbände und die Gemeinden kommen nicht in Betracht; der Option für die Armen wird nicht durch eine Selbstverpflichtung Glaubwürdigkeit verliehen und schließlich werden die von Armut Betroffenen tendenziell entmündigt. Gleichwohl kann das Dokument als ein ernstzunehmender Versuch verstanden werden, die Option für die Armen kontextuell zu formulieren.

3   Perspektiven diakonischer Predigt ("Handeln")

In diesem abschließenden dritten Teil sollen Handlungsperspektiven diakonischer Predigt unter besonderer Berücksichtigung der sonntäglichen Gemeindepredigt aufgezeigt werden. Ausführungen zur Gemeindepredigt stehen immer in Bezug zu einem ihnen vorausgehenden Gemeindekonzept. In dieser Hinsicht wird im folgenden von der Voraussetzung ausgegangen, daß die gegenwärtige, volkskirchliche Praxis diakonisch zu transformieren ist. "Transformation" bedeutet zunächst, daß an die bestehende Praxis angeknüpft werden soll. Die Volkskirche verfügt über eine Fülle diakonischer Ressourcen. Die Bandbreite reicht dabei von verschiedenen Formen einer Diakonie des Alltags, beispielsweise der Nachbarschaftshilfe und der Spendenbereitschaft, bis hin zu der Diakonie unterschiedlichster Gruppen (Helferkreise, Eine-Welt-Gruppen etc.). All das gilt es würdigend wahrzunehmen. Gleichwohl weist der Begriff "Transformation" auch darauf hin, daß es Defizite gibt, die überwunden werden müssen. Als eines dieser Defizite kam oben in Betracht, daß die Diakonie weitgehend als die Sache des Einzelnen oder einzelner Gruppen betrachtet wird, daß ihr aber auf der Ebene der Gemeinde längst nicht die Bedeutung beigemessen wird, die ihr eigentlich zukommen müßte (vgl. 1.2.1.2). Zudem wurde gesehen, daß die Diakonie in den meisten Gemeinden, die dem pastoralsoziologischen Typus der Pfarrgemeinde zuzuordnen sind, von den Systeminteressen der Aktivierungspastoral überlagert wird (vgl. 1.2.2.2). So werden etwa Helferkreise u.a. auch deshalb organisiert, um bislang passive Christen zu aktivieren. Nicht die Wahrnehmung und Betroffenheit von Not stehen im Vordergrund, sondern das Problem der distanzierten Kirchlichkeit. Demgegenüber nimmt die Option für die Armen die Funktion eines kritischen Korrektivs ein. Sie leitet dazu an, die soziale Wirklichkeit und darin insbesondere die Lebenslage der von Armut Betroffenen als die zentrale Herausforderung für die Verkündigung des Glaubens zu begreifen, die pastoralen Aktivitäten auf die Bewältigung von Not und Armut hin zu konzentrieren und die von Armut betroffenen Menschen in ihrem Subjektsein zu fördern. Mit der Bezugnahme auf die Option für die Armen soll jedoch nicht ein Votum abgegeben werden für eine basisgemeindliche Umgestaltung der Volkskirche oder für eine ausschließlich basisge-

meindliche Ausrichtung der Diakonie (vgl. 1.4.2). Unter den gegenwärtigen gesellschaftlichen Bedingungen erscheint es vielmehr notwendig, "eine Pluralität von unterschiedlich ausgerichteten Verwirklichungsformen der einen 'Diakonia' der Kirche"[955]
zuzulassen. Das gilt nicht nur hinsichtlich des Verhältnisses von Kirche und Caritas,
sondern auch hinsichtlich der unterschiedlichen Formen individueller und gemeindlicher
Diakonie.

Unter diesen Voraussetzungen soll im folgenden zunächst die Perikopenordnung für
die Sonn- und Festtage nach Anhaltspunkten für die diakonische Predigt untersucht
werden. Dabei wird sich zeigen, daß sich gerade von der Perikopenordnung her die
diakonische Predigt nahelegt, was allerdings voraussetzt, daß der Prediger dies auch
erkennt.

In einem weiteren Schritt kommt die Liturgie in Betracht. Dies geschieht nicht nur,
um nach diakonischen Zeichen und Texten Ausschau zu halten, auf die sich die Predigt
beziehen kann. Vielmehr geht es weiterführend auch darum, die Liturgie neben dem
Wort Gottes als Quelle der Diakonie wahrzunehmen. Konzentrieren sich die beiden
ersten Punkte auf die Deutung der biblischen und liturgischen Texte und Zeichen, so
wenden sich die weiteren der Auslegung des Textes der Wirklichkeit zu. Dabei geht es
um die Konkretheit der Predigt, das Ernstnehmen der Armen als Subjekte und schließlich um die politische Predigt.

3.1   Die Perikopenordnung diakonisch lesen (biblische Perspektive)

Die Perikopenordnung der Sonn- und Festtage bietet einen Einblick in die wichtigsten Schriften des Alten und des Neuen Testaments. Sie bringt darin Gottes Diakonie,
wie sie in der Bibel bezeugt wird, zum Tragen[956]. Der große Stellenwert, den die

---

[955] KARL GABRIEL, Die verbandliche Caritas im Spannungsfeld von Kirche und Gesellschaft, a. a. O.,
54.

[956] Vgl. Schott-Meßbuch für die Sonn- und Festtage des Lesejahres A. Originaltexte der authentischen
deutschen Ausgabe des Meßbuches und des Meßlektionares. Mit Einführungen hrsg. von den Benediktinern der Erzabtei Beuron, Freiburg i. Br. - Basel - Wien 1983; Schott-Meßbuch für die Sonn- und
Festtage des Lesejahres B. Originaltexte der authentischen deutschen Ausgabe des Meßbuches und des
Meßlektionares. Mit Einführungen hrsg. von den Benediktinern der Erzabtei Beuron, Freiburg i. Br. -
Basel - Wien 1984; Schott-Meßbuch für die Sonn- und Festtage des Lesejahres C. Originaltexte der authentischen deutschen Ausgabe des Meßbuches und des Meßlektionares. Mit Einführungen hrsg. von den

Leseordnung der Diakonie beimißt, wird schon daran ersichtlich, daß für den Höhepunkt des Kirchenjahres, nämlich für die Feier der Drei Österlichen Tage[957], und für die Chrisam-Messe in der Karwoche Bibelstellen mit eindeutig diakonischer Thematik vorgesehen sind. Die Chrisam-Messe hat insofern eine herausragende Stellung, als in ihr in besonderer Weise die Einheit des Bistums und die Sendung der Kirche zum Ausdruck kommt[958]. Sinnfällig deutlich wird dies in der Weihe der Heiligen Öle und in der Erneuerung des Weiheversprechens. Für diese Feier sieht die Leseordnung mit der Lesung aus Jes 61 und dem Evangelium Lk 4,16-21 zwei Texte vor, die eigentlich unübersehbar die Option für die Armen bezeugen. Ebenfalls diakonisch qualifiziert ist die Feier des Triduum Paschale. In der Messe vom Letzten Abendmahl am Gründonnerstag wird als Evangelium die Fußwaschung nach Johannes (13,1-15) verlesen, die Ausdruck der dienenden Selbsthingabe Jesu bis in den Tod ist (vgl. 2.1.2.1). Und die Perikopenordnung für die Feier der Osternacht schreibt vor, daß die Lesung vom Befreiungshandeln Jahwes am Schilfmeer (vgl. Ex 14,15-15,1) selbst bei Auswahl der Lesungen niemals fehlen darf[959].

Neben Texten, die im weiten Sinn von Gottes Diakonie handeln, von seiner Sorge für die Menschen (vgl. Ps 4,2.4.7-9)[960] und von seiner Versöhnungstat in Jesus Christus (vgl. Phil 2,6-11)[961], finden sich in der Leseordnung solche, die im engeren Sinn diakonisch sind. Sie erzählen von der Befreiung der Armen, von Rechtsvorschriften zu

---

Benediktinern der Erzabtei Beuron, Freiburg i. Br. - Basel - Wien 1982. Eine Übersicht der Perikopen zur Thematik "Diakonie" in der Leseordnung findet sich im Anhang zu diesem Teil.

[957] Vgl. Grundordnung des Kirchenjahres und des neuen Römischen Generalkalenders, in: Die Feier der Heiligen Messe. Meßbuch für die Bistümer des deutschen Sprachgebietes (Kleinausgabe), hrsg. im Auftrag der Bischofskonferenzen Deutschlands, Österreichs und der Schweiz sowie der Bischöfe von Luxemburg, Bozen-Brixen und Lüttich, Einsiedeln - Köln - Freiburg i. Br. - Basel - Regensburg - Wien - Salzburg - Linz 1984, 78* - 86*; 18 (Textnummer).

[958] Vgl. Heilige Woche - Karwoche, in: Die Feier der Heiligen Messe. Meßbuch für die Bistümer des deutschen Sprachgebietes (Kleinausgabe), [1] - [111]; [15].

[959] Eine homiletische Erschließung dieses Faktums findet sich bei FRANZ KAMPHAUS, Das Fest der Befreiung, in: DERS., Der Stein kam ins Rollen. Worte, die zum Glauben reizen, Freiburg i. Br. - Basel - Wien ³1988, 41 - 44.

[960] Vgl. Lesejahr B/3. Sonntag der Osterzeit, Antwortgesang.

[961] Vgl. Palmsonntag, Zweite Lesung; Lesejahr A/26. Sonntag im Jahreskreis, Zweite Lesung.

ihrem Schutz (vgl. Ex 22,20-26)[962]. Sie laden dazu ein, in Bitte und Klage Gott als den Helfer der Notleidenden anzurufen, ihm aber auch Dank zu sagen für die erfahrene Hilfe (vgl. Ps 116,1-9)[963]. Beide Bedeutungsebenen der Diakonie gilt es, in der Predigt zusammenzuhalten. Gottes Diakonie im Versöhnungshandeln Jesu Christi eröffnet einen Hoffnungshorizont über den Tod hinaus und bietet so die Grundlage dafür, sich auch gegen Widerstände in Liebe für die Gerechtigkeit zu engagieren. Darüber hinaus kommt der eschatologischen Verheißung eine wichtige Entlastungsfunktion für das solidarische Hilfehandeln zu. Es genügt, das zu tun, was zur Linderung von Schmerzen und zur Durchsetzung der Gerechtigkeit zu tun möglich ist - Übermenschliches wird nicht verlangt[964]. Gott selbst wird die neue Welt heraufführen, in der es weder Tod noch Trauer, noch Klage und Mühsal geben wird (vgl. Offb 21,1-5a)[965]. Andererseits ist diese eschatologische Verheißung auf die konkrete Diakonie angewiesen, wenn sie nicht, wie es in der Geschichte der christlichen Predigt häufig geschehen ist, zu bloß wortreicher Vertröstung verkommen soll. Dabei nehmen insbesondere Formen politischer Diakonie, die auf die Beseitigung von ungerechten Strukturen drängen, die Funktion eines kritischen Leitbilds ein.

Des weiteren bietet die Perikopenordnung die Möglichkeit zu thematischer Schwerpunktsetzung. Dies gilt es, zunächst im Blick auf die Evangelien auszuführen. Die Perikopenordnung für die Sonn- und Festtage gliedert sich in drei Lesejahre, die jeweils eines der synoptischen Evangelien in den Mittelpunkt stellen. Das Matthäus-Lesejahr (Lesejahr A) bietet mit seinen Passagen aus der Bergpredigt[966] die Möglichkeit, den Gedanken der zuvorkommenden Liebe zu entfalten. Die neue Gerechtigkeit überwindet den alttestamentlichen Maßstab des "Wie du mir, so ich dir" und lehrt, daß alles, was von den anderen erwartet wird, zuerst ihnen entgegenzubringen ist (vgl. Mt

---

[962] Vgl. Lesejahr A/30. Sonntag im Jahreskreis, Erste Lesung. Ex 22,20-26 präzisiert hier im Blick auf das Evangelium Mt 22,34-40 das Gebot der Nächstenliebe.

[963] Vgl. Lesejahr B/24. Sonntag im Jahreskreis, Antwortgesang.

[964] Als ein Predigtbeispiel, das die Helfenden vor zu hohen Anforderungen an sich selbst in Schutz nimmt, ist hier zu nennen: BERNHARD GROM, Soziales Engagement zwischen Begeisterung und Resignation, in: Der Prediger und Katechet 132 (1993), 249 - 254.

[965] Vgl. Lesejahr C/5. Sonntag der Osterzeit, Zweite Lesung.

[966] Vgl. Lesejahr A/4.;5.;7.;8. Sonntag im Jahreskreis.

7,12). Zudem findet sich in diesem Lesejahr mit dem Gleichnis vom Jüngsten Gericht (Mt 25,31-46)[967] *die* zentrale biblische Begründung für die Subjekthaftigkeit der Armen, denn nach dem Zeugnis dieser Perikope solidarisiert sich kein Geringerer als Christus mit ihnen. Überdies spricht diese Perikope für die Prävalenz der Diakonie[968], ist doch nach ihr der Dienst an den Armen das entscheidende Kriterium zur Beurteilung christlicher Existenz.

Das Markus-Lesejahr (Lesejahr B) zeichnet sich dadurch aus, daß es an mehreren Sonntagen hintereinander von den Heilungen Jesu erzählt[969]. Es thematisiert darin besonders augenscheinlich die Sorge Gottes um den ganzen Menschen. Denn Gott hat keine Freude am Untergang der Lebenden. Vielmehr hat er alles zum Dasein geschaffen (vgl. Weish 1,13b-14a)[970]. Deshalb gehört die Diakonie in den Mittelpunkt gemeindlichen Lebens, insbesondere auch in die gottesdienstliche Feier. Jesus fordert den Mann mit der verdorrten Hand auf, sich in die Mitte der Synagoge zu stellen, eben dorthin, wo sonst die Torarolle, das Wort Gottes, und im übertragenen Sinne Gott selbst steht (vgl. Mk 3,1-6)[971].

Schließlich das Lukas-Lesejahr (Lesejahr C). Unter Punkt 2.2.2.2 wurde bereits dargestellt, daß in keinem der anderen Evangelien die Kritik an und die Sorge um die Reichen, der Aufruf zu Besitzverzicht und Wohltätigkeit sowie die Verheißungen für die Armen eine so bedeutsame Rolle spielen wie im dritten Evangelium. Das Lukas-Lesejahr bietet somit reichlich Gelegenheit, das Verhältnis zwischen arm und reich zu thematisieren.

Thematische Schwerpunktbildungen sind jedoch nicht nur im Blick auf die Evangelien, sondern auch hinsichtlich der sonntäglichen Lesungen möglich. Exemplarisch zu nennen sind hier die Perikopen aus den Büchern der Propheten Jesaja und Jeremia, die

---

[967] Vgl. Lesejahr A/34. Sonntag im Jahreskreis (Christkönig).

[968] Vgl. OTTMAR FUCHS, Heilen und befreien, a. a. O., 43f.

[969] Vgl. Lesejahr B/4.-7. Sonntag im Jahreskreis.

[970] Vgl. Lesejahr B/13. Sonntag im Jahreskreis, Erste Lesung.

[971] Vgl. Lesejahr B/9. Sonntag im Jahreskreis. Zur theologischen Tragweite dieser Zeichenhandlung Jesu vgl. OTTMAR FUCHS, Heilen und befreien, a. a. O., 33f.

während aller drei Lesejahre in der Adventszeit treffen[972], die Bahnlesung aus dem Jakobusbrief im Lesejahr B[973] und schließlich die Perikopen aus dem Buch des Propheten Amos, die am 25. und 26. Sonntag im Jahreskreis des Lesejahres C die sozialkritischen Aussagen des Lukasevangeliums untermauern.

Hinsichtlich der Erschließung diakonischer Texte der Leseordnung kommt der sozialgeschichtlichen Exegese besondere Bedeutung zu: "Sie nimmt ernst, daß das 'Unten' der sozialen Tatsachen der Ort der Offenbarung Gottes ist, und sucht die Erfahrungen des Glaubens an Jesus Christus im historisch-gesellschaftlichen Zusammenhang der Glaubenden zu verstehen"[974]. Erst in dieser Perspektive tritt beispielsweise der soziale Aspekt des biblischen Hirten-Motivs zu Tage, den eine üblicherweise auf die Amtsfrage fixierte Auslegung unberücksichtigt läßt.

Ebenfalls in Betracht kommt eine pastoralpsychologische Deutung biblischer Texte. So hat etwa ISIDOR BAUMGARTNER die Emmaus-Perikope (Lk 24,13-35), das Evangelium des Ostermontags, über die herkömmliche historisch-kritische Methode hinausgehend als ein Modell des tröstenden Beistands erschlossen[975].

Schließlich "bedarf es der Reflexion der Wirkungs- und Rezeptionsgeschichte der biblischen Texte. In bezug auf Diakonie ist etwa kritisch zu fragen, inwieweit der Auslegung diakonischer Grundtexte die Funktion zukam, die jeweiligen Verhältnisse zu stabilisieren, inwieweit die Auslegungstradition Denkstrukturen und Verhaltensmuster transportiert, die die Wahrnehmung der diakonischen Grundhaltung und des christlichen Dienstes verzerren"[976]. So ist etwa die verkürzende Sicht christlicher Diakonie nach der sogenannten "Samariter-Option" zu berücksichtigen, derzufolge sich die Christlichkeit des helfenden Beistands gerade darin erweist, daß er von den strukturellen Gege-

---

[972] Vgl. Lesejahr A/2.-3. Adventssonntag; Lesejahr B/3. Adventssonntag; Lesejahr C/1. Adventssonntag. Die Sonntage in der Adventszeit sind auch von den übrigen Schrifttexten her gesehen diakonisch geprägt (vgl. Anhang).

[973] Vgl. Lesejahr B/22.-24.;26. Sonntag im Jahreskreis, Zweite Lesung.

[974] GERHARD K. SCHÄFER, Stellungnahme: Die Bibel diakonisch lesen, in: GERHARD RÖCKLE (Hrsg.), Diakonische Kirche. Sendung - Dienst - Leitung, Neukirchen-Vluyn 1990, 114 - 117; 116. –

[975] Vgl. ISIDOR BAUMGARTNER, Pastoralpsychologie. Einführung in die Praxis heilender Seelsorge, Düsseldorf 1990, 91 - 142.

[976] GERHARD K. SCHÄFER, Stellungnahme: Die Bibel diakonisch lesen, a. a. O., 116f.

benheiten absieht. Oder die Wirkungsgeschichte von 2 Thess 3,10-12[977]: Das Beispiel des Apostels Paulus, für den eigenen Lebensunterhalt selbst zu sorgen, diente nicht nur im Laufe der Predigtgeschichte dazu, die Armen zu disziplinieren[978], sondern es geistert auch heute noch als ein Schlagwort durch die leidige Sozialhilfe-Debatte: "Wer nicht arbeiten will, soll auch nicht essen!"[979].

3.2 Den diakonischen Kontext der Liturgie wahrnehmen (liturgische Perspektive)

Seit der Reform des 2. Vatikanischen Konzils wird innerhalb der katholischen Kirche die Homilie als ein Teil der Liturgie begriffen[980]. Dies zeugt nicht nur für die neuerliche Hochschätzung der Predigt, sondern auch für die Notwendigkeit ihrer Einbindung in die liturgische Feier. Dieses Verständnis ist für die Praxisgestalt diakonischer Predigt zunächst insofern von Belang, als sich in der Meßfeier verschiedene Elemente finden, in denen der diakonische Grundauftrag der Kirche konkrete Gestalt annimmt[981]. Zu nennen sind hier die Fürbitten, die Kollekte, der Friedensgruß sowie das gemeinsame Mahl. Die Predigt wird immer wieder auf diese diakonischen Gottesdienstelemente erklärend Bezug nehmen müssen, da die stilisierte und ritualisierte Form dieser Zeichen die Wahrnehmung ihrer diakonischen Bedeutung erschwert. Sofern es aber gelingt, diese gottesdienstlichen Elemente ihrer Intention entsprechend diakonisch zu gestalten, entsteht ein Klima, das die Predigt trägt und ihr Glaubwürdigkeit verleiht.

---

[977] Vgl. Lesejahr C/33. Sonntag im Jahreskreis, Zweite Lesung. Vgl. auch Lesejahr A/31. Sonntag im Jahreskreis.

[978] Vgl. Punkt 2.3.5 dieser Studie.

[979] Mit dieser Feststellung soll nicht die Verpflichtung zur Arbeit in Abrede gestellt werden, die gerade auch im Blick auf das Subjektsein des Menschen von Belang ist. Die Kritik richtet sich vielmehr gegen die oft zu vernehmende pauschale Unterstellung, daß die meisten Bezieher von Sozialhilfe arbeitsscheu sind.

[980] Vgl. THEODOR MAAS-EWERD, Vom Pronaus zur Homilie. Ein Stück "Liturgie" in jüngster Geschichte und pastoraler Gegenwart (Extemporalia 8), Eichstätt - Wien 1990, 59 - 63.

[981] Vgl. HANS-CHRISTOPH SCHMIDT-LAUBER/KLAUSJÜRGEN HEINRICH, Gottesdienst und Diakonie, in: HANS-CHRISTOPH SCHMIDT-LAUBER/KARL-HEINRICH BIERITZ (Hrsg.), Handbuch der Liturgik. Liturgiewissenschaft in Theologie und Praxis der Kirche, Göttingen 1995, 654 - 665; 661 - 663. Zur diakonischen Dimension der Liturgie insgesamt vgl. WINFRIED HAUNERLAND, Weltdienst im Gottesdienst. Überlegungen zur diakonischen Dimension der Liturgie, in: Pastoralblatt 5/1996, 133 - 140.

Darüber hinaus kann die Predigt gerade vom Kontext der Eucharistiefeier her erschließen, woraus die Diakonie neben dem Wort der Heiligen Schrift lebt: aus der sakramentalen Begegnung mit Jesus Christus, der in seiner dienenden Hingabe den Weg zu Gott und zum Nächsten erschlossen hat.

Eine weitere Konsequenz aus dem Verständnis der Predigt als Teil der Liturgie ist, daß sie nicht nur einen der vorgesehenen Schrifttexte, sondern auch jeden anderen Text aus dem Ordinarium oder dem Proprium der Tagesmesse auslegen kann[982]. Die diesbezüglichen Anknüpfungspunkte für eine diakonische Predigt in den Meßformularen der Sonntage sind im Vergleich zu der Vielzahl diakonischer Schrifttexte in der Perikopenordnung eher gering[983]. Anders hingegen fällt der Befund im Blick auf die Formulare für die Gedenktage der Heiligen[984] und für die Messen und Orationen bei besonderen Anliegen aus[985]. Sie bieten eine Fülle diakonischer Texte. In dieser Hinsicht ebenfalls hervorzuheben sind die Tagesgebete zur Auswahl[986], das Hochgebet IV.[987] sowie das Hochgebet für Messen bei besonderen Anliegen mit der Präfation "Jesus, der

---

[982] Vgl. THEODOR MAAS-EWERD, Vom Pronaus zur Homilie, a. a. O., 61.

[983] Einen Überblick über diakonierelevante Motive in den Orationen bietet WINFRIED HAUNERLAND, Die Eucharistie und ihre Wirkungen im Spiegel der Euchologie des Missale Romanum (LQF 71), Münster 1989, 330 - 380.

[984] Vgl. exemplarisch: Hl. BASILIUS DER GROßE und hl. GREGOR VON NAZIANZ, Bischöfe, Kirchenlehrer, in: Die Feier der Heiligen Messe. Messbuch für die Bistümer des deutschen Sprachgebietes (Kleinausgabe) (im folgenden abgekürzt: MB), 605, Hl. JOHANNES VON GOTT, Ordensgründer (MB 640), Hl. KONRAD VON PARZHAM, Ordensbruder (MB 657f.), Hl. HEMMA VON GURK (MB 702f.), Hl. KAMILLUS VON LELLIS, Priester, Ordensgründer (MB 721), Hl. LAURENTIUS, Diakon, Märtyrer (MB 743), Hl. FRANZ VON ASSISI, Ordensgründer (MB 799f.), Hl. HEDWIG, Herzogin (MB 806 - 810), Hl. LUKAS, Evangelist (MB 813f.), Hl. MARTIN, Bischof (MB 837f.), Hl. ELISABETH VON THÜRINGEN, Landgräfin (MB 844 - 848); vgl. ferner Commune-Texte für Heilige der Nächstenliebe (MB 948 - 950).

[985] Vgl. exemplarisch Nr. 21 Für den Fortschritt der Völker (MB 1056f.); Nr. 22 Um Frieden und Gerechtigkeit (MB 1057ff.); Nr. 23 Bei Krieg und Bürgerkrieg (MB 1059f.); Nr. 28 Bei Hungersnot (MB 1068f.); Nr. 29 Für Flüchtlinge und Heimatvertriebene (MB 1070f.); Nr. 30 Für Kriegsgefangene und ungerecht verurteilte Strafgefangene (MB 1071f.); Nr. 31 Für Strafgefangene (MB 1072); Nr. 32 Für Kranke (MB 1073f.).

[986] Vgl. KURT KÜPPERS, Beten aus dem Geist heutiger Sprache. Ein Vergleich der "Tagesgebete zur Auswahl" mit den "Tagesgebeten im Jahreskreis" des Deutschen Meßbuchs, in: LJ 34 (1984), 145 - 168; besonders die abschließende Würdigung 167f.

[987] Vgl. MB 501 - 510; 505: "Den Armen verkündete er die Botschaft vom Heil, den Gefangenen Freiheit, den Trauernden Freude".

Bruder aller"[988]. Aufgrund der liturgierechtlichen Bestimmungen ist es in der Regel jedoch nicht möglich, einen dieser zuletzt genannten Texte für die Feier eines Sonntagsgottesdienstes auszuwählen, da für die Sonntage eigene Texte vorgesehen sind[989]. Im Blick auf die sinnvolle Verknüpfung von Predigt und Liturgie wäre zu wünschen, daß diese Bestimmungen überdacht werden.

3.3 Konkret predigen (Perspektive des Wirklichkeitsbezugs)

Wird in der Predigt die Armut thematisiert, ist es unbedingt erforderlich, konkret und differenziert zu reden[990]. Sätze, wie "Auch in Deutschland steigt die Zahl der Armen", sind, wenn der Prediger es damit bewenden läßt, nicht nur zu abstrakt, so daß sich die meisten Hörer nur schemenhaft etwas darunter vorstellen können, sondern sie werden auch dem komplexen Sachverhalt nicht gerecht. "Welten trennen die Witwe von dem jungen Mann ohne Schulabschluß, den geschiedenen unterhaltspflichtigen Vater zweier Kinder vom alkoholabhängigen Obdachlosen, die ältere Sekretärin, die ihren Job verloren hat, von der Alleinerziehenden, die den Sprung ins Arbeitsleben erst gar nicht schafft"[991]. Statt nur allgemein über Armut zu reden ist es erforderlich, einen anschaulichen Einblick in die Lebenssituation von Armen zu geben. Dazu ein Beispiel:

"Im General-Anzeiger war am letzten Montag zu lesen, daß seit diesem Winter Sozialhilfeempfängern kein Zahlungsaufschub für ihre Stromrechnung gewährt werden muß. Das bedeutet praktisch, daß im Fall der Zahlungsunfähigkeit der Strom abgesperrt werden kann. Das einzige, was den Betroffenen für die Dauer der Stromabsperrung dann noch zusteht, ist - ein Butangaskocher.

Im städtischen Übergangsheim, das im Raum unserer Gemeinde liegt, wird diese Regelung auf eine Familie bereits angewandt. Ich habe sie besucht. Gott sei Dank

---

[988] Vgl. Die Feier der Heiligen Messe. Meßbuch für die Bistümer des deutschen Sprachgebietes. Authentische Ausgabe für den liturgischen Gebrauch. Hochgebet für Messen für besondere Anliegen, Solothurn - Düsseldorf - Freiburg i.Br. - Basel - Regensburg - Wien - Salzburg - Linz 1994, 38f.

[989] Vgl. Römisches Meßbuch. Allgemeine Einführung, in MB 23* - 73*; Nr. 314ff.

[990] Zur Konkretheit der Predigt vgl. PETER BUKOWSKI, Predigt wahrnehmen. Homiletische Perspektiven, Neukirchen-Vluyn 1990, 77 - 125.

[991] GERHARD SCHULZE, Armut in der Kultur des Reichtums, a. a. O., 59.

stehen dort Kohleöfen, so daß sie wenigstens heizen können. Aber sie können das Licht nicht mehr anschalten, von Radio und Fernsehen sind sie abgeschnitten. Das Bad wurde bisher mit einer Heizspirale geheizt, im Augenblick muß sich die Familie in einem eiskalten Raum waschen. Zur Beleuchtung dienen eine Petroleumlampe und Kerzen. Als ich sie darauf anspreche, sagt die Mutter: 'Ich habe nur Angst, daß mal ein Unglück mit den Kerzen passiert, Kinder passen ja oft nicht auf'. Und dann erzählt sie mir noch, wie das ist, wenn ihr Mann nach Einbruch der Dunkelheit auf die Toilette muß. Weil er behindert ist, ist er auf seine Krücken angewiesen. Er war immer stolz darauf, daß er sich trotzdem noch so gut alleine helfen kann. Aber jetzt muß ihn immer jemand aus der Familie zur Toilette begleiten und für ihn die Kerze halten..."[992]

Diese Predigtpassage läßt die Merkmale und Vorzüge einer konkreten Predigtweise erkennen[993]: Der Prediger macht seine Informationsquellen transparent. Er verweist auf die Tageszeitung und auf seine eigene Recherche im Pfarreigebiet sowie auf das Gespräch mit den Betroffenen. Dadurch werden seine Informationen überprüfbar und gegebenenfalls auch kritisierbar.

Des weiteren lenkt der Prediger den Blick vom Allgemeinen zum Konkreten. Er zeigt auf, wie sich die Bestimmungen zur Sozialhilfe in der Praxis auswirken. Er führt seiner Gemeinde vor Augen, daß sich das in ihrer Nachbarschaft ereignet.

Es sind wenige signifikante Details, die die Armutslage der Familie verdeutlichen: Radio und Fernsehen können ebensowenig benutzt werden, wie der Heizstrahler im Bad. Welche Konsequenzen das hat (beispielsweise von Information und Unterhaltung abgeschnitten zu sein), leuchtet jedem Hörer unmittelbar ein. Zudem gibt der Hinweis auf die Behinderung des Vaters in Ansätzen zu erkennen, warum die Familie in soziale Schwierigkeiten geraten sein könnte. Ohne daß sie ausdrücklich gestellt würde, steht schon aufgrund dieser Situationsschilderung die Frage im Raum, ob die neuen Bestimmungen zur Sozialhilfe der Sicherung eines menschenwürdigen Lebens entsprechen.

---

[992] Predigtbeispiel ohne Verfasserangabe, zit. nach PETER BUKOWSKI, Predigt wahrnehmen, a. a. O., 89.

[993] Vgl. ebd.

Schließlich ist zu sehen, daß die Zuwendung zum konkreten Einzelfall Handlungsmöglichkeiten eröffnet. Wie ich aus eigener Erfahrung weiß, werden sich nach einer solchen Predigt bestimmt Gemeindemitglieder finden, die sich anbieten, die Schulden beim Elektrizitätswerk zu begleichen. Möglicherweise kommt aber auch ein weiterführender Prozeß in Gang, in dem sich Gemeindemitglieder mit den von der Kürzung der Sozialhilfe Betroffenen solidarisieren und gegen deren menschenunwürdige Behandlung politisch angehen.

3.4 Die Armen als Subjekte ernstnehmen (Perspektive der Subjektorientierung)

Ein weiteres Anliegen der diakonischen Predigt ist es, die Armen als Subjekte ernst zu nehmen und so einen Beitrag zur Wahrung ihres Subjektseins zu leisten. Auch in dieser Hinsicht kann der oben angeführte Predigtauszug als ein gelungenes Beispiel herangezogen werden. Der Prediger läßt die von der Sozialhilfekürzung betroffene Frau selbst zu Wort kommen, indem er sie in direkter Rede zitiert. Er verschafft der Frau, auf die normalerweise nicht allzu viele Menschen achten, vor einem großen Auditorium Gehör. Andererseits gibt er die Toilettenszene mit eigenen Worten wieder und schützt so die Betroffenen vor Peinlichkeit. Überhaupt wird in diesem Predigtbeispiel die Not nicht über Gebühr ausgeschlachtet. Der Prediger hütet sich vor einer verzeichnenden Übertreibung, die das Streben der Armen nach Selbständigkeit außer acht läßt. Unter diesem Aspekt ist besonders die Bemerkung hervorzuheben, daß der behinderte Vater dadurch in seinem Stolz gekränkt wird, daß er jetzt beim nächtlichen Toilettengang Hilfe braucht.

In puncto "Subjekthaftigkeit der Armen" können die Ergebnisse der dynamischen Armutsforschung dazu beitragen, die weitverbreitete Vorstellung von den Armen als ausschließlich Hilfebedürftigen zu korrigieren. Allerdings ist bei der Darstellung dieser empirischen Ergebnisse darauf zu achten, daß sie nicht kontraproduktive Konsequenzen nach sich zieht. Es wäre fatal, wenn die Betonung der Eigenständigkeit der von Armut Betroffenen dazu führen würde, daß sich eine Gemeinde von ihnen abwendet und ihnen die erforderliche Solidarität verweigert. Deshalb sei eigens betont: Von Armut betroffene Menschen sind durchaus auch auf Hilfe angewiesen - auf die politische Unterstützung ihrer Interessen und auf die Bestärkung ihres Selbstwertgefühls. Die Frage, die sich dabei allerdings stellt, ist, *wie* diese Hilfe gewährt wird: von oben nach unten, als paternalistische Bevormundung, als einseitiges Geben und Nehmen oder als gemeinsamer Weg, auf dem auch die Hilfebedürftigkeit der Helfer, ihre eigene (komplementäre) Betroffenheit durch Armut entdeckt und bearbeitet wird[994].

Die Predigt kann diesen Prozeß initiieren, indem sie etwa asymmetrische Formen des Helfens bewußt macht, beispielsweise unter Bezugnahme auf Mk 12,41-44[995], jener Perikope, in der Jesus das Gottvertrauen der armen Witwe gegenüber der selbstdarstellenden Spendenpraxis der Reichen als vorbildlich hinstellt. Dieses im biblischen Sinne sprichwörtliche Gottvertrauen der Armen wird man heute kaum mehr unterstellen dürfen, gleichwohl bleibt zu fragen, was die von Armut betroffenen Menschen den Bessergestellten zu geben vermögen.

Zum Ernstnehmen der Subjekthaftigkeit der Armen gehört substantiell hinzu, daß ihnen das Evangelium verkündet wird. Auf der Ebene der Sprache bedeutet das, daß der Prediger verständlich spricht. Armut ist zwar sozial entgrenzt und wird zunehmend auch von Angehörigen der Mittelschicht erlebt, die einen höheren Bildungsstand erreicht haben. Aber das Gros der Armen bilden immer noch Menschen mit einem niedrigeren Bildungsniveau. In inhaltlicher Hinsicht ist nicht nur aufzuzeigen, daß Gott auf der Seite der Armen steht und daß er ihr Ringen um ein menschenwürdiges Leben zu seiner Sache gemacht hat, vielmehr gilt es auch, mit den von Armut betroffenen Menschen nach einer persönlichen Gottesbeziehung zu suchen bzw. diese zu vertiefen. Dies wird wahrscheinlich um so eher möglich sein, je deutlicher wird, daß das Wohl und Wehe der von Armut betroffenen Menschen im Vordergrund steht und nicht irgendwelche kirchlichen Interessen.

---

[994] Vgl. HERMANN STEINKAMP, Sozialpastoral, a. a. O., 79.

[995] Vgl. Lesejahr B/32. Sonntag im Jahreskreis. Dieses Evangelium trifft in zeitlicher Nähe zum Martinsfest, an dem vielerorts die Begegnung zwischen dem Heiligen und dem Bettler nachgestellt wird. Das geschieht, um das Gebot der Nächstenliebe plastisch vor Augen zu führen, aber nicht selten in der herablassenden Geste von oben nach unten: Martin sitzt auf dem Pferd und der Bettler kauert am Boden.

Nicht für die Achtung vor der Würde des von Armut und Not betroffenen Menschen spricht es, wenn der Prediger ihre Situation als "Aufhänger" gebraucht, um ein theologisches Anliegen darzulegen[996]. KONRAD JUTZLER hat dieses Vorgehen in einem etwas anders gelagerten, aber dennoch vergleichbaren Zusammenhang scharfer Kritik unterzogen: "Nicht weil ein Unfall passiert ist, sehen wir uns genötigt, über Gottvertrauen zu reden. Sondern weil wir über Gottvertrauen reden wollen, muß - auf der Bildfläche der Predigt - ein Unfall passieren. Hier zeigt sich eine folgenschwere Verkehrung. Menschen mit ihren Schicksalen werden, statt Adressaten der Predigt zu sein, zu ihren Requisiten"[997].

3.5 Politisch predigen (Perspektive der gesellschaftlichen Relevanz)

Mit der Option für die Armen kommt jedoch nicht nur der Respekt vor dem Subjektsein der Armen, sondern auch die Berücksichtigung der strukturellen Bedingungen von Armut in Betracht. Der Prediger darf sich nicht darauf beschränken, einen Beitrag zur caritativen Bewältigung der Armut zu leisten, sondern er hat auch die politischen und gesellschaftlichen sowie die wirtschaftlichen Ursachen von Armut aufzudecken. Er muß also im weiten Sinn des Wortes auch politisch predigen[998].

Hier ist allerdings grundsätzlich zu sehen, daß sich nicht wenige Prediger überfordert fühlen, politische Themen in der Predigt aufzugreifen. Die Sachverhalte, um die es dabei geht, sind sehr komplex und können (partei-)politisch in recht unterschiedlicher Weise interpretiert werden. Man vergegenwärtige sich nur die Kommentare verschiedener Tageszeitungen zu einem beliebigen politischen Ereignis. Solcher politischer Pluralismus findet sich auch in den meisten christlichen Gemeinden. Die Zeiten sind

---

[996] Als ein historisches Beispiel ist hier die Predigtlehre von ALBAN STOLZ in Erinnerung zu rufen: vgl. o. 2.4.1.4.2.

[997] KONRAD JUTZLER, Privatisierte Verkündigung? Beobachtungen und Nachgedanken zu Rundfunkpredigten, in: MANFRED JOSUTTIS (Hrsg.), Beiträge zu einer Rundfunkhomiletik, München 1967, 123 - 146; 126.

[998] Zum Komplex der politischen Predigt vgl. KARL-FRITZ DAIBER, Predigt als religiöse Rede, a. a. O., 172 - 185; HERBERT POENSGEN, "Schreit es von den Dächern!" Neue Erfahrungen mit der politischen Predigt, in: Der Prediger und Katechet 132 (1993), 618 - 628; sowie weiterführend CHRISTIANE BURBACH, Argumentation in der "politischen Predigt". Untersuchungen zur Kommunikationskultur in theologischem Interesse (ErTh 17), Frankfurt a. M. - Bern - New York - Paris 1990.

vorbei, in denen es ein in gewisser Hinsicht naturwüchsiges Bündnis zwischen den Kirchen und den sogenannten "C"-Parteien gab. Nicht nur die Hirtenbriefe der Bischöfe, sondern auch die christlichen Wähler sind diesbezüglich zurückhaltender geworden. Angesichts dieser politisch pluralen Gemeindesituation, sind einige Prediger darum bemüht, politische Themen zu vermeiden. Um den Preis allerdings, daß sie durch ihr Schweigen den Status quo bestätigen. Ohne Zweifel dient diese politische Zurückhaltung der Konfliktvermeidung; zu sehen ist aber auch, daß sie der Ausdruck einer vorrangig am Individuum orientierten Lebensauffassung ist. Darin kommt die Ideologie der Erlebnisgesellschaft ebenso zum Tragen, wie die Enttäuschung darüber, daß die Realutopien der sechziger und frühen siebziger Jahre vielfach unverwirklicht geblieben sind[999]. Andere Prediger belassen es angesichts des politischen Pluralismus bei allgemeinen Formulierungen, weil sie unterstellen, so möglichst viele Hörer - ansprechen zu können. Tatsächlich lassen sie jedoch ihre Hörer allein: sowohl im Blick auf das Verstehen einer Situation als auch im Blick auf das Finden möglicher Handlungsperspektiven.

Andererseits ist aber auch festzuhalten, daß von den Hörer her gesehen die Handlungsfreiräume politischer Predigt weitaus größer sind, als von den Predigern vielfach wahrgenommen wird. Dies ist speziell hinsichtlich der Verwirklichung von größerer sozialer Gerechtigkeit der Fall. Hier besteht eine Hörererwartung, die dem Ziel einer mit den Armen solidarischen Kirche entgegenkommt[1000].

Gleichwohl wird die Predigt hinsichtlich der Armut in erster Linie zur Bewußtseins- und Urteilsbildung beitragen müssen. Dabei ist es erforderlich, den unter Punkt 3.3 angemahnten Schritt, vom Allgemeinen zum Konkreten, auch in umgekehrter Richtung zu vollziehen. So wichtig es ist, Armutserfahrungen anschaulich zu machen und konkrete Möglichkeiten des Handelns aufzuzeigen, so wichtig ist es auch, den Gesamtzusammenhang nicht aus dem Blick zu verlieren. Andernfalls werden komplexe Zusammenhänge nur "kleingearbeitet". Um das an dem oben angeführten Predigtbei-

---

[999] Vgl. HERBERT POENSGEN, "Schreit es von den Dächern!", a. a. O., 622f.

[1000] Vgl. KARL-FRITZ DAIBER, Predigt als religiöse Rede, a. a. O., 181; die Punkte 1.3.3.2 und 1.3.3.5 dieser Studie.

spiel zu verdeutlichen: Es finden sich zwar Gemeindeglieder, die die Stromrechnung bezahlen, aber niemand ist da, der versucht, auf die Sozialpolitik und Sozialadministration Einfluß zu nehmen. Damit soll nicht gesagt sein, daß die Predigt als Instrument parteipolitischer Agitation mißbraucht werden darf. Wohl aber geht es darum, in einer Zeit der Politikvergessenheit auf diese Zusammenhänge hinzuweisen und Möglichkeiten aufzuzeigen, wie diese auch verändert werden können. Des weiteren wird sich eine politische Bewußtseinsbildung nicht auf *die* Politik (als Sektor) beschränken können, sondern deutlich machen müssen, welchen Einfluß gesamtgesellschaftliche Prozesse auf die neue Armutsentwicklung haben. Diesbezüglich sind hier noch einmal die Individualisierung sowie die Ideologie der Erlebnisgesellschaft in Erinnerung zu rufen. Demgegenüber ist deutlich zu machen, daß die politische Verwirklichung sozialer Grundrechte von dem sie tragenden gesellschaftlichen Grundkonsens zur Solidarität abhängig ist.

Politische Bewußtseins- und Urteilsbildung in der Predigt muß bezogen sein auf die Heilige Schrift; speziell im Blick auf die Armut: auf Gottes Parteinahme für die Armen und seine Sorge um den ganzen Menschen, gerade auch unter dem Aspekt der gesellschaftlichen Wirklichkeit. Die Heilige Schrift darf allerdings nicht als "Argumentationshilfe" mißbraucht werden. Dies ist sowohl im Blick auf die Hörer als auch im Blick auf das Wort Gottes hervorzuheben. Es ist nicht Ausdruck einer diakonischen Einstellung des Predigers gegenüber seinen Hörern, wenn er versucht, ihre Einwände durch die Berufung auf die Autorität der Heiligen Schrift beiseite zu schieben. Vielmehr sollte man an seiner Predigt erkennen können, daß er um die Verständigung mit Andersdenkenden gerungen hat. Diesbezüglich ist auch eine Aussage der Pastoralkonstitution *Gaudium et spes* zu beherzigen: Es ist unter Christen möglich und legitim, "bei gleicher Gewissenhaftigkeit in der gleichen Frage zu einem anderen Urteil [zu] kommen". In solchen Fällen hat niemand das Recht, "die Autorität der Kirche [bzw. der Heiligen Schrift] ausschließlich für sich und seine eigene Meinung in Anspruch zu nehmen"(GS 43,3). Dies ist kein Aufruf zur Beliebigkeit, denn das Konzil setzt Gewissenhaftigkeit voraus[1001]. Auch im Blick auf die Würde der Heiligen Schrift ist zu betonen, daß sie nicht als Argumentationshilfe mißbraucht werden darf. Es geht auch bei der politischen Predigt darum, daß Gott zu Wort kommt, was sich u.a. darin zeigt, daß dem Wort Gottes in der politischen Predigt genügend Platz eingeräumt wird[1002]. Die sich darin zeigende Ehrfurcht des Predigers vor Gott wird auf Dauer mehr erreichen als so manche wortreiche Predigt über die Gottvergessenheit unserer Zeit.

War bislang von der bewußtsein- und urteilbildenden politischen Predigt die Rede, so ist jetzt schließlich auf die epideiktische politische Predigt einzugehen. Sie hat nach KARL-FRITZ DAIBER die Funktion zur Ermächtigung der Sprache in Klage und (wohl eher seltener) in Lob[1003]. Dieser Ausdruck emotionaler Betroffenheit ist in seiner Tragweite nicht zu unterschätzen, auch wenn er nicht unmittelbar auf veränderndes Handeln abzielt. Angesichts der Tabuisierung der Armut in der Erlebnisgesellschaft kann es geradezu befreiend sein, wenn das Betroffensein von Armut klagend zur Sprache gebracht wird. Dadurch wird den von "der Massenreligion des schönen, interessanten und deshalb sinnvollen Lebens"[1004] Exkommunizierten nicht nur Stimme verliehen, sondern ihnen zugleich auch eine Beziehung angeboten, die entgegen dem "Projekt des schönen Lebens" das "Projekt" der Gerechtigkeit verfolgt.

[1001] In diesem Zusammenhang sei noch einmal der Gemeindebezug der Predigt in Erinnerung gerufen (vgl. 1.3.2.1 und 1.3.4 dieser Studie). Es gilt, das für die Gemeinde bzw. einzelne teilgemeindliche Gruppen ethisch Verbindliche gemeinsam auszuhandeln. Der Prediger kann dazu Anregungen geben, wie er umgekehrt aus dem gemeindlichen Dialog Anregungen empfängt. Grundlegend dazu vgl. HELMUT PEUKERT, Sprache und Freiheit. Zur Pragmatik ethischer Rede, in: FRANZ KAMPHAUS/ROLF ZERFAß (Hrsg.) Ethische Predigt und Alltagsverhalten (GT.P 25), München - Mainz 1977, 44 - 75.

[1002] KARL-FRITZ DAIBER weist diesbezüglich auf die Gefahr der "konkretistische[n] Verengung" hin: Die tagespolitische Aktualität (z.B. gerade vor Wahlen) kann dazu führen, daß der Prediger und die Hörer beim Abwägen des Pro und Contra stehenbleiben, ohne zu einer christlichen Deutung des Geschehens vorzudringen (vgl. DERS., Predigt als religiöse Rede, a. a. O., 184). Fraglich ist allerdings, ob sein Vorschlag, Sachinformationen und die Auslegung einer relevanten Bibelstelle voneinander getrennt vorzutragen, zu einer Lösung des Problems beitragen kann, geht es doch darum, beides aufeinander zu beziehen. Eine konkretistische Verengung wird wahrscheinlich am ehesten dadurch vermieden, daß der Prediger gleich zu Beginn der Predigt deutlich macht, daß er das betreffende politische Ereignis aus der Perspektive des Glaubens betrachten will. Desweiteren wird die Gefahr der konkretistischen Verengung wohl auch dadurch umgangen, daß der Prediger nicht zu viel auf einmal erreichen will und daß er sich auf einen bestimmten Teilaspekt konzentriert. Die dafür erforderliche Gelassenheit setzt nicht nur Gottvertrauen voraus, sondern auch, daß regelmäßig politisch gepredigt wird.

[1003] Vgl. a. a. O., 176f.

[1004] GERHARD SCHULZE, Armut in der Kultur des Reichtums, a. a. O., 57.

Ausblick

Die vorliegende Studie wollte zeigen, wie die Option für die Armen unter den gesellschaftlichen Bedingungen der Bundesrepublik Deutschland homiletisch zu verwirklichen ist. Die dargestellten Handlungsperspektiven sind in des Wortes eigener Bedeutung *perspektivisch* zu verstehen: Sie machen deutlich, in welcher Richtung in Zukunft weitergedacht und weitergearbeitet werden muß. Zu wünschen wäre, daß dies auch in der Aus- und Fortbildung von Predigern geschieht.

Noch einmal hervorzuheben ist, daß es in der deutschen Kirche bereits deutliche Tendenzen einer Hinwendung zu der Option für die Armen gibt, nicht nur auf seiten des Caritasverbandes, sondern auch auf seiten der Kirchenleitungen, der kirchlichen Verbände sowie der Gemeinden, wie der Konsultationsprozeß zeigt. Diese zunehmende Orientierung christlicher Praxis an der Option für die Armen ist nicht nur im Blick auf die jüdisch-christliche Tradition und auf die Armutsentwicklung in der Bundesrepublik Deutschland sehr zu begrüßen, sondern auch im Blick auf die Ausdifferenzierung von Diakonie und Verkündigung (bzw. Pastoral). Diesbezüglich kann die Option für die Armen als Bindeglied zwischen institutionell verfaßter Kirche und organisierter Caritas betrachtet werden. Die Einheit von Caritas und Pastoral wird wohl am besten dadurch realisiert, daß beide ihre je eigene Praxis auf dasselbe Ziel hin ausrichten.

In diesem Zusammenhang kann der spezifische Dienst der Predigt darin gesehen werden, daß sie sich in besonderer Weise den spirituellen Ressourcen der Option für die Armen zuwendet und sich ihrer Erschließung verpflichtet weiß. Das soll allerdings nicht heißen, daß eine diesbezügliche spirituelle Kompetenz allein auf seiten der Prediger zu suchen wäre. Vielmehr soll nur sichergestellt werden, daß die Option für die Armen als ein Handeln aus dem Glauben erfahren wird. Ohne eine Verwurzelung in Gott ist die Option für die Armen nicht zu verwirklichen.

Anhang

Perikopen zur Thematik "Diakonie"

In den Tabellen werden für die Schriftlesungen folgende Abkürzungen verwendet: 1.L (Erste Lesung); AG (Antwortgesang); 2.L (Zweite Lesung); RzE (Ruf zum Evangelium); E (Evangelium).

Perikopen zur Thematik "Diakonie" im Lesejahr A		
Sonntag/Festtag	Schriftstelle	Kurztitel
Weihnachtsfestkreis		
2. Adventssonntag	Jes 11,1-10 (1.L)	Der Gesalbte Gottes sorgt für die Armen
	Ps 72,1-2.7-8.12-13.17 (AG)	Der Friedenskönig und sein Reich
3. Adventssonntag	Jes 35,1-6a.10 (1.L)	Verheißung des endzeitlichen Paradieses
	Ps 146,7-10 (AG)	Gott, der Helfer der Notleidenden
	Jak 5,7-10 (2.L)	Trost für die Armen
	Mt 11,2-11 (E)	Den Armen wird das Evangelium verkündet
Am Heiligen Abend	Jes 62,1-5 (1.L)	Der Bund der Gerechtigkeit
In der Heiligen Nacht	Jes 9,1-3.5-6 (1.L)	Der Stab des Treibers wird zerbrochen
	Lk 2,1-14 (E)	Das Kind in der Krippe
Erscheinung des Herrn	Ps 72,1-2.7-8.10-13 (AG)	Der Friedenskönig und sein Reich
Taufe des Herrn	Jes 42,1-4.6-7 (1.L)	Der Gottesknecht öffnet blinde Augen
Osterfestkreis		
4. Fastensonntag	Joh 9,1-41 (E)	Heilung des Blindgeborenen
5. Fastensonntag	Joh 11,1-45 (E)	Auferweckung des Lazarus
Palmsonntag	Mt 21,1-11 (Evangelium vom Einzug)	Jesus, der "arme" König

Perikopen zur Thematik "Diakonie" im Lesejahr A		
Sonntag/Festtag	Schriftstelle	Kurztitel
	Phil 2,6-11 (2.L)	Entäußerung Gottes
Chrisam-Messe	Jes 61,1-3a.6.8b-9 (1.L)	Den Armen die Frohe Botschaft
	Jes 61,1 (RzE)	
	Lk 4,16-21 (E)	
Gründonnerstag	Ex 12,1-8.11-14 (1.L)	Das Mahl der Befreiung
	Joh 13,1-15 (E)	Fußwaschung
Karfreitag	Jes 52,13-53,12 (1.L)	Er hat unsere Schmerzen auf sich geladen
Osternacht	Ex 14,15-15,1 (L der Nachtwache)	Die Rettung am Schilfmeer
Ostermontag	Lk 24,13-35 (E)	Emmaus: ein Modell des tröstenden Beistands
2. Sonntag der Osterzeit	Apg 2,42-47 (1.L)	Gütergemeinschaft
4. Sonntag der Osterzeit	Ps 23,1-6 (AG)	Der Herr, mein Hirte
5. Sonntag der Osterzeit	Apg 6,1-7 (1.L)	Die Einsetzung der Sieben
6. Sonntag der Osterzeit	Apg 8,5-8.14-17 (1.L)	Philippus verkündet in Wort und Tat
Herrenfeste		
Fronleichnam	Dtn 8,2-3.14-16a (1.L)	Erinnerung an Gottes befreiendes Handeln
Herz-Jesu-Fest	Dtn 7,6-11 (1.L)	Gottes befreiendes Handeln als Aufweis seiner Liebe
	1 Joh 4,7-16 (2.L)	Weil Gott uns liebt, müssen auch wir einander lieben
	Mt 11,25-30 (E)	Kommt alle, die ihr beladen seid
Sonntage im Jahreskreis		
4. Sonntag im Jahreskreis	Ps 146,7-10 (AG)	Gott, der Helfer der Notleidenden
	1 Kor 1,26-31 (2.L)	Das Schwache in der Welt hat Gott erwählt
	Mt 5,1-12a (E)	Die Seligpreisungen

Perikopen zur Thematik "Diakonie" im Lesejahr A		
Sonntag/Festtag	Schriftstelle	Kurztitel
5. Sonntag im Jahreskreis	Jes 58,6a.7-10 (1.L)	Armen zu helfen ist das Fasten, das dem Herrn gefällt
	Ps 112,4-9 (AG)	Gottesfurcht zeigt sich in der Hilfe für die Armen
	Mt 5,38-48 (E)	Die Menschen sollen eure guten Taten sehen
7. Sonntag im Jahreskreis	Lev 19,1-2.17-18 (1.L)	Du sollst deinen Nächsten lieben wie dich selbst
	Mt 5,38-48 (E)	Wer dich bittet, dem gib
8. Sonntag im Jahreskreis	Mt 6,24-34 (E)	Ihr könnt nicht Gott und dem Mammon dienen
10. Sonntag im Jahreskreis	Mt 9,9-13 (E)	Mahl mit Zöllnern und Sündern
11. Sonntag im Jahreskreis	Ex 19,2-6a (1.L)	Auf Adlerflügeln getragen
	Röm 5,6-11 (2.L)	Gott hat seine Liebe für uns darin erwiesen, daß er für uns starb, als wir noch Sünder waren
	Mt 9,36-10,8 (E)	Mitleid Jesu
14. Sonntag im Jahreskreis	Sach 9,9-10 (1.L)	Der gerechte Friedenskönig
	Mt 11,25-30 (E)	Kommt alle, die ihr beladen seid
18. Sonntag im Jahreskreis	Mt 14,13-21 (E)	Gebt ihr ihnen zu essen
26. Sonntag im Jahreskreis	Phil 2,1-11 (2.L)	Entäußerung Gottes als Vorbild für die Gemeinde
30. Sonntag im Jahreskreis	Ex 22,20-26 (1.L)	Vorschriften zum Schutz der Armen
	Mt 22,34-40 (E)	Gottes- und Nächstenliebe
31. Sonntag im Jahreskreis	1 Thess 2,7b-9.13 (2.L)	Arbeiten, um niemand zur Last zu fallen
34. Sonntag im Jahreskreis	Ez 34,11-12.15-17 (1.L)	Gott, der Hirt seines Volkes
	Ps 23,1-6 (AG)	Der Herr, mein Hirte
	Mt 25,31-46 (E)	In den Armen Christus erkennen

Perikopen zur Thematik "Diakonie" im Lesejahr B		
Sonntag/Festtag	Schriftstelle	Kurztitel
Weihnachtsfestkreis		
3. Adventssonntag	Jes 61,1-2a.10-11 (1.L)	Heilsbotschaft für die Armen
	Lk 1,46-50.53-54 (AG)	Magnificat
	Jes 61,1 (RzE)	
Am Heiligen Abend	wie Lesejahr A	
In der Heiligen Nacht	wie Lesejahr A	
Erscheinung des Herrn	wie Lesejahr A	
Taufe des Herrn	wie Lesejahr A	
Osterfestkreis		
3. Fastensonntag	Ex 20,1-17 (1.L)	Aus dem Sklavenhaus Ägypten befreit...
Palmsonntag	wie Lesejahr A	
Chrisam-Messe	wie Lesejahr A	
Gründonnerstag	wie Lesejahr A	
Karfreitag	wie Lesejahr A	
Osternacht	wie Lesejahr A	
Ostermontag	wie Lesejahr A	
2. Sonntag der Osterzeit	Apg 4,32-35 (1.L)	Gütergemeinschaft
3. Sonntag der Osterzeit	Ps 4,2.4.7-9 (AG)	Gottes schützende Nähe
5. Sonntag der Osterzeit	1 Joh 3,18-24 (2.L)	Lieben - in Tat und Wahrheit
6. Sonntag der Osterzeit	1 Joh 4,7-10 (2.L)	Die Liebe stammt aus Gott
	Joh 15,9-17 (E)	Liebt einander
7. Sonntag der Osterzeit	1 Joh 4,11-16 (2.L)	Bleibt in der Liebe
Sonntage im Jahreskreis		
4. Sonntag im Jahreskreis	Mk 1,21-28 (E)	Heilung eines Besessenen
5. Sonntag im Jahreskreis	Mk 1,29-39 (E)	Heilung der Schwiegermutter des Simon
6. Sonntag im Jahreskreis	Mk 1,40-45 (E)	Heilung eines Aussätzigen
7. Sonntag im Jahreskreis	Mk 2,1-12 (E)	Heilung eines Gelähmten

Perikopen zur Thematik "Diakonie" im Lesejahr B		
Sonntag/Festtag	Schriftstelle	Kurztitel
9. Sonntag im Jahreskreis	Dtn 5,12-15 (1.L)	Die soziale Dimension des Sabbats
	Ps 81,3-8.10-11 (AG)	Ich habe dich aus Ägypten herausgeführt
	Mk 2,23-3,6 (E)	Heilung am Sabbat
13. Sonntag im Jahreskreis	Weish 1,13-15;2,23-24 (1.L)	Gott hat alles zum Sein erschaffen
	2 Kor 8,7.9.13-15 (2.L)	Kollekte für Jerusalem
	Mk 5,21-43 (E)	Heilung einer blutflüssigen Frau und Auferweckung der Tochter des Jairus
14. Sonntag im Jahreskreis	2 Kor 12,7-10 (2.L)	Wenn ich schwach bin, dann bin ich stark
15. Sonntag im Jahreskreis	Mk 6,7-13 (E)	Die Zwöf verkünden in Wort und Tat
16. Sonntag im Jahreskreis	Jer 23,1-6 (1.L)	Der König ("Hirte") nach der Vorstellung Jahwes schafft Recht und Gerechtigkeit
	Ps 23,1-6 (AG)	Der Herr ist mein Hirte
	Mk 6,30-34 (E)	Mitleid Jesu
19. Sonntag im Jahreskreis	Eph 4,30-5,2 (2.L)	Werdet Gott ähnlich - übt die Liebe
21. Sonntag im Jahreskreis	Jos 24,1-2a.15-17.18b (1.L)	Entscheidung für Jahwe, den Befreier
	Ps 34,2-3.16-21 (AG)	Der Herr ist den zerbrochenen Herzen nahe
22. Sonntag im Jahreskreis	Jak 1,17-18.21b-22.27 (2.L)	Sorge für Witwen und Waisen als Dienst vor Gott
23. Sonntag im Jahreskreis	Jes 35,4-7a (1.L)	Verheißung des endzeitlichen Paradieses
	Ps 146,6-10 (AG)	Gott, der Helfer der Notleidenden
	Jak 2,1-5 (2.L)	Gott hat die Armen auserwählt
	Mk 7,31-37 (E)	Heilung eines Taubstummen

Perikopen zur Thematik "Diakonie" im Lesejahr B		
Sonntag/Festtag	Schriftstelle	Kurztitel
24. Sonntag im Jahreskreis	Jes 50,5-9a (1.L)	Gott, der Herr, wird mir helfen
	Ps 116,1-9 (AG)	Dank für Rettung in der Not
	Jak 2,14-18 (2.L)	Glaube ohne Taten ist toter Glaube
25. Sonntag im Jahreskreis	Mk 9,30-37 (E)	Der Erste soll der Diener aller sein
26. Sonntag im Jahreskreis	Jak 5,1-6 (2.L)	Vom vorenthaltenen Lohn und stinkendem Reichtum
28. Sonntag im Jahreskreis	Mk 10,17-30 (E)	Leichter geht ein Kamel durch ein Nadelöhr...
29. Sonntag im Jahreskreis	Mk 10,35-45 (E)	Der Menschensohn ist gekommen, um zu dienen
30. Sonntag im Jahreskreis	Mk 10,46-52 (E)	Heilung des blinden Bartimäus
31. Sonntag im Jahreskreis	Mk 12,28b-34 (E)	Das Doppelgebot der Gottes- und Nächstenliebe
32. Sonntag im Jahreskreis	1 Kön 17,10-16 (1.L)	Elija und die Witwe von Sarepta
	Ps 146,6-10 (AG)	Gott, der Helfer der Notleidenden
	Mk 12,38-44 (E)	Das Vorbild der armen Witwe

Perikopen zur Thematik "Diakonie" im Lesejahr C		
Sonntag/Festtag	Schriftstelle	Kurztitel
Weihnachtsfestkreis		
1. Adventssonntag	Jer 33,14-16 (1.L)	Der verheißene König schafft Recht und Gerechtigkeit
3. Adventssonntag	Phil 4,4-7 (2.L)	Eure Güte werde allen Menschen bekannt
	Jes 61,1 (RzE)	Den Armen die Frohe Botschaft
	Lk 3,10-18 (E)	Begnügt euch mit dem, was euch zusteht
Am Heiligen Abend	wie Lesejahr A	
In der Heiligen Nacht	wie Lesejahr A	
Erscheinung des Herrn	wie Lesejahr A	
Taufe des Herrn	wie Lesejahr A	
Osterfestkreis		
1. Fastensonntag	Dtn 26,4-10 (1.L)	Erinnerung an das befreiende Handeln Jahwes
4. Fastensonntag	2 Kor 5,17-21 (2.L)	Der Dienst der Versöhnung
Palmsonntag	wie Lesejahr A	
Chrisam-Messe	wie Lesejahr A	
Gründonnerstag	wie Lesejahr A	
Karfreitag	wie Lesejahr A	
Osternacht	wie Lesejahr A	
Ostermontag	wie Lesejahr A	
2. Sonntag der Osterzeit	Apg 5,12-16 (1.L)	Heilung der Kranken und der von unreinen Geistern Geplagten
5. Sonntag der Osterzeit	Offb 21,1-5a (2.L)	Das himmlische Jerusalem
	Joh 13,34 (RzE)	Liebt einander...
	Joh 13,31-33a.34-35 (E)	Liebe - das Erkennungszeichen der Jünger
Herrenfeste		

Perikopen zur Thematik "Diakonie" im Lesejahr C		
Sonntag/Festtag	Schriftstelle	Kurztitel
Fronleichnam	Lk 9,11b-17 (E)	Gebt ihr ihnen zu essen
Herz-Jesu-Fest	Ez 34,11-16 (1.L)	Gott sorgt für die Armen und Schwachen
	Ps 23,1-6 (AG)	Der Herr ist mein Hirte
	Röm 5,5b-11 (2.L)	Die Liebe Gottes ist ausgegossen in unsere Herzen
	Lk 15,3-7 (E)	Auf der Suche nach dem Verlorenen
Sonntage im Jahreskreis		
3. Sonntag im Jahreskreis	Lk 4,18-19 (RzE)	Heilsbotschaft für die Armen
	Lk 1,1-4;4,14-21 (E)	
4. Sonntag im Jahreskreis	1 Kor 12,31-13,13 (2.L)	Das Hohelied der Liebe
6. Sonntag im Jahreskreis	Lk 6,17.20-26 (E)	Seligpreisungen
7. Sonntag im Jahreskreis	Lk 6,27-38 (E)	Das Zuvorkommende der Liebe
10. Sonntag im Jahreskreis	1 Kön 17,17-24 (1.L)	Totenerweckung
	Ps 30,2-6.11-13 (AG)	Du hast mich aus der Tiefe gezogen
	Lk 7,11-17 (E)	Auferweckung des Jünglings von Nain
11. Sonntag im Jahreskreis	Lk 7,36-8,3 (E)	Jesus und die Sünderin
13. Sonntag im Jahreskreis	Gal 5,1.13-18 (2.L)	Das ganze Gesetz: Du sollst deinen Nächsten lieben wie dich selbst
	Lk 9,51-62 (E)	Der Menschensohn hat nichts, wo er sein Haupt hinlegen kann
14. Sonntag im Jahreskreis	Lk 10,1-12.17-20 (E)	Armut als Lebensform der Reich-Gottes-Boten
15. Sonntag im Jahreskreis	Lk 10,25-37 (E)	Der barmherzige Samariter
16. Sonntag im Jahreskreis	Gen 18,1-10a (1.L)	Vom Segen der Gastfreundschaft
18. Sonntag im Jahreskreis	Lk 12,13-21 (E)	Der reiche Kornbauer

Perikopen zur Thematik "Diakonie" im Lesejahr C		
Sonntag/Festtag	Schriftstelle	Kurztitel
19. Sonntag im Jahreskreis	Lk 12,32-48 (E)	Vom Tischdienst des wieder-kommenden Herrn
22. Sonntag im Jahreskreis	Lk 14,1.7-14 (E)	Lade Arme ein
24. Sonntag im Jahreskreis	Lk 15,1-32 (E)	Die Suche nach dem Verlore-nen
25. Sonntag im Jahreskreis	Am 8,4-7 (1.L)	Prophetische Sozialkritik
	Lk 16,1-13 (E)	Vom rechten Umgang mit dem ungerechten Reichtum
26. Sonntag im Jahreskreis	Am 6,1a.4-7 (1.L)	Prophetische Sozialkritik
	Lk 16,19-31 (E)	Der arme Lazarus
28. Sonntag im Jahreskreis	2 Kön 5,14-17 (1.L)	Heilung des Syrers Naaman
	Lk 17,11-19 (E)	Heilung der zehn Aussätzigen
29. Sonntag im Jahreskreis	Lk 18,1-8 (E)	Gott erhört das Gebet der Armen
30. Sonntag im Jahreskreis	Sir 35,15b-17.20-22a (1.L)	Gott ergreift Partei für die Armen
31. Sonntag im Jahreskreis	Lk 19,1-10 (E)	Zachäus - die Hälfte des Ver-mögens an die Armen
33. Sonntag im Jahreskreis	2 Thess 3,7-12 (2.L)	Wer nicht arbeiten will, soll auch nicht essen

Literaturverzeichnis

Die Abkürzungen richten sich nach SIEGFRIED M. SCHWERTNER, Internationales Abkürzungsverzeichnis für Theologie und Grenzgebiete, Berlin - New York [2]1992. Lexikonartikel sind nicht in das Literaturverzeichnis aufgenommen. Bei Predigten werden in erster Linie die Sammelbände genannt.

PETRUS ABAELARDUS, Predigt 30: Vom Almosen, in: ABAELARD. Die Leidensgeschichte und der Briefwechsel mit HELOISA, übertragen und hrsg. von EBERHARD BROST. Mit einem Nachwort von WALTER BERSCHIN, Frankfurt [4]1979, 388 - 399.

RAINER ALBERTZ, Die "Antrittspredigt" Jesu im Lukasevangelium auf ihrem alttestamentlichen Hintergrund, in: ZNW 74 (1983), 182 - 206.

RAINER ALBERTZ, Religionsgeschichte Israels in alttestamentlicher Zeit 1 (ATD.E 8/1), Göttingen 1992.

RAINER ALBERTZ, Religionsgeschichte Israels in alttestamentlicher Zeit 2 (ATD.E 8/2), Göttingen 1992.

HORST ALBRECHT, Arbeiter und Symbol. Soziale Homiletik im Zeitalter des Fernsehens, München - Mainz 1982.

HORST ALBRECHT, Predigen. Anregungen zur geistlichen Praxis, Stuttgart - Berlin - Köln - Mainz 1985.

NORBERT ARNTZ (Hrsg.), Retten, was zu retten ist? Die Bischofskonferenz in Santo Domingo zwischen prophetischem Freimut und ideologischem Zwang, Luzern 1993.

AURELIUS AUGUSTINUS, Über die christliche Lehre, in: Des Heiligen Kirchenvaters AURELIUS AUGUSTINUS ausgewählte praktische Schriften homiletischen und katechetischen Inhalts (BKV/AUGUSTINUS VIII.) übersetzt und mit Einleitungen versehen von SIGISBERT MITTERER, München 1925, 1 - 225.

ULRICH BACH, Boden unter den Füßen hat keiner. Plädoyer für eine solidarische Diakonie, Göttingen [2]1986.

HANS-ECKEHARD BAHR, Verkündigung als Information (Konkretionen 1), Hamburg 1968.

RUDOLPH BAUER, Anatomie der Wohlfahrtsverbände - Warum, womit und wo sie helfen, in: CLAUS MÜHLFELD u.a. (Hrsg.), Sozialarbeit und Wohlfahrtsverbände - Hilfe mit beschränkter Haftung? (Brennpunkte sozialer Arbeit), Frankfurt a. M. 1987, 9 - 26.

ISIDOR BAUMGARTNER, Pastoralpsychologie. Einführung in die Praxis heilender Seelsorge, Düsseldorf 1990.

RITA BAUR/RUDOLF SCHMID/INGE WEIDIG, Entwicklung der Freien Wohlfahrtspflege bis zum Jahr 2000, in: CLAUS MÜHLFELD u.a. (Hrsg.), Sozialarbeit und Wohlfahrtsverbände - Hilfe mit beschränkter Haftung? (Brennpunkte sozialer Arbeit), Frankfurt a. M., 27 - 42.

ULRICH BECK, Risikogesellschaft. Auf dem Weg in eine andere Moderne, Frankfurt a. M. 1986.

HEINRICH BEDFORD-STROHM, Vorrang für die Armen. Auf dem Weg zu einer theologischen Theorie der Gerechtigkeit (Öffentliche Theologie 4), Gütersloh 1993.

PETER L. BERGER, Der Zwang zur Häresie. Religion in der pluralistischen Gesellschaft, Freiburg i. Br. - Basel - Wien 1992.

ERICH BEYREUTHER, Geschichte der Diakonie und Inneren Mission in der Neuzeit, Berlin ²1962.

DIE BIBEL. EINHEITSÜBERSETZUNG, hrsg. im Auftrag der Bischöfe Deutschlands, Österreichs, der Schweiz, des Bischofs von Luxemburg, des Bischofs von Lüttich, des Bischofs von Bozen-Brixen von der Katholischen Bibelanstalt Stuttgart, Freiburg i. Br. - Basel - Wien 1980.

HARDARIK BLÜHDORN/WIEBKE HENNIG, Neue Armut und organisiertes Erbrechen. Zur Linguistik der Dreiviertelgesellschaft, in: Sprachreport 4/1990, 1 - 8.

MANFRED BÖHM, Gottes Reich und Gesellschaftsveränderung. Traditionen einer befreienden Theologie im Spätwerk von LEONHARD RAGAZ. Mit einem Vorwort von OTTMAR FUCHS, Münster 1988.

CLODOVIS BOFF/JORGE PIXLEY, Die Option für die Armen (BThB), Düsseldorf 1987.

RUDOLF BOHREN, Predigtlehre, München ⁵1986.

JOSEF BOMMER, Gemeinde auf dem Weg Jesu. Anregungen und Predigten zu einer neuen Theologie der Gemeinde, München 1988.

EGON BRANDENBURGER, Taten der Barmherzigkeit als Dienst gegenüber dem königlichen Herrn (Mt 25,31-34), in: GERHARD K. SCHÄFER/THEODOR STROHM (Hrsg.), Diakonie - biblische Grundlagen und Orientierungen. Ein Arbeitsbuch zur theologischen Verständigung über den diakonischen Auftrag (VDWI 2), Heidelberg 1990, 297 - 326.

KARL-HEINZ BRAUN, Freiburg, in: ERWIN GATZ (Hrsg.), Geschichte des kirchlichen Lebens in den deutschsprachigen Ländern seit dem Ende des 18. Jahrhunderts. Bd. I: Die Bistümer und ihre Pfarreien, Freiburg i. Br. - Basel - Wien 1991, 312 - 322.

NORBERT BROX, Diakonie in der frühen Kirche. "Die Erde zum Himmel machen", in: Conc(D) 24 (1988), 277 - 281.

HANS HARRO BÜHLER, Die katholischen sozialen Einrichtungen der Caritas in der Bundesrepublik Deutschland 1980 - 1990, in: Caritas '92 (1991), 319 - 336.

HANS HARRO BÜHLER, Altersaufbau, Nachwuchs und Tätigkeitsfelder der katholischen caritativen Schwesterngemeinschaften, in: Caritas '95 (1994), 435 - 443.

PETER BUKOWSKI, Predigt wahrnehmen. Homiletische Perspektiven, Neukirchen-Vluyn 1990.

CHRISTIANE BURBACH, Argumentation in der "politischen Predigt". Untersuchungen zur Kommunikationskultur in theologischem Interesse (ErTh 17), Frankfurt a. M. - Bern - New York - Paris 1990.

GENERALSEKRETARIAT DES DEUTSCHEN CARITASVERBANDES E.V. (Hrsg.), Caritasverband in Kirche, Staat und Gesellschaft. Ein Positionspapier des Deutschen Caritasverbandes zu Selbstverständnis und Auftrag verbandlich organisierter Caritas im heutigen kirchlichen und gesellschaftlichen Kontext, Freiburg i. Br. 1983.

GENERALSEKRETARIAT DES DEUTSCHEN CARITASVERBANDES E.V. (Hrsg.), Caritas und soziale Brennpunkte (Unser Standpunkt 21), Freiburg i. Br. 1987.

CARITASVERBAND FÜR DIE DIÖZESE MÜNSTER (Hrsg.), Arme haben keine Lobby. Caritas-Report zur Armut, Freiburg i. Br. 1987.

MARIE-DOMINIQUE CHENU, "Kirche der Armen" auf dem Zweiten Vatikanischen Konzil, in: Conc(D) 13 (1977), 232 - 235.

CLEMENS VON ALEXANDRIEN, Welcher Reiche wird gerettet werden? Dt. Übers. von OTTO STÄHLIN. Bearb. von MANFRED WACHT (SKV 1), München 1983.

MARTIN CORDES, Freie christliche Aktion als Herausforderung für Kirche und Theologie in der ersten Hälfte des 19. Jahrhunderts. Ein Beitrag zum evangelischen Vereinswesen in Göttingen und zur Theologie FRIEDRICH LÜCKES (SKGNS 24), Göttingen 1982.

KARL-FRITZ DAIBER u. a., Predigen und Hören. Ergebnisse einer Gottesdienstbefragung; Bd 1: Predigten, Analysen und Grundauswertung, München 1980.

KARL-FRITZ DAIBER u. a., Predigen und Hören. Ergebnisse einer Gottesdienstbefragung; Bd 2: Kommunikation zwischen Predigern und Hörern. Sozialwissenschaftliche Untersuchungen, München 1983.

KARL-FRITZ DAIBER, Diakonie und kirchliche Identität. Studien zur diakonischen Praxis in der Volkskirche, Hannover 1988.

KARL-FRITZ DAIBER, Predigt als religiöse Rede. Homiletische Überlegungen im Anschluß an eine empirische Untersuchung. Predigen und Hören 3. Mit Exkursen von WOLFGANG LUKATIS, PETER OHNESORG und BEATE STIERLE, München 1991.

HANS WERNER DANNOWSKI, Kompendium der Predigtlehre, Gütersloh 1985.

GODFRIED DEELEN, Basisgemeinden: ein Pastoralmodell der brasilianischen Kirche, in: LUDWIG BERTSCH/FELIX SCHLÖSSER (Hrsg.), Evangelisation in der Dritten Welt. Anstöße für Europa (TDW 2), Freiburg i. Br. - Basel - Wien ²1987, 62 - 83.

JOHANNES DEGEN, Diakonie im Widerspruch. Zur Politik der Barmherzigkeit im Sozialstaat, München 1985.

JOHANNES DEGEN, Diakonie als soziale Dienstleistung, Gütersloh 1994.

SUSANNE DEGEN/BERNHARD EMUNDS, Optionen, die verdampfen? Anmerkungen zum Entwurf für ein Wort der Kirchen zur sozialen Lage, in: HerKorr (1995), 80 - 85.

ALFONS DEISSLER, Die Grundbotschaft des Alten Testaments. Ein theologischer Durchblick, Freiburg i. Br. - Basel - Wien 1995.

KONRAD DEUFEL, Sozialstaat und christliche Diakonie, in: CGG 15 (1982), 122 -177.

MARTIN DOERNE, Das Liebeswerk der Predigt. Ein Beitrag zur Predigtlehre (1964), in: FRIEDRICH WINTZER (Hrsg.), Predigt. Texte zum Verständnis und zur Praxis der Predigt in der Neuzeit (TB 80), München 1989, 162 - 173.

DETLEV DORMEYER, Jesus der Lehrer. Das Verhältnis von Verkündigung und Diakonie bei Jesus von Nazareth, in: Caritas '86 (1985), 9 - 22.

MICHAEL N. EBERTZ/JOSEF SCHMID, Zum Stand der Wohlfahrtsverbändeforschung. Sozialwissenschaftliche Fragestellungen, Erkenntnisfortschritte und Defizite, in: Caritas 88 (1987), 289 - 313.

MICHAEL N. EBERTZ, Caritas im gesellschaftlichen Wandel - Expansion in die Krise? In: MARKUS LEHNER/WILHELM ZAUNER, Grundkurs Caritas, Linz 1993, 83 - 114.

PETER EICHER, Die Anerkennung der Anderen und die Option für die Armen, in: DERS./NORBERT METTE (Hrsg.), Auf der Seite der Unterdrückten? Theologie der Befreiung im Kontext Europas (TzZ 6), Düsseldorf 1989, 10 - 53.

DIETER EMEIS, Zur unorganisierten Diakonie des Alltags, in: Lebendige Katechese 7 (1985), 36 - 38.

KIRCHENAMT DER EVANGELISCHEN KIRCHE IN DEUTSCHLAND/SEKRETARIAT DER DEUTSCHEN BISCHOFSKONFERENZ (Hrsg.), Zur wirtschaftlichen und sozialen Lage in Deutschland. Diskussionsgrundlage für den Konsultationsprozeß über ein gemeinsames Wort der Kirchen (Gemeinsame Texte 3), Hannover - Bonn 1994.

EVANGELISCH-SOZIALER KONGREß, Bericht über die Verhandlungen des fünften Evangelisch-sozialen Kongresses, abgehalten zu Frankfurt am Main am 16. und 17. Mai 1894. Nach den stenographischen Protokollen, Berlin 1894.

WOLFRAM FISCHER, Armut in der Geschichte. Erscheinungsformen und Lösungsversuche der "Sozialen Frage" in Europa seit dem Mittelalter, Göttingen 1982.

KARL FORSTER (Hrsg.), Religiös ohne Kirche?, Mainz 1977.

EWALD FRIE, Caritativer Katholizismus in Deutschland im 19. und 20. Jahrhundert: Literatur zur Erforschung seiner Geschichte aus den Jahren 1960 bis 1993, DEUTSCHER CARITASVERBAND (Hrsg.), Freiburg i. Br. 1994.

OTTMAR FUCHS, Heilen und befreien. Der Dienst am Nächsten als Ernstfall von Kirche und Pastoral, Düsseldorf 1990.

WALTER FÜRST, Diakonische Pastoral und pastorale Diakonie - Bewährung der Kirche in der modernen Gesellschaft, in: NORBERT FELDHOFF/ALFRED DÜNNER (Hrsg.), Die verbandliche Caritas. Praktisch-theologische und kirchenrechtliche Aspekte, Freiburg i. Br. 1991, 52 - 80.

KARL GABRIEL, Die verbandliche Caritas im Spannungsfeld von Kirche und Gesellschaft. Entwicklungslinien und Zukunftsperspektiven, in: DERS./PAUL LUDWIG SAUER (Hrsg.), Diakonie - Gemeinde - Sozialarbeit (= Person/Gruppe/Gesellschaft Bd. 16), Hildesheim 1990, 43 - 63.

KARL GABRIEL, Christentum zwischen Tradition und Postmoderne (= QD 141), Freiburg i. Br. - Basel - Wien 1992.

KARL GABRIEL, Optionen der verbandlichen Caritas im Wandel der sozialstaatlich organisierten Gesellschaft, in: Caritas 93 (1992), 250 - 258.

SEGUNDO GALILEA, Lateinamerika in den Konferenzen von Medellín und Puebla: Beispiel für eine selektive und kreative Rezeption des Konzils, in: HERMANN J. POTTMEYER/GIUSEPPE ALBERIGO/JEAN-PIERRE JOSSUA (Hrsg.), Die Rezeption des Zweiten Vatikanischen Konzils, Düsseldorf 1986, 85 - 103.

MARTIN GERHARDT, Ein Jahrhundert Innere Mission. Die Geschichte des Central-Ausschusses für die Innere Mission der Deutschen Evangelischen Kirche. 2. Teil: Hüter und Mehrer des Erbes, Gütersloh 1948.

KONGREGATION FÜR DIE GLAUBENSLEHRE, Instruktion über einige Aspekte der "Theologie der Befreiung" (6. August 1984) (VAS 57), Bonn 1984.

KONGREGATION FÜR DIE GLAUBENSLEHRE, Instruktion über die christliche Freiheit und Befreiung (22. März 1986) (VAS 70), Bonn 1986.

JOACHIM GNILKA, Das Evangelium nach Markus (Mk 8,27-16,20) (EKK II/2), Zürich - Neukirchen-Vluyn [3]1989.

JOACHIM GNILKA, Jesus von Nazaret. Botschaft und Geschichte (HThK.S 3), Freiburg i. Br. - Basel - Wien 1990.

JOACHIM GNILKA, Der Kolosserbrief (HThK X/1), Freiburg i. Br. - Basel - Wien [2]1991.

HORST GOLDSTEIN, Immer ist sie befehdet worden, in: HERMANN-JOSEF VENETZ/-
HERBERT VORGRIMLER (Hrsg.), Das Lehramt der Kirche und der Schrei der
Armen. Analysen zur Instruktion der Kongregation für die Glaubenslehre über
einige Aspekte der "Theologie der Befreiung", Freiburg (CH) - Münster 1985, 29 -
59.

IRMTRAUD GÖTZ VON OLENHUSEN, Die Ultramontanisierung des Klerus. Das Beispiel
der Erzdiözese Freiburg, in: WILFRIED LOTH (Hrsg.), Deutscher Katholizismus im
Umbruch zur Moderne (KoGe 3), Stuttgart - Berlin - Köln 1991, 46 -75.

WILHELM GRÄB, Predigt als Mitteilung des Glaubens. Studien zu einer prinzipiellen
Homiletik in praktischer Absicht, Gütersloh 1988.

FRIEDRICH WILHELM GRAF, JOHANNES RONGE, in: MARTIN GRESCHAT (Hrsg.),
Gestalten der Kirchengeschichte 9,2. Die neueste Zeit II, Stuttgart - Berlin - Köln -
Mainz 1985, 153 - 164.

MARTIN GRESCHAT, Christliche Erneuerung im Europa des 19. Jahrhunderts. Historische Voraussetzungen der Institutionalisierung der Diakonie, in: MICHAEL SCHI-
BILSKY (Hrsg.), Kursbuch Diakonie (FS ULRICH BACH) Neukirchen-Vluyn 1991,
185 - 196.

BERNHARD GROM, Soziales Engagement zwischen Begeisterung und Resignation, in:
Der Prediger und Katechet 132 (1993), 249 - 254.

GUSTAVO GUTIÉRREZ, Die historische Macht der Armen (FThS 11), München - Mainz
1984.

GUSTAVO GUTIÉRREZ, Die Kirche und die Armen in lateinamerikanischer Sicht, in:
HERMANN J. POTTMEYER/GIUSEPPE ALBERIGO/JEAN-PIERRE JOSSUA (Hrsg.), Die
Rezeption des Zweiten Vatikanischen Konzils, Düsseldorf 1986, 221 - 247.

GUSTAVO GUTIERREZ, Theologie der Befreiung, Mainz [10]1992.

JÜRGEN HABERMAS, Theorie des kommunikativen Handelns. Bd. 1: Handlungsrationalität und gesellschaftliche Rationalisierung; Bd. 2: Zur Kritik der funktionalistischen
Vernunft, Frankfurt a. M. 1981.

JOSEF MATTHIAS HÄGELE, ALBAN STOLZ nach authentischen Quellen. Mit Porträt und
einem Handschreiben von ALBAN STOLZ in Autotypie, Freiburg im Br. 1884.

ADALBERT HAMMAN/STEFAN RICHTER (Hrsg.), Arm und reich in der Urkirche,
Paderborn 1964.

WALTER HANESCH U. A., Armut in Deutschland. Der Armutsbericht des DGB und des
Paritätischen Wohlfahrtsverbands, 1994.

JOHANNES HANSELMANN/HELMUT HILD/EDUARD LOHSE (Hrsg.), Was wird aus der
Kirche?, Gütersloh 1984.

BERNHARD HÄRING, Frei in Christus. Moraltheologie für die Praxis des christlichen
Lebens. III: Die Verantwortung des Menschen für das Leben, Freiburg i. Br. -
Basel - Wien 1989.

WINFRIED HAUNERLAND, Die Eucharistie und ihre Wirkungen im Spiegel der Euchologie des Missale Romanum (LQF 71), Münster 1989.

WINFRIED HAUNERLAND, Weltdienst im Gottesdienst. Überlegungen zur diakonischen
Dimension der Liturgie, in: Pastoralblatt 5/1996, 133 - 140.

RICHARD HAUSER, Reformperspektiven des Systems der sozialen Sicherung bei veränderten Rahmenbedingungen, in: DIETHER DÖRING/RICHARD HAUSER (Hrsg.), Soziale Sicherheit in Gefahr, Frankfurt a. M. 1995, 51 - 79.

RICHARD HAUSER/WERNER HÜBINGER, Arme unter uns. Teil 1: Ergebnisse und Konsequenzen der Caritas-Armutsuntersuchung (hrsg. vom DEUTSCHEN CARITAS-VERBAND E.V., Freiburg i. Br. 1993. Teil 2: Dokumentation der Erhebungsmethoden und der Instrumente der Caritas-Armutsuntersuchung (hrsg. vom Deutschen Caritasverband e.V.), Freiburg i. Br. 1993.

RICHARD HAUSER/UDO NEUMANN, Armut in der Bundesrepublik Deutschland. Die sozialwissenschaftliche Thematisierung nach dem Zweiten Weltkrieg, in: STEFAN LEIBFRIED/WOLFGANG VOGES (Hrsg.), Armut im modernen Wohlfahrtsstaat (KZSfSS Sonderheft 32/1992), Opladen 1992, 237 - 271.

THOMAS HAUSMANNINGER, "Neue Armut" - Die Rückseite der Wohlstandsgesellschaft. Sozialethische Überlegungen am Beispiel der Stadt München, in: MThZ 45 (1994), 543 - 561.

ROLF G. HEINZE/THOMAS OLK, Wohlfahrtsverbände, in: HANNS EYFERTH/HANS-UWE OTTO/HANS THIERSCH (Hrsg.), Handbuch zur Sozialarbeit/Sozialpädagogik, Neuwied - Darmstadt 1987, 1262 - 1277.

ROLF G. HEINZE/THOMAS OLK/JOSEF HILBERT, Der neue Sozialstaat. Analyse und Reformperspektiven, Freiburg i. Br. 1988.

FRIEDHELM HENGSBACH/BERNHARD EMUNDS/MATTHIAS MÖHRING-HESSE, Eine Ortsbeschreibung, kein Wegweiser. Eine Kritik der Diskussionsgrundlage für den Konsultationsprozeß zum Sozialwort der Kirchen (Frankfurter Arbeitspapiere zur gesellschaftlichen und sozialwissenschaftlichen Forschung 14), Frankfurt a. M. o. J.

CAROLIN HERRMANN, Wohlfahrtsverbände und Bürgerinteressen. Wie Belange von Benachteiligten interpretiert und gefiltert werden, in: RUDOLPH BAUER/HARTMUT DIEßENBACHER (Hrsg.), Organisierte Nächstenliebe. Wohlfahrtsverbände und Selbsthilfe in der Krise des Sozialstaats, Opladen 1984, 67 - 77.

HERMANN HERZ, ALBAN STOLZ (Eine Sammlung von Zeit- und Lebensbildern 16. Heft), Mönchengladbach 1916.

URS HERZOG, Geistliche Wohlredenheit. Die katholische Barockpredigt, München 1991.

HELMUT HILD (Hrsg.), Wie stabil ist die Kirche? Bestand und Erneuerung. Ergebnisse einer Umfrage, Gelnhausen 1974.

KONRAD HILPERT, Der Ort von Caritas in Kirche und Theologie, in: Caritas '90 (1989), 9 - 15 und 16 - 23.

TRAUGOTT HOLTZ, Christus Diakonos. Zur christologischen Begründung der Diakonie in der nachösterlichen Gemeinde, in: GERHARD K. SCHÄFER/THEODOR STROHM (Hrsg.), Diakonie - biblische Grundlagen und Orientierungen. Ein Arbeitsbuch zur theologischen Verständigung über den diakonischen Auftrag (VDWI 2), Heidelberg 1990, 127 - 143.

FRIEDRICH WILHELM HORN, Diakonische Leitlinien Jesu, in: GERHARD K. SCHÄFER/-THEODOR STROHM (Hrsg.), Diakonie - biblische Grundlagen und Orientierungen, a. a. O., 109 - 126.

GERD IBEN, Strukturelle Armut - auch bei uns, in: Diakonia 22 (1991), 168 - 178.

ERWIN ISERLOH, WILHELM EMMANUEL V. KETTELER, in: MARTIN GRESCHAT (Hrsg.), Gestalten der Kirchengeschichte 9,2. Die neueste Zeit II, Stuttgart - Berlin - Köln - Mainz 1985, 87 - 101.

Papst JOHANNES XXIII., Rundfunkbotschaft an die Katholiken der Welt, in: HerKorr 17 (1962/63), 43 - 46.

Papst JOHANNES PAUL II., Apostolisches Schreiben *Catechesi Tradendae* über die Katechese in unserer Zeit (16. Oktober 1979), in: Nachkonziliare Texte zu Katechese und Religionsunterricht, Bonn 1989, 197 - 261.

Papst JOHANNES PAUL II., Enzyklika *Sollicitudo rei socialis* Zwanzig Jahre nach der Enzyklika *Populorum progressio* (30. Dezember 1987) (VAS 82), Bonn 1987.

Papst JOHANNES PAUL II., Nachsynodales Apostolisches Schreiben *Christifideles laici* über die Berufung und Sendung der Laien in Kirche und Welt (30. Dezember 1988) (VAS 87), Bonn 1989.

Papst JOHANNES PAUL II., Enzyklika *Redemptoris missio* über die fortdauernde Gültigkeit des missionarischen Auftrages (7. Dezember 1990) (VAS 100) Bonn 1990.

Papst JOHANNES PAUL II., Enzyklika *Centesimus annus* an die verehrten Mitbrüder im Bischofsamt, den Klerus, die Ordensleute, die Gläubigen der katholischen Kirche und alle Menschen guten Willens zum hundertsten Jahrestag von *Rerum novarum* (1. Mai 1991) (VAS 101), Bonn 1991.

Papst JOHANNES PAUL II., Apostolisches Schreiben *Tertio millennio adveniente* an die Bischöfe, Priester und Gläubigen zur Vorbereitung auf das Jubeljahr 2000 (10. November 1994) (VAS 119), Bonn 1994.

HUBERTUS JUNGE, Aufbruch oder Rückzug? Stellung und Auftrag der Caritas im heutigen Sozialstaat, in: HerKorr 45 (1991), 126 - 131.

JOSEPH JUNGMANN, Theorie der geistlichen Beredsamkeit, Freiburg i. Br. [2]1883.

KONRAD JUTZLER, Privatisierte Verkündigung? Beobachtungen und Nachgedanken zu Rundfunkpredigten, in: MANFRED JOSUTTIS (Hrsg.), Beiträge zu einer Rundfunkhomiletik, München 1967, 123 - 146.

FRANZ KAMPHAUS, Das Fest der Befreiung, in: DERS., Der Stein kam ins Rollen. Worte, die zum Glauben reizen, Freiburg i. Br. - Basel - Wien [3]1988, 41 - 44.

RAINER KAMPLING, "Haben wir dann nicht aus der Erde einen Himmel gemacht?" Arm und Reich in der Alten Kirche, in Conc(D) 22 (1986), 257 - 363.

LEO KARRER (Hrsg.), Handbuch der praktischen Gemeindearbeit, Freiburg i. Br. - Basel - Wien 1990.

FRANZ-XAVER KAUFMANN, Auf der Suche nach den Erben der Christenheit, in: DERS., Religion und Modernität. Sozialwissenschaftliche Perspektiven, Tübingen 1989, 70 - 88.

MEDARD KEHL, Die Kirche. Eine katholische Ekklesiologie, Würzburg 1992.

WALTER KERBER/ALFONS DEISSLER/PETER FIEDLER, Armut und Reichtum, in: CGG 17 (1981), 78 - 122.

HANDBUCH DER KIRCHENGESCHICHTE, hrsg. von HUBERT JEDIN, Freiburg i. Br. - Basel - Wien (1962 - 1979) 1985.

HANS-JOSEF KLAUCK, 1. Korintherbrief (NEB.NT 7), Würzburg 1984.

HANS-JOSEF KLAUCK, 2. Korintherbrief (NEB.NT 8), Würzburg 1986.

HANS-JOSEF KLAUCK, Die Armut der Jünger in der Sicht des Lukas, in: DERS., Gemeinde, Amt, Sakrament. Neutestamentliche Perspektiven, Würzburg 1989, 160 - 194.

ELMAR KLINGER, Armut: Eine Herausforderung Gottes. Der Glaube des Konzils und die Befreiung des Menschen, Zürich 1990.

ANTON KOCH, Homiletisches Handbuch VIII. Bd. Zweite Abteilung: Homiletisches Lehrwerk 5/6, Freiburg i. Br. - Basel - Wien 1960.

JOSEF KOPPERSCHMIDT, Kommunikationsprobleme der Predigt, in: GÜNTER BIEMER, Die Fremdsprache der Predigt. Kommunikationsbarrieren der religiösen Mitteilung, Düsseldorf 1970, 30 - 57.

HANNES KRAMER/BERNHARD STAPPEL, Zwischenbilanz im Arbeitsbereich Caritas und Pastoral/Gemeindecaritas (1966 - 1986), in: Caritas 88 (1987), 31 - 49.

HANNES KRAMER, Versuch eines Brückenschlags zwischen Verbands-Caritas und Gemeinde-Diakonie, in: PthI 10 (1990), 39 - 63.

ULRICH KUHN/HELMUT STAIBER, Die Zukunft der caritativen Einrichtungen: Staatsbürokratie oder Markt? In: Caritas '93 (Jahrbuch des Deutschen Caritasverbandes), Freiburg i. Br. 1992, 51 - 56.

KURT KÜPPERS, Beten aus dem Geist heutiger Sprache. Ein Vergleich der "Tagesgebete zur Auswahl" mit den "Tagesgebeten im Jahreskreis" des Deutschen Meßbuchs, in: LJ 34 (1984), 145 - 168.

ERNST LANGE, Ein anderes Gemeindebild, in: DERS., Kirche für die Welt. Aufsätze zur Theorie kirchlichen Handelns (hrsg. von RÜDIGER SCHLOZ), München - Gelnhausen 1981, 177 - 194.

ERNST LANGE, Versuch einer Bilanz, in: DERS., Kirche für die Welt, a. a. O., 66 - 160.

ERNST LANGE, Was nützt uns der Gottesdienst? in: DERS., Predigen als Beruf. Aufsätze zu Homiletik, Liturgie und Pfarramt (hrsg. von RÜDIGER SCHLOZ), München ²1987, 83 - 95.

DIE BISCHÖFE LATEINAMERIKAS, Die Kirche in der gegenwärtigen Umwandlung Lateiname.ikas im Lichte des Konzils. Sämtliche Beschlüsse der II. Generalversammlung des Lateinamerikanischen Episkopates Medellin 24.8. - 6.9.1968, in: Die Kirche Lateinamerikas. Dokumente der II. und III. Generalversammlung des Lateinamerikanischen Episkopates in Medellin und Puebla (SWK 8), Bonn 1979, 14 - 133.

DIE BISCHÖFE LATEINAMERIKAS, Die Evangelisierung Lateinamerikas in Gegenwart und Zukunft. Dokument der III. Generalkonferenz des Lateinamerikanischen Episkopates Puebla 26.1. - 13.2.1979, in: Die Kirche Lateinamerikas. Dokumente der II. und III. Generalversammlung des lateinamerikanischen Episkopates in Medellin und Puebla (SWK 8) Bonn 1979, 137 - 356.

DIE BISCHÖFE LATEINAMERIKAS, Neue Evangelisierung - Förderung des Menschen - Christliche Kultur. Schlußdokument der 4. Generalversammlung der lateinamerikanischen Bischöfe in Santo Domingo 12. - 28. Oktober 1992 (SWK 34), Bonn 1993.

KARL LEHMANN, Theologische Reflexionen zur Integration von Pastoral und Caritas, in: Caritas 80 (1979), 242 - 248.

STEPHAN LEIBFRIED/LUTZ LEISERING U.A., Zeit der Armut. Lebensläufe im Sozialstaat, Frankfurt 1995.

WILHELM LIESE, Geschichte der Caritas. Jubiläumswerk des Deutschen Caritasverbandes 1897 - 1922 Bd. 2, Freiburg i. Br. 1922.

GERHARD LOHFINK, Wie hat Jesus Gemeinde gewollt? Zur gesellschaftlichen Dimension des christlichen Glaubens, Freiburg i. Br. - Basel - Wien [6]1985.

NORBERT LOHFINK, Gott auf der Seite der Armen. Zur "Option für die Armen" im Alten Orient und in der Bibel, in: DERS., Das Jüdische am Christentum. Die verlorene Dimension, Freiburg i. Br. - Basel - Wien 1987, 122 - 143.

NORBERT LOHFINK, Lobgesänge der Armen. Studien zum Magnifikat, den Hodajot von Qumran und einigen späten Psalmen (SBS 143), Stuttgart 1990.

NORBERT LOHFINK, Armut in den Gesetzen des Alten Orients und der Bibel, in: DERS., Studien zur biblischen Theologie (SBAB.AT 16), Stuttgart 1993, 239 - 259.

ALOISIO LORSCHEIDER, Die Außerordentliche Synode im Licht des Zweiten Vatikanums zwanzig Jahre nach dessen Ende - ein Zeugnis, in: Conc(D) 22 (1986), 461 - 464.

WILFRIED LOTH (Hrsg.), Deutscher Katholizismus im Umbruch zur Moderne (KoGe 3), Stuttgart - Berlin - Köln 1991.

WALTER LUDIN/THOMAS SEITERICH/PAUL MICHAEL ZULEHNER (Hrsg.), Wir Kirchenträumer. Basisgemeinschaften im deutschsprachigen Raum, Olten - Freiburg i. Br. 1987.

NIKLAS LUHMANN, Funktion der Religion, Frankfurt a. M. [2]1990.

THEODOR MAAS-EWERD, Vom Pronaus zur Homilie. Ein Stück "Liturgie" in jüngster Geschichte und pastoraler Gegenwart (Extemporalia 8), Eichstätt - Wien 1990.

MICHAEL MANDERSCHEID/HANNES KRAMER, Programmatik und Praxis von Gemeindeorientierung des Caritasverbandes - Erfahrungen und Aporien, in: DEUTSCHER CARITASVERBAND (Hrsg.), Zwischen versorgter Gemeinde und entsorgender Sozialarbeit. Dokumentation des Symposions "Christliche Diakonie zwischen System und Lebenswelten" vom 13. bis 15. März 1989 (DCV-Materialien 15), Freiburg i. Br. 1990, 6 - 11.

JULIUS MAYER, ALBAN STOLZ, Freiburg i. Br. 1921.

PETER MEINHOLD (Hrsg.), JOHANN HINRICH WICHERN. Sämtliche Werke Bd. I.: Die Kirche und ihr soziales Handeln (Grundsätzliches und Allgemeines), Berlin - Hamburg 1962.

MEßBUCH FÜR DIE BISTÜMER DES DEUTSCHEN SPRACHGEBIETES (Kleinausgabe), hrsg. im Auftrag der Bischofskonferenzen Deutschlands, Österreichs und der Schweiz sowie der Bischöfe von Luxemburg, Bozen-Brixen und Lüttich, Einsiedeln - Köln - Freiburg i. Br. - Basel - Regensburg - Wien - Salzburg - Linz 1984.

Die Feier der Heiligen Messe. MEßBUCH FÜR DIE BISTÜMER DES DEUTSCHEN SPRACHGEBIETES. Authentische Ausgabe für den liturgischen Gebrauch. *Hochgebet für Messen für besondere Anliegen*, Solothurn - Düsseldorf - Freiburg i.Br. - Basel - Regensburg - Wien - Salzburg - Linz 1994.

SCHOTT-MEßBUCH für die *Sonn- und Festtage des Lesejahres C.* Originaltexte der authentischen deutschen Ausgabe des Meßbuches und des Meßlektionares. Mit Einführungen hrsg. von den Benediktinern der Erzabtei Beuron, Freiburg i. Br. - Basel - Wien 1982.

SCHOTT-MEßBUCH für die *Sonn- und Festtage des Lesejahres A*. Originaltexte der authentischen deutschen Ausgabe des Meßbuches und des Meßlektionares. Mit Einführungen hrsg. von den Benediktinern der Erzabtei Beuron, Freiburg i. Br. - Basel - Wien 1983.

SCHOTT-MEßBUCH für die *Sonn- und Festtage des Lesejahres B*. Originaltexte der authentischen deutschen Ausgabe des Meßbuches und des Meßlektionares. Mit Einführungen hrsg. von den Benediktinern der Erzabtei Beuron, Freiburg i. Br. - Basel - Wien 1984.

NORBERT METTE/HERMANN STEINKAMP, Sozialwissenschaften und Praktische Theologie (LeTh 11), Düsseldorf 1983.

NORBERT METTE, Sozialpastoral, in: PETER EICHER/NORBERT METTE (Hrsg.), Auf der Seite der Unterdrückten? Theologie der Befreiung im Kontext Europas (TzZ 6), 234 - 265.

NORBERT METTE, Caritas und Sozialstaat - Identität kirchlicher Diakonie im Widerstreit, in: Conc(D) 30 (1994), 425 - 431.

JOHANN BAPTIST METZ (Hrsg.), Die Theologie der Befreiung: Hoffnung oder Gefahr für die Kirche? (SKAB 122), Düsseldorf 1986.

JOHANN MICHAEL SAILER, Homilien auf alle Sonn- und Festtage des Kirchenjahres. I./II. Bd., Landshut 1819.

MICHEL MOLLAT, Die Armen im Mittelalter, München ²1987.

ELFRIEDE MOSER-RATH, Dem Kirchenvolk die Leviten gelesen. Alltag im Spiegel süddeutscher Barockpredigten, Stuttgart 1991.

FRANZ MUßNER, Der Jakobusbrief (HThK XIII/1), Freiburg i. Br. - Basel - Wien ³1975.

NESTLE-ALAND, Novum Testamentum Graece, hrsg. von KURT ALAND, Stuttgart ²⁶1979.

ALFRED NIEBERGALL, Homiletik heute. Bericht über die homiletische Literatur seit 1945, in: ThR 34 (1969), 49 - 67.

THOMAS NIPPERDEY, Deutsche Geschichte 1800 - 1866. Bürgerwelt und starker Staat, München ⁶1993.

THOMAS NIPPERDEY, Deutsche Geschichte 1866 - 1918. Bd. I: Arbeitswelt und Bürgergeist, a. a. O.

HANS OLIVA/HUBERT OPPL/RUDOLF SCHMID (Hrsg.), Rolle und Stellenwert freier Wohlfahrtspflege. Forschungsbericht im Auftrag des Bayerischen Staatsministeriums für Arbeit, Familie und Sozialordnung (= Soziokulturelle Herausforderungen - Sozialpolitische Aufgaben 4), München 1991.

HUBERT OPPL, Caritas zwischen Lebenswelt und Markt, in: MARKUS LEHNER/WILHELM ZAUNER (Hrsg.), Grundkurs Caritas, Linz 1993, 152 - 176.

HUBERT OPPL, Sozialarbeit wohin? Künftige Anforderungen und Lösungsmöglichkeiten, in: Caritas '88 (Jahrbuch des Deutschen Caritasverbandes), Freiburg i. Br. 1987, 25 - 38.

GERT OTTO, Die Predigt als Rede- und Kommunikationsprozeß in der Gemeinde, in: HPTh(G) III (1983), 135 - 149.

Papst PAUL VI., Apostolisches Schreiben *Evangelii nuntiandi* an den Episkopat, den Klerus und alle Gläubigen der Katholischen Kirche über die Evangelisierung in der

Welt von heute (8. Dezember 1975), in: Nachkonziliare Texte zu Katechese und Religionsunterricht (Arbeitshilfen 5), Bonn 1989, 122 - 191.

HELMUT PEUKERT, Sprache und Freiheit. Zur Pragmatik ethischer Rede, in: FRANZ KAMPHAUS/ROLF ZERFAß (Hrsg.) Ethische Predigt und Alltagsverhalten (GT.P 25), München - Mainz 1977, 44 - 75.

RUDOLF PESCH, Die zentralen Verkündigungsinhalte zur Diakonie, in: HELMUT ERHARTER (Hrsg.), Diakonie der Gemeinde. Caritas in einer erneuerten Pastoral, Wien - Freiburg i. Br. - Basel 1978, 51 - 64.

GERHARD PFANNENDÖRFER, Weder Wandel noch Expansion? Aspekte zu Gegenwart und Zukunft der Wohlfahrtsverbände. Notizen zur PROGNOS-Studie über die Zukunft der Freien Wohlfahrtspflege, in: CLAUS MÜHLFELD u.a. (Hrsg.), Sozialarbeit und Wohlfahrtsverbände - Hilfe mit beschränkter Haftung? (Brennpunkte sozialer Arbeit), Frankfurt a. M. 1987, 43 - 49.

PAUL PHILIPPI, Christozentrische Diakonie. Ein theologischer Entwurf, Stuttgart 1963.

HERBERT POENSGEN, "Schreit es von den Dächern!" Neue Erfahrungen mit der politischen Predigt, in: Der Prediger und Katechet 132 (1993), 618 - 628.

JUAN HERMÁNDEZ PICO, Das Martyrium heute in Lateinamerika. Ärgernis, Wahnsinn und Kraft Gottes, in: Conc(D) 19 (1983), 199 - 204.

KLAUS ERICH POLLMANN, Landesherrliches Kirchenregiment und soziale Frage (VHKB 44), Berlin - New York 1973.

HEINRICH POMPEY, Das Profil der Caritas und die Identität ihrer Mitarbeiter/innen, in: Caritas '93 (Jahrbuch des Deutschen Caritasverbandes), Freiburg i. Br. 1992, 11 - 26.

HEINRICH POMPEY, "Dienstgemeinschaft" unter dem Anspruch des Glaubens und des Sendungsauftrags der Kirche, in: NORBERT FELDHOFF/ALFRED DÜNNER (Hrsg.), Die verbandliche Caritas. Praktisch-theologische und kirchenrechtliche Aspekte, Freiburg i. Br. 1991, 81 - 118.

WALTER RADL, Das Lukas-Evangelium (EdF 261), Darmstadt 1988.

KARL RAHNER/HERBERT VORGRIMLER, Kleines Konzilskompendium. Sämtliche Texte des Zweiten Vatikanums mit Einführungen und ausführlichem Sachregister, Freiburg i. Br. - Basel - Wien [13]1979.

KARL RAHNER, Strukturwandel der Kirche als Aufgabe und Chance (1972), Freiburg i. Br. - Basel - Wien 1989.

J.M. RAICH (Hrsg.), Predigten des Hochwürdigsten Herrn WILHELM EMMANUEL FREIHERRN V. KETTELER, Bischof von Mainz. II. Bd., Mainz 1878.

JÜRGEN ROLOFF, Die Apostelgeschichte (NTD 5), Göttingen [2]1988.

JÜRGEN ROLOFF, Zur diakonischen Dimension und Bedeutung von Gottesdienst und Herrenmahl, in: GERHARD K. SCHÄFER/THEODOR STROHM (Hrsg.), Diakonie - biblische Grundlagen und Orientierungen. Ein Arbeitsbuch zur theologischen Verständigung über den diakonischen Auftrag (VDWI 2), Heidelberg 1990, 186 - 201.

LOTHAR ROOS, Pastoral der konzentrischen Kreise, in: LS 29 (1978), 242 - 250.

LOTHAR ROOS, Kirche - Politik - soziale Frage: Bischof KETTELER als Wegbereiter des sozialen und politischen Katholizismus, in: ANTON RAUSCHER/LOTHAR ROOS, Die soziale Verantwortung der Kirche. Wege und Erfahrungen von KETTELER bis heute, Köln 1977, 21 - 62.

PETER ROTTLÄNDER, Option für die Armen, in: EDWARD SCHILLEBEECKX (Hrsg.), Mystik und Politik. Theologie im Ringen um Geschichte und Gesellschaft (FS JOHANN BAPTIST METZ), Mainz 1988, 72 - 88.

SALVIAN VON MARSEILLE, Des Timotheus vier Bücher an die Kirche. Dt. Übers. von ANTON MAYER. Bearb. von NORBERT BROX (SKV 3), München 1983.

JOSEF SAYER/ALBERT BIESINGER, Von lateinamerikanischen Gemeinden lernen, München 1988.

GERHARD K. SCHÄFER, Die Menschenfreundlichkeit Gottes bezeugen. Diakonische Predigten von der Alten Kirche bis zum 20. Jahrhundert (VDWI 4), Heidelberg 1991.

GERHARD K. SCHÄFER, Gottes Bund entsprechen. Studien zur diakonischen Dimension christlicher Gemeindepraxis (VDWI 5), Heidelberg 1994.

GERHARD K. SCHÄFER, Stellungnahme: Die Bibel diakonisch lesen, in: GERHARD RÖCKLE (Hrsg.), Diakonische Kirche. Sendung - Dienst - Leitung, Neukirchen-Vluyn 1990, 114 - 117.

THEODOR SCHÄFER, Die Innere Mission auf der Kanzel, München 1897.

THEODOR SCHÄFER, WILHELM LÖHE. Vier Vorträge über ihn nebst Lichtstrahlen aus seinen Werken. Ein Wegweiser, Gütersloh 1909.

THEODOR SCHÄFER, Diakonik oder Theorie und Geschichte der inneren Mission, in: OTTO ZÖCKLER, Handbuch der theologischen Wissenschaften in encyklopädischer Darstellung, Bd. IV. Praktische Theologie, München ^{3}1890, 511 - 600.

AUGUSTIN SCHERER (Hrsg.), Bibliothek für Prediger, I. Bd.: Die Sonntage des Kirchenjahres. I. Der Weihnachts-Zyklus, vom ersten Adventssonntag bis Septuagesima, Freiburg i. Br. ^{6}1906.

MANFRED SCHICK, Innere Mission und soziale Bewegung in der evangelischen Kirche von 1870 - 1914, in: DERS./HORST SEIBERT/YORICK SPIEGEL (Hrsg.), Diakonie und Sozialstaat. Kirchliches Hilfehandeln und staatliche Sozial- und Familienpolitik, Gütersloh 1986, 29 - 50.

GOTTFRIED SCHILLE, Konfliktlösung durch Zuordnung. Der Tischdienst der Sieben nach Apg 6, in: GERHARD K. SCHÄFER/THEODOR STROHM, Diakonie - biblische Grundlagen und Orientierungen. Ein Arbeitsbuch zur theologischen Verständigung über den diakonischen Auftrag, Heidelberg 1990, 243 - 259.

SCHLUßDOKUMENT DER AUßERORDENTLICHEN BISCHOFSSYNODE 1985 (VAS 68), Bonn 1985.

HANS-CHRISTOPH SCHMIDT-LAUBER/KLAUSJÜRGEN HEINRICH, Gottesdienst und Diakonie, in: HANS-CHRISTOPH SCHMIDT-LAUBER/KARL-HEINRICH BIERITZ (Hrsg.), Handbuch der Liturgik. Liturgiewissenschaft in Theologie und Praxis der Kirche, Göttingen 1995, 654 - 665.

GERHARD SCHMIDTCHEN, Priester in Deutschland. Forschungsbericht über die im Auftrag der Deutschen Bischofskonferenz durchgeführte Umfrage unter allen Welt- und Ordenspriestern in der Bundesrepublik Deutschland, Freiburg i. Br. - Basel - Wien 1973.

RUDOLF SCHNACKENBURG, Die sittliche Botschaft des Neuen Testaments. Bd I: Von Jesus zur Urkirche (HThK.S 1), Freiburg i. Br. - Basel - Wien 1986.

GERHARD SCHNEIDER, Das Evangelium nach Lukas. Kapitel 11-24 (ÖKNT 3/2), Gütersloh - Würzburg 1977.

TRAUGOTT SCHÖFTHALER, Religion paradox: Der systemtheoretische Ansatz in der deutschsprachigen Religionssoziologie, in: KARL-FRITZ DAIBER/THOMAS LUCK-MANN (Hrsg.), Religion in den Gegenwartsströmungen der deutschen Soziologie, München 1983, 136 - 156.

HELMUTH SCHREINER, Die Verkündigung des Wortes Gottes, Schwerin 1936, im folgenden Hamburg ⁵1949.

JOSEF SCHREINER, Theologie des Alten Testaments (NEB.AT.E 1), Würzburg 1995.

HEINZ-MANFRED SCHULZ, Eine Gemeinde spricht über ihren Glauben. Predigt als Wegbegleitung, Mainz 1983.

HEINZ-MANFRED SCHULZ, Seitenwechsel. Für eine Kirche, die dem Leben dient, Mainz 1996.

GERHARD SCHULZE, Entgrenzung und Innenorientierung. Eine Einführung in die Theorie der Erlebnisgesellschaft, in: Gegenwartskunde 42 (1993), 405 - 419.

GERHARD SCHULZE, Armut in der Kultur des Reichtums, in: FRIEDHELM HENGS-BACH/MATTHIAS MÖHRING-HESSE (Hrsg.), Eure Armut kotzt uns an! Solidarität in der Krise, Frankfurt a. M. 1995, 52 - 66.

HEINRICH SCHÜRMANN, Das Lukasevangelium (HThK III/1), Freiburg i. Br. - Basel - Wien ²1982.

HEINZ SCHÜRMANN, Gottes Reich - Jesu Geschick, Freiburg i. Br. 1983.

WERNER SCHÜTZ, Geschichte der christlichen Predigt, Berlin - New York 1972.

MICHAEL SIEVERNICH, "Theologie der Befreiung" im interkulturellen Gespräch. Ein historischer und systematischer Blick auf das Grundanliegen, in: DERS. (Hrsg.), Impulse der Befreiungstheologie für Europa. Ein Lesebuch (GT.FPT 6), München - Mainz 1988, 15 - 43.

JON SOBRINO, Der zentrale Kern von Puebla und sein Interpretationsprinzip, in: Orien. 43 (1979), 213 - 216).

FRANZ SPIEGELHALTER, Der dritte Sozialpartner. Die freie Wohlfahrtspflege - ihr finanzieller und ideeller Beitrag zum Sozialstaat, Freiburg i. Br. 1990.

WOLFGANG STECK, Die Pastoral der konzentrischen Kreise. Chancen und Grenzen eines pastoraltheologischen Modells, in: PthI 8 (1979), 7 - 18.

WOLFGANG STEGEMANN, Arm und reich in neutestamentlicher Zeit, in: GERHARD K. SCHÄFER/ THEODOR STROHM (Hrsg.), Diakonie - biblische Grundlagen und Orientierungen. Ein Arbeitsbuch zur theologischen Verständigung über den diako-nischen Auftrag (VDWI 2), Heidelberg 1990, 345 - 375.

HERMANN STEINKAMP, Gemeindestruktur und Gemeindeprozeß. Versuch einer Typolo-gie, in: NORBERT GREINACHER/NORBERT METTE/WILHELM MÖHLER (Hrsg.), Gemeindepraxis. Analysen und Aufgaben, München - Mainz 1979, 77 -89.

HERMANN STEINKAMP, Diakonie: Kennzeichen der Gemeinde. Entwurf einer praktisch-theologischen Theorie, Freiburg i. Br. 1985.

HERMANN STEINKAMP, Sozialpastoral, Freiburg i. Br. 1991.

HERMANN STEINKAMP, Diakonisches Handeln, in: EDMUND ARENS (Hrsg.), Gottesrede - Glaubenspraxis. Perspektiven theologischer Handlungstheorie, Darmstadt 1994, 131 - 149.

ALBAN STOLZ, Homiletik als Anweisung, den Armen das Evangelium zu predigen. Nach dem Tode des Verfassers herausgegeben von JAKOB SCHMITT, Freiburg i. Br. 1885.

ALBAN STOLZ, Nachtgebet meines Lebens. Nach dem Tode des Verfassers herausgegeben und durch Erinnerungen an ALBAN STOLZ ergänzt von JAKOB SCHMITT, Freiburg i. Br. 1885.

RUDOLF H. STRAHM, Überentwicklung - Unterentwicklung. Ein Werkbuch mit Schaubildern und Kommentaren über die wirtschaftlichen Mechanismen der Armut, Gelnhausen - Berlin - Stein [4]1980.

HEINZ STRANG, Erscheinungsformen der Sozialhilfebedürftigkeit. Beitrag zur Geschichte, Theorie und empirischen Analyse der Armut, Stuttgart 1970.

THEODOR STROHM, "Theologie der Diakonie" in der Perspektive der Reformation. Zur Wirkungsgeschichte des Diakonieverständnisses MARTIN LUTHERS, in: PAUL PHILIPPI/THEODOR STROHM (Hrsg.), Theologie der Diakonie. Lernprozesse im Spannungsfeld von lutherischer Überlieferung und gesellschaftlich-politischen Umbrüchen. Ein europäischer Forschungsaustausch (VDWI 1), Heidelberg 1989, 175 - 208.

GEMEINSAME SYNODE DER BISTÜMER IN DER BUNDESREPUBLIK DEUTSCHLAND. Beschlüsse der Vollversammlung. Offizielle Gesamtausgabe I, hrsg. von LUDWIG BERTSCH u. a., Freiburg i.Br. - Basel - Wien [6]1985.

ULRICH THIEN, Caritas und die Option für die Armen, in: Diakonia 22 (1991), 179 - 183.

DIETRICH THRÄNHARDT, Im Dickicht der Verbände. Korporatistische Politikformulierung und verbandsgerechte Verwaltung am Beispiel der Arbeitsmigranten in der Bundesrepublik, in: RUDOLPH BAUER/HARTMUT DIEßENBACHER (Hrsg.), Organisierte Nächstenliebe. Wohlfahrtsverbände und Selbsthilfe in der Krise des Sozialstaats, Opladen 1984, 45 - 66.

RICHARD VÖLKL, Nächstenliebe - Die Summe der christlichen Religion? Beiträge zu Theologie und Praxis der Caritas, Freiburg i. Br. 1987.

HERIBERT WAHL, Diakonie: Wiederentdeckte Grunddimension kirchlichen Handelns. Perspektiven und Optionen für eine 'diakonische Theologie', in: PthI 13 (1993), 155 - 173.

ALFONS WEISER, Die Apostelgeschichte. Kapitel 1-12 (ÖTK 5/1), Gütersloh - Würzburg 1981.

SIEGFRIED WIEDENHOFER, Das katholische Kirchenverständnis. Ein Lehrbuch der Ekklesiologie, Graz - Wien - Köln 1992.

FRIEDRICH WINTZER, Die Homiletik seit SCHLEIERMACHER bis in die Anfänge der 'dialektischen Theologie' in Grundzügen (APTh 6), Göttingen 1969.

FRIEDRICH WINTZER (Hrsg.), Predigt. Texte zum Verständnis und zur Praxis der Predigt in der Neuzeit (TB 80), München 1989.

WILHELM ZAUNER, Diakonie und Pastoral, in: Caritas 80 (1979), 237 - 242.

ROLF ZERFAß, Herrschaftsfreie Kommunikation - eine Forderung an die kirchliche Verkündigung? in: WILHELM WEBER (Hrsg.), Macht - Dienst - Herrschaft in Kirche und Gesellschaft, Freiburg i. Br. - Basel - Wien 1974, 81 - 106.

ROLF ZERFAß, Praktische Theologie als Handlungswissenschaft, in: FERDINAND KLOSTERMANN/DERS. (Hrsg.), Praktische Theologie heute, München - Mainz 1974, 164 - 177.

ROLF ZERFAß, Predigt im Prozeß Gemeinde, in: DERS. (Hrsg.), Mit der Gemeinde predigen, Gütersloh 1982, 30 - 49.

ROLF ZERFAß, Der Beitrag des Caritasverbandes zur Diakonie der Gemeinde, in: Caritas 88 (1987), 12 - 27.

ROLF ZERFAß, Grundkurs Predigt 1: Spruchpredigt, Düsseldorf 1987.

ROLF ZERFAß, Organisierte Caritas als Herausforderung an eine nachkonziliare Theologie, in: EHRENFRIED SCHULZ/HUBERT BROSSEDER/HERIBERT WAHL (Hrsg.), Den Menschen nachgehen. Offene Seelsorge als Diakonie in der Gesellschaft (FS HANS SCHILLING), St. Ottilien 1987, 321 - 348.

ROLF ZERFAß, Unterwegs zu einer evangelisatorischen Diakonie, in: DEUTSCHER CARITASVERBAND (Hrsg.), Diakonische Praxis und Praktische Theologie - Zur gesellschaftlichen Wirksamkeit der Diakonie (DCV-Materialien 10), Freiburg i. Br. 1987, 111- 126.

ROLF ZERFAß/HERBERT POENSGEN, Predigt/Verkündigung, in: CHRISTOF BÄUMLER/-NORBERT METTE (Hrsg.), Gemeindepraxis in Grundbegriffen. Ökumenische Orientierungen und Perspektiven, München - Düsseldorf 1987, 354 - 368.

ROLF ZERFAß, "Einer trage des anderen Last" (Gal 6,2). Theologische Überlegungen zu den Kirchlichkeitskriterien der Caritas in Deutschland (BRD), in: INÉS CREMER/DIETER FUNKE (Hrsg.), Diakonisches Handeln. Herausforderungen - Konfliktfelder - Optionen, Freiburg i. Br. 1988, 116 - 134.

ROLF ZERFAß, Das Proprium der Caritas als Herausforderung an die Träger, in: Caritas '93 (Jahrbuch des Deutschen Caritasverbandes), Freiburg i. Br. 1992, 27 - 40.

ROLF ZERFAß, Lebensnerv Caritas. Helfer brauchen Rückhalt, Freiburg i. Br. - Basel - Wien 1992.

ROLF ZERFAß, Gottesdienstliches Handeln, in: EDMUND ARENS (Hrsg.), Gottesrede - Glaubenspraxis. Perspektiven theologischer Handlungstheorie, Darmstadt 1994, 110 - 130.

PAUL ZÖLLER, Krisen als Chancen nutzen. Thesen zur Situation und zu den Perspektiven caritativer Organisationen, in: PthI 10 (1990), 213 - 224.

PAUL MICHAEL ZULEHNER, Pastoraltheologie. Bd. 1: Fundamentalpastoral, Düsseldorf 1989.

MICHAEL M. ZWICK (Hrsg.), Einmal arm, immer arm? Neue Befunde zur Armut in Deutschland, Frankfurt a. M. - New York, 1994.